Schritt für Schritt
in Alltag und Beruf 1

Niveau A1.1

Deutsch als Zweitsprache
Lehrerhandbuch

Susanne Kalender
Petra Klimaszyk
Isabel Krämer-Kienle

Hueber Verlag

3. 2. 1. | Die letzten Ziffern
2023 22 21 20 19 | bezeichnen Zahl und Jahr des Druckes.
Alle Drucke dieser Auflage können, da unverändert, nebeneinander benutzt werden.
1. Auflage
© 2019 Hueber Verlag GmbH & Co. KG, München, Deutschland
Zeichnungen: Jörg Saupe, Düsseldorf
Fotos: Matthias Kraus, München
Umschlaggestaltung: Sieveking · Agentur für Kommunikation, München
Gestaltung und Satz: Sieveking · Agentur für Kommunikation, München
Druck und Bindung: Friedrich Pustet GmbH & Co. KG, Regensburg
Printed in Germany
ISBN 978–3–19–071087–4

Art. 530_25981_001_01

Schritt für Schritt in Alltag und Beruf ist die Anpassung des bewährten und erprobten Konzepts von *Schritte plus Neu* speziell auf die Bedürfnisse von Lese- und Schreibungeübten.

1 Rahmenbedingungen

Schritt für Schritt in Alltag und Beruf ist ein Lehrwerk für lese- und schreibungeübte (junge) Erwachsene auf den Niveaustufen A1 und A2 des Gemeinsamen Europäischen Referenzrahmens (GER), die in einem deutschsprachigen Land leben oder arbeiten möchten. Ziel ist es, den Lernenden die Integration in Alltag und Beruf zu erleichtern und alltägliche Situationen sprachlich zu bewältigen.

Schritt für Schritt in Alltag und Beruf geht bei der Stoffauswahl von den Vorgaben des GER aus und deckt (zusammen mit *Schritt für Schritt zum DTZ A2 und B1*) die Lernziele des Rahmencurriculums für Integrationskurse des Bundesamts für Migration und Flüchtlinge sowie die Prüfungsvorgaben der Prüfungen *Start Deutsch 1* und *2*, des *Deutsch-Tests für Zuwanderer (DTZ)* und des *Zertifikats Deutsch* ab.

2 Aufbau *Schritt für Schritt in Alltag und Beruf*

2.1 *Schritt für Schritt in Alltag und Beruf* in vier Bänden

Schritt für Schritt in Alltag und Beruf liegt in einer vierbändigen Ausgabe (Arbeitsbuch integriert) zu den Niveaustufen A1 und A2 vor. Für die Niveaustufe B1 schließt sich ein fünfter Band an: *Schritt für Schritt zum DTZ A2 und B1*. Durch die konzeptuelle Nähe zu *Schritte plus Neu* ist ein Wechsel jederzeit möglich.

Schritt für Schritt in Alltag und Beruf 1 *Schritt für Schritt in Alltag und Beruf 2* oder *Schritte plus Neu 1* *Schritte plus Neu 2*	A1 / *Start Deutsch 1*
Schritt für Schritt in Alltag und Beruf 3 *Schritt für Schritt in Alltag und Beruf 4* oder *Schritte plus Neu 3* *Schritte plus Neu 4*	A2 / *Start Deutsch 2*, *Goethe-Zertifikat A2*
Schritt für Schritt zum DTZ A2 und B1 oder *Schritte plus Neu 5* *Schritte plus Neu 6*	B1 / *Deutsch-Test für Zuwanderer*, *Zertifikat Deutsch*, *Goethe-Zertifikat B1*

2.2 Die Bestandteile von *Schritt für Schritt in Alltag und Beruf*

Schritt für Schritt in Alltag und Beruf bietet ein umfangreiches Angebot an Materialien und Medien, die aufeinander abgestimmt und eng miteinander verzahnt sind:
- ein Kursbuch
- ein Arbeitsbuch
- ein Medienpaket mit den Audio-CDs zum Kurs- und Arbeitsbuch und einer DVD mit den Filmen zum Kursbuch
- eine digitale Ausgabe von Kursbuch und Arbeitsbuch mit allen Audios und Filmen
- eine App mit allen Audios und Filmen zu Kurs- und Arbeitsbuch
- ein Lehrerhandbuch
- eine Übungsgrammatik

Schritt für Schritt in Alltag und Beruf kann darüber hinaus mit vielfältigen, weiteren Kranzprodukten von *Schritte plus Neu* ergänzt werden, beispielsweise dem Intensivtrainer, dem Testtrainer oder dem Berufstrainer.

Der Lehrwerkservice im Internet unter www.hueber.de/schritt-fuer-schritt enthält u. a.:
- ausführliche Unterrichtspläne zu Kurs- und Arbeitsbuch
- zahlreiche Kopiervorlagen, z. B. zu den Transferaufgaben / Aktivitäten im Kurs und den Filmen
- interaktive Zusatzübungen für die Lernenden zu den Selbsttests im Arbeitsbuch

Der Lehrwerkservice wird sukzessive immer wieder mit aktuellen Informationen und zusätzlichen Angeboten für den Unterricht ergänzt.

2.3 Medienüberblick: Die Verfügbarkeit von Filmen, Hörtexten, interaktiven Übungen und Kopiervorlagen

Material	Medienpaket	Lehrwerkservice www.hueber.de/ schritt-fuer-schritt	App*	LHB
Hörtexte Kursbuch	x	x	x	
Hörtexte Arbeitsbuch	x	x	x	
Audio-Dateien zur Foto-Hörgeschichte	x	x	x	
Foto-Hörgeschichte als Slide-Show	x		x	
„Laras Film"	x		x	
Kopiervorlagen zu „Laras Film"		x		
Filme zu „Zwischen- durch mal …"	x		x	
Audiotraining	x	x	x	
Videotraining	x		x	
Lektionstests				x
Kopiervorlagen zu den Lernschritten				x
Kopiervorlagen zu den Aktivitäten im Kurs		x		
Interaktive Übungen zu den Selbsttests im AB		x		

* Mit der neuen, kostenlosen *Schritt für Schritt in Alltag und Beruf*-App können alle Filme und Hörtexte ganz einfach per Smartphone oder Tablet direkt aus dem Buch heraus abgerufen werden. Sie sind jederzeit verfügbar und somit ideal einsetzbar für das individuelle Lernen und Wiederholen. Die App ist im App Store oder Google Play Store verfügbar.

3 Das Kursbuch

Jeder Band von *Schritt für Schritt in Alltag und Beruf 1–4* enthält sieben Lektionen. Diese folgen einem klaren und einheitlichen Aufbau. (Der Band *Schritt für Schritt zum DTZ A2 und B1* hat einen anderen Aufbau.)

Aufbau einer Lektion

Die Foto-Hörgeschichte
Motivierender Einstieg über eine Foto-Hörgeschichte mit hoher Identifikationsmöglichkeit für die Lernenden

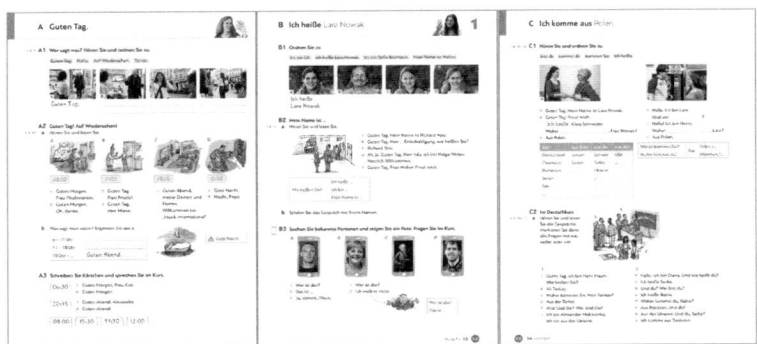

Die Seiten A bis C
Einführung und Einübung des neuen Lernstoffs in abgeschlossenen Einheiten

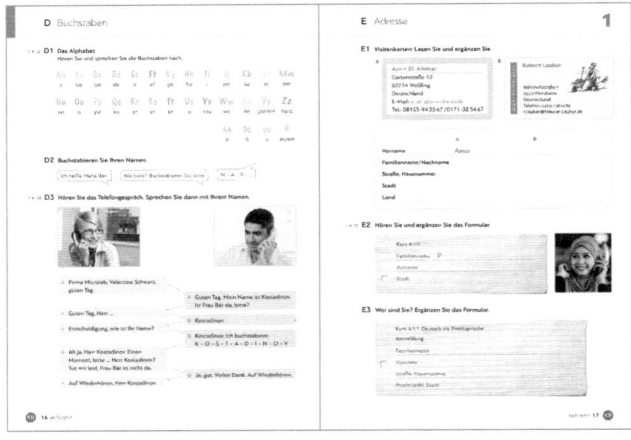

Die Seiten D und E
Training und Erweiterung der rezeptiven und produktiven Fertigkeiten

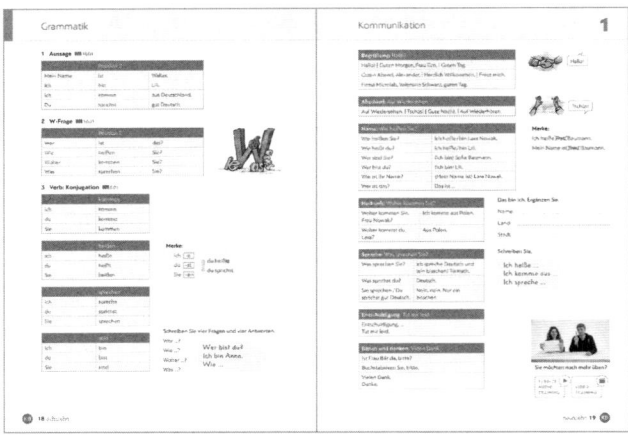

Die Seiten „Grammatik" und „Kommunikation"
- Übersicht über Grammatikstrukturen und Redemittel, dazu Übungen, Tipps, Visualisierungen und Merkhilfen
- Verweis auf Videotraining und Audiotraining

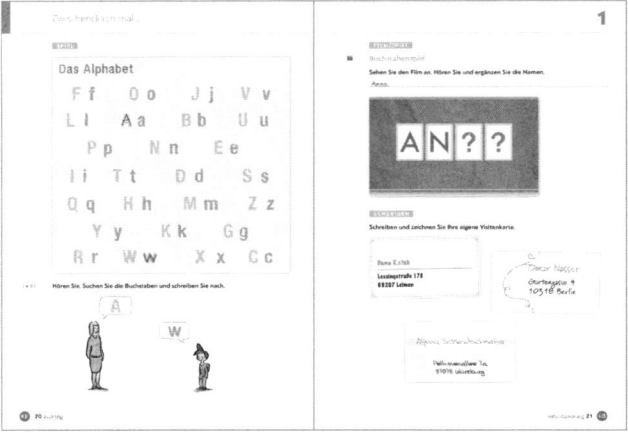

Die Seiten „Zwischendurch mal ..."
Fakultatives Angebot mit Filmen, Projekten etc. zum variablen Einsatz im Unterricht

3.1. Die Foto-Hörgeschichte

Jede Lektion beginnt mit einer Foto-Hörgeschichte. Die Lernenden begleiten die junge Deutschlernerin Lara in ihrem Alltag. Dadurch wird ein motivierender Einstieg geschaffen, der nah an der Lebenssituation der Lernenden ist und durch die emotional ansprechenden Inhalte zu größeren Lernerfolgen führt.

Die Foto-Hörgeschichte bildet den sprachlichen und thematischen Rahmen der Lektion: Sie führt die Kommunikationsmittel und den grammatischen Stoff in einer zusammenhängenden Episode ein und entlastet damit den Lernstoff. Zugleich trainiert sie das globale Hörverstehen. Die Geschichte kann über die Audios 🔊 gehört werden, während die Lernenden parallel die Fotos im Kursbuch ansehen. Sie steht aber auch als Slide-Show 🎬 zur Verfügung und kann im Unterricht am interaktiven Whiteboard gezeigt werden (→ siehe „2.3 Medienüberblick" auf S. 5).

„Laras Film" / „Tims Film"
Ergänzt wird die Foto-Hörgeschichte jeweils durch einen kleinen Film („Laras Film" / „Tims Film") 🎬.
Laras Film

Diese Filmsequenzen erzählen kurze Alltagsszenen aus der Perspektive der Hauptfiguren Lara und Tim und lassen diese dadurch noch lebendiger werden. Darüber hinaus wird das Hör-Sehverstehen geschult. Diese Filme sind fakultativ einsetzbar und können gemeinsam im Unterricht angesehen werden, eignen sich aber auch gut zum selbstständigen Nachbereiten und Ansehen zu Hause. Eine Kurzbeschreibung des Filminhalts sowie konkrete Vorschläge, an welchen Stellen die Filme im Unterrichtsablauf der Lektion eingesetzt werden können, finden Sie in diesem Lehrerhandbuch am Ende der Hinweise zu den Foto-Hörgeschichten. Tipps, Hinweise zum Einsatz im Unterricht sowie Kopiervorlagen zu den Filmen finden Sie im Lehrwerkservice unter www.hueber.de/schritt-fuer-schritt (→ siehe „2.3 Medienüberblick" auf S. 5).

3.2 Die Seiten A bis C

Die **Kopfzeile** enthält ein Zitat aus der Foto-Hörgeschichte und repräsentiert den Lernstoff der Seite. Die neue Struktur ist fett hervorgehoben. So können Sie und die TN sich rasch orientieren.

Kopfzeile

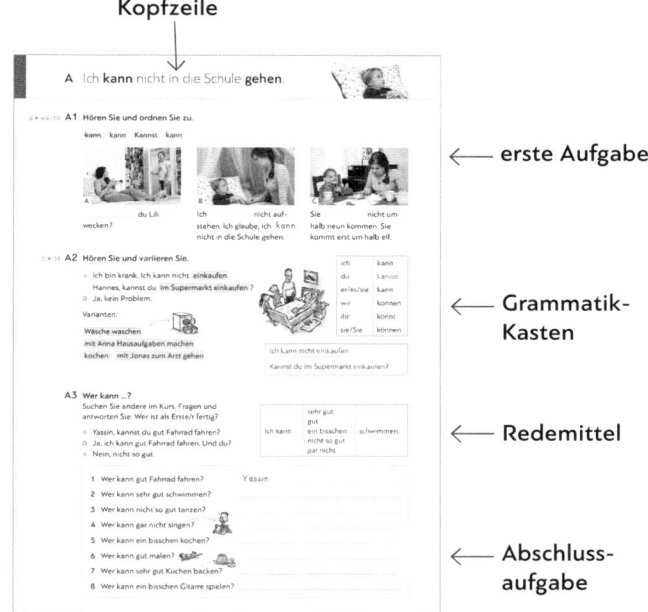

← erste Aufgabe

← Grammatik-Kasten

← Redemittel

← Abschluss-aufgabe

Die **erste Aufgabe** dient der Einführung des neuen Stoffs. Sie bezieht sich ebenfalls im weiteren Sinne auf die Foto-Hörgeschichte und schafft damit den inhaltlichen und sprachlichen Kontext für die neu zu erlernenden Strukturen.

Der **Grammatik-Kasten** fasst den Lernstoff übersichtlich zusammen und macht ihn bewusst. In der **folgenden Aufgabe** üben die TN den Lernstoff.

Die **Abschlussaufgabe** dient dem Transfer des Gelernten in den persönlichen Anwendungsbereich (z. B. über sich selbst sprechen oder schreiben, seine Meinung sagen) oder bietet die Möglichkeiten, den Lernstoff auf spielerische Art und Weise aktiv und interaktiv anzuwenden. Manche Aufgaben sind mit dem Piktogramm ☐ versehen. Dieses weist darauf hin, dass die TN bei dieser Aufgabe ihr Smartphone oder Tablet nutzen können. Hinweise dazu finden Sie in diesem Lehrerhandbuch jeweils bei den didaktischen Vorschlägen zu den entsprechenden Aufgaben. Der Einsatz dieser Medien ist jedoch fakultativ!
Hinweis: Zur Vereinfachung und Unterstützung Ihrer Unterrichtsvorbereitung finden Sie zu vielen der Abschlussaufgaben Kopiervorlagen im Lehrwerkservice unter www.hueber.de/schritt-fuer-schritt.

3.3 Die Seiten D und E

Die Seiten D und E dienen der Vertiefung und Erweiterung der vier Fertigkeiten Lesen – Hören – Schreiben – Sprechen. Die Textsorten zu den Fertigkeiten Lesen und Hören entsprechen ebenso den Anforderungen der Niveaustufe A1 wie die Sprech- und Schreibanlässe (→ siehe „5.2 Fertigkeitstraining" auf S. 11).

3.4 Übersicht: „Grammatik" und „Kommunikation"

Diese Doppelseite gibt einen Überblick über die neue Grammatik und die wichtigen Wendungen der Lektion. Mithilfe der Übersicht kann der Stoff der Lektion selbstständig wiederholt und nachgeschlagen werden. Die Übersicht enthält zudem Verweise auf die *Schritte Neu Grammatik*.

Darüber hinaus soll auf dieser Seite mit kleinen Aufgaben, Tipps, Merkhilfen und Visualisierungen auch wiederholend und vertiefend gearbeitet werden. Diese sind den Grammatiktabellen oder den Redemittelkästen jeweils am rechten Rand direkt zugeordnet. Auf dieses Zusatzangebot kann entweder im Unterricht eingegangen werden oder Sie weisen Ihre Lerner darauf hin, wie sie mit diesen Seiten sinnvoll eigenständig arbeiten und sie zum Nachschlagen nutzen können. Entsprechende Hinweise finden Sie in diesem Lehrerhandbuch auf den Seiten 16/17 und in den didaktischen Hinweisen direkt bei den Aufgaben mit den jeweiligen Grammatikthemen bzw. Wendungen. Sollten mehrere Verweise zu einem Grammatik-Teil vorkommen, dann steht die kurze Anleitung an der „Hauptstelle" und von den „Nebenstellen" wird auf die Hauptstelle verwiesen.

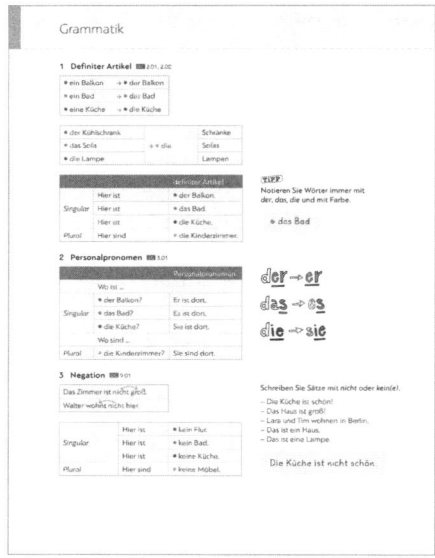

Die Rubriken „Videotraining" und „Audiotraining" verweisen auf ein umfangreiches fakultatives Trainingsangebot, das Lernende und Lehrende im Medienpaket, im Internet und über Smartphone /Tablet abrufen können (→ siehe „2.3 Medienüberblick" auf S. 5).

Eine Kurzbeschreibung des Inhalts und mögliche Vorgehensweisen finden Sie in diesem Lehrerhandbuch unter → „5.12 Arbeit mit den Übersichtsseiten ‚Grammatik' und ‚Kommunikation'" auf den Seiten 16/17 und direkt in den didaktischen Hinweisen zur jeweiligen Lektion.

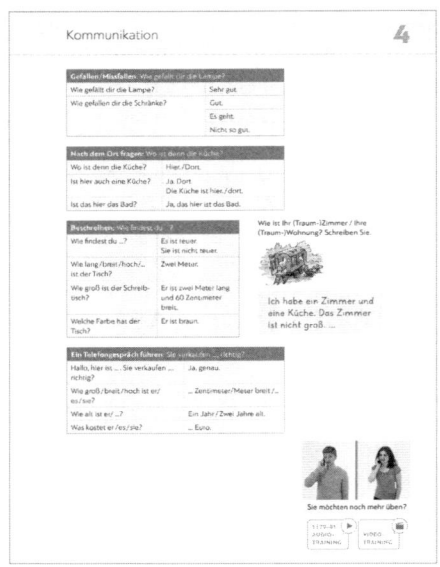

Audiotraining

Das Audiotraining umfasst jeweils drei Übungen zum Wiederholen, Üben und mündlichen Einschleifen der wichtigen Wendungen der Lektion.

Sie können die Übungen zum Videotraining und Audiotraining anfangs in den Unterricht integrieren, um Ihre TN mit diesen Übungsformen vertraut zu machen, und sie später zur selbstständigen Beschäftigung mit diesem Zusatzangebot anregen.

Videotraining

Kleine Filmsequenzen mit den Hauptdarstellern der Foto-Hörgeschichte zeigen wichtige Redemittel und Strukturen der Lektion in kleinen Spielszenen und bieten ein aktives Übungsangebot für die Lernenden. Zu jeder Lektion gibt es einen Film, in dem wichtige Wendungen der Lektion präsentiert werden, sowie einen weiteren Film, in dem die Lernenden aktiv einbezogen werden und durch Nachsprechen oder Variieren von Redemitteln das Gelernte festigen können.

3.5 Zwischendurch mal ...

Auf diesen Doppelseiten finden Sie zwei bis vier kleine Angebote, die Sie fakultativ im Kurs einsetzen oder zur Binnendifferenzierung nutzen können.
Die Rubriken sind: LIED FILM SPIEL LANDESKUNDE PROJEKT COMIC SCHREIBEN LESEN HÖREN RÄTSEL

Der Schwerpunkt dieser Aufgaben und Projekte liegt nicht mehr auf dem Erwerb und Einüben von Strukturen, sondern die Lernenden können hier das in der Lektion erworbene Wissen aktiv und oft spielerisch anwenden und erweitern. Diese Zusatzangebote sind völlig unabhängig voneinander und an verschiedenen Stellen der Lektion einsetzbar. Eine Beschreibung der Einsatzmöglichkeiten finden Sie in diesem Lehrerhandbuch unter „Zwischendurch mal …" in der jeweiligen Lektion. Die Stellen im Unterrichtsablauf, an denen ein Angebot aus „Zwischendurch mal …" eingesetzt werden könnte, sind außerdem angegeben.

4 Das Arbeitsbuch

Im Arbeitsbuch finden Sie vielfältige Übungen und Aufgaben zu den Lernschritten A bis E für die Still- und Partnerarbeit im Kurs oder als Hausaufgabe. Auch hier erscheinen – wie auf der entsprechenden Kursbuchseite – in der Kopfzeile ein Zitat und ein Foto aus der Foto-Hörgeschichte als Strukturierungs- und Memorierungshilfe.

4.1 Die Rubriken
Neben einem vielfältigen und umfassenden Übungsapparat finden Sie im Arbeitsbuch folgende Aufgaben:
* **Richtig schreiben:** Schreibaufgaben mit Fokus auf korrekte Rechtschreibung und/oder Zeichensetzung
* **Prüfung:** Aufgaben, die in ihrem Aufbau genau den gängigen Prüfungsformaten der Prüfungen *Start Deutsch 1* und *2* sowie des *Deutsch-Tests für Zuwanderer (DTZ)* und des *Zertifikats Deutsch* folgen und zur Prüfungsvorbereitung eingesetzt werden können, die Verweise auf die konkreten Prüfungsteile sind ebenso angegeben
* **Phonetik:** ein systematisches Aussprachetraining mit Übungen passend zur Lektion, das sich je nach Bedarf der TN gut in den Unterrichtsablauf integrieren lässt

4.2 Der Selbsttest
Den Abschluss jeder Arbeitsbuchlektion bildet ein Lernertest zur Selbstevaluation.

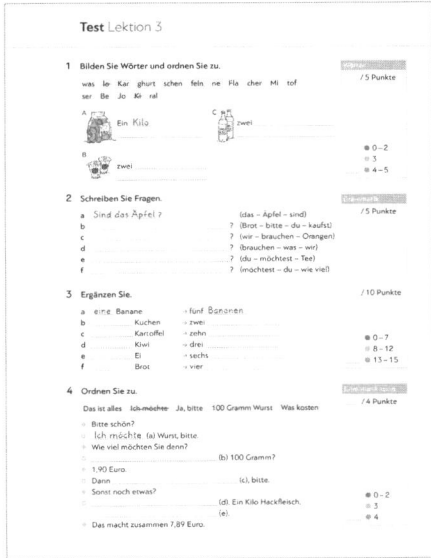

* drei Rubriken: Wörter – Grammatik – Kommunikation
* Punkteauswertung mit „Ampelsystem"
* Vertiefungs- und Erweiterungsübungen im Lehrwerkservice unter www.hueber.de/schritt-fuer-schritt/lernen/uebungen

4.3 Der Lernwortschatz
Am Ende des Arbeitsbuchs gibt es auf den Seiten 180–204 ein integriertes „Wörterlernheft" in Form einer Liste mit dem Lernwortschatz und Visualisierungen zu Kernthemen der Lektion. Der Lernwortschatz ist chronologisch nach Lektionen sortiert und innerhalb der Lektion den Aufgaben zur Foto-Hörgeschichte sowie den Lernschritten A–E zugeordnet. Die TN können eigene Übersetzungen in ihrer Muttersprache ergänzen. Es gibt mehrere Memorierungshilfen für die TN: Zu jedem Wort gibt es einen Kontextsatz, der das Lernen des Wortes unterstützt. Zudem sind die Nomen mit farbigen Genuspunkten und Artikeln versehen. Am Ende des Lernwortschatzes jeder Lektion finden die TN eine bebilderte Darstellung eines Wortfeldes sowie einen Lerntipp zum Wörterlernen.

4.4 Die Grammatikübersicht
Am Ende des Buches befindet sich eine Übersicht über den gesamten Grammatikstoff des Bands zum Nachschlagen. Die Übersicht enthält Verweise auf das Vorkommen in den Lektionen sowie auf die *Schritte Neu Grammatik*.

5 Methodisch-didaktische Grundlagen und praktische Tipps

5.1 Arbeit mit der Foto-Hörgeschichte
Der Einstieg in jede Lektion erfolgt über eine Foto-Hörgeschichte. Diese …
* ist authentisch: Die Sprache wird im Kontext vorgestellt. Die Lernenden können sich intensiv mit einer Geschichte auseinandersetzen, wodurch das Memorieren von Wörtern und Strukturen erleichtert und verbessert wird.
* ist motivierend: Die Fotos erleichtern eine situative und lokale Einordnung der Geschichte und aktivieren das Vorwissen. Durch die Kombination von Foto und Hörtext/Geräuschen verstehen die Lernenden eine zusammenhängende Episode. Sie erkennen, dass sie am Ende der Lektion in der Lage sein werden, eine ähnliche Situation sprachlich zu meistern.
* macht neugierig: Die Geschichten sind so amüsant, dass sie das Interesse der Lernenden wecken und zur Identifikation einladen.
* vermittelt implizit Landeskunde und regt zu interkulturellen Betrachtungen an.

Neben den Audio-Dateien steht Ihnen die Foto-Hörgeschichte auch als „Slide-Show" zur Verfügung. Diese können Sie im Unterricht am interaktiven Whiteboard abspielen und haben damit eine direkte Verknüpfung von Bild und Ton. Alternativ können die TN die Slide-Show zur Nachbereitung auf dem Smartphone oder Tablet ansehen (→ siehe „2.3 Medienüberblick" auf S. 5).

„Laras Film" / „Tims Film"
Die Foto-Hörgeschichte wird ergänzt durch kleine Filme. Jede Filmsequenz passt zur Foto-Hörgeschichte und erweitert das Thema der Foto-Hörgeschichte um einen Aspekt aus der Perspektive der Hauptfiguren Lara und Tim. Die Hauptfiguren erzählen in kleinen „Handyfilmen" ergänzende Geschichten aus ihrem Alltag. Dies lässt Geschichte und Figuren lebendiger werden, vermittelt darüber hinaus vertiefende landeskundliche Inhalte und bietet motivierende Sprechanlässe.

Praktische Tipps:
Arbeit mit der Foto-Hörgeschichte
Beginnen Sie den Unterricht nicht direkt mit dem Hören der Geschichte. Die TN lösen zu jeder Episode Aufgaben vor dem Hören, während des Hörens und nach dem Hören. Generell sollten Sie die Geschichte so oft wie nötig vorspielen und ggf. an entscheidenden Passagen stoppen. Achten Sie darauf, jede Episode mindestens einmal durchgehend vorzuspielen.
Hören Sie am Ende jeder Lektion die Geschichte mit den TN noch einmal. Das ermutigt sie, denn sie können erleben, wie viel sie im Vergleich zum allerersten Hören nun schon verstehen, und das fördert die Motivation.

Aufgaben vor dem Hören
Die Aufgaben vor dem Hören machen eine situative Einordnung der Geschichte möglich. Sie führen neue, für das Verständnis wichtige Wörter der Geschichte ein und lenken die Aufmerksamkeit auf die im Text wichtigen Passagen und Schlüsselwörter. Für die Vorentlastung bieten sich außerdem viele weitere Möglichkeiten:

Fotosalat und Satzsalat
Kopieren Sie die Fotos und schneiden Sie die einzelnen Fotos aus. Achten Sie darauf, die Nummerierung auf den Fotos wegzuschneiden. Die Bücher bleiben geschlossen. Verteilen Sie je ein Fotoset an Kleingruppen mit 3 bis 4 TN. Die TN legen die Fotos in eine mögliche Reihenfolge, hören die Geschichte mit geschlossenen Büchern und vergleichen die Foto-Hörgeschichte mit ihrer Reihenfolge. Sie korrigieren ggf. ihre Reihenfolge.
Diese Übung kann um Satzkarten erweitert werden: Schreiben Sie zu den Fotos einfache Sätze oder Zitate aus der Geschichte auf Kärtchen, die die TN dann den Fotos zuordnen. Sie können hier auch zwischen geübteren und ungeübteren TN differenzieren, indem Sie geübteren TN weniger Vorgaben und Hilfen an die Hand geben als den ungeübteren.
Auf fortgeschrittenerem Niveau können sich die TN zu ihrer Reihenfolge der Fotos eine kleine Geschichte ausdenken oder Minidialoge schreiben. Ihre Geschichte können sie dann beim Hören mit dem Hörtext vergleichen.

Hypothesen bilden
Verraten Sie den TN nur die Überschrift der Lektion und zeigen Sie ggf. noch eines der Fotos auf Folie. Die TN spekulieren, soweit es die Sprachkenntnisse zulassen, worum es in der Geschichte gehen könnte (Wo? Wer? Was? Wie viele? Wie? Warum?). Oder die TN sehen sich die Fotos im Buch an und stellen Vermutungen über den Verlauf der Handlung an. Das motiviert und macht auf die Geschichte neugierig. Zudem wird das spätere Hören in der Fremdsprache erleichtert, weil eine bestimmte Hör-Erwartung

aufgebaut wird. Fortgeschrittenere Anfänger können sich im Vorfeld Minigespräche zu den Fotos überlegen und ein kleines Rollenspiel machen. Nach dem Hören vergleichen sie dann ihren Text mit dem Hörtext.

Situationsverwandte Bilder/Texte
Vielleicht finden Sie einen passenden Text oder ein Bild / einen Comic, den Sie verwenden können, um in das Thema einzuführen und unbekannten Wortschatz zu klären. Diese Übungsform eignet sich, wenn Sie erst ganz allgemein auf ein Thema hinführen wollen, ohne die Fotos aus der Foto-Hörgeschichte schon zu zeigen. Zeigen Sie z. B. beim Thema „Einkauf" das Bild eines gefüllten Einkaufskorbs. Die TN nennen die ihnen bekannten Lebensmittel. Dadurch wird das Vorwissen der TN aktiviert.

Aufgaben während des Hörens
Die TN sollten die Geschichte mindestens einmal durchgehend hören, damit der vollständige Zusammenhang gegeben ist. Dabei ist es nicht wichtig, dass die TN sofort alles erfassen. Sie haben verschiedene Möglichkeiten, den TN das Verstehen zu erleichtern:

Mitzeigen
Beim Wechsel von einem Foto zum nächsten ist ein „Klick" zu hören, der es den TN erleichtert, dem Hörtext zu folgen. Bei jedem Klick können die TN wieder in die Geschichte einsteigen und mithören, falls sie den Faden einmal verloren haben sollten. Als weitere Hilfestellung können Sie zumindest in den ersten Stunden einen TN bitten, auf den vergrößerten Fotos der Foto-Hörgeschichte mitzuzeigen. Die übrigen TN zeigen in ihrem Buch mit, sodass Sie kontrollieren können, ob alle der Geschichte folgen können.

Wort-/Bildkärtchen
Stellen Sie im Vorfeld Kärtchen mit Informationen aus der Foto-Hörgeschichte her (z. B. Lektion 5: Bild- oder Verbkärtchen mit den Tätigkeiten der Familie). Die TN hören die Geschichte mit geschlossenen Büchern und legen die Kärtchen während des Hörens in die Reihenfolge, in der die Informationen in der Geschichte vorkommen.

Antizipation
Wenn die TN wenig Verständnisschwierigkeiten beim Hören haben bzw. wenn die TN schon geübter sind, können Sie die Foto-Hörgeschichte natürlich auch während des Hörens immer wieder stoppen und die TN ermuntern, über den Fort- und Ausgang der Geschichte zu spekulieren. Allerdings sollten Sie die Geschichte im Anschluss auch einmal durchgehend vorspielen.

Aufgaben nach dem Hören
Die Aufgaben nach dem Hören dienen dem Heraushören von Kernaussagen. Sie überprüfen, ob die Handlung global verstanden wurde. Lesen Sie die Aufgaben gemeinsam mit den TN, geben Sie Gelegenheit zu Wortschatzfragen und spielen Sie die Geschichte noch weitere Male vor, um den TN das Lösen der Aufgaben zu erleichtern. Stoppen Sie die Geschichte ggf. an den entscheidenden Passagen, um den TN Zeit für die Eintragung ihrer Lösung zu geben. Darüber hinaus können Sie die Foto-Hörgeschichte für weitere spielerische Aktivitäten im Unterricht nutzen und so den Wortschatz festigen und erweitern:

Rollenspiele

Vor allem schon geübtere TN können kleine Gespräche zu einem oder mehreren Fotos schreiben. Diese Gespräche werden dann vor dem Plenum als kleine Rollenspiele nachgespielt oder mit dem Smartphone aufgenommen und dann gezeigt. Regen Sie die TN auch dazu an, die Geschichte weiterzuentwickeln und eine Fortsetzung zu erfinden.

Pantomime

Stoppen Sie das Audio beim zweiten oder wiederholten Hören jeweils nach der Rede einer Person. Bitten Sie die TN, in die jeweilige Rolle zu schlüpfen. Lassen Sie die TN pantomimisch darstellen, was sie soeben gehört haben. Fahren Sie dann mit der Foto-Hörgeschichte fort. Wenn die TN schon geübter sind, können die TN die Geschichte pantomimisch mitspielen, während Sie diese noch einmal vorspielen.

Kursteilnehmerdiktat

Die TN betrachten die Fotos. Ermuntern Sie einen TN, einen beliebigen Satz zu einem der Fotos zu sagen, z. B. „Heute ist das Wetter gut." Alle TN schreiben diesen Satz auf. Ein anderer TN setzt die Aktivität fort, z. B. „Wir machen heute ein Picknick." etc. So entsteht eine kleine Geschichte oder ein Dialog. Die TN sollten auch eine Überschrift für ihren gemeinsam erarbeiteten Text finden. Schreiben Sie oder einer der TN auf der Rückseite der Tafel oder auf Folie mit, damit die TN abschließend eine Möglichkeit zur Korrektur ihrer Sätze haben. Diese Übung trainiert nicht nur eine korrekte Orthografie, sondern dient auch der Wiederholung und Festigung von Wortschatz und Redemitteln.

Situationsverwandte Bilder/Texte

Auch nach dem Hören können Sie situationsverwandte Bilder oder Texte zur Vertiefung des Themas der Foto-Hörgeschichte nutzen. Die TN können die Unterschiede zwischen der Foto-Hörgeschichte und dem Text oder der Situation herausarbeiten. So könnte z. B. in Lektion 6 mithilfe einer Statistik über das Freizeitverhalten der Deutschen dargestellt werden, welchen Freizeitaktivitäten die Deutschen nachgehen.
Texte oder Bilder können auch in eine andere Situation überleiten und nach dem Hören der Foto-Hörgeschichte zur Erweiterung eingesetzt werden (z. B. Lektion 3: Einkaufen auf dem Markt; weiterführend: Einkäufe in der Bäckerei, in der Fleischerei, im Schreibwarengeschäft). Damit werden Wörter und Redemittel in einen anderen Zusammenhang transferiert und erweitert. Sie können so individuell auf die Interessen Ihres Kurses eingehen.

Phonetik

Die Foto-Hörgeschichte bietet sich sehr gut für das Aussprachetraining an, denn sie enthält viele für den Alltag wichtige Redemittel, die sich gut als Formeln merken lassen. Greifen Sie wesentliche Zitate/Passagen aus der Geschichte heraus, spielen Sie diese isoliert vor und lassen Sie die TN diese Sätze nachsprechen. Der Hörspielcharakter und der situative Bezug innerhalb der Foto-Hörgeschichte erleichtern den TN das Memorieren solcher Redemittel. Außerdem lernen die TN, auch emotionale Aspekte (Empörung, Freude, Trauer, Wut, Mitgefühl …) auszudrücken. Schließlich kommt es nicht nur darauf an, was man sagt, sondern vor allem darauf, wie man es sagt. In jeder Sprache werden ganz unterschiedliche Mittel benutzt, um solche emotionalen Aspekte auszudrücken.

Nicht zuletzt können auch Modalpartikeln wie „doch", „aber", „eben" unbewusst eingeschliffen werden. Die Bedeutung von Modalpartikeln zu erklären ist im Anfängerunterricht schwierig und daher oft wenig sinnvoll. Mithilfe der Zitate aus der Foto-Hörgeschichte können die TN diese aber verinnerlichen und automatisch anwenden, ohne dass Erklärungen erforderlich sind.

Praktische Tipps:
Arbeit mit „Laras Film / Tims Film"

Es gibt mehrere Möglichkeiten für den Einsatz im Kurs:

* Sie können die Filme im Unterricht zeigen, nachdem Sie die Foto-Hörgeschichte durchgearbeitet haben. In diesem Lehrerhandbuch finden Sie Hinweise dazu, wie und wann Sie die Filme im Unterricht einsetzen können. Darüber hinaus gibt es im Lehrwerkservice unter www.hueber.de/schritt-fuer-schritt Arbeitsblätter zu jedem Film, die Sie im Kurs bearbeiten können (→ siehe „2.3 Medienüberblick" auf S. 5).
* Sie können die Filme im Unterricht auch als motivierenden Abschluss der Lektion zeigen.
* Die TN können die Filme nutzen, um ihr eigenes Verständnis des Lektionsstoffs zu überprüfen.
* Die Filme bieten neben der Foto-Hörgeschichte eine situative und authentische Einbindung des Lernstoffs, sodass die TN sehen, wo und wie sie das Gelernte umsetzen können.
* Die TN nutzen die Filmvorlage für entsprechende eigene kleine Handyfilme, z. B. im Rahmen eines kleinen Projekts. Anschließend zeigen die TN ihre Filme im Kurs oder stellen sie auf die Lernplattform.
* Alternativ können sich die TN analog zu den Handyfilmen weitere Situationen ausdenken, eigene Rollenspiele entwickeln und diese im Kurs präsentieren.
* Wenn Sie keine Möglichkeit haben, Filme im Unterricht zu zeigen, sollten Sie Ihre TN auf jeden Fall auf das Filmsymbol hinweisen. Sie können die Filme dann im Internet über ihre Smartphones/Tablets abrufen und haben damit eine motivierende Möglichkeit, den Lernstoff zu wiederholen (→ siehe „2.3 Medienüberblick" auf S. 5).

5.2 Fertigkeitstraining:
Lesen – Hören – Schreiben – Sprechen

Das gezielte Fertigkeitstraining spielt in *Schritt für Schritt in Alltag und Beruf* eine tragende Rolle. Sowohl die rezeptiven Fertigkeiten (Lesen und Hören) als auch die produktiven Fertigkeiten (Schreiben und Sprechen) werden systematisch geübt.

Lesen

Besonders für lese- und schreibungeübte Lernende ist es wichtig, das Lesen anhand einfacher authentischer Textsorten zu üben. Dazu gehören auf dem Niveau A1 Schilder, Prospekte, Kataloge, Kleinanzeigen, einfache E-Mails und Kurznachrichten. Kurze Zeitungsartikel, Blogeinträge und Reportagen runden das Programm ab.

Hören

Die TN lernen, Kernaussagen und wichtige Informationen aus alltagsrelevanten Textsorten zu entnehmen. Dazu gehören z. B. Lautsprecherdurchsagen, automatische Telefonansagen, Meldungen im Radio etc.

Schreiben

Die TN lernen, einfache formelhafte Notizen zu machen sowie persönliche E-Mails, Kurznachrichten und Mitteilungen zu schreiben. Um die Schreibfertigkeit der TN aufzubauen, enthält das Arbeitsbuch viele Schreibaufgaben sowie ausreichend Platz für die Lernenden, um zu schreiben.

Sprechen

Die TN werden zur sprachlichen Bewältigung einfacher Alltagssituationen hingeführt. Dazu gehören z. B. das Bitten um Informationen, Terminabsprachen, Entschuldigungen und Einladungen. Sprechen auf der Niveaustufe A1 heißt: Fragen stellen und Antworten geben. In *Schritt für Schritt in Alltag und Beruf 1* und *2* üben die TN daher häufig kurze Frage-Antwort-Gespräche.

5.3 Grammatikvermittlung

Die Grammatikprogression in *Schritt für Schritt in Alltag und Beruf* orientiert sich an den Lernzielen des Rahmencurriculums für Integrationskurse und den Vorgaben der Prüfung *DTZ*. In übersichtlichen kurzen Lernschritten werden die Strukturen in kleinen „Portionen" eingeführt und intensiv geübt. Häufige Wiederholungsschleifen festigen das Gelernte und bereiten auf die Erweiterung einer grammatischen Struktur vor. Dort, wo es sich anbietet, wird der neue Stoff auch induktiv eingeführt, d. h. die TN erarbeiten und entdecken neue Strukturen/Paradigmen mithilfe der Aufgaben selbst. Deshalb werden ab *Schritt für Schritt in Alltag und Beruf 1* manche Grammatik-Kästen von den TN selbst ausgefüllt.

Von Anfang an gibt es im Arbeitsbuch Übungen, die den TN neue Grammatikphänomene durch die Art der Aufgabenstellung bewusst machen und zum eigenen Entdecken des neuen Stoffs einladen.

Grammatik-Kasten

Der Grammatik-Kasten fasst den neuen Stoff anhand von Beispielen einfach und verständlich zusammen. Farbsignale ersetzen Regelerklärungen, die die TN im Anfängerunterricht noch gar nicht verstehen würden.

Das Erlernen des Artikelsystems wird durch eine besondere Farbkennzeichnung unterstützt:

(blau) • der Fernseher, -
(grün) • das Bett, -en
(rot) • die Dusche, -n
(gelb) • die Möbel (Pl.)

Diese Farbkodierung, die sich durch alle Bestandteile des Lehrwerks zieht, unterstützt als Memorierungshilfe den Lernprozess (→ siehe „4.3 Lernwortschatz" auf S. 9).

Praktische Tipps: Arbeit mit den Grammatik-Kästen

- Schreiben Sie die Beispiele aus den Grammatik-Kästen an die Tafel / ans IWB und heben Sie die neuen Strukturen – wie im Grammatik-Kasten – visuell hervor. Verweisen Sie auf die erste Aufgabe auf den A-C-Seiten und zeigen Sie die dahinterstehende Struktur auf.
- Die TN sollten immer das Gefühl haben, Grammatik als Hilfsmittel für das Sprechen und Schreiben zu lernen und nicht als Selbstzweck. Zeigen Sie deshalb immer den konkreten kommunikativen Nutzen der erlernten Grammatik auf und arbeiten Sie mit Beispielen.

- Sollten Ihre TN die Grammatik-Kästen selbst ausfüllen, ist es wichtig, dass Sie immer im Anschluss die richtige Lösung an der Tafel / am IWB präsentieren.
- Verweisen Sie im Verlauf der Unterrichtsstunde immer wieder auf den Grammatik-Kasten. Er soll den TN auch bei den anschließenden Anwendungsaufgaben als Gedächtnisstütze und Orientierungshilfe dienen.
- Der Grammatik-Kasten kann auch als Vorlage für Plakate dienen, die im Kursraum aufgehängt werden. Sie zeigen kurz und knapp das Wichtigste. Vor allem zu Beginn eines Kurses und bei lernungewohnten TN ist es sehr nützlich, wichtige Strukturen immer „im Blick" zu haben und schnell darauf verweisen zu können.
- Verweisen Sie auch immer wieder auf die Tabellen auf der Übersichtsseite „Grammatik" sowie die dort angebotenen Zusatzaufgaben und Memorierungshilfen.
- Achten Sie von Anfang an darauf, dass die TN neue Nomen mit dem Genuspunkt und der Pluralmarkierung (analog zum Lernwortschatz) und ab Band 2 auch die Verben immer mit dem Partizip Perfekt und dem entsprechenden Hilfsverb notieren.

5.4 Wortschatzvermittlung

Die Wortschatzprogression orientiert sich ebenfalls an den Lernzielen des Rahmencurriculums für Integrationskurse und den Vorgaben der Prüfung *DTZ*. Der Wortschatzarbeit liegen folgende Überlegungen zugrunde:
- Neuer Wortschatz wird mit bekannten Strukturen eingeführt, damit die TN sich auf die neuen Wörter konzentrieren können.
- Nach Möglichkeit werden Wortfelder eingeführt.
- Im Lernwortschatz am Ende des Arbeitsbuchs wird jedes neue Wort mit einem Kontextsatz aus der Lektion und einer Schreiblinie ergänzt, auf der die TN die Übersetzung in ihre Muttersprache eintragen können. Sie können sich damit selbst abfragen und den neuen Wortschatz im Kontext lernen. Zahlreiche Wörter und Wortfelder sind im Lernwortschatz visualisiert. Auch dies erleichtert das Vokabellernen.
- Kleine Lerntipps zum Vokabellernen im Lernwortschatz helfen den TN beim Spracherwerb (→ siehe „4.3 Lernwortschatz" auf S. 9).

Praktische Tipps

- Achten Sie darauf, dass die TN von Anfang an gezielt ein Wörterbuch (oder eine Wörterbuch-App) benutzen. Das fördert das autonome Lernen.
- Nutzen Sie auch die Foto-Hörgeschichten für die Wortschatzarbeit. Die TN suchen im Wörterbuch passende Wörter zu den Fotos.
- Achten Sie auf regelmäßige Wiederholung der Lernwörter.
- Geben Sie regelmäßig die Lernwörter der jeweiligen Kursbuchseiten als Hausaufgabe und fragen Sie diese in der nächsten Stunde ab. Erstellen Sie zum Abfragen einen kleinen Lückentext mit Lücken für die neuen Wörter.
- Lassen Sie neue Wörter pantomimisch darstellen: Die anderen raten.
- Lassen Sie neue Wörter zeichnen: Die anderen raten.
- Umschreiben Sie die Wörter. Die TN raten das passende Wort.

- Erstellen Sie Bildkarten oder ein Bilder-Bingo, um den Wortschatz spielerisch zu wiederholen.
- Die TN bilden Wortketten im Rahmen eines „Ich packe meinen Koffer"-Spiels.
- Die TN erstellen Wortschatzübungen füreinander (Kreuzworträtsel, Buchstabensalat etc.).
- Die TN bilden zwei Gruppen, laufen abwechselnd zur Tafel und notieren neue Wörter.
- Die TN laufen im Kursraum herum und murmeln die neuen Wörter. Das hilft beim Einprägen.
- Fragen Sie auch immer wieder Wörter aus vorhergegangenen Lektionen als Wiederholung ab, indem Sie z. B. ausgewählte Wörter auf Kärtchen schreiben und nach Wortarten, Artikeln oder Wortfeldern sortieren lassen.
- Weisen Sie die TN auf die Lerntipps zum Wörterlernen auf den Lernwortschatz-Seiten hin.

5.5 Automatisierung

Für einen erfolgreichen Spracherwerb ist es wichtig, neue Strukturen nicht nur kognitiv zu erfassen, sondern sie auch immer wieder einzuschleifen. Durch diese Automatisierung bekommen die TN ein Gespür für die neuen Strukturen. Durch das aktive Verwenden und Memorieren werden diese zu beherrschbarem Sprachmaterial. Die TN gewinnen Vertrauen in die Erlernbarkeit des Neuen. Dafür bietet *Schritt für Schritt in Alltag und Beruf* mehrere Möglichkeiten an:

- Variationsaufgaben: Kurze, alltagsbezogene Modellgespräche, die die TN variieren sollen.
- Audiotraining: Einschleifübungen zu Grammatik und Redemitteln der Lektion
- Videotraining: Präsentation und Einschleifübungen zu den Redemitteln der Lektion

Praktische Tipps zum Audio- und Videotraining finden Sie unter → „5.12 Arbeit mit den Übersichtsseiten ‚Grammatik' und ‚Kommunikation'" auf den Seiten 16/17 und direkt in den didaktischen Hinweisen zur jeweiligen Lektion.

Praktische Tipps: Arbeit mit den Variationsaufgaben

- Die TN decken den Modelldialog zu und hören ihn zunächst nur. Falls vorhanden, sehen Sie dazu das Bild/Foto an und konzentrieren sich auf die Situation. Wenn Sie die Bilder/Fotos auf Folie kopieren / am IWB zeigen, können die TN die Bücher geschlossen lassen.
- Stoppen Sie das Modellgespräch beim zweiten Hören nach jedem einzelnen Sprechpart. Die TN sprechen im Chor nach. Dabei sollen Sie den Text nicht mitlesen, sondern sich auf das Hören und Nachsprechen konzentrieren.
- Die TN hören das Gespräch noch einmal und lesen mit.
- Die TN lesen und sprechen das Gespräch in Partnerarbeit.
- Die TN lesen die Varianten und sprechen das Gespräch in Partnerarbeit mit den Varianten. Die farbigen Unterlegungen helfen den TN zu erkennen, welche Teile des Gesprächs variiert werden sollen.
- Die TN wechseln regelmäßig die Rollen.
- Die TN sollten manche Gespräche auch auswendig lernen und vor dem Kurs vorspielen.
- Die TN können oder sollen auch eigene Varianten bilden.

5.6 Aktivitäten im Kurs

In den Abschlussaufgaben auf jeder Kursbuchseite wird der Lernstoff in den persönlichen Bereich der TN übertragen. Sie befragen sich auf ganz unterschiedliche Art gegenseitig zu verschiedenen Themen oder üben den Lernstoff durch eine spielerische Aktivität in Kleingruppen.

Achten Sie darauf, dass die TN sich bei diesen Aktivitäten möglichst oft im Kursraum bewegen. Das fördert das Memorieren von Wörtern und Strukturen. Bewegung ist für viele TN auch konzentrationsfördernd und trägt zur Aktivierung beider Gehirnhälften bei. Dadurch wird neuer Wortschatz im Gedächtnis besser verankert.

Bei dieser Art von Aufgaben geht es häufig darum, dass die TN selbst Kärtchen, Plakate oder Fragebögen erstellen, was nicht nur ein gutes Schreibtraining ist, sondern sich auch positiv auf das Kursklima auswirkt. Wenn Sie im Kurs nicht genug Zeit für Bastelarbeiten haben, können Sie zu den entsprechenden Aufgaben Kopiervorlagen aus dem Lehrwerkservice unter www.hueber.de/schritt-fuer-schritt nutzen (→ siehe „2.3 Medienüberblick" auf S. 5).

Praktische Tipps

- Vermeiden Sie in diesen Phasen zu viele Korrekturen. Die TN sollen Gelegenheit haben, sich frei auszudrücken.
- Achten Sie auf den Wechsel von Sozialformen.
- Nutzen Sie einen Ball für Frage-Antwort-Gespräche.
- Rollenspiele sollten nicht nur gesprochen, sondern auch gespielt werden. Wenn Ihre TN im Besitz von Smartphones sind, können Sie sie auch anregen, kleine Videos von den Rollenspielen aufzunehmen.
- „Kugellager": Die TN stehen sich in einem Außenkreis und einem Innenkreis gegenüber. Der Außenkreis stellt Fragen, der Innenkreis antwortet. Nach jedem Mini-Gespräch bewegt sich der Innenkreis im Uhrzeigersinn, damit stehen sich zwei neue Partner gegenüber. Alternativ können Sie die TN sich auch zu Musik im Kreis bewegen lassen. Wenn die Musik stoppt, sprechen sie mit der Partnerin / dem Partner, die/der ihnen gerade gegenübersteht. Auf diese Weise können Sie Bewegung und Musik in den Unterricht integrieren.
- Texte, Plakate etc. werden im Kursraum aufgehängt. Die TN gehen herum und sprechen darüber.
- Die TN suchen andere TN mit möglichst vielen Gemeinsamkeiten oder Unterschieden.
- Die TN sprechen mit wechselnden Partnern (WPA), um so möglichst oft die Dialoge oder Aufgaben zu wiederholen und zu variieren.
- Sie können hier gezielt geübtere und ungeübtere TN zusammenarbeiten lassen und so eine Differenzierung vornehmen, ohne dass sie den TN sofort bewusst wird.

Praktische Tipps zur Paar- und Gruppenbildung
Paare:

- Verteilen Sie Kärtchen, auf denen z. B. Frage und Antwort stehen. TN mit einer Frage suchen den TN mit der passenden Antwort. Dies können Sie später auch mit Verbformen (Infinitiv und Partizip), Gegensatzpaaren, Komposita oder mehrsilbigen Wörtern usw. durchführen.
- Kleben Sie vor dem Unterricht unter oder hinter die Stühle der TN Zettelchen, von denen je zwei die gleiche Farbe haben. Das geht auch mit Bonbons. So können Sie die Partnerfindung steuern.

- Nehmen Sie ein Bündel Schnüre, Anzahl: die Hälfte Ihrer TN. Die TN fassen je ein Ende einer Schnur, am anderen Ende der Schnur finden sie ihre Partnerin / ihren Partner.
- Das „Atomspiel": Die TN stehen auf und bewegen sich frei im Raum, evtl. können Sie Musik dazu vorspielen. Als Stoppzeichen rufen Sie „Atom 2" (alternativ: 3/4/5/...). Die TN finden sich paarweise (bzw. zu Dreier-, Vierer-, Fünfergruppen ...) zusammen.

Gruppen:
- Zerschneiden Sie einen Satz in seine Bestandteile: Die TN müssen den Satz zusammenfügen (z. B. „Und wie heißen Sie?") und bilden eine Gruppe.
- Lassen Sie die TN abzählen (bei einer Gruppe von 21 TN von 1 bis 7, alle Einser gehen zusammen, alle Zweier etc.).
- Zerschneiden Sie Postkarten (Bilderpuzzle) oder Spielkarten und verteilen Sie sie: Die TN suchen die fehlenden Puzzleteile und finden so gleichzeitig ihre Partner.
- Definieren Sie bestimmte Merkmale: Alle mit Brille, alle mit blauen Augen, ... bilden eine Gruppe.

5.7 Binnendifferenzierung

Ein (Integrations-)Kurs setzt sich aus TN mit unterschiedlichen Muttersprachen sowie unterschiedlichen Lernerfahrungen und Lernzielen zusammen. Binnendifferenzierung ist eine Möglichkeit, den Unterricht für alle TN interessant zu gestalten, auf die unterschiedlichen Bedürfnisse der TN einzugehen und jeden Einzelnen so gut wie möglich zu fördern. Binnendifferenzierung bedeutet Gruppenarbeit: Innerhalb des Kurses werden (zeitweise) mehrere Gruppen gebildet, die unterschiedliche Lerninhalte bearbeiten. Das kann beispielsweise heißen, dass leistungsstärkere Gruppen mehr oder schwierigere oder freiere Aufgaben erhalten oder dass für einzelne Gruppen verschiedene Lernziele gesetzt werden. *Schritt für Schritt in Alltag und Beruf* bietet vielfache Unterstützung für einen binnendifferenzierenden Unterricht:
- in den Unterrichtsplänen durch praktische Hinweise zum binnendifferenzierenden Arbeiten
- explizit im Lehrerhandbuch durch Zusatzaufgaben für schnellere TN
- implizit im Kursbuch durch Lesetexte oder Rollenspiele in unterschiedlichen Schwierigkeitsgraden
- implizit im Kursbuch durch die „Zwischendurch mal ..."-Seiten: Die Aufgaben auf diesen Seiten können in Einzelarbeit, in Gruppenarbeit oder auch im Kurs bearbeitet werden. In den Unterrichtsplänen finden Sie jeweils Verweise dazu, wie und wann schnelle oder interessierte TN die Aufgaben auf diesen Seiten bearbeiten können.
- implizit im Kursbuch durch die Extra-Aufgaben auf den Übersichtsseiten „Grammatik" und „Kommunikation"
- implizit im Arbeitsbuch durch die Selbsttests: Das „Ampelsystem" in der Auswertung ermöglicht den TN, im Internet unter www.hueber.de/schritt-fuer-schritt/lernen/uebungen die passenden Anschlussübungen zu finden. Die TN können mit diesen Übungen den Stoff der Lektion selbstständig wiederholen und sich ggf. auch auf den Test vorbereiten. (→ siehe „4.2 Der Selbsttest" auf S. 9).

Praktische Tipps

Wichtig: Es ist nicht nötig, dass immer alle alles machen! Teilen Sie die Gruppen nach Kenntnisstand und/oder Neigung ein. Die einzelnen Gruppen können ihre Ergebnisse dem Plenum präsentieren. So lernen die TN miteinander und voneinander.

Binnendifferenzierung / Kursbuch
- Verweisen Sie schnellere TN immer wieder auf die passenden Aufgaben auf den „Zwischendurch mal ..."-Seiten und den Übersichtsseiten. Gehen Sie herum und helfen Sie individuell.
- Lassen Sie nach Abschluss von Lektion 1 alle TN den Selbsttest im Arbeitsbuch machen. Erläutern Sie das „Ampelsystem" und zeigen Sie – wenn möglich – exemplarisch im Internet, wie die TN mit den zusätzlichen Übungen umgehen sollen.
- Wenn Sie einen Computerraum zur Verfügung haben, bieten Sie für die erste Lektion an, die Übungen gemeinsam im Kurs durchzugehen. So können Sie helfen, wenn die TN mit den Übungsformen noch nicht vertraut sind.
- Ermuntern Sie die TN, das Audio- und Videotraining und die Handyfilme aktiv zu nutzen. Schnellere TN können diese Aufgaben mithilfe von Smartphone/Tablet und Kopfhörer auch nutzen, während andere TN noch Aufgaben aus Kurs- oder Arbeitsbuch lösen.
- Stellen Sie Mindestanforderungen, die von allen TN gelöst werden sollen. Besonders schnelle TN bekommen zusätzliche Aufgaben. Reduzieren Sie die Vorgaben und Hilfestellungen für lerngewohntere TN. Entfernen Sie z. B. Vorgaben oder Schüttelkästen in den Aufgaben.
- Binden Sie schnellere TN als Co-Lehrer mit ein: Wenn diese eine Aufgabe beendet haben, können sie die Lösung schon an die Tafel oder ans IWB schreiben.
- Stellen Sie die Gruppen nach Neigung oder Lerntypen zusammen. Haben Sie beispielsweise visuell orientierte TN, können Sie neue Grammatikstrukturen mit Beispielen und Farben an der Tafel oder dem IWB präsentieren. Kognitiv orientierte TN erhalten Tabellen, in denen sie neue Formen eintragen – für diese TN sind die selbstauszufüllenden Grammatiktabellen besonders gut geeignet.
- Lassen Sie bei unterschiedlich schwierigen Aufgaben die TN selbst wählen, welche sie lösen möchten und wie viel sie sich zutrauen. Damit vermeiden Sie eine feste Rollenzuweisung, denn ein TN kann sich einmal für die einfachere Aufgabe entscheiden, weil er sich selbst noch unsicher fühlt, ein anderes Mal aber für die schwierigere, weil er sich in diesem Fall schon sicher fühlt.
- Aufgaben zum Lesen: Nicht alle TN müssen alle Aufgaben lösen. Langsamere TN können sich auf die Aufgaben zum globalen Lesen konzentrieren oder nur weniger Absätze lesen und den restlichen Text als Hausaufgabe bearbeiten. Schnellere TN finden eine Reihe von weiteren Lesetexten auf den „Zwischendurch mal ..."-Seiten.
- Aufgaben zum Hören: Sie können die TN in Gruppen aufteilen: Jede Gruppe achtet beim Hören auf einen bestimmten Sprecher und beantwortet die entsprechenden Fragen.
- Aufgaben zum Sprechen: TN, die noch Hilfestellung benötigen, können bei Sprechaufgaben auf die

Redemittel auf den Kursbuchseiten und auf der Übersichtsseite zurückgreifen. Geübtere TN sollten das Buch schließen.

- Aufgaben zum Schreiben: Achten Sie auf die Vorlieben der TN. Nicht alle haben Freude am kreativen Erfinden von kurzen Texten. Bieten Sie auch Diktate an oder unterstützen Sie TN, die noch Schwierigkeiten beim Schreiben haben, indem Sie ihnen Beispieltexte mit Lücken zum Ausfüllen geben.
- Die Kopiervorlagen (S. 115ff.) sind mit * versehen. Diese verweisen auf den Schwierigkeitsgrad und unterstützen dabei die Möglichkeiten der Binnendifferenzierung. * bedeutet: unterstützt den Spracherwerb, ** bedeutet: leicht anspruchsvollere Aufgabe und *** bedeutet: anspruchsvolle Aufgabe für lerngewohntere TN.

5.8 Wiederholung

Damit sprachliche Strukturen und Wörter gefestigt werden können, müssen sie immer wieder aktiviert werden. *Schritt für Schritt in Alltag und Beruf* setzt daher auf häufige Wiederholungssequenzen:

- Im Lehrwerkservice finden sich interaktive vertiefende und erweiternde Übungen zum selbstständigen Weiterüben. Sie sind mit den Selbsttests am Ende jeder Arbeitslektion verknüpft.
- Mit dem Audio- und dem Videotraining auf den Übersichtsseiten können die TN wichtige Wendungen aus der Lektion selbstständig üben.
- Im vorliegenden Lehrerhandbuch gibt es zu jeder Lektion eine Kopiervorlage zur Wiederholung.

Praktische Tipps

- regelmäßige Wortschatzwiederholung am Anfang jeder UE, z. B. durch spielerische Aktivitäten zum Einstieg (→ siehe „5.4 Wortschatzvermittlung" aus S. 12)
- Greifen Sie bereits bekannte Hör- und Lesetexte nochmals wiederholend auf und erstellen Sie kleine Wiederholungsübungen dazu (z. B. Lückentexte).
- Nutzen Sie die Wortfeld-Abbildungen auf den Lernwortschatz-Seiten zur Wortschatzwiederholung und -erweiterung. Kopieren Sie dazu die Abbildungen (z. B. ohne Artikel oder ohne Wörter) auf Folie, zeigen Sie sie am IWB und lassen Sie sie von den TN ergänzen.
- Wiederholen Sie Wortschatz, besonders Verben durch pantomimische Darstellung. Verteilen Sie dazu Wortkarten an die TN. Diese spielen das jeweilige Wort pantomimisch vor, die anderen raten.
- Die TN erstellen zu Beginn der Kursstunde kleine Plakate zu einem bestimmten Wortfeld der letzten Kursstunde. Achten Sie darauf, dass alle Nomen immer mit dem richtigen Artikel (und Genuspunkt) präsentiert werden. Lerngewohntere TN können in dieser Phase selbstständig mit dem Wörterbuch arbeiten und das Wortfeld um weitere Wörter ergänzen.
- Erstellen Sie zusammen mit den TN eine „Schatzkiste", indem Sie die TN in regelmäßigen Abständen bitten, die neuen Wörter auf Kärtchen zu schreiben und zu visualisieren. Die „Schatzkiste" kann dann bei Bedarf zur Binnendifferenzierung oder Wiederholung genutzt werden.

5.9 Lernstrategien/Lernerautonomie

Viele Lernende verfügen aufgrund ihrer Lernbiografie nicht über die Mittel, ihren Lernprozess eigenständig zu strukturieren und zu steuern. Deshalb gibt es in *Schritt für Schritt in Alltag und Beruf* dazu einige Hilfestellungen:

- Durch die Übungen im Arbeitsbuch lernen die TN in der praktischen Anwendung verschiedene Lerntechniken kennen (z. B. selbstauszufüllende Grammatik-Kästen).
- Auf den Übersichtsseiten „Grammatik" und „Kommunikation" und auf den „Lernwortschatzseiten" finden die TN kleine Tipps zu verschiedenen Lerntechniken.

Merke:

Ich heiße ~~Frau~~ Baumann.

Mein Name ist ~~Frau~~ Baumann.

TiPP

Lernen Sie Fragen und Antworten immer zusammen.

- Auf den Übersichtsseiten „Grammatik" und „Kommunikation" finden Sie die Lernziele der jeweiligen Lektion. (→ siehe „3.4 Übersicht: ‚Grammatik' und ‚Kommunikation'" und „5.12 Arbeit mit den Übersichtsseiten ‚Grammatik' und ‚Kommunikation'" auf S. 8 und 16).

Praktische Tipps

- Verweisen Sie regelmäßig auf die Lerntipps auf den Übersichtsseiten „Grammatik" und „Kommunikation" und den Lernwortschatzseiten.
- Achten Sie darauf, dass die TN die Lerntipps ausprobieren, und tauschen Sie sich darüber im Unterricht aus, z. B. indem Sie Kärtchen mit Smileys an Ihre TN verteilen, damit sie die Lerntipps bewerten, und erstellen Sie ein Plakat mit den hilfreichsten Tipps für Ihren Kurs.
- Nehmen Sie sich eine feste Zeit in der Unterrichtswoche vor, in der sich die TN mit dem Thema Sprachenlernen beschäftigen.

5.10 Landeskunde

Die Vermittlung von Landeskunde ist für Migrantinnen und Migranten, die den Alltag in Deutschland meistern wollen und müssen, besonders wichtig. In *Schritt für Schritt in Alltag und Beruf* werden landeskundliche Inhalte gezielt angeboten:

- durch die Foto-Hörgeschichte, die den deutschen Alltag authentisch abbildet und dabei implizit landeskundliches Wissen vermittelt sowie interkulturelle Diskussionsanlässe bietet
- durch die Handyfilme zu den Foto-Hörgeschichten, die ebenfalls den Alltag in Deutschland zeigen
- durch landeskundlich relevante Lese- und Hörtexte auf den D- und E-Seiten sowie auf den „Zwischendurch mal ..."-Seiten
- durch Projekt-Vorschläge auf den „Zwischendurch mal ..."-Seiten, die die TN anregen, sich mit ihrem Wohnort, ihrem unmittelbaren Umfeld und ihrem Alltag zu beschäftigen

Landeskundliche Informationen, über die die TN nach dem Rahmencurriculum für Integrationskurse verfügen sollten und die für das Leben in Deutschland wichtig sind, finden Sie in diesem Lehrerhandbuch.

Praktische Tipps

- Führen Sie mit Ihren TN ein Kurs-Tagebuch, in dem sie wichtige landeskundliche Informationen, Ergebnisse von Projektarbeit etc. dokumentieren

- Regen Sie an, dass die TN Dinge und Gewohnheiten, die ihnen im deutschen Alltag auffallen, im Kurs thematisieren.
- Ermuntern Sie die TN, Gegenstände, Dokumente etc. aus ihrem Lebens- und Berufsalltag in den Unterricht mitzubringen.
- Lassen Sie die TN landeskundliche Informationen mit ihren Heimatländern vergleichen.

5.11 Phonetik

Häufig erwerben Lernende gute Kenntnisse in Wortschatz und Grammatik. Damit haben sie einen wichtigen Schritt für die Kommunikation mit Muttersprachlern der Zielsprache gemacht. Aber selbst wenn die Wörter von ihrer Semantik her richtig verwendet werden, kann es durch eine falsche Aussprache oder Betonung zu Missverständnissen bis hin zum völligen Scheitern der Kommunikation kommen. Deshalb wird in *Schritt für Schritt in Alltag und Beruf* von Anfang an Wert auf eine gründliche Ausspracheschulung gelegt: In *Schritt für Schritt in Alltag und Beruf 1* stehen neben der Schulung einzelner Laute und Lautkombinationen vor allem Wortakzent, Satzakzent und Satzmelodie im Vordergrund. Bei der Lautartikulation wird der Schwerpunkt auf die Vokale gelegt, die als Akzentträger des Wortes für die Verständlichkeit von besonderer Bedeutung sind.

Die Ausspracheschulung in *Schritt für Schritt in Alltag und Beruf* hält sich an folgende Prinzipien:

- Sie erfolgt in einem Wechselspiel aus imitativem und kognitivem Lernen, z. B. durch Hören, Erkennen und Nachsprechen oder Hören, Erkennen und Markieren oder Hören und Nachsprechen.
- Die Laute werden zunächst im Wort und darauf aufbauend im ganzen Satz geübt.
- Die Beispiele ergeben sich aus der Lektion. Dadurch steht die Phonetik in einem für die TN relevanten und nachvollziehbaren Kontext. Zudem ergibt es wenig Sinn, Wörter nachzusprechen, die man nicht versteht.

Praktische Tipps

- Regen Sie die TN dazu an, phonetische Phänomene zunächst zu übertreiben, um die Lautbildung/Betonung zu üben und dadurch sicherer zu werden.
- Einzelne Sätze und Sequenzen aus der Foto-Hörgeschichte eignen sich sehr gut, um gesprochene Sprache zu hören und zu üben, z. B. wenn emotionale Ausdrücke und Aussagen dabei sind.
- Lassen Sie die TN Wortschatz zu einem bestimmten Laut sammeln und anschließend nach Schreibweise ordnen.
- Die TN oder Sie können aus Wörtern zu einem bestimmten Phänomen auch kleine Texte schreiben, in denen möglichst viele Laute einer bestimmten Sorte vorkommen, z. B. „Ist Iris im Iran?" – „Ich bin nicht sicher." / „Wo? Rot?" – „Da! Das Fahrrad!"
- Sprechen Sie mit den TN Wörter/Sätze laut, leise, geflüstert, gebrummt etc. Variieren Sie in der Stimmung und lassen Sie die TN mit ihrer Stimme spielen.

5.12 Arbeit mit den Übersichtsseiten *Grammatik* und *Kommunikation*

Die Übersichten über den Grammatikstoff und die wichtigen Wendungen der Lektion dienen den Lernenden zur Wiederholung direkt im Anschluss an die Lektion oder auch später.

Bei den Grammatik-Kästen sind jeweils Verweise zu den entsprechenden Abschnitten der *Schritte Neu Grammatik* zu finden. Hier können die Lerner den Grammatikstoff weiterführend nachschlagen und trainieren (→ siehe „3.4 Übersicht: ‚Grammatik' und ‚Kommunikation'" auf S. 8).

Aufgaben / Tipps / Visualisierungen

Zu den einzelnen Grammatikphänomenen und den systematisch gruppierten Wendungen werden über die Übersicht hinaus am rechten Rand die folgenden Möglichkeiten angeboten:

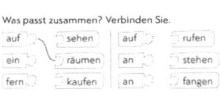

In kleinen freien Aufgaben wenden die Lernenden den Lernstoff noch einmal an – meist in Bezug auf ihre eigene Lebenswelt.

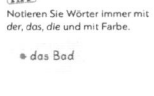

Tipps zu Lernstrategien unterstützen den Lernprozess.

Visualisierungen helfen beim Memorieren der neuen Strukturen.

Kleine Suchaufgaben oder Rätsel wiederholen den gelernten Stoff spielerisch.

Illustrationen von Situationen verdeutlichen den Kontext des Gelernten.

Praktische Tipps

- Erstellen Sie Lückentexte aus den Übersichten. Die TN ergänzen die Lücken in Partnerarbeit und vergleichen anschließend mit dem Buch.
- Die TN ergänzen die Grammatikübersichten um eigene Beispiele.
- Verweisen Sie im Unterricht immer wieder auf diese Seiten, damit sich Ihre TN an den Umgang mit den Übersichten gewöhnen. Tipps zur Einbindung der Übersichten in den Unterrichtsablauf finden Sie auch hier in diesem Lehrerhandbuch.
- Aufgaben: Diese Aufgaben können zur Wiederholung im Unterricht bearbeitet werden, als Hausaufgabe gegeben werden oder zur Binnendifferenzierung genutzt werden.
- Tipps: Lesen Sie die Tipps – wenn möglich – gemeinsam mit Ihren TN und lassen Sie sie – wenn möglich – auch direkt praktisch anwenden.
- Lassen Sie die TN aus den Übersichten Plakate erstellen, die im Kursraum aufgehängt werden und so immer einen schnellen „Zugriff" zum neuen Stoff bieten.
- Achten Sie darauf, dass Sie die Grammatikübersichten aktiv in den Unterricht einbinden, damit die TN die

Scheu vor diesen verlieren und lernen, sie als Hilfsmittel zu nutzen.

- Erläutern Sie den TN, dass diese Übersichten die wichtigen Strukturen zeigen, die zum Gebrauch der Sprache wichtig sind und kein Selbstzweck.

Audiotraining und Videotraining

Die Automatisierung spielt im Sprachlernprozess eine wichtige Rolle. Deshalb bietet *Schritt für Schritt in Alltag und Beruf* ein umfassendes Programm zum Einschleifen der wichtigsten Strukturen und Redemittel an (→ siehe „5.5 Automatisierung" auf S. 13).

Sie möchten noch mehr üben?

1 | 62–64 AUDIO-TRAINING VIDEO-TRAINING

Dieses Angebot können die TN zum selbstständigen Üben und Festigen von Strukturen und wichtigen Wendungen nutzen. Sie können die Übungen zum Audio- und Videotraining anfangs in den Unterricht integrieren, um Ihre TN mit diesen Übungsformen vertraut zu machen und die selbstständige Beschäftigung mit diesem Zusatzangebot anzuregen.

In den Unterrichtsplänen finden Sie Hinweise dazu, wie Sie diese Lerneinheiten konkret im Unterricht nutzen können.

Audiotraining

Zu jeder Lektion gibt es drei Übungen, die die wichtigen Wendungen und Strategien in kleinen Sätzen / Gesprächen aufgreifen. Die Übungen sind selbsterklärend und ausschließlich über die Informationen in den Audios zu lösen. Jede Aufgabe beginnt mit einem Beispiel, das die Aufgabenstellung transparent macht. Das Trainingsprogramm besteht aus Übungen zum Nachsprechen und Variieren der gelernten Wendungen nach einfachem Muster. Mithilfe dieses Trainings schleifen die Lernenden diese noch einmal ein und automatisieren so ihre Verwendung.

Praktische Tipps

- Weisen Sie Ihre TN auf diese Trainingsmöglichkeit und das Potenzial der Automatisierungsübungen hin. Spielen Sie zwei oder drei Sequenzen im Unterricht vor und zeigen Sie, wie Ihre TN selbstständig mit diesen Aufgaben arbeiten können.
- Spielen Sie das Audiotraining im Unterricht vor, die TN laufen im Kursraum herum und sprechen die Aufgaben mit.
- Spielen Sie das Audiotraining im Kurs vor und lassen Sie die TN die Lösungen im Chor sprechen.
- Die TN nutzen das Audiotraining der vorhergehenden Lektionen zur Wiederholung und Festigung.

Videotraining

Zu jeder Lektion gibt es eine Filmsequenz, die in zwei Teile geteilt ist:
Im ersten Teil sehen die Lernenden eine kleine Szene (gespielt von den Hauptdarstellern der Foto-Hörgeschichte), in der wichtige Wendungen der Lektion aufgegriffen werden. Im zweiten Teil werden die Lernenden direkt angesprochen und müssen Aufgaben zum Lernstoff lösen.
Die TN können das Videotraining selbstständig zur Wiederholung und Festigung nutzen. Sie sollten jedoch zu Beginn des Kurses einige dieser Videotrainings mit den TN zusammen ansehen und die TN zum Mitmachen auffordern,

damit sie das Prinzip kennenlernen und es später selbstständig nach Bedarf nutzen können.

Praktische Tipps

Zeigen Sie die Filme im Unterricht als motivierenden Abschluss der Lektion und arbeiten Sie damit im Kurs. Hier gibt es mehrere Möglichkeiten:

- Zeigen Sie die kleinen Szenen und lassen Sie sie von den TN in kleinen Rollenspielen oder pantomimisch nachspielen.
- Zeigen Sie die Mitmachszenen und lassen Sie Ihren Kurs im „Chor" mitmachen.
- Sollten Ihre TN im Unterricht genügend Smartphones oder Tablets zur Verfügung haben, können sie die Filme auch in Partner- oder Gruppenarbeit ansehen, mitsprechen und nachspielen.
- Die TN nutzen die Filmvorlage für entsprechende eigene kleine Handyfilme. Anschließend zeigen die TN ihre Filme im Kurs oder stellen sie auf die Lernplattform.
- Sollten Sie keine Möglichkeit haben, Filme im Unterricht zu zeigen, weisen Sie Ihre TN auf jeden Fall auf das Symbol zum Videotraining hin. Die TN können die Filme dann eigenständig ansehen und haben damit eine motivierende Möglichkeit, den Lernstoff zu wiederholen (→ siehe „2.3 Medienüberblick" auf S. 5).

5.13 Arbeit mit den Seiten *Zwischendurch mal …*

Die Einheiten auf diesen Seiten können Sie während der Arbeit mit den einzelnen Lernschritten der Lektion benutzen. In den Unterrichtsplänen finden Sie Verweise auf eine optimale Verknüpfung des Lernstoffs mit den Aufgaben auf diesen Seiten. Sie können diese Einheiten aber auch zur Wiederholung und Festigung des Stoffs im Anschluss an die Lektion bearbeiten. Sie sind fakultativ und spiegeln den Stoff der Lektion – oft in spielerischer Form.
Die Aufgaben können teilweise auch in Selbstarbeit bearbeitet und gelöst werden. Damit sind sie sehr gut zur Binnendifferenzierung geeignet (→ siehe „5.7 Binnendifferenzierung" auf S. 14).
Auf diesen Seiten finden Sie folgende Rubriken, die komplett unabhängig voneinander als eigenständige Zusatzaufgaben einsetzbar sind:

PROJEKT Hier wenden die TN den Stoff noch einmal praktisch und frei an, und zwar in Teamarbeit. Die Projekte fördern auch soziale Kompetenzen, den Umgang mit Informationsmedien und das selbstständige Handeln.

FILM Zu vielen Lektionen gibt es landeskundlich interessante Filmsequenzen, die das Thema der Lektion unter einem neuen Blickwinkel aufgreifen. Die Aufgaben dazu schulen das Hör-Sehverstehen. Zusätzlich zu den Aufgaben auf den „Zwischendurch mal …"-Seiten finden Sie in diesem Lehrerhandbuch noch Kopiervorlagen mit weiteren Didaktisierungsvorschlägen zu den Filmen. (→ siehe „2.3 Medienüberblick" auf S. 5)

LESEN Ergänzende, landeskundlich interessante Lesetexte vertiefen und erweitern den Stoff und schulen das globale Leseverstehen.

HÖREN Ergänzende Hörtexte vertiefen und erweitern den Stoff und schulen das globale Hörverstehen.

SCHREIBEN Zusätzliche authentische und kreative Schreibanlässe bieten die Möglichkeit zum gezielten Schreibtraining.

LANDESKUNDE Interessante landeskundliche Zusatzinformationen und Themen schärfen den Blick für die deutschsprachige Lebenswelt der TN und bieten Anlass zum interkulturellen Vergleich.

SPIEL/RÄTSEL/COMIC Das spielerische Wiederholen des Lernstoffs soll die TN motivieren und ist besonders gut nach längeren, kognitiv orientierten Unterrichtsphasen einsetzbar.

LIED Beim Einsatz von Musik im Unterricht haben Sie vielfältige Möglichkeiten, Ihre Lernenden durch die Kombination von Text und Rhythmus anzuregen. Auch der Einsatz von Bewegung in Form von Pantomime oder Tanz trägt in vielen Lerngruppen zur zusätzlichen Motivation bei.

Praktische Tipps

PROJEKT

- Bereiten Sie die Projekte immer sprachlich so weit wie nötig vor. Wiederholen Sie erforderliche Redemittel. Das gibt den TN Sicherheit bei der Durchführung der Projekte.
- Sie können die Projekte als Hausaufgaben aufgeben, die einzeln oder im Team gelöst werden sollen. Wenn Sie genug Unterrichtszeit zur Verfügung haben, können Sie die Projekte auch für selbstständige Gruppenarbeitsphasen nutzen.
- Wichtig ist, dass die Ergebnisse der Projekte im Kurs präsentiert und/oder auf die Lernplattform gestellt werden.

FILM

- Nutzen Sie die Fotos und die Überschriften im Buch, um Erwartungen an die Filme zu wecken.
- Stellen Sie W-Fragen (wer – was – wann – wo – wie – warum) zum Film.
- Lassen Sie den Film zunächst ohne Ton laufen und ermuntern Sie die TN, Hypothesen zum Gesehenen aufzustellen.
- Lassen Sie nur die Tonspur ablaufen und lassen Sie die TN Hypothesen zum Gehörten aufstellen.
- Zeigen Sie ausgewählte Standfotos aus den Filmen und lassen Sie die TN beschreiben, was gerade passiert oder was sie sehen.
- Stoppen Sie den Film nach kurzer Zeit. Die TN äußern Vermutungen, was weiter passiert.
- Lassen Sie die TN Szenen aus dem Film nachspielen.

LESEN/HÖREN/LANDESKUNDE

- Nutzen Sie Bilder und Überschriften, um Erwartungen an den Text zu wecken und das Vorwissen der TN zu aktivieren.
- Die TN können auch eigene Aufgaben füreinander erstellen, z. B. Richtig-Falsch-Aufgaben, Fragen zum Text, Lückentexte etc.
- Wortschatzarbeit: Die TN suchen wichtige Wörter aus dem Text und sortieren sie nach Wortfeldern.
- Die TN stellen anhand der Informationen im Text interkulturelle Vergleiche an. Das kann paarweise, in Gruppenarbeit oder im Plenum geschehen.

COMIC

- Schneiden Sie die einzelnen Bilder des Comics aus, die TN setzen den Comic wieder richtig zusammen.
- Entfernen Sie Teile oder auch komplette Texte aus den Sprechblasen, die die TN dann zuordnen oder auch komplett neu schreiben. Damit können Sie entweder Leseerwartungen wecken oder die TN zu weiteren eigenen Variationen anregen.

LIED

- Arbeiten Sie mit dem ersten, ganzheitlichen Höreindruck (Melodie/Gesang), indem Sie das Lied als Ganzes vorspielen. Fragen Sie dann, wie die TN das Lied finden bzw. worum es gehen könnte.
- Nutzen Sie Bilder und Überschriften, um Erwartungen an den Text zu wecken und das Vorwissen der TN zu aktivieren.
- Spielen Sie, wenn vorhanden, zunächst nur den Refrain vor und tragen Sie im Kurs zusammen, was die TN verstanden haben.
- Die TN hören das Lied und notieren, welche Wörter sie verstanden haben. Notieren Sie diese dann auf Zuruf an der Tafel und lassen Sie Vermutungen über den Liedinhalt anstellen.
- Schreiben Sie einige Schlüsselwörter auf Kärtchen, verteilen Sie sie im Kurs und bitten Sie die TN, sie hochzuhalten, wenn das Wort im Lied vorkommt. Alternativ können Sie die TN bitten, aufzustehen und sich nach den gehörten Worten chronologisch aufzustellen.
- Schreiben Sie den Text satzweise auf Papierstreifen und bitten Sie die TN, die Sätze während des Hörens in die richtige Reihenfolge zu legen.
- Abschließend können die TN das Lied oder den Refrain auch mitsingen. Dabei können verschiedene Zeilen oder Strophen im Kurs aufgeteilt werden.

Seite/Aufgabe	Material	Aufbau
		1. Bevor Sie in die Arbeit mit *Schritt für Schritt in Alltag und Beruf 1* einsteigen, sollten die TN sich gegenseitig vorstellen.
		2. Begrüßen Sie die TN und stellen Sie sich zunächst selbst vor, um auch den TN die notwendigen Redemittel für die eigene Vorstellung an die Hand zu geben. Schreiben Sie Ihren Namen an die Tafel und sagen Sie: „Guten Tag. Mein Name ist …" Mein Name ist … Ich heiße …
		3. Sagen Sie noch einmal: „Mein Name ist …" und fragen Sie dann einen TN nach seinem Namen: „Und wie heißen Sie?" Fragen Sie exemplarisch noch ein paar weitere TN und schreiben Sie die Frage ebenfalls an die Tafel.
		4. Die TN stellen sich zunächst in Kleingruppen ihren direkten Sitznachbarn vor. Gehen Sie herum und helfen Sie bei Schwierigkeiten.
	Ball	5. Werfen Sie den Ball einem TN zu und fragen Sie: „Hallo. Mein Name ist … . Und wie heißen Sie?" Der TN stellt sich vor. Deuten Sie dem TN mimisch und gestisch an, dass er den Ball einer Person seiner Wahl zuwerfen und diese Person ebenfalls nach dem Namen fragen soll. Die TN werfen sich so lange den Ball zu, bis alle einmal ihren Namen genannt haben.
		6. Spielen Sie mit zwei TN ein kleines Gespräch, um „Das ist …" einzuführen. Fragen Sie einen TN: „Wie heißen Sie?". Der TN antwortet: „Ich heiße … / Mein Name ist …". Anschließend stellen Sie den TN dem dritten TN vor, indem Sie sagen: „Das ist …". Weisen Sie dabei mit der Hand auf den TN, den Sie vorstellen.
	Ball	7. Die TN stellen sich nun im Kreis auf. Lassen Sie sich den Ball von einem TN zuwerfen, der TN sagt dazu: „Ich heiße …" Werfen Sie dann den Ball einem weiteren TN zu und sagen Sie im Hinblick auf den Vorredner: „Das ist … Ich heiße …" Der TN, der den Ball gefangen hat, fährt in derselben Weise fort, indem sie/er den Ball wirft, Sie dabei vorstellt und dann seinen eigenen Namen sagt. Die TN werfen sich so lange den Ball zu, bis alle einmal vorgestellt wurden.
		Tipp: Im Kurs wird von Anfang an ein Gemeinschaftsgefühl entwickelt, wenn sich alle mit Namen kennen. Damit sich die TN die Namen der anderen TN leichter einprägen, bietet sich im Anschluss an die Kennenlernphase ein Spiel an, z. B. „Zipp Zapp". Durch eine solche spielerische Aktivität kommen die TN nicht nur in (Augen-)Kontakt miteinander und somit weg von einer auf die Kursleiterin/den Kursleiter gerichteten, zentralisierten Aufmerksamkeit, sondern die TN haben bereits die erste Hürde des Kennenlernens und „Sich-Äußern-Trauens" geschafft. Spielanleitung: 1. Die TN setzen sich in einen Kreis, Sie als Kursleiterin/als Kursleiter stehen in der Kreismitte. Achtung: Es gibt nur so viele Stühle wie TN im Kreis sitzen, d. h. bei 20 TN und Ihnen als Mitspieler gibt es 20 Stühle. 2. Sagen Sie „Zipp" zu einem TN. Dieser muss dann den Namen des TN sagen, der links von ihr/ihm sitzt. Sagen Sie „Zapp", muss der TN den Namen des TN nennen, der rechts von ihr/ihm sitzt. Wenn ein TN dabei einen Fehler macht, muss sie/er in die Mitte und Sie können sich auf den Stuhl setzen. Bei dem Ausruf „Zipp Zapp" wechseln alle TN ihre Plätze. Wer in der Mitte steht, versucht dabei, einen Platz im Stuhlkreis zu erhaschen. Nun muss der TN, der ohne Stuhl bleibt, weiterfragen.

Wortfelder: Begrüßung und Abschied; Personalien; Länder; Sprachen

Grammatik: Aussage; W-Frage; Personalpronomen *ich, du, Sie*; Verbkonjugation: *kommen, heißen, sprechen, sein*; Präposition *aus*

GUTEN TAG. MEIN NAME IST …
Folge 1: Das bin ich.

Seite/Aufgabe	Material	Aufbau
10/1		**Das erste Hören**
	CD 1/1–2, Folie/IWB, Slide-Show	1. Da es für Ihre TN vielleicht etwas ganz Neues ist, sich auf einen Hörtext zu konzentrieren, sollte erst der Ablauf der Foto-Hörgeschichte trainiert werden. Ziehen Sie dafür Folien von Foto 1–2 oder nutzen Sie die Slide-Show zur Foto-Hörgeschichte mit verknüpftem Ton und Bild.
	Folie/IWB, CD 1/1–2	2. Zeigen Sie Foto 1 und fragen Sie: „Wo ist das?" Sicher kennen schon einige TN das Wort „Café" oder „Restaurant" und können etwas antworten. Erwarten Sie keine ganzen Sätze, korrigieren Sie auch nicht. Wenn Sie das Gefühl haben, dass einige TN doch einige Wörter Deutsch können, fragen Sie auch: „Was machen die Leute?" Deuten Sie dabei auf Lara, Walter, Sofia und Lili. Spielen Sie den Text von Foto 1, Track 1, einmal vor. Spielen Sie nun Track 1 und Track 2 vor und geben Sie bei dem „Klick" mit dem Finger auf Foto 2. Damit zeigen Sie, dass mit dem „Klick" zum nächsten Foto gewechselt wird. *Hinweis:* Foto 2 sollte auf Folie/IWB nach Möglichkeit neben Foto 1 stehen.
	CD 1/1–8	3. Die TN hören nun die ganze Geschichte einmal von Beginn an und zeigen in ihrem Buch den Wechsel von Foto zu Foto mit.
	Post-its mit den Namen der Personen der FHG	4. Bereiten Sie zu Hause Post-its mit den Namen der Personen der Foto-Hörgeschichte vor. Zeigen Sie alle Fotos auf Folie / dem IWB. Zeigen Sie das Post-it mit „Lara Nowak". Fragen Sie, indem Sie auf die Fotos deuten: „Wer ist Lara Nowak?" Geben Sie einem TN das Post-it. Er klebt es an die Wand / auf das Plakat zu der Person, von der er denkt, es ist Lara. Die anderen TN korrigieren ggf. Verfahren Sie mit den weiteren Post-its ebenso.
	Folie/IWB	5. Zeigen Sie auf Laras Foto in Aufgabe 1 im Buch und fragen Sie: „Wer ist das?" Zeigen Sie auf die Schreiblinie: „Lara Nowak."
		6. Fragen Sie, während Sie auf die Fotos von Lili, Walter und Sofia zeigen: „Wer ist das?"
	CD 1/1–8	7. Deuten Sie an, dass die TN die Geschichte noch einmal hören, indem Sie z. B. die Hand an das Ohr legen und sagen: „Wir hören noch einmal." Spielen Sie die Foto-Hörgeschichte noch einmal vor. Die TN ordnen die Namen zu und schreiben sie unter die Fotos. Gehen Sie herum und helfen Sie bei Schwierigkeiten. So können Sie sich auch einen Überblick verschaffen, wie gut die einzelnen TN bereits gut schreiben können. *Lösung:* A Lili Baumann, C Walter Baumann, D Sofia Baumann
11/2		**Nach dem ersten Hören: Was ist richtig?**
		1. Sollte der Kurs nur aus echten Anfängern bestehen, lesen Sie die Aufgabe und die Texte vor. Wenn es in Ihrem Kurs TN mit Deutschkenntnissen gibt, kann einer von ihnen die Aufgabe vorlesen. *Hinweis:* Es geht hier noch nicht darum, dass die TN die grammatikalischen Strukturen verstehen. Diese werden auf den Modulseiten A bis C Schritt für Schritt erklärt. Verzichten Sie hier auf Erklärungen.
		2. Deuten Sie an, dass die TN Teile der Geschichte jetzt noch einmal hören.

	Folie/IWB, CD 1/7, KV L1/FHG	3. Spielen Sie die Foto-Hörgeschichte zu Foto 7 (Track 7 bis „Tschüs") vor. Deuten Sie auf Sofias Text, lesen Sie ihn noch einmal vor und fragen Sie „Richtig?". Ggf. hören die TN den Track noch einmal. Nach der Reaktion der TN bestätigen Sie dann noch einmal die Lösung.
		Binnendifferenzierung: Verteilen Sie zur Vorbereitung auf Aufgabe 2 die Kopiervorlage an lernungewohnte TN. Spielen Sie die Foto-Hörgeschichte zu Foto 7 (Track 7 bis „Tschüs") vor und deuten Sie auf der Kopiervorlage auf die Ankreuzkästchen „Deutsch" und „Englisch" bei Sofia. Deuten Sie an, dass noch weitere Lösungen auf Sofia zutreffen. Die TN markieren entsprechend auf der Kopiervorlage und vergleichen erst dann mit dem Text im Buch.
	CD 1/2, 4, 5, KV L1/FHG	4. Spielen Sie die drei weiteren Hörtexte noch einmal vor und stoppen Sie an den Schlüsselstellen (Lara: Track 2 nach „Auf Wiedersehen", Walter: Track 4 nach „Auf Wiedersehen", Sofia: Track 5 nach „Tschüs"), sodass die TN Zeit haben, die Informationen in den Texten zu überprüfen, und herausfinden können, welche Lösungen richtig sind.
		Binnendifferenzierung: Ungeübtere TN kreuzen beim Hören Länder und Sprachen auf der Kopiervorlage an. Anschließend nehmen sie die Kopiervorlage für die Lösung von Aufgabe 2 im Kursbuch zu Hilfe. *Lösung:* (von oben nach unten) A, C, B
		Tipp: Die Lösungen der Kopiervorlage befinden sich am unteren Ende der Seite, sodass Sie sie einfach vor dem Kopieren wegknicken können, wenn Sie nicht möchten, dass sie den TN vorliegen.
	CD 1/1–8	5. *fakultativ:* Die TN hören abschließend die Foto-Hörgeschichte noch einmal ganz. Sicherlich werden sie merken, wie viel sie im Vergleich zum ersten Hören jetzt schon verstehen. Das fördert die Motivation und die Lernfreude.
		Tipp: Sie können darauf zurückgreifen, dass viele TN schon einige Zeit im deutschsprachigen Raum leben und bereits erworbenes Wissen mitbringen. Versuchen Sie so oft wie möglich, dieses Vorwissen zu aktivieren. Die TN können sich so gegenseitig etwas beibringen und einander helfen. Ziehen Sie Nutzen aus dem vorhandenen Wissen der TN. Antworten Sie z. B. bei der Frage nach einer Wortbedeutung nicht sofort selbst, sondern geben Sie die Frage an das Plenum weiter. Vielleicht kann ein TN das Wort erklären oder auch malen, wenn es sich um einen Gegenstand handelt. Ermuntern Sie die TN dazu und nutzen Sie vorhandenes Potenzial. Verfahren Sie ebenso mit Fehlern: Geben Sie erst anderen TN die Möglichkeit, einen Fehler zu korrigieren, bevor Sie selbst korrigieren.
	„Laras Film" Lektion 1	Lara, Walter, Sofia und Lili stellen sich noch einmal in einem „Selfie-Film" vor. Sie nennen ihren Namen, ihr Heimatland und die Sprachen, die sie sprechen. Dieser Film kann hier als Kontrolle der Lösung zu Aufgabe 2 im Unterricht genutzt werden. Generell sind die „Selfie-Filme" nicht so eng mit den Inhalten der Foto-Hörgeschichte verknüpft, Lektion 1 stellt hier eine Ausnahme dar. Die TN können den Film auch als Hausaufgabe zur Nachbereitung ansehen. Der Film kann auch als Einstieg zu B1 genutzt werden, um verschiedene Varianten von *sich vorstellen* einzuführen. Zu Aufgabe C1 können Sie ihn einsetzen und den Schwerpunkt auf die Heimatländer der TN legen und/oder nach C4 als Beispiel dafür, wie ein Film über sich selbst aussehen könnte und welche Informationen die TN auf Deutsch schon über sich geben können. Wenn die TN Lust haben, können sie auch sich selbst vorstellen, sich dabei mit ihrem Handy aufnehmen und den Film in der nächsten Kursstunde zeigen.

SCHRITT A: GUTEN TAG

Grußformen

Lernziel: Die TN können jemanden begrüßen und sich verabschieden.

Seite/Aufgabe	Material	Aufbau
12/A1		**Präsentation von Grußformen**
		1. Die TN haben die Grußform „Guten Tag" schon kennengelernt („Die erste Stunde im Kurs"). Führen Sie nun weitere Grußformen ein. Die TN haben die neuen Begrüßungen in der Foto-Hörgeschichte bereits gehört. Beginnen Sie, indem Sie einige TN mit Handschlag begrüßen: „Guten Tag." Geben Sie den TN Gelegenheit, zu antworten und Sie ebenfalls zu begrüßen.
		2. Zeigen Sie auf das linke Foto von Walter und die Grußform „Guten Tag".
		3. Lesen Sie die anderen Grußformen vor und fragen Sie jeweils: „Wer sagt was? Was sagt Walter?/Lara?/Lili?" Zucken Sie dabei mit den Schultern, um Ihr Nichtwissen zu signalisieren.
	CD 1/9	4. Die TN hören den Hörtext und schreiben die jeweils passende Grußform zu den Fotos. *Lösung:* B Auf Wiedersehen. C Hallo. D Tschüs.
12/A2		**Erweiterung der Begrüßungs- und Abschiedsformen**
a	CD 1/10	1. Die TN hören das Gespräch A. Zeigen Sie im Buch, dass das Gespräch unter der Zeichnung steht. Weisen Sie nach dem ersten Hören auf die Uhrzeit. Schreiben Sie die Uhrzeit an die Tafel und malen Sie eine aufgehende Sonne daneben. Die TN hören das Gespräch ggf. noch einmal.
	CD 1/10	2. Die TN betrachten die Zeichnung B, hören das Gespräch B und lesen mit. Anschließend schreiben Sie wieder die Uhrzeit an die Tafel und malen eine hoch am Himmel stehende Sonne daneben. Ggf. hören die TN das Gespräch noch einmal.
		3. Betrachten Sie mit den TN die Zeichnungen C und D und zeigen Sie durch Gestik (Handschlag/Winken, Umdrehen und Weggehen/Kommen) den Unterschied zwischen Begrüßung und Abschied.
	CD 1/10	4. Die TN hören Gespräch C und lesen mit. Schreiben Sie auch hier die Uhrzeit an die Tafel und illustrieren Sie sie durch eine untergehende Sonne. Verfahren Sie mit Gespräch D ebenso. Hier illustrieren Sie die Uhrzeit durch einen Mond.
		5. Die TN lesen die Gespräche zu zweit mit verteilten Rollen.
b		6. Lesen Sie die Aufgabenstellung vor und fordern Sie die TN auf, die Grußformen aus a zu ergänzen. Wenn die TN mit der Aufgabe Schwierigkeiten haben, schreiben Sie die Uhrzeiten aus der Aufgabe an die Tafel und zeigen Sie auf die Zeichnungen, die Sie zu a an der Tafel angefertigt haben. Die TN entscheiden zunächst, welche Zeichnung zu welchen Uhrzeiten passt. Malen Sie sie dann neben die Uhrzeiten. Die TN malen die Zeichnungen entsprechend ins Buch. Dann ergänzen Sie die Grußformen aus a. Anschließend Kontrolle im Plenum. Machen Sie dabei deutlich, dass man morgens normalerweise „Guten Morgen." sagt und mittags „Guten Tag.". *Lösung:* (von oben nach unten) Guten Morgen. Guten Tag.
		7. Heben Sie dann die Sätze hervor, in denen die Anrede „Frau" bzw. „Herr" verwendet wird: „Guten Tag, Herr/Frau + Familiennamen." Üben Sie dann die Begrüßung noch einmal mit der Anrede + Familiennamen, indem Sie einem TN die Hand geben und sagen „Guten Tag, Herr/Frau …". Der TN wendet sich dem nächsten TN zu und begrüßt ihn ebenfalls usw.

	Kopien der Zeichnungen aus a	8. *fakultativ:* Die TN gehen im Kursraum herum und begrüßen und verabschieden sich gegenseitig. Zeigen Sie den TN, dass sich in der Übersicht zu Grammatik und Kommunikation (Kursbuch, S. 18/19) die gelernten Redemittel zu Begrüßung und Abschied befinden. Da Händeschütteln und Winken in einigen Kulturen der Herkunftsländer nicht üblich sind, können Sie hier mit Ihren TN zusammen die Gesten in Verbindung mit dem Sprachmaterial noch einmal üben. Sie können die Zeichnungen auch vergrößern und mit den TN noch einmal alle Redemittel dazu sammeln, die ihnen einfallen. Wenn Ihre TN gern spielen, können sie paarweise auch noch kleine Minidialoge dazu erfinden. *Variante:* Sie können die Zeichnungen aus a mehrfach kopieren und ausschneiden. Die Hälfte der TN erhält ein Bild. Jeder TN mit Bild sucht sich einen TN ohne Bild. Diese beiden TN begrüßen bzw. verabschieden sich analog zu den Gesprächen im Buch. Danach gibt der TN das Bild an den Gesprächspartner weiter. Dieser sucht sich einen neuen TN ohne Bild. *Hinweis:* Hierzu passt das Audiotraining 1.
	AB 1–2, AB-CD 1/1–2	*Phonetik:* Die TN machen die Übungen im Kurs. Der Schwerpunkt der Phonetik liegt in den ersten Lektionen auf der Intonation. Sie ist für eine gute Kommunikation besonders wichtig. Spielen Sie zu Übung 1 den Hörtext vor. Die TN kreuzen an, was sie hören. Mit diesem einfachen Einstieg werden die TN auf das bewusste Hören eingestimmt. Die TN hören dann die Grüße in Übung 2. Stoppen Sie nach jedem Gruß, die TN sprechen im Chor nach. Führen Sie dabei mit Ihrer Hand die Bewegung der Stimme nach oben und unten mit aus: Gehen Sie bei kurzen Einwortsätzen wie „Tag!" mit der Hand nach unten und machen Sie bei „Guten Tag!" eine Wellenbewegung von unten nach oben und wieder nach unten. Fordern Sie auch die TN auf, mit der Hand „mitzusprechen", so fällt die richtige Intonation leichter.
	AB 3–4	Die TN machen die Übungen in Einzelarbeit im Kurs oder als Hausaufgabe.
12/A3		**Aktivität im Kurs: Grußformen**
		1. Schreiben Sie vor der Kursaktivität ein paar Uhrzeiten an die Tafel (6 Uhr, 11 Uhr, 18 Uhr, 22 Uhr) und malen Sie jeweils eine Uhr dazu.
		2. Die TN sammeln aus den Gesprächen in A2, welcher Gruß zu welcher Uhrzeit passen könnte. Deuten Sie z. B. auf 6 Uhr und fragen Sie: „Guten Abend? Guten Morgen? Gute Nacht?" und zucken Sie mit den Schultern. *Hinweis:* Viele Sprachen (z. B. Italienisch, Französisch) kennen keinen Unterschied zwischen „Guten Morgen" und „Guten Tag". Deshalb ist es wichtig, diesen Unterschied in der deutschen Sprache deutlich zu machen. *Hinweis:* Die TN müssen die Uhrzeiten hier nicht lernen oder anwenden können. Sie sind als zeitliche Hilfsstrukturen gedacht.
		3. Weisen Sie darauf hin, dass „Hallo" und „Tschüs" / „Auf Wiedersehen" an keine Uhrzeit gebunden sind. Machen Sie deutlich, dass „Hallo" und „Tschüs" im privaten Bereich benutzt werden und die anderen Grußformen in offiziellen Situationen gebraucht werden. *Hinweis:* Wenn Sie die TN dafür sensibilisieren möchten, bringen Sie Fotos aus Zeitungen oder dem Internet mit, die private und offizielle Situationen zeigen, und fragen Sie die TN: „Welcher Gruß? Hallo? Guten Tag?"
	Blankokärtchen oder KV L1/A3 im Lehrwerkservice	4. Die TN finden sich paarweise zusammen und schreiben beliebige Uhrzeiten auf Kärtchen. *fakultativ:* Wenn Ihnen im Kurs nicht ausreichend Zeit zur Verfügung steht, können Sie zur Vereinfachung und Unterstützung der Aktivität auch auf die Kopiervorlage im Lehrwerkservice unter www.hueber.de/schritt-fuer-schritt zurückgreifen.

		5. Machen Sie ein Beispiel vor, indem Sie ein Kärtchen hochhalten und die TN nach dem passenden Gruß fragen.
		6. Die Paare halten nun abwechselnd eines ihrer Kärtchen hoch und grüßen entsprechend der Tageszeit auf dem Kärtchen. Die Partnerin / Der Partner antwortet entsprechend. Gehen Sie herum und helfen Sie bei Schwierigkeiten.

SCHRITT B: ICH HEISSE LARA NOWAK

W-Frage und Aussage

Lernziel: Die TN können sich und andere vorstellen und nach dem Namen fragen.

Seite/Aufgabe	Material	Aufbau
13/B1		**B1 Präsentation: Sich vorstellen**
	Folie/IWB	1. Zeigen Sie die Fotos auf Folie/IWB. Ein TN liest das Beispiel unter Foto A vor. *Variante:* Hier können Sie zur Einführung der verschiedenen Sätze, um sich vorzustellen, auch „Laras Film" nutzen (siehe Hinweise zur Foto-Hörgeschichte).
		2. Deuten Sie dann auf Foto B. Da die TN die Personen aus der Foto-Hörgeschichte bereits kennen, können Sie anhand des Namens die richtige Lösung nennen. Schreiben Sie sie unter das Foto. Schreiben Sie dann an die Tafel und sagen Sie: Mein Name ist Walter. = Ich heiße Walter.
		3. Deuten Sie dann auf Foto C. Die TN nennen den passenden Satz. Ergänzen Sie das Tafelbild und sagen Sie: Ich bin Lilli. = Mein Name ist Lilli. = Ich heiße Lilli.
		4. Verfahren Sie mit Foto D ebenso. *Lösung:* B Mein Name ist Walter. C Ich bin Lilli. D Ich bin Sofia Baumann
		5. Deuten Sie auf sich und sagen Sie: „Ich bin (Frau/Herr) ...", je nachdem, ob die TN ihren Vornamen oder Nachnamen benutzen. Schreiben Sie noch einmal generell die verschiedenen Möglichkeiten, sich vorzustellen, an die Tafel: Wie heißen Sie? Ich heiße ... = Ich bin ... = Mein Name ist ...
	Ball	6. *fakultativ:* Fragen Sie einen der TN: „Wie heißen Sie?" Die TN beantworten die Frage mit dem eigenen Namen. Die TN werfen sich gegenseitig einen Ball zu und stellen sich vor. Es kann ruhig mehrmals reihum gehen. *Binnendifferenzierung:* Ungeübtere TN konzentrieren sich auf mindestens eine Variante der Vorstellung. Geübtere TN sollten alle drei in B1 eingeführten Varianten abwechselnd verwenden.
13/B2		**Anwendungsaufgabe: Sich vorstellen**
a	CD 1/11	1. Schreiben Sie die Namen der Personen aus B2 an die Tafel, damit die TN die korrekte Orthografie vor Augen haben: Richard Yulu, Helga Weber. Die TN hören das Gespräch. Deuten Sie auf Frau Weber und fragen Sie: „Wer ist das?" Die TN ergänzen den Namen in der Zeichnung im Buch. Verfahren Sie mit Herrn Yulu ebenso.
	CD 1/11	2. Spielen Sie das Gespräch noch einmal vor. Die TN hören und lesen mit. Erklären Sie bei Bedarf die Nachfrage „Entschuldigung, wie heißen Sie?", indem Sie einen TN mit einem sehr langen oder schwer nachzusprechenden Namen nach seinem Namen fragen. Deuten Sie dann auf Ihr Ohr, schütteln Sie den Kopf und fragen Sie nach.

	Folie/IWB	3. Weisen Sie die TN auf den Grammatik-Kasten hin. Erklären Sie, dass es einen Zusammenhang zwischen dem Subjekt und dem Verb gibt, indem Sie beim Vorlesen das Subjekt und die jeweilige Verbendung besonders betonen und auch darauf zeigen. Wenn nötig, machen Sie auch ein Beispiel „Ich heißen" und schütteln ganz energisch den Kopf zum Zeichen, dass das nicht geht. Sagen Sie dann „Ich heiße" und bejahen Sie die Aussage. *Hinweis:* Da die TN noch nicht viele Verben kennen, vertiefen Sie das Thema hier nicht. Im C-Teil wird es weitergeführt.
		4. Die TN lesen das Gespräch mit verteilten Rollen. Anschließend wechseln sie die Rollen. Ungeübtere TN lesen das Gespräch anschließend noch einmal mit einer weiteren Partnerin / einem weiteren Partner.
b		5. Die TN gehen durch den Kursraum und finden sich mit wechselnden Partnern zusammen. Sie sprechen das Gespräch aus a mit ihren eigenen Namen. *Binnendifferenzierung:* Geben Sie für lernungewohntere TN das Gespräch ohne Namen an der Tafel vor. Wenn die TN dann einige Gespräche geübt haben, löschen Sie nach und nach weitere Wörter, bis die TN schließlich alles frei sprechen müssen.
		6. Schreiben Sie die Frage „Wie heißen Sie?" an die Tafel. Zeigen Sie den TN, dass Fragen am Ende ein Fragezeichen haben. Schreiben Sie dann die Antwort „Ich heiße Richard Yulu." daneben. Zeigen Sie, dass einfache Aussagen/Sätze am Ende einen Punkt haben.
	AB 5–6, AB-CD 1/3–4	*Phonetik:* Die TN machen die Übungen im Kurs: Die TN haben schon in Übung 2 auf Seite 96 gesehen, dass in deutschen Aussagesätzen die Stimme am Ende nach unten geht. Spielen Sie das Gespräch zu Übung 5 mehrmals vor. Die TN ergänzen, was sie hören. Anschließend Kontrolle zunächst mit dem Partner, dann im Plenum. Gehen Sie dann zu Übung 6 weiter und zeigen Sie, dass bei besonders fragendem Tonfall, z. B. bei Rückfragen („Und wie heißen Sie?"), die Stimme am Ende auch nach oben gehen kann. Die TN sprechen im Chor nach. Benutzen Sie wiederum Ihre Hand, um die Betonung auf dem Satzakzent und die Stimmbewegung anzuzeigen: Machen Sie jeweils bei der betonten Silbe im Satz eine Handbewegung wie ein Dirigent, der etwas pointieren möchte, und gehen Sie am Satzende mit der flachen Hand nach unten. Die TN sprechen auch in Partnerarbeit. Bitten Sie die TN abschließend, die Gespräche in Übung 5 und 6 auch zu Hause selbstständig zu üben.
	AB 7	Die TN machen die Übung in Einzelarbeit im Kurs oder als Hausaufgabe.
13/B3		**Aktivität im Kurs: Personenraten**
	Internet, Zeitschriften, Smartphone etc.	1. Bitten Sie die TN vorab, Fotos von bekannten Persönlichkeiten zu suchen.
		2. Zeigen Sie auf Herrn Yulu (Bild aus B2) und sagen Sie: „Das ist Herr Yulu." Weisen Sie dann auf einen TN hin (nicht mit dem Zeigefinger deuten!) und wenden Sie sich an den Kurs: „Das ist …". Einige TN stellen andere TN nach diesem Muster vor.
		3. Erklären Sie „Ich weiß es nicht!", indem Sie das Foto einer berühmten Persönlichkeit zeigen und fragen: „Wer ist das?" Zucken Sie mit den Schultern, sehen Sie betrübt aus und sagen Sie: „Ich weiß es nicht!"
		4. Die TN raten, wer die Person ist. Je nach Antwort nicken Sie mit dem Kopf und sagen Sie: „Ja, stimmt!" oder schütteln Sie den Kopf und sagen Sie: „Nein!" Die TN lesen auch die Beispiele im Buch. *Lösung:* A Manuel Neuer, B Angela Merkel, C Wolfgang Amadeus Mozart, D Sebastian Vettel
	Internet, Zeitschriften, Smartphone etc.	5. Die TN bilden Viewergruppen und spielen Personenraten mit ihren mitgebrachten Fotos.

		6. *Binnendifferenzierung:* Wer die Aufgabe beendet hat und/oder die Gespräche noch einmal schriftlich festhalten will, schreibt sie, dem Muster in B2 folgend, auf. Gehen Sie herum und helfen Sie bei Schwierigkeiten.
	KV L1/B3 im Lehrwerk-service	7. Verweisen Sie auf den Grammatik-Kasten in B2 und notieren Sie an der Tafel: 1 2 3 1 2 3 Wie heißen Sie? Ich heiße Richard Yulu. Wer ist das? Das ist Herr Yulu. Zeigen Sie, dass das Verb bei W-Fragen (?) und Aussagen (.) auf Position 2 steht. Die Ja-/Nein-Fragen werden in Lektion 3 eingeführt. *fakultativ:* Verweisen Sie auch auf die Grammatikübersicht 1 und 2 auf Seite 18. Hier finden Sie eine Übersicht über die Satzstellung in Aussagesätzen und in den W-Fragen sowie eine Visualisierung zum Thema (siehe auch die Hinweise zu Lernschritt C2, 5). *fakultativ:* Zur Vereinfachung und Unterstützung der Aktivität können Sie auch auf die Kopiervorlage im Lehrwerkservice unter www.hueber.de/schritt-fuer-schritt zurückgreifen.
	AB 8–11	Die TN machen die Übungen in Einzelarbeit im Kurs oder als Hausaufgabe.

SCHRITT C: ICH KOMME AUS POLEN

Verbkonjugation bei *ich, du, Sie*
Lernziel: Die TN können ihr Herkunftsland nennen und nach dem Herkunftsland einer Person fragen. Sie können über ihre Sprachkenntnisse Auskunft geben.

Seite/Aufgabe	Material	Aufbau
14/C1		**Präsentation der Verbkonjugation bei *du, Sie*; Ländernamen**
	CD 1/12–13	1. Die TN hören beide Gespräche und ordnen die fehlenden Satzteile zu. *Lösung:* A kommen Sie; B bist du; kommst du *Binnendifferenzierung:* In Kursen mit TN, die schon etwas Deutsch sprechen und verstehen, können Sie „Laras Film" einsetzen und den Schwerpunkt auf die Heimatländer der TN legen. Die TN konzentrieren sich beim Sehen darauf, in welcher Form die Personen ihr Heimatland nennen. Dabei können Sie die Kurzform „Aus Deutschland" erweitern zu der im Film vorkommenden Aussage „Ich komme aus Deutschland."
		Tipp: Dieser Übungstyp zum Hören und Zuordnen kommt häufig vor. Daher sollten Sie immer in der gleichen Weise vorgehen, damit die TN sich darauf einstellen können. Das erste Hören des gesamten Hörtextes dient dazu, dass die TN sich zunächst nur auf das Hören und Ansehen der Aufgabe konzentrieren. Sie können sich dabei mit der Situation/dem Gesamtkontext vertraut machen. Beim zweiten Hören mit Pausen ordnen die TN dann die Lösung zu.
		2. Schreiben Sie an die Tafel: Klara Schneider: Woher kommen Sie, Frau Nowak? Henry: Woher kommst du, Lara? Aus Polen. Spielen Sie ein ähnliches Gespräch mit den TN: Wenden Sie sich etwas höflich distanziert an einen TN und sagen Sie: „Guten Tag. Mein Name ist … Wie heißen Sie?" Geben Sie dem TN Gelegenheit zur Antwort und sagen Sie: „Freut mich. Woher kommen Sie?" Wenden Sie sich dann an zwei TN, die sich gut kennen und/oder sich duzen und denen Sie zutrauen, dass sie das Gespräch richtig vorsprechen. Deuten Sie an, dass die beiden TN das Gespräch mit „du" sprechen sollen.

		3. Zeigen Sie auch gestisch die Verwendung von „Sie" und „du", indem Sie mit der Körperhaltung einen gewissen Abstand einnehmen, diesen mit den Händen abmessen und „Sie" sagen, während Sie durch geringeren Abstand Nähe ausdrücken und „du" sagen. Verweisen Sie auch auf den Grammatik-Kasten und/oder auf die Grammatikübersicht 3 auf der Seite 18 (siehe die Hinweise zu Lernschritt C3, 5).
		Binnendifferenzierung: In den Kursen mit lernungewohnteren TN sollten Sie mit dem Hinweis auf die generalisierende Grammatikübersicht warten, bis Sie auch C3 bearbeitet haben und den TN alle in der Übersicht vorkommenden Verben bekannt sind.
	Weltkarte, Plakat	4. Die TN sehen sich die Ländertabelle an. Lesen Sie alle Ländernamen vor. Geben Sie zu einigen Ländern ein Beispiel aus Ihrem Kurs: „Syrien. … kommt aus Syrien." Erklären Sie den TN z. B. anhand der Weltkarte, dass Syrien ein Land ist. Ergänzen Sie fehlende Länder.
		fakultativ: Erstellen Sie ein Plakat mit den Herkunftsländern der TN analog zu der Tabelle im Buch.
		Tipp: Schreiben Sie zentrale neue Wörter immer an die Tafel (hier „Land"), damit sich den TN auch das Schriftbild einprägt. Geben Sie den TN auch Zeit, die Wörter abzuschreiben. Dabei ist es hilfreich, wenn Sie die Wörter immer an eine bestimmte Tafel oder Stelle der Tafel schreiben, dann wird das für die TN zu einem Signal, das sind wichtige neue Wörter. Besonders bei lernungewohnten TN sind solche Signale wichtig, um den TN die Einordnung neuer Informationen zu erleichtern.
		5. Wenige Länder haben einen Artikel (siehe Beispiele in der Tabelle). Da es keine Regeln gibt, müssen diese auswendig gelernt werden. Auf der Niveaustufe A1 ist es aber nicht notwendig, dass sich die TN alle Ländernamen merken. Sie sollten ihr eigenes Herkunftsland auf Deutsch nennen können und die Bezeichnungen für Deutschland, Österreich und die Schweiz kennen.
		Hinweis: Gehen Sie nicht auf die Dativformen bei Ländern wie der Schweiz, dem Jemen oder dem Sudan ein. Es reicht an dieser Stelle aus, wenn die TN sie als Formeln korrekt anwenden können.
		fakultativ: Die TN stehen im Kreis und werfen sich einen Ball zu. Der Werfer fragt: „Woher kommst du?" oder „Woher kommen Sie?" Der Fänger antwortet: „Aus …".
		Tipp: Es ist immer hilfreich, neue Strukturen sofort mit einer kleinen Übung einzuschleifen. Es kostet nicht viel Zeit, aber jeder TN hat das Gefühl, beteiligt zu sein und, was noch wichtiger ist, jeder kommt zu Wort. Besonders in Anfängerkursen baut das Redehemmungen ab.
14/C2		**Erweiterung der Verbkonjugation bei *ich, du, Sie*; W-Fragen**
a	CD 1/14	1. Die TN hören das erste Gespräch und lesen mit.
		2. *fakultativ:* Die TN sprechen das Gespräch nun mit eigenen Angaben jeweils einmal mit den Lernpartnern links und rechts von ihnen.
	CD 1/15	3. Verfahren Sie mit dem Gespräch 2 ebenso. Machen Sie deutlich, dass hier drei Personen miteinander sprechen.
		Binnendifferenzierung: Wenn nötig, lassen Sie drei lerngewohntere TN das Gespräch vorspielen.
	Folie/IWB	4. Zeigen Sie die Gespräche auf Folie/IWB. Zeigen Sie auf die markierte Frage mit „Wie" und lesen Sie sie vor, indem Sie „Wie" besonders betonen. Fragen Sie dann: „Gibt es noch Fragen mit ‚Wie', ‚Woher', oder ‚Wer'?" Wenn ein TN antwortet, markieren Sie entsprechend die nächste Frage.
	Folie/IWB	5. Die TN markieren nun selbstständig in den Gesprächen alle Fragen mit „Wie", „Woher" oder „Wer".
		Lösung: 1 Woher kommen Sie? Wer sind Sie? 2 Wer bist du? 3 Woher kommst du?
		Tipp: Weisen Sie die TN auch auf die Grammatikübersicht 2 auf Seite 18 hin und machen Sie deutlich, dass die meisten Fragewörter mit „W" beginnen. Nutzen Sie die Zeichnung, um mit den TN die verschiedenen W-Fragen noch einmal durchzugehen. Betonen Sie dabei das „W" als Kennzeichen für eine W-Frage. Sie können z. B. die Zeichnung vergrößern und die TN finden passende Fragen zu den dargestellten Fragewörtern.

b		6. Da den TN der Unterschied zwischen „du" und „Sie" aus C1 bekannt ist, ergänzen sie in Einzelarbeit oder Partnerarbeit die Fragen aus a zunächst jeder für sich. Gehen Sie herum und helfen Sie. *Binnendifferenzierung:* Ungeübtere TN können auch zu zweit arbeiten. *Lösung:* Sie: Wie heißen Sie? Woher kommen Sie? Wer sind Sie?; du: Wie heißt du? Wer bist du? Woher kommst du?
		7. Schreiben Sie die Fragen an die Tafel und machen Sie den Zusammenhang von Person und Verbendung deutlich. Markieren Sie dabei entsprechend. Erklären Sie den TN, dass bei „Sie" die Endung „-en" benutzt wird und bei „du" „-st". „Sind" und „bist" müssen gesondert gelernt werden, da sie sich nicht von dieser Regel ableiten lassen. Wie heiß<u>en</u> <u>Sie</u>? Wie heiß<u>t</u> <u>du</u>? Woher komm<u>en</u> <u>Sie</u>? Woher komm<u>st</u> <u>du</u>? Wer <u>sind Sie</u>? Wer <u>bist du</u>? ⚠
		8. Zur Festigung laufen die TN durch den Raum. Auf Ihr Zeichen hin finden sie sich in Zweier- oder Dreiergruppen zusammen und führen Gespräche wie in a. Schreiben Sie die Gesprächsstruktur an die Tafel. Wenn die TN einige Gespräche geübt haben, löschen Sie die Gespräche an der Tafel, indem Sie nach und nach einzelne Wörter löschen.
		Tipp: Sie können auch Musik laufen lassen, während die TN herumgehen. Wenn Sie die Musik stoppen, bilden die TN Gruppen mit den ihnen am nächsten stehenden Personen.
	AB 12	Die TN machen die Übung in Einzelarbeit im Kurs oder als Hausaufgabe.
15/C3		**Anwendungsaufgabe zur Verbkonjugation bei *du, Sie*; W-Fragen**
a		1. Die TN lesen in Einzelarbeit oder Partnerarbeit die Sätze und ergänzen das passende Personalpronomen „du" oder „Sie" und vergleichen anschließend zunächst mit einem anderen TN.
b	CD 1/16	2. Die TN hören das Gespräch, vergleichen und korrigieren ggf. Wiederholen Sie das Gespräch so oft wie nötig. *Lösung:* du, Du, Sie, Sie, Sie
		3. Ergänzen Sie das Tafelbild aus C2b um die Fragen „Was sprechen Sie?"/„Was sprichst du?" und markieren Sie auch hier die Personalpronomen und die Endungen. Weisen Sie die TN auch auf den Wechsel von „e" zu „i" bei „du sprichst" hin.
	evtl. Plakat	4. Die TN sehen sich die Liste der Sprachen im Buch an. Fragen Sie dann einen TN, von dem Sie wissen, dass seine Muttersprache vorkommt: „Was sprichst du?" Fordern Sie den TN durch Gesten auf, einen anderen TN zu fragen. Fahren Sie fort, bis alle TN an der Reihe waren. Führen Sie dann auch das Wort „Sprache" und „Muttersprache" ein und schreiben Sie es an die Tafel an die Stelle für neue wichtige Wörter (siehe Tipp C1,5). *fakultativ:* Sammeln Sie alle Sprachen der TN auf einem Plakat.
		5. Ergänzen Sie im Tafelbild die Antwort „Ich spreche Deutsch." und auch die anderen Antworten, die die TN bereits kennen. Markieren Sie auch hier die Verbendung und das Personalpronomen. Verweisen Sie auf den Grammatik-Kasten und/oder auf die Grammatikübersicht 3 auf der Seite 18. Dort finden Sie eine Übersicht über die Verben und die Verbendungen, die die TN nun kennen. Gehen Sie die Endungen am konkreten Verb „kommen" noch einmal durch. Rechts finden die TN eine Merkhilfe mit den Verbendungen bei „ich", „du" und „Sie". Weisen Sie die TN darauf hin, dass diese Formen auf die meisten Verben anwendbar sind und daher unbedingt gelernt werden müssen. Die kleine Übung rechts können die TN zu Hause oder im Unterricht bearbeiten. *fakultativ:* Konjugieren Sie mit den TN einige Verben, die sie aus den Arbeitsanweisungen aus dem Buch bereits kennen, z.B. „hören", „schreiben", „ergänzen", „markieren" etc. Machen Sie den TN deutlich, dass die Formen von „sein" und die 2. Person Singular von „heißen" und „sprechen" ebenfalls gesondert gelernt werden müssen. Wie heiß<u>en</u> <u>Sie</u>? Wie heiß<u>t</u> <u>du</u>? <u>Ich</u> heiß<u>e</u> Amir. Woher komm<u>en</u> <u>Sie</u>? Woher komm<u>st</u> <u>du</u>? <u>Ich</u> komm<u>e</u> aus Polen. Wer <u>sind Sie</u>? Wer <u>bist du</u>? ⚠ <u>Ich</u> <u>bin</u> Peter Mauri. Was sprech<u>en</u> <u>Sie</u>? Was sprich<u>st</u> <u>du</u>? <u>Ich</u> sprech<u>e</u> Deutsch.
		Hinweis: Hierzu passt das Audiotraining 2, Seite 32.

	KV L1/C3, Spielfiguren, Würfel	6. *fakultativ:* Wenn Sie die Konjugation weiter einüben möchten, verteilen Sie die Kopiervorlage. Jede Gruppe erhält Würfel und Spielfiguren. Die TN würfeln und rücken ihre Spielfigur je nach Augenzahl vor. Sie bilden die passende Verbform nach der gewürfelten Augenzahl. Alle Verben sind den TN durch die Übungsanweisungen im Buch schon bekannt.
	AB 12–13	Die TN machen die Übungen in Einzelarbeit im Kurs oder als Hausaufgabe.
	AB 14, AB-CD 1/5	Die TN bearbeiten die Übung im Kurs: Sie lesen zunächst in Stillarbeit die Aufgabenstellung und die Aufgabe. Ungeübtere TN markieren in verschiedenen Farben, was zusammengehört, z. B. Deutschland – Köln – Berlin – Frankfurt – Deutsch, Polen – Polnisch etc. Dann hören die TN die Hörtexte so oft wie nötig und kreuzen an, wer was sagt. Abschlusskontrolle im Plenum.
	AB 15–18	Die TN machen die Übungen in Einzelarbeit im Kurs oder als Hausaufgabe.
15/C4		**Aktivität im Kurs: Sich vorstellen**
		1. Stellen Sie mehrere Stühle in die Mitte. Legen Sie abwechselnd Zettel mit „du" und „Sie" auf die Stühle. Lassen Sie eine ruhige Musik laufen, die TN gehen frei herum. Wenn Sie die Musik stoppen, sprechen die TN, die sich am nächsten stehen, miteinander. Sie fragen sich nach dem Namen, dem Land, der Sprache, wie sie es nun gelernt haben. Ob die TN „du" oder „Sie" sagen, entscheidet der Zettel auf dem Stuhl, der am nächsten steht. Wenn Sie die Musik wieder laufen lassen, gehen die TN weiter etc.
		2. *fakultativ:* Die TN stellen sich vor und nehmen sich dabei mit dem Smartphone auf. Die Filme können sie sich in der Pause zeigen. Achten Sie darauf, dass die Aufnahmen freiwillig gemacht werden.

Hinweis: Nutzen Sie hier „Laras Film", der ein gutes Beispiel dafür ist, wie ein eigener Film der TN über sich selbst aussehen könnte und welche Informationen die TN auf Deutsch schon geben können (siehe Hinweise zur Foto-Hörgeschichte). Zur Vorbereitung können die TN sich die Übersicht über die Redemittel zu Herkunft und Sprache (Kursbuch, S. 19) ansehen. Zeigen Sie den TN die kleinen Übungen rechts und sagen Sie: „Das bin ich." Geben Sie mündlich Ihre eigenen Daten an. Animieren Sie die TN, die Übung für sich zu machen. Anschließend fragen und antworten sich die TN paarweise gegenseitig. |
| | | *Tipp:* Wenn Sie die Möglichkeit haben, sammeln Sie die Filme. Am Ende des Kurses ist es bestimmt interessant für die TN, noch einmal zu sehen, wie sie angefangen haben, Deutsch zu lernen. |

SCHRITT D: BUCHSTABEN

Lernziel: Die TN können die Buchstaben sagen und ihren Namen buchstabieren. Sie können sich am Telefon nach einer Person erkundigen.

Seite/Aufgabe	Material	Aufbau
16/D1		**Präsentation des Alphabets**
	CD 1/17	1. *Phonetik:* Die TN hören das Alphabet. Gehen Sie dabei wie folgt vor: Spielen Sie die ersten sechs Buchstaben vor (bis f). Spielen Sie dann die sechs Buchstaben erneut vor, bei dieser Wiederholung sprechen die TN mit. Üben Sie dann mit den Kärtchen (siehe Punkt 2.) zunächst diese sechs Buchstaben. Dann hören die TN die nächsten sechs (bis l) etc.
	Kärtchen mit Buchstaben	2. *Binnendifferenzierung:* Zeigen Sie auf Kärtchen Buchstaben in willkürlicher Reihenfolge. Die TN nennen jeweils den Buchstaben auf dem Kärtchen. Besonders für TN, die noch nicht so gut lesen und schreiben können, ist es nicht immer einfach, die Buchstaben richtig zu erkennen und zu benennen.

		3. Um den TN den Begriff „Buchstaben" zu verdeutlichen, schreiben Sie an die Tafel: A a ⎫ ⎬ Buchstaben B b ⎭ Fragen Sie die TN: „Welche Buchstaben sind neu für Sie?" Schreiben Sie sie an die Tafel, z. B. „ß".
		4. Die TN suchen allein oder in Partnerarbeit Wörter aus der Lektion mit den Buchstaben „ö", „ü", „ß", „z", z. B. „Französisch", „Begrüßung", „tschüs", „Türkisch", „heißen", „zuordnen", „zur", „Ich weiß nicht" ... *Hinweis:* Nicht für jede Ausgangssprache sind dieselben Buchstaben unbekannt: Die türkische Sprache kennt „ö" und „ü", aber „q" nicht, während es sich im Spanischen genau umgekehrt verhält. Wandeln Sie die Aufgabe nach Bedarf ab. *Hinweis:* Hier können Sie das Spiel „Das Alphabet" aus „Zwischendurch mal ..." (Kursbuch, S. 20) einflechten. Es eignet sich sehr gut, um den Unterschied von Groß- und Kleinbuchstaben noch einmal bewusst zu machen. Die TN hören verschiedene Buchstaben und zeichnen sie im Buch nach. Machen Sie den TN deutlich, dass wenn die Frau spricht, der große Buchstabe gemeint ist, und wenn der Junge spricht, der kleine Buchstabe.
	KV L1/D1	5. *fakultativ:* Spielen Sie mit den TN Alphabet-Bingo auf der Kopiervorlage L1/D1: Jeder TN erhält pro Runde ein leeres Bingo-Blatt und trägt darin neun Buchstaben seiner Wahl ein. Kreuzen Sie verdeckt verschiedene Buchstaben auf dem Kontrollblatt (auf Folie) an und sagen Sie sie laut an. Die TN markieren die Buchstaben auf ihrem Bingo-Blatt, wenn sie genannt werden. Wer zuerst alle neun Buchstaben angekreuzt hat, ruft „Bingo!" und hat, wenn alles richtig ist, gewonnen. Zur Kontrolle liest der TN seine Buchstaben noch einmal vor. Kontrollieren Sie mithilfe des Kontrollblatts. Bei der nächsten Runde kann ein TN die Ansage/das Kontrollblatt übernehmen. *Hinweis:* Sehr lernungewohnte TN können auch zu zweit ein Bingo-Blatt bearbeiten.
	AB 19 AB-CD 1/6–11	Die TN machen die Übung im Kurs: Die TN hören Vor- und Zunamen, die dann buchstabiert werden. Die TN notieren die Namen. Wenn nötig, hören die TN die Hörtexte mehrfach. Abschlusskontrolle im Plenum.
16/D2		**Anwendungsaufgabe: Den eigenen Namen buchstabieren**
		1. Die TN buchstabieren sich gegenseitig ihren Namen. Die Partner schreiben den Namen auf. Die TN korrigieren einander. Dabei finden sich immer wieder neue Paare zusammen. Gehen Sie herum und helfen Sie bei Schwierigkeiten. *fakultativ:* Einige TN buchstabieren ihren Namen im Plenum. *Hinweis:* Hier passen das Audiotraining 2 und das Videotraining 3.
	AB 20a – c, AB-CD 1/12–13	*Phonetik:* Die TN machen die Übung im Kurs. Schriftbild und Lautbild stimmen nicht immer überein. Das können Sie den TN insbesondere an den Diphthongen „ei" und „eu" sehr gut zeigen. Die TN hören Übung a. Stoppen Sie nach jedem Wort bzw. Satz und bitten Sie die TN nachzusprechen. Fragen Sie die TN nach anderen Wörtern aus der Lektion mit diesen Lauten und notieren Sie die Vorschläge der TN an der Tafel (z. B. Schweiz, Österreich, Auf Wiedersehen ...). Die TN sprechen die Wörter an der Tafel. Anschließend bearbeiten die TN b und c in Einzel- und/oder Partnerarbeit.
	AB 21	Die TN machen die Übung in Einzelarbeit im Kurs oder als Hausaufgabe.
16/D3		**Anwendungsaufgabe: Den eigenen Namen am Telefon buchstabieren**
	CD 1/18	1. Die TN betrachten die Fotos und hören das Telefongespräch ggf. mehrmals.
		2. Die TN lesen das Telefongespräch in Partnerarbeit.

		3. Schreiben Sie mithilfe der TN ein Dialoggerüst (Kursbuch, S. 16) an die Tafel. Die TN finden sich paarweise zusammen. Sie sprechen das Telefongespräch mithilfe des Dialoggerüsts nach und verwenden dabei ihren eigenen Namen. Zum Abschluss können zwei oder drei Paare ihr Gespräch dem Plenum präsentieren.
		Binnendifferenzierung: Schnellere TN stellen sich mit dem Rücken zur Tafel und sprechen die Dialoge mit ihrer Partnerin / ihrem Partner frei. Dabei kann auch zunächst nur einer der TN frei sprechen, der andere, der Tafel zugewandt, liest noch ab.
		Hinweis: Erklären Sie den TN, dass am Telefon zum Abschied oft „Auf Wiederhören!" gesagt wird und nicht „Auf Wiedersehen!", weil man sich am Telefon eben nur hört.
		Hinweis: Hier können Sie bereits das „Buchstabenspiel" aus „Zwischendurch mal ..." (Kursbuch, S. 21) einflechten. Die TN notieren Vornamen, die im Film buchstabiert werden. Die Lösung wird ebenfalls im Film präsentiert.
	AB 25	Die TN machen die Übung im Kurs. Die TN lesen den Text und schreiben nach dem Muster ihren ersten eigenen Text. Gehen Sie herum und helfen Sie bzw. korrigieren Sie die Texte.
	AB 22–24, 26	Die TN machen die Übungen in Einzelarbeit im Kurs oder als Hausaufgabe.

SCHRITT E: ADRESSE

Lernziel: Die TN können Visitenkarten lesen und ein Anmeldeformular mit persönlichen Angaben ausfüllen.

Seite/Aufgabe	Material	Aufbau
17/E1		**Leseverstehen: Visitenkarten**
	Folie/IWB	1. Zeigen Sie die erste Visitenkarte und die Tabelle auf Folie/IWB. Decken Sie die Anlösung in der Tabelle ab. Zeigen Sie in der Tabelle auf „Vorname". Lenken Sie dann den Blick der TN auf die Visitenkarte und fragen Sie: „Vorname?" Wenn ein TN antwortet, decken Sie „Amir" in der Tabelle auf.
		2. Die TN versuchen zunächst selbstständig, ggf. zu zweit, die Tabelle für die erste Visitenkarte auszufüllen. Gehen Sie herum und beobachten Sie, wie die TN zurechtkommen. Bei einzelnen Problemen helfen Sie. Kommt die Mehrheit nicht zurecht, arbeiten Sie zunächst im Plenum an der Tafel weiter und ergänzen die Tabelle mit den TN zusammen für die erste Visitenkarte. Dann bearbeiten die TN die zweite Visitenkarte. Abschlusskontrolle im Plenum. *Lösung:*

	A	B
Vorname	Amir	Robert
Familienname/Nachname	El-Ahmar	Lauber
Straße, Hausnummer	Gartenstraße 12	Bahnhofstraße 7
Stadt	82234 Weßling	75172 Pforzheim
Land	Deutschland	Deutschland

Seite/Aufgabe	Material	Aufbau
17/E2		**Hörverstehen: Persönliche Angaben verstehen**
	CD1/19	1. Die TN lesen zunächst das Formular. Dann hören Sie das Gespräch so oft wie nötig und ergänzen das Formular. *Lösung:* Familienname: Platini; Vorname: Marie; Stadt: Fribourg
17/E3		**Schreiben: Ein Formular ausfüllen**
	Anmelde-formular	1. Bringen Sie den entsprechenden Abschnitt eines Anmeldeformulars Ihrer Schule/Institution mit. Da die TN sich ja alle für den Deutschkurs anmelden mussten, erkennen sie das Formular sicherlich wieder. Sollten Sie keins zur Hand haben, können Sie das Formular im Buch benutzen.
		2. Schreiben Sie Ihre eigenen Daten als Beispiel an die Tafel. Neue Informationen sind nun die Hausnummer und die Postleitzahl. Erklären Sie, dass Straße, Hausnummer, Postleitzahl und Stadt zusammen die Adresse bilden.

		3. Die TN tragen ihre Daten in das Originalformular oder ins Buch ein. Gehen Sie herum und helfen Sie bei Schwierigkeiten.
		Hinweis: An dieser Stelle passt thematisch das Schreiben und Zeichnen der eigenen Visitenkarte aus der Rubrik „Zwischendurch mal …" (Kursbuch S. 21).
		Hinweis: Zum Abschluss der Lektion eignet sich das Videotraining 1.
	AB 27–29	Die TN machen die Übungen in Einzelarbeit im Kurs oder als Hausaufgabe.
	KV L1/Wiederholung	*fakultativ:* Wenn Sie noch Zeit haben, können Sie hier das Wiederholungsspiel von der Kopiervorlage anschließen (Seite 150/153).
		Lektionstests
	KV L1/Test	Einen Test zu Lektion 1 finden Sie hier im LHB auf der Seite 162. Weisen Sie die TN auch auf den Selbsttest im Arbeitsbuch auf Seite 106 hin.

AUDIO- UND VIDEOTRAINING

Seite/Aufgabe	Material	Aufbau
		Hinweis: Das Audio- und Videotraining sollten Sie einmal am Anfang mit den TN gemeinsam anhören und ggf. als Chorübung, d. h. alle TN sprechen nach, durchführen. Je nachdem wie Sie ihre TN einschätzen, können Sie die Chorvariante eine Zeit lang im Kurs fortführen oder den TN diese Übungen als Hausaufgabe geben und am nächsten Kurstag zum Kursbeginn einmal als Chorübung laufen lassen.
		Audiotraining 1: Begrüßung und Abschied
	CD 1/20	Die TN hören einzelne Begrüßungen und Verabschiedungen und können diese in den Sprechpausen nachsprechen.
		Audiotraining 2: Fragen Sie nach!
	CD 1/21	Hier geben zwei Personen Auskunft über ihren Namen, ihre Herkunft, ihre Sprache. Die TN sollen nachfragen – zuerst in der „Sie"- dann in der „Du"-Form – und dabei die W-Fragen anwenden, die sie in dieser Lektion kennengelernt haben. Die richtigen Fragen werden nach der Sprechpause noch einmal wiederholt, sodass sich die TN selbst kontrollieren können.
		Audiotraining 3: Buchstabieren Sie die Namen.
	CD 1/22	Hier können die TN Namen buchstabieren üben. Die TN hören einzelne Namen und haben Gelegenheit, diese in den Sprechpausen zu buchstabieren. Nach der Sprechpause wird der Name noch einmal buchstabiert, sodass sich die TN selbst kontrollieren können.
		Videotraining 1: Ich bin K-2-F-2-G.
	Film „Ich bin K-2-F-2-G."	Die TN hören und sehen noch einmal die wichtigsten Wendungen zum Kennenlernen dieser Lektion, die in eine spielerische Handlung mit Lara und Tim, zwei der Protagonisten aus der Foto-Hörgeschichte, eingebettet sind. Damit können sie ihr Verständnis überprüfen und wiederholen.
		fakultativ: Parallel zum Film können die TN die Strategien in der Rubrik Kommunikation mitlesen und diejenigen unterstreichen, die im Film vorkommen.
		Videotraining 2: Das ist super!
	Film „Das ist super!"	Lara und Tim buchstabieren in diesem Film kleine Sätze. Die TN werden im Film zu Beginn aufgefordert mitzuschreiben. Der vollständige Text wird am Ende des Films angezeigt, sodass die TN zu Hause selbstständig mit dem Videotraining arbeiten können.

ZWISCHENDURCH MAL ...

Seite/Aufgabe	Material	Aufbau
		Spiel: Das Alpahabet (passt z. B. zu D1)
20		1. Die TN sehen sich die Buchstaben an und lesen sie jeweils mit Flüsterstimme.
	CD 1/23	2. Die TN hören die ersten beiden Buchstaben. Zeigen Sie auf die Zeichnung der beiden Personen und machen Sie den TN deutlich, dass bei der Frau jeweils der Großbuchstabe und bei der Jungenstimme jeweils der Kleinbuchstabe nachgeschrieben werden soll.
	CD 1/23	3. Die TN arbeiten einzeln oder zu zweit. Sie hören die Buchstaben und schreiben nach. Wenn nötig, drücken Sie hinter jedem Buchstaben die Pausetaste, damit die TN genug Zeit zum Suchen und Nachschreiben haben. Abschlusskontrolle im Plenum. *Lösung:* J, m, C, s, U, z, T, e, L, d
		Audiotraining 3: Buchstabieren Sie die Namen.
	CD 1/22	Hier können die TN Namen buchstabieren üben. Die TN hören einzelne Namen und haben Gelegenheit, diese in den Sprechpausen zu buchstabieren. Nach der Sprechpause wird der Name noch einmal buchstabiert, sodass sich die TN selbst kontrollieren können.
		Film/Buchstabenspiel (passt z. B. zu B3) Im Film werden fünf Vornamen buchstabiert.
21		Sie können den Film im Unterricht einsetzen. Die TN haben die Möglichkeit, Vornamen und ihre Buchstaben nachzusprechen und/oder die buchstabierten Namen zu notieren. Eine Kontrolle wird direkt im Film gezeigt. *Lösung:* Max, Julia, Daniel, Felix *Hinweis:* Zurückhaltenderen TN kann der Film auch als Versicherung dienen, dass sie nach Diktat Buchstaben notieren können. Dann trauen sie sich eher, auch einmal als „Schreiber" an die Tafel zu gehen. TN, die das Buchstabieren noch weiter üben möchten, sehen sich den Film „Buchstabenspiel" als Hausaufgabe noch einmal an.
		Schreiben: Eine eigene Visitenkarte (passt z. B. zu E3)
	versch. Visitenkarten	1. Bringen Sie verschiedene Visitenkarten mit, am besten so viele, dass Sie für jeweils zwei TN eine Karte haben. Fragen Sie einige Mitarbeiter der Sprachschule nach ihren Visitenkarten, viele Lokale und Ärzte haben Visitenkarten zum Mitnehmen ausliegen etc. Die TN sehen sich zu zweit „ihre" Visitenkarte an und befragen sich gegenseitig nach den Informationen wie in der Tabelle in E1, dabei können die TN nur als Wort, z. B. „Vorname" nach den Informationen fragen. Der andere sucht die entsprechende Information und liest sie vor. Dann fragt er seinerseits. Dieses Stichwortartige ist hier völlig in Ordnung, denn die TN sollen nur bestimmte Informationen erkennen und zuordnen. Nach einigen Minuten tauschen die Paare ihre Karten.
	Buntstifte	2. Nachdem die TN nun einige Beispiele für Visitenkarten gesehen haben, schreiben und zeichnen sie ihre eigene Visitenkarte. Stellen Sie dazu Buntstifte zur Verfügung.
	Plakat, Klebstoff	3. Die TN kleben ihre Visitenkarten auf ein Plakat, sodass nun alle die Karten der anderen sehen können. *Hinweis:* Das Plakat sollte nach Unterrichtsschluss abgehängt und in einem verschlossenen Raum aufbewahrt werden, da sich darauf persönliche Daten der TN befinden. Sie können es in der nächsten Stunde noch einmal aufhängen. Sollten TN ihre Daten nicht aushängen wollen, akzeptieren Sie das. Nach Abschluss dieser Unterrichtseinheit können Sie die Visitenkarten an die TN zurückgeben.

Wortfelder: Familie; Personalien

Grammatik: Personalpronomen *er/sie, wir, ihr, sie*; Possessivartikel: *mein/meine, dein/deine, Ihr/Ihre*; Verbkonjugation *leben, heißen, sprechen, sein, haben*; Präposition *in*

MEINE FAMILIE
Folge 2: Pause ist super.

Seite/Aufgabe	Material	Aufbau
22/1		**Vor dem Hören / Beim ersten Hören: Vermutungen äußern/überprüfen**
a		1. Die Bücher sind zunächst geschlossen. Schreiben Sie „Familie" an die Tafel und erstellen Sie einen Wortigel. Ergänzen Sie an einem „Arm" das Wort „Mutter". Schauen Sie dann fragend zu den TN und ermuntern Sie sie, weitere Wörter zu nennen, die zu Familie gehören. Da die TN schon einige Zeit in Deutschland leben und Familie ein wichtiges Thema ist, kennen sie bestimmt einige Wörter und können sie nennen. Ergänzen Sie den Wortigel entsprechend oder lassen Sie den jeweiligen TN sein Wort an die Tafel schreiben.
	Folie/IWB	2. Die TN öffnen die Bücher und betrachten die Fotos. Zeigen Sie auf Lara und fragen Sie: „Wer ist das? Was wissen Sie schon?" Schreiben Sie als Hilfestellung die Rubriken „Name?", „Land?" und „Sprache?" (bekannt aus Lektion 1) an die Tafel. Die TN antworten, indem sie ihr Vorwissen aus Lektion 1 aktivieren. Ergänzen Sie auf Zuruf die Informationen an der Tafel.
	Folie/IWB	3. Zeigen Sie auf Tim und fragen: „Wer ist das?" Zucken Sie mit den Schultern, um den TN zu zeigen: „Ich weiß es nicht." Ermuntern Sie die TN, Vermutungen zu Tim anzustellen.
		4. Die TN betrachten die Fotos und lesen die Aufgabe. Erklären Sie dann die neuen Begriffe. Zeigen Sie z. B. auf sich, dann auf die TN und sagen Sie: „Ich bin Deutschlehrer/in. Und Sie lernen Deutsch." „Pause" können Sie erklären, indem Sie die Pausenzeiten Ihres eigenen Kurses an die Tafel schreiben. „Im Park" können Sie anhand von Foto 2 zeigen. Fragen Sie dann: „Was meinen Sie? Was ist richtig?" und fordern Sie die TN auf, zu umkreisen, was sie für richtig halten. *Hinweis:* Es ist nicht wichtig, dass die TN die richtige Lösung nennen können. Sie sollten hier ihre Vermutungen äußern.
		Tipp: Nutzen Sie für Worterklärungen so oft wie möglich Abbildungen, Fotos oder Filme aus dem Buch, um neuen Wortschatz in den vorhandenen Kontext zu integrieren.
b	CD 1/24–31	5. Die TN hören die Foto-Hörgeschichte zum ersten Mal und überprüfen ihre Vermutungen anhand der Lösungen. Abschlusskontrolle im Plenum. *Lösung:* 2 haben Pause.
22/2		**Beim zweiten Hören: Woher kommen Lara und Tim?**
	CD 1/25–26 Folie/IWB, Weltkarte, kleine Klebezettel oder Stecknadelfähnchen	1. Die TN hören die Hörtexte zu den Fotos 2 und 3 noch einmal und schreiben die richtigen Begriffe in die Tabelle. Abschlusskontrolle im Plenum. *Lösung:* Tim: Ottawa; Lara: Polen, Lublin *fakultativ:* Hängen Sie eine Weltkarte auf und bitten Sie die TN, die Länder und Städte von Lara und Tim auf der Weltkarte zu zeigen. Bitten Sie die TN, ihren Vornamen, ihr Land und ihre Stadt auf kleine Zettel bzw. Fähnchen zu notieren. Anschließend fordern Sie die TN auf, ihr Land und ihre Stadt auf der Weltkarte zu zeigen und ihren Klebezettel bzw. ihr Fähnchen auf der Karte zu befestigen. Die TN sagen dazu: „Ich komme aus (Land), aus (Stadt)."

23/3		Beim dritten Hören: Laras und Tims Familie
		1. Die TN betrachten die Fotos und lesen die Aussagen. Wenn nötig, lassen Sie einen TN, von dem Sie wissen, dass er gut lesen kann, die Aussagen vorlesen.
	Folie/IWB, CD 1/27–29	2. Die TN hören die Hörtexte zu den Fotos 4–6 noch einmal und ordnen die Fotos zu. Wenn nötig, hören die TN ein weiteres Mal. *Binnendifferenzierung:* Sollten die TN sich mit der Aufgabe schwertun, lassen Sie die Aussagen noch einmal lesen und fragen Sie nach jeder Aussage: „Wie viele Personen?" Wenn die TN noch gar keine Zahlen kennen, zeigen Sie mit den Fingern. Abschlusskontrolle im Plenum. *Lösung:* (von oben nach unten) B, A, C
	KV L2/FHG, CD 1/27–34	3. *fakultativ:* Wenn Sie die komplette Foto-Hörgeschichte noch einmal mit den TN hören und die Arbeitsergebnisse aus Aufgabe 1–3 sichern wollen, finden die TN sich paarweise zusammen. Kopieren Sie die Kopiervorlage mehrfach und schneiden Sie die Satzkärtchen aus. Jedes Lernpaar erhält einen Kärtchensatz. *Binnendifferenzierung:* Da Sie Ihre TN bereits etwas kennengelernt haben und in ihrem Lernverhalten einschätzen können, können Sie hier leistungsdifferenzieren, indem lerngewohntere TN ein komplettes Kartenset erhalten, im Gengensatz dazu bekommen die anderen nur drei oder vier Karten zu jeder Person. Für TN, die sich mit dem Lesen noch sehr schwertun, können Sie ein Set vorbereiten, auf dem nur die Hauptinformation steht und die Verben, Präpositionen usw. getilgt sind. Die Paare hören die Foto-Hörgeschichte noch einmal und ordnen die Satzkärtchen den Personen zu. Zur Abschlusskontrolle liest ein Paar seine Zuordnung langsam vor, sodass die anderen kontrollieren können.
		Tipp: TN, die über ein Smartphone verfügen, können die App zu *Schritt für Schritt in Alltag und Beruf 1* kostenfrei aus dem entsprechenden Store herunterladen, um alle Hörtexte und Filme zum Lehrwerk jederzeit zur Verfügung zu haben und sie bei Bedarf auch in Kleingruppen nutzen zu können.
		Tipp: Sie können darauf zurückgreifen, dass viele TN schon einige Zeit im deutschsprachigen Raum leben und bereits erworbenes Wissen mitbringen. Versuchen Sie so oft wie möglich, dieses Vorwissen zu aktivieren. Die TN können sich so gegenseitig etwas beibringen und einander helfen. Ziehen Sie Nutzen aus dem vorhandenen Wissen der TN. Antworten Sie z.B. bei der Frage nach einer Wortbedeutung nicht sofort selbst, sondern geben Sie die Frage an das Plenum weiter. Vielleicht kann ein TN das Wort erklären oder auch malen, wenn es sich um einen Gegenstand handelt. Ermuntern Sie die TN dazu und nutzen Sie vorhandenes Potenzial. Verfahren Sie ebenso mit Fehlern: Geben Sie erst anderen TN die Möglichkeit, einen Fehler zu korrigieren, bevor Sie selbst korrigieren.
	„Laras und Tims Film" Lektion 2	Tim und Lara befinden sich im Park und filmen sich gegenseitig mit dem Handy. Zuerst filmt Lara Tim und spricht dazu über Tim, der nur gestisch und mimisch darauf reagiert. Nur am Schluss intoniert er ein einziges Wort „deutsch". Im zweiten Teil filmt Tim Lara und spricht dazu über Lara, die ebenfalls nichts sagt, sondern auf einem Block nur Stichworte mitzeigt. Der Film passt sehr gut zu C1. Sie können ihn als Einstieg benutzen, um die „er/sie"-Formen einzuführen, oder die TN überprüfen anhand des Films ihre Lösung zu C1. Regen Sie die TN an, in Partnerarbeit selbst einen ähnlichen Film anzufertigen, z.B. nach D3. Die TN können dazu die Informationen, die im Film gegeben werden, noch um die neuen Informationen, die sie schon gelernt haben, erweitern. Die TN sollten ihre Texte vorher anfertigen und der jeweilige „Filmemacher" spricht dann den Text. Die Partnerin / Der Partner agiert dann entweder mimisch oder benutzt einen Block zum Umklappen mit den passenden Stichwörtern.

SCHRITT A: WIE GEHT'S? – DANKE, GUT.

Anredeform *du* und *Sie*

Lernziel: Die TN können andere nach dem Befinden fragen und ihr Befinden ausdrücken.

Seite/Aufgabe	Material	Aufbau
24/A1		**Präsentation der Redemittel: Nach dem Befinden fragen**
a	Folie/IWB	1. Die TN sehen sich die Zeichnungen an. Fragen Sie „Wie geht's?" und deuten Sie dabei auf das Beispiel. Antworten Sie auf die Frage mit Begeisterung: „Super!" und unterstützen Sie Ihre Antwort durch Mimik und Gestik: Strecken Sie den Daumen nach oben und strahlen Sie.
		Variante: Die TN lassen das Buch geschlossen. Gehen Sie auf einen TN zu, der schon länger im deutschsprachigen Raum lebt, und fragen Sie: „Wie geht's?" Der TN antwortet. Wiederholen Sie das ggf. noch ein paarmal mit weiteren TN, die schon erste Deutschkenntnisse haben. Die TN öffnen erst dann ihr Buch.
	CD 1/32	2. Die TN hören die Mini-Gespräche und überlegen, welches Gespräch zu welchem Bild passt. Bei Verständnisschwierigkeiten spielen Sie die Gespräche mehrmals vor und helfen, indem Sie die jeweils passende Mimik/Gestik dazu machen. Abschlusskontrolle im Plenum. *Lösung:* (von links nach rechts): 4, 2, 1, 5, 3
b		3. In Einzel- oder Partnerarbeit schreiben die TN unter die Smileys die jeweils passende Aussage.
		Binnendifferenzierung: Diktieren Sie den lerngewohnteren TN in ungeordneter Reihenfolge die Aussagen. Die TN schreiben sie unter den entsprechenden Smiley. Abschlusskontrolle im Plenum. *Lösung:* 1 Super. 2 Sehr gut. 3 Gut. 4 Es geht. 5 Nicht so gut.
	AB 1	Die TN machen die Übung in Einzelarbeit im Kurs oder als Hausaufgabe.
24/A2		**Anwendungsaufgabe: Nach dem Befinden fragen**
a	Folie/IWB	1. Die TN betrachten die Fotos. Fragen Sie: „Sie oder du? Was meinen Sie?" Die TN stellen Vermutungen darüber an, wie sich die Personen anreden könnten.
	Folie/IWB	2. Fragen Sie dann: „Wie geht es Lara? Was meinen Sie?" Deuten Sie dabei auf Foto 1 und die Smileys in A1b. Es geht hier nur um Vermutungen, nicht um richtig oder falsch.
	CD 1/33	3. Die TN hören Gespräch A und lesen mit. Anschließend lesen die TN das Gespräch mit Flüsterstimme mit der Partnerin / dem Partner, danach tauschen sie die Rollen.
	Folie/IWB	4. Zeigen Sie auf das Gespräch im Buch und fragen Sie die TN: „Wie sagen Lara und Tim, Vorname oder Nachname?" Erklären Sie dann den TN, dass Lara und Tim sich mit dem Vornamen ansprechen und „du" sagen. Die Frage dazu ist „Wie geht es dir?" oder kurz „Wie geht's?". Zeigen Sie dabei den Grammatik-Kasten auf Folie/IWB. Wenn nötig, klären Sie, wann man „du" sagt: Familie, Freunde.
		5. Zeigen Sie auf Foto B und fragen Sie „Wie geht es Herrn Baumann?", danach „Wie geht es der Verkäuferin?". Die TN äußern Vermutungen.
	CD 1/34	6. Die TN hören Gespräch B und lesen mit. Anschließend lesen sie es mit Flüsterstimme in Partnerarbeit und wechseln die Rollen.
	Folie/IWB	7. Fragen Sie die TN auch hier, wie die Personen sprechen, mit Vornamen oder mit Nachnamen. Verweisen Sie auf den Grammatik-Kasten und zeigen Sie auch mithilfe der Fotos, dass „Wie geht es Ihnen?" für die Anrede mit „Sie" und „Wie geht es dir?" für die Anrede mit „du" gebraucht wird. Die Kurzform „Wie geht's?" deckt beide Fälle ab. Verweisen Sie an dieser Stelle auch auf die Redemittel zum Befinden in der Übersicht zu Grammatik und Kommunikation (Kursbuch, S. 31). Hier sind die wichtigsten Frage- und Antwortmöglichkeiten übersichtlich dargestellt. Weisen Sie die TN auch auf den Tipp hin, Frage und Antwort am besten immer kombiniert zu lernen.

b	Folie/IWB	8. Die TN sprechen die Gespräche mit ihrem eigenen Namen.
		Hinweis: Denken Sie bitte daran, dass es hier ausschließlich darum geht, die Wendungen lexikalisch einzuschleifen, um sie als Redemittel für die TN bereitzustellen. Erklärungen zum Dativ sind an dieser Stelle nicht notwendig. Die Dativpronomen werden in Schritt für Schritt in Alltag und Beruf 2, Lektion 13, behandelt.
	AB 2, Folie/IWB AB-CD 1/14–15	*Phonetik:* Die TN machen die Übung in Einzelarbeit im Kurs: Die TN kennen die Stimmbewegung bei W-Fragen und auch den Satzakzent schon aus Lektion 1. Deshalb dürfte ihnen diese Übung keine Schwierigkeiten bereiten. Die TN hören den Hörtext und achten auf die Betonung. Die TN können bei der Silbe, die den Satzakzent trägt, jeweils mit dem Fuß aufstampfen. Dadurch bekommen sie ein Gespür für die Gewichtung dieser Silbe. Setzen Sie für die Stimmbewegung nach unten (W-Frage) und nach oben (Rückfrage) wie in Lektion 1 auch wieder Ihre Hand ein.
	AB 3	Die TN machen die Übung in Einzelarbeit im Kurs oder als Hausaufgabe.
24/A3		**Kettenspiel: Nach dem Befinden fragen**
	Ball	1. Kettenspiel: Schreiben Sie „Wie geht's?" und die unterschiedlichen Antwortmöglichkeiten aus A1 an die Tafel, sodass die TN die verschiedenen Redemittel vor Augen haben. Dann werfen Sie einem TN den Ball zu und beginnen das Kettenspiel wie im Beispiel. Fangen Sie mit zwei oder drei geübteren TN an. Fordern Sie die TN auf, verschiedene Redemittel zu nutzen.
	KV L2/A3	*fakultativ:* Klassenspaziergang. Wenn Sie gerne etwas Bewegung in den Unterricht bringen möchten, können Sie die Kopiervorlage L2/A3 kopieren, zerschneiden und die Redemittelkärtchen im Kurs verteilen. Es macht dabei nichts, wenn die Redemittel jeweils mehrfach vorhanden sind. Alle TN versammeln sich in der Mitte des Kursraums und finden sich paarweise zusammen. Die TN befragen sich gegenseitig und nutzen zur Antwort „das Befinden" auf ihrem Kärtchen. Anschließend tauschen die Gesprächspartner ihre Kärtchen untereinander und wechseln zum nächsten freien Gesprächspartner. Gehen Sie während der Übung herum und helfen Sie, wenn nötig, oder spielen Sie mit. In einer zweiten Runde oder als Wiederholung in der nächsten Kursstunde verteilen Sie die Kärtchen der Kopiervorlage noch einmal, tilgen aber die Sätze, sodass die TN den Klassenspaziergang nur mit dem Bildimpuls machen.
		Hinweis: Hier passen thematisch das Audiotraining 1 und das Videotraining 1.
		Tipp: Laminieren Sie die Kopiervorlage vor dem Zerschneiden. Die Kärtchen halten so länger und können immer wieder eingesetzt werden.

SCHRITT B: DAS IST MEIN BRUDER

Possessivartikel *mein/meine, dein/deine, ihr/ihre*

Lernziel: Die TN können ihre Familie / Familienmitglieder vorstellen.

Seite/Aufgabe	Material	Aufbau
25/B1		**Präsentation des Wortfeldes „Familienmitglieder"**
	Folie/IWB, CD 1/35	1. Die TN betrachten das Foto im Buch, das sie aus der Foto-Hörgeschichte kennen. Zeigen Sie auf das Tablet-Foto im Foto und sagen Sie: „Das ist Laras Familie." Die TN lesen die Aufgabe. Dann hören sie das Gespräch und ordnen zu. Stoppen Sie an den entsprechenden Stellen, damit die TN Zeit zum Schreiben haben. Abschlusskontrolle im Plenum. *Lösung:* Großeltern ... Oma ... Opa
	Folie/IWB	2. Schreiben Sie „Das ist ..." an die Tafel. Erklären Sie den TN, dass „ist" immer für **eine** Person benutzt wird, und ergänzen Sie dann die Beispiele aus B1. Schreiben Sie dann „Das sind ..." an die Tafel und erklären Sie, dass „sind" immer für **zwei oder mehr** Personen benutzt wird. Ergänzen Sie dann das Beispiel aus B1. Verweisen Sie auch auf die Foto-Hörgeschichte und sagen Sie: „Das sind Lara und Tim." Machen Sie, wenn nötig, weitere Beispiele mit Namen aus dem Kurs.

> Das (ist) meine Mutter / meine Oma / mein Opa.
> Das (sind) meine Großeltern / Lara und Tim.

25/B2		Erweiterung des Wortfeldes „Familienmitglieder"
a	CD 1/36	1. Die TN betrachten die Zeichnung und hören das Gespräch zunächst einmal komplett, ohne zu schreiben. Sie sollten sich nur auf das Gehörte und die Zeichnung konzentrieren. Beim zweiten Hören ordnen die TN zu. Machen Sie Pausen, damit die TN Zeit zum Schreiben haben. Abschlusskontrolle im Plenum. *Lösung:* 1 mein Mann, 2 mein Vater, 3 mein Sohn, 4 meine Tochter
b, c	CD 1/37–38	2. Verfahren Sie mit b und c ebenso. Abschlusskontrolle im Plenum. *Lösung b:* meine Schwester, 2 mein Bruder, 1 + 2 meine Geschwister; *Lösung c:* meine Enkelin, 2 mein Enkel, 1 + 2 meine Enkelkinder
26/B3		Systematisierung des Wortfeldes „Familienmitglieder"
	Folie/IWB	1. Zeigen Sie die Tabelle auf Folie/IWB. Machen Sie den TN deutlich, dass sie die zu ergänzenden Wörter in B1 und B2 finden. Machen Sie, wenn nötig, ein Beispiel. Die TN ergänzen dann allein weiter. *Binnendifferenzierung:* Lernungewohntere TN arbeiten zu zweit. Gehen Sie herum und helfen Sie bei Schwierigkeiten. Abschlusskontrolle im Plenum anhand der Folie/IWB. *Lösung:*

Eltern	Kinder	Geschwister	Ehepaar	Großeltern	Enkelkinder
Mutter/ Mama	Tochter	Schwester	Ehefrau	Großmutter/ Oma	Enkelin
Vater/ Papa	Sohn	Bruder	Ehe- mann	Großvater/ Opa	Enkel

		2. Weisen Sie dann auf die erste Zeile der Tabelle und machen Sie den TN klar, dass „Eltern", „Kinder" usw. immer zwei oder mehr Leute sind. Weisen Sie auf die zweite Zeile und fragen Sie: „Mann oder Frau?" Erklären Sie dann, dass „Mutter", „Tochter" usw. immer eine Frau (eine Person) ist und immer eine (= die Zahl 1, es ist nicht der Artikel gemeint). In der dritten Zeile fragen Sie wieder und erklären, „Vater", „Bruder" usw. ist immer ein (= 1) Mann (eine Person).
	AB 4	Die TN machen die Übung in Einzelarbeit im Kurs oder als Hausaufgabe.
26/B4		Präsentation der Possessivartikel *mein/meine, dein/deine*
a	CD 1/39	1. Die TN hören Gespräch 1 und lesen mit. Dann sprechen die TN das Gespräch mit dem Partner nach und tauschen auch die Rollen. Verfahren Sie mit Gespräch 2 und 3 ebenso.
	CD 1/40–41	2. Verfahren Sie mit Gespräch 2 und 3 ebenso.
		3. Erstellen Sie zur Systematisierung der Possessivartikel zusammen mit den TN ein Tafelbild (s. 4.). Notieren Sie analog zum Grammatik-Kasten zunächst „mein/dein Bruder", „meine/deine Mutter" und „meine/deine Geschwister" an der Tafel. Unterstreichen Sie „mein/dein Bruder" blau, „meine/deine Mutter" rot sowie „meine/deine Geschwister" gelb. Verweisen Sie auch auf den Grammatik-Kasten. *Hinweis:* Der definite Artikel und die Artikelfarben blau, grün, rot und gelb werden systematisch in Lektion 4 eingeführt.
		4. Ergänzen Sie das Tafelbild dann gemeinsam mit den TN um weitere Possessivartikel und Verwandtschaftsbezeichnungen aus der Foto-Hörgeschichte, KB/B1–B3.

	KV L2/B4a	5. *fakultativ:* Die TN finden sich in Kleingruppen zusammen. Jede Gruppe erhält die zerschnittenen Dominosteine von der Kopiervorlage. Ziel ist es, möglichst alle Dominosteine zu verwenden. Als Hilfe können sich die TN am Tafelbild orientieren. Wenn Sie spielbegeisterte TN haben, können die Gruppen gegeneinander antreten. Die Gruppe, die am schnellsten alle Dominosteine verwendet hat, hat gewonnen. *Binnendifferenzierung:* Teilen Sie die TN in möglichst homogene Gruppen ein. Für lernungewohntere TN können Sie die Artikel vor dem Zerschneiden farbig markieren. Das erleichtert den TN die Zuordnung. Lerngewohntere TN erhalten ein Domino-Set ohne farbige Markierung. Dadurch ergeben sich mehr Kombinationsmöglichkeiten und es ist eine größere Herausforderung, alle Dominosteine unterzubringen.
		Tipp: Kopieren Sie die Kopiervorlage auf verschiedenfarbiges Papier. Das erleichtert an den Tischen das Auseinanderhalten der Kärtchen und Sie vermeiden aufwendiges Sortieren nach Beendigung des Spiels.
	Folie/IWB	6. Sehen Sie sich dann gemeinsam mit den TN noch einmal die Gespräche im Buch an und fokussieren Sie auf die Zusammengehörigkeit von „ich – mein/meine". Zeigen Sie dazu auf sich und sagen Sie: „ich", zeigen Sie dann z. B. auf Ihr Buch und sagen Sie: „Das ist mein Buch." Zeigen Sie noch auf weitere Gegenstände, die Ihnen gehören, und machen Sie weitere Beispielsätze. Gehen Sie dann zu einem TN und sagen Sie: „du". Zeigen Sie auf sein Buch und sagen Sie: „Das ist dein Buch." Machen Sie weitere Beispiele mit anderen TN mit „du – dein/deine".
b		7. Die TN finden sich paarweise zusammen. Die TN variieren dann mündlich ein Gespräch wie in a. Zwei geübtere TN machen das erste Beispiel. Gehen Sie herum und helfen Sie, wenn nötig. Achten Sie dabei auf die korrekte Verwendung der Possessivartikel. *Binnendifferenzierung:* Sollten sich einige Ihrer TN schwertun, die Grammatik spontan richtig anzuwenden, können die TN die Gespräche zunächst auch schriftlich fixieren und anschließend laut sprechen. *Hinweis:* Hier passt thematisch das „Rätsel" aus der Rubrik „Zwischendurch mal …" (Kursbuch, S. 33). *Hinweis:* Zum Abschluss können Sie das Audiotraining 3 einsetzen.
		Tipp: Den TN macht es Spaß, wenn auch Sie von sich erzählen. Bringen Sie doch einfach ein paar Fotos von Ihrer Familie mit. Kleben Sie diese auf ein Plakat, das Sie im Kursraum aufhängen, und beschriften Sie das Plakat mit den TN zusammen. Als Hausaufgabe können die TN ein ähnliches Plakat mit eigenen Familienfotos machen und in den Kurs mitbringen. Planen Sie dann genügend Zeit für die Vorstellung der Familienplakate in Kleingruppen ein. Die Plakate werden dann für alle sichtbar im Kursraum aufgehängt und geben Anlass für Pausengespräche der TN untereinander, denn die Familie spielt in den meisten Herkunftsländern der TN eine große Rolle. Das Interesse der anderen TN ist dementsprechend groß. Wenn Ihnen Plakate zu aufwendig sind, können die TN auch Fotos auf dem Smartphone zeigen. In diesem Fall arbeiten die TN dann in Kleingruppen.
	AB 5–8	Die TN machen die Übungen in Einzelarbeit im Kurs oder als Hausaufgabe.
26/B5		**Aktivität im Kurs: Rätsel**
a	CD 1/42	1. Die TN hören das Gespräch und ergänzen. Abschlusskontrolle im Plenum. *Lösung:* Ihr, Ihre
	Folie/IWB	2. Erklären Sie den TN, dass Herr Baumann die Frau nicht gut kennt und „Sie" sagt. Erinnern Sie die TN an A2 a Gespräch B, in dem die Personen auch „Sie" sagen, aus „dein/deine" wird dann „Ihr/Ihre". Verweisen Sie dann auf den Grammatik-Kasten und die Grammatikübersicht 2 (Kursbuch, S. 30) und die kleine Übung in der rechten Spalte. Zeigen Sie auf die Zeichnung und fragen Sie: „Was sagt die Frau?". Ein geübter TN antwortet. Ergänzen Sie dabei die Sätze auf der Folie/am IWB.
b		3. Die TN spielen ein Gespräch wie in a mit den Beispielen im Buch. Die Farbmarkierungen helfen den TN. *Binnendifferenzierung:* Schnellere TN spielen weitere Gespräche mit eigenen Personen.
	AB 9–11, AB-CD 1/16–17	Die TN machen die Übungen in Einzelarbeit im Kurs oder als Hausaufgabe.

SCHRITT C: ER LEBT IN POSNAŃ.

Personalpronomen, Verbkonjugation

Lernziel: Die TN können den Wohnort nennen.

Seite/Aufgabe	Material	Aufbau
27/C1		**Präsentation der Verbkonjugation und der Personalpronomen *er/sie, sie***
	Folie/IWB, CD 1/43	1. Die TN hören die Texte und sehen die Fotos im Buch an. Machen Sie deutlich, dass die TN wirklich nur hören sollen, um einer realen Hörsituation näherzukommen.
		2. Die TN lesen die Texte. *Variante:* Hier können Sie auch mit „Laras und Tims Film" einsteigen.
	Folie/IWB CD 1/43	3. Die TN hören noch einmal und ergänzen die Lücken. Stoppen Sie den Hörtext, wenn nötig, nach jedem einzelnen Satz. TN mit Vorkenntnissen können die Lücken mithilfe der vorgegebenen Stichworte selbstständig ergänzen und ihre Lösungen dann anschließend während des Hörens vergleichen. Ungeübtere TN füllen die Lücken so weit wie möglich und ergänzen dann während des Hörens, wie oben beschrieben. Abschlusskontrolle im Plenum ggf. anhand von „Laras und Tims Film". *Lösung:* A kommt, wohnen, sind, lebt; B ist, kommt, spricht; C wohnen
		4. Schreiben Sie zunächst folgende Beispiele an die Tafel: er Das ist Tim, ~~Tim~~ kommt aus Kanada. sie Das ist Lara, ~~Lara~~ kommt aus Polen. sie Lara und Tim wohnen in München, ~~Lara und Tim~~ lernen Deutsch. Erklären Sie den TN, dass für einen Mann immer „er" benutzt wird und für „Frau" immer „sie". Machen Sie einige Beispiele wie an der Tafel mit Personen aus dem Kurs. Gehen Sie dann zum Plural über und erklären Sie, dass für zwei oder mehr Personen immer „sie" benutzt wird.
		5. Lenken Sie die Aufmerksamkeit der TN nun auf die Verbkonjugation. Schreiben Sie folgende Beispiele an die Tafel: Tim kommt aus Kanada. Er lebt in München. Lara ist 20 Jahre alt. Sie spricht Polnisch. Lara und Tim leben in München. Sie sprechen ein bisschen Deutsch. Verweisen Sie auch auf den Grammatik-Kasten.
	AB 12–13	Die TN machen die Übungen in Einzelarbeit im Kurs. Gehen Sie herum und helfen Sie bei Schwierigkeiten.
	AB 14	Die TN machen die Übung in Einzelarbeit im Kurs oder als Hausaufgabe.
27/C2		**Anwendungsaufgabe zur Verbkonjugation und zu den Personalpronomen *er/sie, sie***
a	Folie/IWB	1. Deuten Sie auf Tao Cheng und fragen Sie: „Wer ist das?", „Woher kommt er?", „Wo lebt er?" Deuten Sie auf die Stichwörter und den Notizzettel.
		2. Die TN lesen die Stichwörter und den Notizzettel und beantworten die Fragen zunächst mündlich. Dann schreiben die TN den Text über Tao Cheng ins Heft, denn die TN sollen den Text komplett selbst schreiben. *Lösung:* Das ist Tao Cheng. Er kommt aus China. Er lebt in Österreich.

		3. Die TN schreiben analog dazu Texte zu Aba Owusu sowie zu Amir und Maya Navid. Gehen Sie herum und helfen Sie bei Schwierigkeiten. *Lösung:* Das ist Aba Owusu. Sie kommt aus Ghana. Sie lebt in Deutschland. Das sind Amir und Maya Navid. Sie kommen aus dem Iran. Sie leben in Deutschland. *fakultativ:* Verweisen Sie auch auf die Redemittel zu „Andere vorstellen" auf der Kommunikationsseite (Kursbuch, S. 31). Die TN können hier analog zum Kursbuch ein eigenes Familienmitglied vorstellen. Wer möchte, kann auch ein Foto mitbringen.
b		4. Die TN stellen ihre Partnerin / ihren Partner im Kurs vor. *Hinweis:* Wenn die TN hier mehr Übungsbedarf haben, schreibt jeder TN einen großen Zettel mit seinem Namen, seinem Heimatland und dem „neuen" Land. Die TN halten den Zettel für alle lesbar vor dem Bauch und stehen im Kreis. Jeder TN stellt seinen linken TN wie in C2b vor. Dann wechseln die TN ihre Positionen und eine neue Runde beginnt.
27/C3		**Präsentation der Verbkonjugation und der Personalpronomen *wir, ihr***
	Folie/IWB, CD 1/44	1. Zeigen Sie die Zeichnung auf Folie/IWB. Die TN sehen sich die Zeichnung an. Fragen Sie, was die Leute machen und wo sie sind. Dabei reicht es, wenn die TN in einzelnen Worten antworten (Party, tanzen). Dann hören die TN das Gespräch. Fragen Sie die TN: „Wer ist ihr?" Machen Sie deutlich, dass die Anrede „ihr" für zwei oder mehr Personen ist. Verfahren Sie mit „wir" ebenso. Schreiben Sie dann die Beispiele an die Tafel und markieren Sie die Verbendungen. Machen Sie deutlich, dass „ihr" die Verbendung -t und „wir" die Verbendung -en hat. *fakultativ:* Verweisen Sie anschließend auf den Grammatik-Kasten und die Grammatikübersicht 3 (Kursbuch, S. 30). Die TN konjugieren analog zur Verbtabelle in Partnerarbeit die Verben „wohnen", „lernen" und „kommen", die sie bereits kennen.
		2. Die TN lesen zu viert das Gespräch. Anschließend spielen sie die Variationen.
		Tipp: Neue Strukturen prägen sich am leichtesten ein, wenn mehrere Wahrnehmungskanäle aktiviert werden. Daher empfiehlt es sich, dass die TN die Verbkonjugation nicht nur aufschreiben, sondern auch laut sprechen.
	KV L2/C3 im Lehrwerk-service	3. Bitten Sie zwei TN aus dem gleichen Land, zu Ihnen an die Tafel zu kommen. Beginnen Sie das Gespräch mit: „Hallo. Wer seid ihr?" Die TN orientieren sich am Beispiel und ergänzen ihren Namen und ihr Herkunftsland. Sie antworten z. B.: „Wir sind Meral und Ergül. Wir kommen aus der Türkei." Spielen Sie das zweite Beispiel mit zwei TN aus verschiedenen Ländern vor. Anschließend stehen alle TN auf und finden sich zusammen. Die TN gehen zu zweit durch den Raum und spielen die Gespräche einige Male mit ihren eigenen Angaben durch. *fakultativ:* Zur Vereinfachung und Unterstützung der Aktivität können Sie auch auf die Kopiervorlage im Lehrwerkservice unter www.hueber.de/schritt-fuer-schritt zurückgreifen. *Hinweis:* An dieser Stelle passt das Videotraining 2.
28/C4		**Erweiterungsaufgabe zur Verbkonjugation**
		1. Bitten Sie zwei TN zu sich nach vorn. Fragen Sie die TN: „Wer seid ihr?" Warten Sie, ob die TN antworten können, wenn nicht, geben Sie die Antwort „Wir sind ... und ..." vor. Schreiben Sie die beiden neuen Verbformen „wir sind" und „ihr seid" an die Tafel. Fragen Sie die TN noch einmal nach den anderen Formen mit „ich", „du" usw. und ergänzen Sie das Tafelbild. Weisen Sie die TN auch auf die Grammatikübersicht 3 und das Kreuzworträtsel hin und fordern Sie sie auf, drei weitere Formen von „sein" zu finden. Geübtere TN lösen die Aufgabe in Stillarbeit, ungeübtere TN arbeiten mit einer Partnerin / einem Partner zusammen. Erklären Sie den TN, dass die Formen von „sein" extra gelernt werden müssen. Sie werden häufig gebraucht und unterliegen keiner Systematik. *Lösung:* senkrecht: bin; waagerecht: ist, sind

		2. Die TN gehen paarweise im Kursraum herum und befragen sich nach dem Beispiel im Buch. *Binnendifferenzierung:* Lerngewohntere TN spielen längere Gespräche und nehmen Wohnort, Heimatland, Sprache(n) noch dazu.
	AB 15–17	Die TN machen die Übungen in Einzelarbeit im Kurs oder als Hausaufgabe.
28/C5		**Leseverstehen: Texten Informationen zur Person entnehmen**
a		1. Schreiben Sie „das Heimatland" an die Tafel und sagen Sie: „Das ist mein Land: Da bin ich geboren. Deutschland ist mein Heimatland." Die TN lesen die Texte und ergänzen die Informationen auf den Notizzetteln. *Binnendifferenzierung:* Lernungewohntere TN arbeiten zu zweit. Gehen Sie herum und helfen Sie bei Schwierigkeiten. Abschlusskontrolle im Plenum. *Hinweis:* Sie können hier auch binnendifferenzieren, indem nicht alle TN alle Texte bearbeiten. Je nach Vermögen bearbeiten die TN ein, zwei, drei oder alle Texte. Schnellere TN schreiben einen Text wie in den Beispielen über sich. *Lösung:* A Vorname: Vera, Heimatland: Österreich, Wohnort Wien; B Familienname: Lichtblau, Vorname: Ralf, Wohnort Hamburg; C Familienname: Steiner, Vorname: Matteo, Heimatland: Schweiz, Wohnort Basel; D Familienname: Markovic; Vorname: Marina, Wohnort München
b	Folie/IWB	2. Zeigen Sie die Landkarte vorne aus dem Buch auf Folie/IWB. Die TN schlagen die Landkarte ebenfalls auf. Zeigen Sie die Himmelsrichtungen, verweisen Sie zur Veranschaulichung auch auf den Kompass im Buch. Fragen Sie die TN: „Wo ist Wien?" Die TN zeigen auf ihrer Karte auf Wien. Gehen Sie herum und helfen Sie, wenn TN den Ort nicht finden. Fragen Sie, wo Wien in Österreich liegt, im Norden, Süden, Westen, Osten?
		3. Die TN suchen zu zweit die anderen Wohnorte aus den Texten, ebenso den eigenen Wohnort / die eigene Region und benennen die Himmelsrichtung. Gehen Sie herum und helfen Sie bei Schwierigkeiten.
		4. Die TN suchen und notieren die Hauptstädte.
	Weltkarte	5. *fakultativ:* Bringen Sie eine Weltkarte mit und hängen Sie sie im Kursraum auf. Die TN zeigen und nennen die Hauptstädte ihres Heimatlandes.
	AB 18–19	Die TN machen die Übungen in Einzelarbeit im Kurs oder als Hausaufgabe.

SCHRITT D: ZAHLEN UND PERSONALIEN

Zahlen von 0–20, Konjugation des Verbs *haben*

Lernziel: Die TN können bis 20 zählen, Fragen zur eigenen Person beantworten und ein Formular ausfüllen.

Seite/Aufgabe	Material	Aufbau
29/D1		**Präsentation der Zahlen von 0 bis 20**
	Folie/IWB, CD 1/45	1. Die TN hören die Zahlen zunächst bis zehn und sprechen sie nach. *Hinweis:* Da einige TN sicher schon eine Weile in einem deutschsprachigen Land leben, sind die Zahlen diesen TN möglicherweise schon bekannt.
	Folie/IWB, CD 1/45	2. Die TN hören die Zahlen bis 20 und sprechen nach. Veranschaulichen Sie die Bildung der Zahlen 13–19, indem Sie die Leserichtung durch einen Pfeil von der 3 zur 1 etc. anzeigen.
	Folie/IWB, CD 1/45	3. Die TN hören die Zahlen noch einmal komplett und sprechen sie im Chor nach. *fakultativ:* Schreiben Sie jede Zahl auf ein Kärtchen und halten Sie die Kärtchen in beliebiger Reihenfolge hoch: Die TN nennen die Zahl auf dem Kärtchen.

		Tipp: Das Sprechen im Chor ermöglicht es auch schüchternen TN, die Zahlen laut mitzusprechen und so ein Gefühl für die Aussprache zu bekommen.
	KV L2/D1	4. *fakultativ:* Wenn Sie die Zahlen 1–20 im Kurs noch weiter üben möchten, können Sie mit Ihren TN Zahlen-Bingo spielen. Die Spielregeln kennen die TN bereits vom Alphabet-Bingo in Lektion 1/D. *Hinweis:* Wenn die TN Spaß am Spielen haben, können Sie das Spiel später mit höheren Zahlen wiederholen. Wichtig ist dabei nur, dass Sie die Zahlenspanne, z. B. 20–50, vorher genau vereinbaren und diese nicht zu groß ist, damit das Spiel nicht zu lange dauert.
	AB 20–21, AB-CD 1/20	Die TN machen die Übungen in Einzelarbeit im Kurs oder als Hausaufgabe.
		Tipp: Wenn die TN Spaß am Spielen haben, können Sie das Spiel später mit höheren Zahlen wiederholen. Wichtig ist dabei nur, dass Sie die Zahlenspanne, z. B. 20–50, vorher genau vereinbaren und diese nicht zu groß ist, damit das Spiel nicht zu lange dauert.
29/D2		**Schreiben: Ein Formular mit Personalien ausfüllen**
	Folie/IWB CD 1/46	1. Zeigen Sie das Foto auf Folie/IWB. Die Bücher sind geschlossen. Fragen Sie die TN, wo das ist (Amt, Büro). Sammeln Sie mit den TN Fragen, die einem dort gestellt werden, an der Tafel. Die TN kennen solche Situationen bereits aus ihrem Leben in Deutschland und können nun schon einige nennen. Wenn die TN sich schwertun, geben Sie „Wie heißen Sie?" vor und notieren Sie sie an der Tafel. Dann hören die TN das Gespräch und lesen im Buch mit.
		2. Die meisten Fragen sind bekannt. Erklären Sie „Wo sind Sie geboren?" anhand Ihres eigenen Geburtsorts und sagen Sie z. B.: „Ich bin in Nürnberg geboren."
	Folie/IWB, Landkarte	3. Die TN lesen das nebenstehende Formular. Erklären Sie unbekannte Begriffe. Schreiben Sie „der Geburtsort" und „der Wohnort" an die Tafel und sagen Sie: „Der Geburtsort ist die Stadt, wo ich geboren bin." Wenn Sie möchten, können Sie Ihren Geburtsort auf der Landkarte zeigen und sagen: „Ich bin in ... geboren." Sie können den Geburtsort auch mit einem Sternchen (*) symbolisieren. Erklären Sie dann „der Wohnort", indem Sie sagen: „Berlin ist mein Wohnort. Hier wohne ich." Füllen Sie das Formular exemplarisch mit Ihren Personalien aus. Fragen Sie bei Familienstand: „Was bedeutet ,verheiratet'?" und deuten Sie auf das Ring-Symbol im Buch. „Was bedeutet ,ledig', ,verwitwet' und ,geschieden'?" Schreiben Sie diese Wörter an die Tafel und zeichnen Sie kleine Symbole (z. B. durchgestrichener Ring für „ledig", zerbrochene Ringe für „geschieden" und ein Kreuz neben „Ehemann/Ehefrau" für „verwitwet"). Fragen Sie auch die TN: „Wer ist verheiratet?"
	Folie/IBW CD 1/46	4. Die TN hören das Gespräch noch einmal. *Binnendifferenzierung:* Geübtere TN ergänzen das Formular in Stillarbeit. Ungeübtere TN arbeiten paarweise zusammen und helfen einander. Abschlusskontrolle im Plenum. *Lösung:* Vorname: Isabel, Geburtsort: Madrid, Straße: Marktstr. 1, Telefonnummer: 788639, Familienstand: geschieden *Hinweis:* An dieser Stelle bietet sich das Kettenspiel aus „Zwischendurch mal ..." an (Kursbuch, S. 32). Die TN wenden dabei auf spielerische Art und Weise die in den Lernschritten A–D erworbenen Kenntnisse in Bezug auf sich selbst an und erfahren dabei auch etwas über die anderen TN.
		5. Schreiben Sie die Frage „Haben Sie Kinder?" an die Tafel. Schreiben Sie dann die Langversion der Antwort „Ja, ich habe zwei Kinder." darunter. Markieren Sie Personalpronomen und Verbendung wie in C1 und C3. Weisen Sie die TN dann auf den Grammatik-Kasten hin und erklären Sie, dass „haben" auch extra gelernt werden muss wie „sein". Verweisen Sie die TN auch auf die Grammatikübersicht 3 (Kursbuch, S. 30). Machen Sie zur Veranschaulichung weitere Beispiele mit TN aus dem Kurs, z. B. „Mary hat ein Kind.", „Nessrin und Abdal haben zwei Kinder." etc. *Hinweis:* Zur Festigung eignet sich hier das Audiotraining 2.

	AB 22	Die TN machen die Übung in Einzelarbeit im Kurs: Weisen Sie die TN darauf hin, dass es in Deutschland üblich ist, Telefonnummern als Dezimalzahlen (19 16 10 statt 1 9 1 6 1 0) zu nennen. Diese Übung ist daher eine gute Vorbereitung auf den Alltag in Deutschland. *Hinweis:* Üben Sie mit den TN, die eigenen Telefonnummern zu nennen, indem die TN ihre Nummern notieren und dann im Kurs den anderen diktieren.
	AB 23	Die TN machen die Übung in Einzelarbeit im Kurs oder als Hausaufgabe.
29/D3		**Rollenspiel: Partnerinterview**
a		1. Die TN markieren die Fragen in D3 und schreiben sie ins Heft. Weisen Sie noch einmal auf den Gebrauch der „Sie"- und „Ihr"-Form hin. Wiederholen Sie bei Bedarf noch einmal, warum es „Ihre Adresse" und „Ihre Telefonnummer" heißt. Verweisen Sie an der Stelle auch auf die Grammatikübersicht 1 (Kursbuch, S. 30).
b	KV L2/D3 im Lehrwerkservice	2. Die TN befragen ihre Partnerin / ihren Partner und machen sich Notizen. Gehen Sie herum und helfen Sie bei Schwierigkeiten. *Hinweis:* Wenn Sie sich im Kurs duzen bzw. die TN sich untereinander duzen, verweisen Sie an dieser Stelle auf den Grammatik-Kasten zu „haben". Fordern Sie die TN auf, die Fragen entsprechend umzuformen. Die Verbkonjugation sowie die Possessivartikel haben die TN bereits kennengelernt. *fakultativ:* Zur Vereinfachung und Unterstützung der Aktivität können Sie auch auf die Kopiervorlage im Lehrwerkservice unter www.hueber.de/schritt-fuer-schritt zurückgreifen.
		3. Die TN machen anhand ihrer Notizen eine Art Steckbrief für ihre Partnerin / ihren Partner. Verweisen Sie vorher auf den Grammatik-Kasten zu „haben", die Grammatikübersicht 2 (Kursbuch, S. 30) und auf die Übersicht über die Redemittel zu „Angaben zur Person" (Kursbuch, S. 31). *fakultativ:* Wer möchte, kann seine Partnerin / seinen Partner im Plenum vorstellen. *Hinweis:* Hier können die TN eine Kurs-Kontaktliste erstellen, wie sie in „Zwischendurch mal ..." (Kursbuch, S. 33) vorgeschlagen wird.
		Tipp: Empfehlen Sie Ihren TN, Fragen zu ihrer Person zusammen mit ihren persönlichen Angaben zu lernen, da ihnen diese Fragen im Alltag voraussichtlich noch oft gestellt werden. Hierzu können die TN das kleine Formular (Kursbuch, S. 31) ausfüllen.
		4. Die TN nutzen die Stichpunkte aus dem Partnerinterview und formulieren als Hausaufgabe vollständige Sätze zu ihrer Partnerin / ihrem Partner. *fakultativ:* Wenn Ihre TN Spaß an „Laras und Tims Film" haben oder gerne Handyfilme machen, können sie hier analog dazu eigene Filme in Partnerarbeit anfertigen. Wer möchte, kann die Filme in der nächsten Kursstunde auch zeigen. *Hinweis:* Zum Abschluss können Sie den Film „Ich heiße Esila." aus „Zwischendurch mal ..." einsetzen (Kursbuch, S. 32).
		Tipp: Wenn Sie wissen möchten, wie gut die TN den bisherigen Lernstoff anwenden können, bitten Sie sie, den Text auf ein extra Papier zu schreiben, sodass Sie die Hausaufgabe einsammeln und korrigieren können. Die Texte können dann, wenn alle damit einverstanden sind, im Kursraum aufgehängt werden.
	AB 24–26	Die TN machen die Übungen in Einzelarbeit im Kurs oder als Hausaufgabe.
	KV L2/Wiederholung	*fakultativ:* Wenn Sie noch Zeit haben, können Sie hier das Wiederholungsspiel von der Kopiervorlage anschließen (Seite 150/154).
		Lektionstests
	KV L2/Test	Einen Test zu Lektion 2 finden Sie hier im LHB auf Seite 163. Und weisen Sie die TN auch auf den Selbsttest im Arbeitsbuch auf Seite 117 hin.

AUDIO- UND VIDEOTRAINING

Seite/Aufgabe	Material	Aufbau
		Audiotraining 1: Wie geht's?
	CD 1/47	Die TN hören einzeln Fragen nach dem Befinden und mögliche Antworten. Nach dem Signalton haben sie jeweils Gelegenheit, diese nachzusprechen und die festen Wendungen so zu memorieren.
		Tipp: Ermuntern Sie die TN, das Audio- bzw. Videotraining öfter auch zu Hause zu hören / zu sehen und nachzusprechen. Sie können die Audio- und Videotrainings auch zu Beginn der Stunde einsetzen und die TN so den Stoff der letzten Stunden wiederholen lassen. Dabei können die TN im Chor nach- bzw. mitsprechen. Dabei lohnt es sich auch, auf Audio- oder Videotrainings vergangener Lektionen zurückzugreifen, um den Stoff weiter zu festigen.
		Audiotraining 2: Angaben zur Person
	CD 1/48	Die TN hören Fragen zur Person und jeweils ein Stichwort, das sie für die Antwort verwenden sollen. Sie haben dann im ersten Teil des Audiotrainings Gelegenheit, die richtige Antwort zu geben und diese laut vor sich hin zu sprechen. Nach der Sprechpause hören die TN die Antwort, um ihre Antwort und die korrekte Aussprache kontrollieren zu können. Im zweiten Teil des Audiotrainings beantworten die TN die Fragen mit ihren eigenen Angaben zur Person und trainieren so für ihren Alltag in den deutschsprachigen Ländern.
		Audiotraining 3: Das ist doch deine Mutter!
	CD 1/49	Die TN hören als Beispiel die Frage: „Das ist doch deine Mutter, oder?" und die Antwort „Ja, genau! Das ist meine Mutter!". Anschließend beantworten sie in den Sprechpausen analoge Fragen zu anderen Familienmitgliedern, ebenfalls nach dem vorgegebenen Muster mit „Ja, genau! Das ist …". Nach der Sprechpause hören die TN die Antwort, um ihre Lösung und die korrekte Aussprache kontrollieren zu können.
		Videotraining 1: Hallo Olga!
	Film „Hallo Olga!"	Die TN hören und sehen, in vier spielerische Szenen eingebettet, noch einmal die wichtigsten Wendungen zur Frage nach dem Befinden und deren Beantwortung, die sie in dieser Lektion kennengelernt haben. Damit können die TN ihr Wissen überprüfen und wiederholen.
		Videotraining 2: Wer ist das?
	Film „Wer ist das?"	Den TN werden nacheinander einige Fragen zur Person gestellt. Als Grundlage für die Antworten wird rechts im Bild ein Steckbrief zur Verfügung gestellt. Zusätzlich wird in Teil 1 des Videotrainings zu jeder Antwort ein Teil der Antwort eingeblendet. Dabei dient die Anzahl der Linien als Anhaltspunkt. Im Anschluss an die Frage ergänzen die TN die vorgegebene Antwort um die Angaben aus dem Steckbrief. Die TN erhalten Gelegenheit, die Antwort in Gedanken zu formulieren oder laut auszusprechen. Nach der Sprechpause hören die TN die Antwort und können sie zum Vergleich mitlesen. In Teil 2 des Videotrainings antworten die TN ohne Hilfestellung. Auf diese Weise ist eine Progression innerhalb der Aufgabe gegeben.

fakultativ: Wenn Sie das Videotraining im Kurs einsetzen, bearbeiten ungeübtere TN nur Teil 1, geübtere TN beide Teile. |

ZWISCHENDURCH MAL …

Seite/Aufgabe	Material	Aufbau
		Film: Ich heiße Esila. (passt z. B. zu D3)
32		Die junge Österreicherin Esila erzählt anhand eines Familienstammbaums kurz über ihre Eltern und Großeltern. Dabei stehen die einzelnen Personen, aber auch Österreich als ihr Herkunftsland im Fokus.
	Folie/IWB	1. Die TN sehen das Foto im Buch an. Fragen Sie: „Wer ist das?", „Wo lebt sie?", „Wer sind die anderen Personen? Was meinen Sie?"
		2. Die TN stellen Vermutungen an, ohne die Sätze daneben zu lesen. Sammeln Sie mündlich.
	Folie/IWB	3. Fragen Sie, bevor die TN den Film sehen, noch einmal: „Wer ist das?" und deuten Sie dabei auf das Foto mit Esila und ihrem Familienstammbaum. Die TN sehen den Film und konzentrieren sich auf die Beantwortung der Frage.
		4. Die TN nennen, was sie verstanden haben. Notieren Sie Stichpunkte an der Tafel.
	Folie/IWB	5. Deuten Sie dann auf den ersten Satz und lesen Sie vor: „Esila ist sechzehn." Fragen Sie: „Ist das richtig?" Die TN antworten mit „Ja" oder „Nein". Verfahren Sie mit den Sätzen 2 und 3 ebenso und kreuzen Sie an. *Lösung:* 1 falsch; 2 richtig; 3 falsch
		6. Die TN lesen nun die Sätze 4–9, bevor sie den Film noch einmal sehen. *Hinweis:* Gehen Sie an dieser Stelle noch nicht auf Wortschatzfragen ein. Vieles klärt sich durch das Hör-Sehverstehen während des Films.
	Folie/IWB KV L2/ZDM	7. Die TN sehen den Film ggf. zweimal und kreuzen dann an, was richtig ist. Geübtere TN können Sie auffordern, sich während des zweiten Hörens die Korrekturen zu den falschen Aussagen zu notieren. Deuten Sie dazu auf Satz 1 und sagen Sie: „Esila ist 16. Das ist falsch. Was ist richtig?" Abschlusskontrolle im Plenum. *Lösung:* richtig: 5 Zafer Kartal ist Türke und spricht sehr gut Deutsch. 7 Oma Krisztina und Opa Walter wohnen in Wien; falsch: 1 Esila ist 19. 3 Esila wohnt in Linz. 4 Esila hat keine Schwester. 6 Oma Nilufer spricht nicht gut Deutsch. 8 Opa Walter kommt aus Wien. 9 Oma Krisztina ist Österreicherin. *Hinweis:* Die Negation mit „kein" wird erst in Lektion 3 systematisiert, die Negation mit „nicht" in Lektion 4. Hier genügt es, wenn Sie „eine Schwester" und „gut Deutsch" zur Veranschaulichung durchstreichen. *fakultativ:* Wenn Sie viele geübte TN im Kurs haben, können Sie zur Vertiefung das Textpuzzle „Esila und ihre Familie" von der Kopiervorlage machen. Die TN finden sich dazu in möglichst heterogenen Gruppen zusammen. Jede Kleingruppe erhält ein Set Textkarten. Fordern Sie die TN auf, den Text zu rekonstruieren. Als Hilfe können Sie die ersten 2–3 Sätze an die Tafel schreiben. Dann arbeiten alle Gruppen für sich und legen die Textkarten. Die TN können dabei auf bisher Gelerntes wie Verbkonjugation, Personalpronomen, Länderbezeichnungen etc. aus den Lektionen 1 und 2 zurückgreifen. Gehen Sie herum und helfen Sie bei Schwierigkeiten. Die TN sehen den Film dann noch einmal und korrigieren dabei ggf. die Reihenfolge ihrer Textstreifen. Teilen Sie den Gruppen zur Selbstkontrolle die Kopiervorlage aus.
		Landeskundliche Information: Weisen Sie die TN darauf hin, dass „Sankt" in Ortsnamen „St." abgekürzt wird.
		Kettenspiel: über sich und andere berichten; Festigung der Verwendung der Personalpronomen und Verbformen in der 3. Person Singular (passt z. B. zu D2)
	Folie/IWB	1. Bitten Sie eine weibliche TN, in die Rolle der ersten Zeichenfigur zu schlüpfen und die Sprechblase laut vorzulesen. Zwei männliche TN fahren mit der zweiten und dritten Sprechblase im Uhrzeigersinn fort. Zeigen Sie zur Veranschaulichung jeweils auf die Person, um die es geht.

	Folie/IWB	2. Bitten Sie einen lerngewohnteren TN, zu beginnen und seinen Namen sowie eine weitere Information über sich zu nennen. *Hinweis:* Wenn Sie sicher gehen wollen, dass möglichst viele verschiedene Angaben zur Person spielerisch geübt werden, können Sie vor Spielbeginn nochmal die in Lektion 2 gelernten Angaben zur Person gemeinsam mit den TN an der Tafel sammeln. *Hinweis:* Wenn Sie viele TN im Kurs haben, kann es für einige TN schwierig sein, sich alle Informationen der vorangehenden TN zu merken und korrekt zu wiederholen. Sie können deshalb entweder die Anzahl der zu wiederholenden Beispiele reduzieren oder vereinbaren, dass die TN sich gegenseitig helfen, wenn sie nicht weiterkommen.
33		**Projekt: Anwendungsaufgabe – Eine Kurs-Kontaktliste erstellen (passt z. B. zu D3)**
		1. Die TN wählen eine Partnerin / einen Partner, mit der/dem sie noch nicht zusammengearbeitet haben, und ergänzen den Fragebogen. Gehen Sie herum und helfen Sie bei Schwierigkeiten.
	Folie/IWB	2. Da die TN oft daran interessiert sind, auch außerhalb des Kurses miteinander in Kontakt treten zu können, bietet es sich an, eine Kurs-Kontaktliste anzufertigen. Erstellen Sie, wenn alle TN einverstanden sind, eine Kurs-Kontaktliste. Ein TN diktiert seinen Namen, seine Telefonnummer und seine E-Mail-Adresse. Ein zweiter TN schreibt sie auf die Folie oder tippt sie ein. Die übrigen TN notieren mit und achten darauf, dass die Buchstaben- bzw. Zahlenfolge stimmt. Wechseln Sie durch. *Hinweis:* Die Namen der anderen Kursteilnehmer zu schreiben, kann eine Herausforderung sein. Erinnern Sie die TN daran, dass sie in Lektion 1/D gelernt haben, ihre Namen zu buchstabieren.
		3. Ziehen Sie am Ende eine Kopie der Folie und teilen Sie die Liste im Kurs aus. *Hinweis:* Je nachdem, aus welchem Kulturkreis Ihre TN kommen und welche Vorerfahrungen sie gemacht haben, wollen einige ihre Kontaktdaten vielleicht nicht nennen. Respektieren Sie diesen Wunsch, ohne weiter nachzufragen. Die TN schreiben in diesen Fällen nur den Namen in die Kontaktliste. Mit zunehmender Vertrautheit untereinander können die TN die Liste dann ggf. selbstständig ergänzen.
33		**Rätsel: Ihre Familie – Notieren Sie einen Namen (passt z. B. zu B4)**
	Zettel	1. Schreiben Sie auf einen Zettel den Namen „María". Machen Sie dann mit einem geübteren TN das Beispiel im Buch. Geben Sie ihm das Kärtchen und bitten Sie ihn, es hochzuhalten und mit Ihnen den Beispieldialog im Buch vorzuspielen. Wiederholen Sie das Beispiel nun mit einem anderen TN und einem neuen Namenskärtchen.
	Zettel	2. Die TN schreiben nun den Namen eines Familienmitglieds auf einen Zettel.
		3. Alle TN stehen auf und finden sich jeweils paarweise zusammen. Bitten Sie, wenn nötig, zwei TN, ein weiteres Beispiel zu machen. Anschließend befragen sich alle TN gegenseitig und raten, um wen es sich bei der genannten Person handelt. Ist das Rätsel gelöst, wechseln die TN die Partner und raten erneut. Gehen Sie herum und achten Sie darauf, dass die TN die Possessivartikel korrekt verwenden. *Variante:* Alternativ können Sie die Übung auch am Platz durchführen lassen. Dann beschriften die TN mehrere Zettel mit Namen aus ihrer Familie. Anschließend deuten Sie auf jeden Einzelnen und fragen ihre Partnerin / ihren Partner: „Wer ist …?" Diese/r rät, bis die richtige Lösung gefunden ist. Gehen Sie herum und achten Sie darauf, dass die TN die Possessivartikel korrekt verwenden. *Binnendifferenzierung:* TN, die bereits alle Verwandtschaftsbeziehungen erraten haben, planen ein fiktives Familienfest und machen eine Einladungsliste, z. B. Geburtstag: meine Mutter, mein Bruder etc. Sammeln Sie die Listen – Namen nicht vergessen! – anschließend ein und geben Sie sie korrigiert zurück.

Wortfelder: Lebensmittel, Mengenangaben, Preise

Grammatik: Ja-/Nein-Frage: *Haben Sie Eier?*; indefiniter Artikel: *ein,* eine; Nullartikel: *Hast du Käse?*;

Negativartikel: *kein, keine*; Plural: *Äpfel, Eier*; Verbkonjugation: *möchten*

EINKAUFEN
Folge 3: Bananenpfannkuchen
Einstieg in das Thema „Einkaufen"

Seite/Aufgabe	Material	Aufbau
34/1		**Vor dem Hören: Welche Wörter kennen Sie schon?**
	Folie/IWB	1. Zeigen Sie, wenn möglich, die ersten beiden Fotos groß auf Folie/IWB. Fragen Sie die TN: „Was kennen Sie schon?" Die TN benennen vielleicht schon einzelne Lebensmittel, die sie kennen, und zeigen sie auf der Folie / dem IWB. *Binnendifferenzierung:* Wenn die TN nichts kennen oder nur einzelne TN etwas beitragen, zeigen Sie auf Foto 2 und fragen Sie: „Wo ist Butter? Ist das Butter? Oder das?" Verfahren Sie mit den anderen Lebensmitteln auf Foto 2 ebenso.
	Folie/IWB	2. Dann schauen sich die TN die anderen Fotos der Foto-Hörgeschichte im Buch an. Die TN benennen und zeigen die Lebensmittel auf den Fotos, die sie kennen. *Binnendifferenzierung:* Wenn die TN in 1 keine Lebensmittel gekannt haben, dann zeigen Sie Foto 6 und klären Banane und Eier (in der Eierschachtel).
		3. Zeigen und beschriften Sie zur Abschlusskontrolle die Produkte, die die TN genannt haben bzw. die Sie mit den TN auf Foto 2 und Foto 6 erarbeitet haben.
34/2		**Beim ersten Hören**
		1. Die TN lesen die Aufgabe. Wenn Sie das Gefühl haben, die TN verstehen die Verben „kaufen" und „brauchen" nicht, stellen Sie das Verb „kaufen" pantomimisch dar, indem Sie den Stift eines TN nehmen und so tun, als ob Sie Geld aus Ihrer Tasche ziehen würden. Sagen Sie: „Ich kaufe den Stift." und reichen Sie dem TN das imaginäre Geld, während Sie den Stift zunächst behalten. Verfahren Sie mit dem Verb „brauchen" ebenso. Tun Sie so, als ob Sie Ihren Stift suchen würden, sagen und zeigen Sie auch pantomimisch: „Ich möchte schreiben. Ich habe keinen Stift, ich brauche einen Stift." Oder zeigen Sie einen leeren Geldbeutel und sagen Sie: „Ich möchte etwas kaufen. Ich habe kein Geld. Ich brauche Geld!" und machen eine entsprechende Geste mit Daumen und Zeigefinger. Fragen Sie dann die TN: „Ich möchte Joghurt kaufen. Was brauche ich?" (Antwort: Geld)
	CD1/50–57	2. Die TN hören die Foto-Hörgeschichte und umkreisen. Abschlusskontrolle im Plenum. *Lösung:* Foto 1–3: Sie brauchen Eier. Foto 4–6: Lili kauft Bananen. Eier. Foto 7–8: Herr Meier hat Eier.
35/3		**Nach dem ersten Hören: Schlüsselsätze verstehen**
	Folie/IWB, CD 1/50	1. Die TN zeigen auf den Fotos noch einmal, wer Lara, Sofia, Lili und Herr Meier sind. Die TN hören die Foto-Hörgeschichte zu Foto 1 noch einmal. Fragen Sie die TN: „Wer sagt: Ich habe Hunger?" Das sagt Lara. Zeigen Sie den TN, dass „Lara" in der Tabelle bereits angekreuzt ist.
	Folie/IWB, CD1/50–57	2. Die TN hören die Foto-Hörgeschichte zu Foto 2 und kreuzen an. Gehen Sie herum und schauen, ob alle die Aufgabe verstanden haben. Wenn ja, dann fahren Sie mit der Foto-Hörgeschichte zu Foto 3–8 fort. Wenn nicht, machen Sie nach jedem Foto eine Pause und besprechen Sie zunächst, wer den Satz gesagt hat. Lernungewohntere TN können auch zu zweit arbeiten.

	CD1/50–57	3. Die TN hören noch einmal und vergleichen mit ihren Antworten. Abschlusskontrolle im Plenum. *Lösung:* Foto 2: Sofia, Foto 3: Sofia, Foto 4: Sofia, Foto 5: Lili, Foto 6: Lili, Foto 7: Herr Meier, Foto 8: Sofia
	KV L3/FHG, Scheren, CD 1/48–55	*fakultativ:* Jedes Paar erhält eine Kopiervorlage. Die TN schneiden die Sprechblasen aus und legen sie vor sich auf den Tisch. Sie lesen die Sprechblasen und ordnen diese den Fotos und den Personen zu. Lernungewohnte TN arbeiten entweder mit einem schnelleren TN zusammen oder sie bearbeiten weniger Sprechblasen. Sie können hierfür beim Kopieren schon einige Vorlagen mit weniger Sprechblasen vorbereiten. Anschließend hören die TN die Foto-Hörgeschichte noch einmal und überprüfen ihre Lösung. Abschlusskontrolle im Plenum.
		4. Fragen Sie die TN: „Gibt es in Ihrem Land auch Pfannkuchen?" Führen Sie ein kurzes Unterrichtsgespräch dazu, z. B. Essen die TN Pfannkuchen gern? Machen Sie zu Hause welche? etc.
		5. Die TN arbeiten in Kleingruppen und erstellen ein Assoziogramm zum Thema „Einkaufen". Geben Sie dazu den Wortigel an der Tafel vor und ergänzen Sie ein oder zwei Stichworte. Dann arbeiten die TN in den Gruppen weiter. Gehen Sie herum und helfen Sie bei Schwierigkeiten.
		Tipp: Sie können die Kopiervorlage auch laminieren und die Sprechblasen einmal ausschneiden und immer wieder verwenden.
		Tipp: Wenn Sie eine Frage ins Plenum geben, ist es vor allem im Anfängerunterricht oft so, dass sich zunächst keiner traut, etwas zu sagen. Helfen Sie den TN, indem Sie zunächst einen lerngewohnten TN ansprechen und dann nach und nach auf die „stilleren" TN übergehen. Oft verlieren die TN über dem Zuhören und dem Wunsch, auch das eigene Land zu vertreten, ihre Scheu.
	„Laras Film" Lektion 3	Lara stellt in dem Film ihre Einkaufsstraße vor. Produkte der Bäckerei werden ausführlicher vorgestellt (Brot / verschiedene Brötchensorten). Weiter kommen als Oberbegriffe vor: „Wurst", „Käse", „Obst" und „Gemüse". Der Film kann im Unterricht z. B. vor A1 eingesetzt werden, um den TN einige Lebensmittel in Wort und Bild vorzustellen. Dabei kann der Film jeweils bei 1:09, 1:21, 1:30 und 1:42 gestoppt werden, damit die TN beschreiben können, was sich jeweils in Laras Korb befindet. Nach B1 kann er zur Wortschatzerweiterung und Festigung genutzt werden, indem die TN notieren, was es in der Bäckerei, beim Metzger, im Käsegeschäft und im Obst- und Gemüseladen jeweils genau gibt. Dazu stoppen Sie den Film, wenn die Theken gezeigt werden, und die TN notieren, was sie kennen. Zu E2 können Sie den Film auch nutzen, um mit den TN zu besprechen, welche Geschäfte es in Laras Einkaufsstraße gibt. In Kursen mit überwiegend lernungewohnten TN beschränken Sie sich auf die Geschäfte und ihre Benennung, die Lara vorstellt. *Binnendifferenzierung:* In Kursen mit lerngewohnteren TN können Sie gegebenenfalls die Geschäfte, die bis 0:26 gezeigt werden, besprechen. Wenn die TN Lust haben, können sie auch einen eigenen Einkaufsfilm mit ihrem Handy drehen und in der nächsten Kursstunde zeigen.

SCHRITT A: HABEN WIR EIER?

*Ja-/Nein-*Frage; Wiederholung W-Frage

Lernziel: Die TN können Lebensmittel benennen.

Seite/Aufgabe	Material	Aufbau
36/A1		**Präsentation des Wortfelds „Lebensmittel"**
		1. Die TN sehen sich die Lebensmittel im Buch an und ordnen die Namen der Lebensmittel zu, die sie bereits kennen. *Hinweis:* Sie können einige Lebensmittel auch anhand von „Laras Film" einführen.
		2. Die TN vergleichen ihre Ergebnisse.
	Folie/IWB	3. Zeigen Sie die Lebensmittel auf Folie/IWB. Fragen Sie die TN in der vorgegebenen Reihenfolge nach den Lebensmitteln: „Was ist Nummer 1?" Tragen Sie (oder ein geübterer TN) die Nummern auf der Folie / am IWB ein. *Lösung:* 1 Fleisch, 2 Bier, 3 Käse, 4 Salz, 5 Pfeffer, 6 Tee, 7 Brot, 8 Wein, 9 Mineralwasser, 11 Zucker, 12 Fisch, 13 Mehl
		4. Die TN decken die Lösung ab und fragen sich gegenseitig nach den Lebensmitteln. Die TN zeigen oder fragen: „Was ist Nummer 1?" Die Partnerin / der Partner antwortet: „Das ist Fleisch."
	AB 1–3	Die TN machen die Übung in Einzelarbeit im Kurs oder als Hausaufgabe.
36/A2		**Variationsaufgabe: Präsentation der Ja-/Nein-Frage**
	Folie/IWB, CD 1/58	1. Klären Sie mit den TN die Situation auf dem Bild: „Wo sind die Personen?" „Wer sind die Personen?" „Was machen sie?" Die Personen sind in einem Laden. Da ist eine Verkäuferin und ein Mädchen (Lili). Lili kauft Eier. Führen Sie dabei ggf. das Wort „Verkäuferin" ein und schreiben Sie es an die Tafel. Wenn die TN hier mit „Supermarkt" antworten, reicht das völlig aus. Schreiben Sie es an die Tafel. Dann hören die TN das Gespräch.
		2. Zwei geübtere TN lesen das Minigespräch mit verteilten Rollen. Motivieren Sie Ihre TN, weitere kleine Gespräche zu variieren. Gehen Sie herum und helfen Sie bei Schwierigkeiten. Schreiben Sie ggf. weitere Variationen mit den Lebensmitteln aus A1 an die Tafel.
		3. Schreiben Sie zwei Beispiele für die zwei Fragetypen an die Tafel. Haben Sie Eier? Ja./Nein. Was ist das? Zucker.
		4. Fordern Sie die TN auf, das Tafelbild mit weiteren bekannten W-Fragen aus den vorhergehenden Lektionen zu ergänzen. Stellen Sie die entsprechenden Ja-/Nein-Fragen gegenüber. Lassen Sie sich dabei von den TN helfen. Haben Sie Eier? Ja./Nein. Was ist das? Zucker. Kommen Sie aus Deutschland? Ja. Woher kommen Sie? Aus Deutschland.
		5. Fragen Sie die TN, wie man auf Fragen wie „Kommst du …?" oder „Bist du …?" antwortet und wie die Antwort bei Fragen mit einem W-Wort lautet. Die TN sollten jetzt den Unterschied verstehen: Ja-/Nein-Fragen werden mit „Ja" oder „Nein" beantwortet, mit W-Fragen erfragt man eine Information. Verweisen Sie auch auf den Grammatik-Kasten und/oder auf die Grammatikübersicht 1 und 2 (Kursbuch, S. 42). Machen Sie die TN auf die Merkhilfe aufmerksam.
		Tipp: Benutzen Sie möglichst immer den gleichen Bereich der Tafel, um neue Wörter zu notieren. Solche Systematisierungen helfen den TN, Unterrichtsinhalte zuzuordnen.

	AB 4, AB-CD 1/21	*Phonetik:* Die TN machen die Übung im Kurs. Die TN haben die Satzmelodie und die Betonung bei W-Fragen und in Aussagen schon gut geübt. Jetzt soll ihnen der Unterschied zwischen Ja-/Nein-Fragen und W-Fragen verdeutlicht werden. Bei Ja-/Nein-Fragen geht die Stimme am Ende leicht nach oben. Spielen Sie das Audio vor, die TN achten auf die Satzmelodie. Die TN sprechen die Fragen und Antworten dann abwechselnd mit einer Partnerin / einem Partner. Dabei sollten sie die Stimmbewegung mit der flachen Hand mitmachen (vgl. Lektion 1 und Lektion 2). Die TN hören die Fragen und antworten noch einmal, sie sprechen dabei im Chor und klatschen den Satzrhythmus mit.
	AB 5	Die TN machen die Übung in Einzelarbeit im Kurs oder als Hausaufgabe.
36/A3		**Ratespiel: Was haben Sie zu Hause?**
a		1. Schreiben Sie an die Tafel, was Sie an Lebensmitteln noch zu Hause haben. Fordern Sie die TN auf, für sich ebenfalls eine solche Liste zu schreiben. Die TN achten darauf, dass die Nachbarin / der Nachbar die Liste nicht einsehen kann.
	KV L3/A3 im Lehrwerk-service	*fakultativ:* Wenn Ihnen im Kurs nicht ausreichend Zeit zur Verfügung steht, können Sie zur Vereinfachung und Unterstützung der Aktivität auch auf die Kopiervorlage im Lehrwerkservice unter www.hueber.de/schritt-fuer-schritt zurückgreifen.
b		2. In Partnerarbeit befragen sich die TN gegenseitig und markieren in ihrer Liste, welche Lebensmittel die Partnerin / der Partner erraten hat. Welches Paar ist am schnellsten?
		Hinweis: Hier können Sie zur Auflockerung den Comic „Haben Sie …?" aus der Rubrik „Zwischendurch mal …" (Kursbuch, S. 45) ansehen.
	AB 6, 8–9	Die TN machen die Übungen in Einzelarbeit im Kurs oder als Hausaufgabe.
	AB 7	Die TN machen die Übung im Kurs. Die TN ordnen zunächst allein oder in Partnerarbeit die Sätze zu. Machen Sie dann in einem Plenumsgespräch an der Tafel klar, dass bei W-Fragen das Verb auf Position zwei steht und bei Ja-/Nein-Fragen auf Position eins.
		Tipp: Versuchen Sie so oft wie möglich, das Vorwissen der TN im Unterricht einzubeziehen. Da für alle TN, die in Deutschland leben, das Thema „Einkaufen" und das Wortfeld „Lebensmittel" sehr wichtig sind, bietet es sich hier besonders an, z.B. mit einem Wettspiel das Vorwissen zu aktivieren. Schreiben Sie verschiedene Oberbegriffe auf (Milchprodukte/Obst/Gemüse/Sonstiges) und teilen Sie die TN in gemischte Gruppen ein. Machen Sie zu den Oberbegriffen je ein Beispiel. Jede Gruppe wählt einen Oberbegriff. Dann schreiben die TN in acht Minuten so viele Lebensmittel/Gegenstände auf, wie ihnen einfallen.

SCHRITT B: DAS IST DOCH KEIN EI.

Grammatik: unbestimmter Artikel und Negativartikel

Lernziel: Die TN können nach einem Wort fragen und Vermutungen äußern.

Seite/Aufgabe	Material	Aufbau
37/B1		**Präsentation des unbestimmten Artikels**
	Folie/IWB, verschiedene Lebensmittel	1. Zeigen Sie das Bild auf Folie/IWB. Lesen Sie mit einem geübteren TN das Beispiel, indem Sie entsprechend auf die Orange und das Würstchen zeigen.
		Variante: Nehmen Sie einen Apfel, eine Kartoffel, eine Banane, eine Orange, eine Tomate, ein Brötchen, einen Kuchen und ein Ei mit in den Unterricht. Halten Sie diese abwechselnd hoch und fragen Sie: „Wie heißt das auf Deutsch?" und warten Sie auf die Antwort: „Apfel." Sagen Sie: „Genau, das ist ein Apfel." Dadurch wird das Vorwissen der TN aktiviert und neuer Wortschatz eingeführt sowie die anschließende Aufgabe vorentlastet.

		2. Die TN suchen oben in der Liste „eine Orange". Weisen Sie die TN auf den roten Artikelpunkt hin und erklären Sie, dass „Rot" hier heißt: Diese Wörter benutzt man mit „eine". Die TN suchen weitere „rote" Wörter und benennen und zeigen sie auf dem Foto. Verfahren Sie mit „ein Würstchen" ebenso. Erklären Sie dann, dass „Grün" für „ein" steht. Greifen Sie auch ein „blaues" Wort heraus, z.B. „ein Apfel", und machen Sie deutlich, dass „Blau" ebenfalls für „ein" steht.
		Tipp: Da Wörterbücher nicht mit Artikelpunkten arbeiten, geben Sie für lerngewohntere TN diese Information an der Tafel. m (=maskulin) / der → ein n (=neutral) / das → ein f (=feminin) / die → eine
	„Laras Film"	3. In Partnerarbeit zeigen die TN und machen weitere Gespräche. *Hinweis:* Zur Wortschatzerweiterung können Sie hier auch „Laras Film" einsetzen.
	AB 10, AB-CD 1/22	Die TN machen die Übungen in Einzelarbeit im Kurs. Die TN hören die Wörter und sprechen sie im Chor nach. Schreiben Sie „Apfel" und „Banane" an die Tafel und bitten Sie die TN, diese Wörter noch einmal zu sprechen. Malen Sie dabei den Längenakzent unter den jeweiligen Vokal und zeigen Sie an diesem Beispiel, dass Vokale im Deutschen lang oder kurz gesprochen werden können. Die TN hören die weiteren Wörter, lesen im Buch mit und sprechen nach. Anschließend hören die TN noch einmal und ordnen die Wörter nach der Vokallänge in die Tabelle ein. *Binnendifferenzierung:* Geübtere TN decken die Liste in a ab und ergänzen die Tabelle nur nach Gehör.
	AB 11–12	Die TN machen die Übungen in Einzelarbeit im Kurs oder als Hausaufgabe.
37/B2		**Anwendungsaufgabe zum indefiniten Artikel und zum Negativartikel**
a	verschiedene Lebensmittel	1. *fakultativ:* Um die Aufgabe vorzuentlasten, zeigen Sie die mitgebrachten Realien der Reihe nach und sagen Sie z.B. bei dem Wort „Apfel", indem Sie den Kopf schütteln: „Das ist keine Banane. Das ist ein Apfel."
	CD 1/59	2. Die TN hören das kleine Gespräch und lesen mit.
		3. Schreiben Sie die Nomen aus der Aufgabe mit dem unbestimmten Artikel an die Tafel. Die TN ergänzen den Negativartikel. Machen Sie deutlich, dass im Deutschen für die Negation des unbestimmten Artikels der kleine Buchstabe „k" genügt. Verweisen Sie auch auf den Grammatik-Kasten und/oder auf die Grammatikübersicht 3 (Kursbuch, S. 42). Dort ist die Bildung des Negativartikels visualisiert. Zeigen Sie den TN die Grafik und lassen Sie sie Beispiele dazu finden. ein Apfel kein Apfel ein Brötchen kein Brötchen eine Banane keine Banane
		4. *fakultativ:* In Kursen mit geübteren TN können Sie anhand der Beispiele schon kurz darauf eingehen, dass das Deutsche drei Genera kennt, die TN sich aber zunächst nur zwei verschiedene Formen merken müssen. *Hinweis:* Vertiefen Sie das Thema nicht. Der bestimmte Artikel wird in Lektion 4 eingeführt. Es genügt, wenn deutlich wird, warum für den unbestimmten Artikel an dieser Stelle zwei Beispiele aufgeführt werden.
		Hinweis: Hier können Sie bereits das Projekt „Lebensmittelalphabet" aus „Zwischendurch mal ..." (Kursbuch, S. 44) einflechten.
b		5. Die TN lösen die Aufgabe in Partnerarbeit. Abschlusskontrolle im Plenum. *Lösung:* ... kein Apfel ... eine Tomate. ... kein Kuchen ... ein Brot.

c		6. Die TN spielen mit der Partnerin / dem Partner weitere Dialoge wie in b. Die neuen Wörter finden die TN mit Artikelpunkten im Lehrwerkswortschatz (Kursbuch, S. 189). *Binnendifferenzierung:* Lerngewohntere TN können auch mit dem Wörterbuch arbeiten (siehe dazu den Tipp). Gehen Sie herum und helfen Sie bei Schwierigkeiten.
		Tipp: In Gruppen mit überwiegend lerngewohnten TN können Sie das Wortfeld „Lebensmittel" erweitern, indem die TN aus Werbeprospekten weitere Lebensmittel ausschneiden und sich dazu wie in B2 befragen. Die TN können auch hier ein Wörterbuch benutzen.
		Tipp: Die TN machen als Hausaufgabe weitere Fotos wie in C4.2 mit dem Smartphone. In der nächsten Stunde befragen sich die TN wie in B2 mit ihren Fotos zur Wiederholung und Festigung. Sie können die Anzahl der Fotos, die jeder TN machen soll, auf drei begrenzen.
	KV L3/B2	7. *fakultativ:* Kopieren Sie die Kopiervorlage, sodass jedes Paar einen Satz Dominokarten erhält. Die TN mischen die Karten und verteilen sie gleichmäßig. Der erste TN legt eine beliebige Karte. Der zweite TN muss dann links einen passenden Satzanfang oder rechts ein passendes Lebensmittel anlegen, dabei sagt er den vollständigen Satz, z. B. „Das ist eine Birne." Nun legt der erste TN eine passende Karte an. *Variante:* Alternativ oder zusätzlich als Wiederholung können die TN die Dominokärtchen auch zerschneiden, die Nomen auf den Wortkärtchen eintragen und in Kleingruppen ein Memospiel spielen.
	AB 13	Die TN machen die Übung in Einzelarbeit im Kurs oder als Hausaufgabe.
37/B3		**Aktivität im Kurs: Ratespiel**
	Folie/IWB	1. Zeichnen Sie ein Bild wie im Beispiel an die Tafel. Fragen Sie mit skeptischer Miene: „Ist das ein Würstchen?" und antworten Sie sich selbst: „Nein, das ist kein Würstchen." Schreiben Sie dann an die Tafel: Ist das ein Würstchen? Nein, das ist kein Würstchen. (–) Eine Banane? Ja, genau. Das stimmt. (✓)
		2. Die TN spielen weiter, indem immer ein TN ein Lebensmittel an die Tafel zeichnet und die anderen raten. Weisen Sie die TN auf der Übersichtsseite „Grammatik und Kommunikation" (Kursbuch, S. 43) auf die Redemittel zu „Nachfragen: Wie heißt das auf Deutsch?" hin. Hier können die TN alle Fragen und möglichen Antworten auf einen Blick noch einmal durchgehen und auch für ihre eigenen Fragen kleine Sätze schreiben. *Lösung:* Das ist ein Kuchen. *Hinweis:* Teilen Sie große Gruppen in zwei oder mehrere kleine Gruppen auf und lassen Sie die Gruppen selbstständig spielen. Die TN können dann auch auf Papier zeichnen. *Hinweis:* Hier passt das Audiotraining 1.
		Tipp: Wenn die TN die Audio- und Videotrainings zu Hause anhören oder ansehen, können Sie die TN zur Kontrolle am nächsten Kurstag nach den Audio- und Videotrainings fragen. Bitten Sie die TN, die Texte zusätzlich aufzuschreiben. Eine weitere Möglichkeit ist es, dass die TN die Lebensmittel und die Mengenangaben am nächsten Kurstag notieren: „Wer erinnert sich an die meisten?"
	AB 14–15, 17–18, AB-CD 1/23	Die TN machen die Übungen in Einzelarbeit im Kurs oder als Hausaufgabe.
	AB 16	Die TN arbeiten im Kurs: Gehen Sie herum und helfen Sie den TN, die hier Probleme haben, die Analogie zu finden. Besprechen Sie dann die Aufgabe im Plenum und machen Sie weitere Beispiele, indem Sie z. B. einen Apfel hochhalten: „Das ist ein Apfel." – „Das ist mein Apfel." Halten Sie an der Tafel fest: ein - kein - mein eine - keine - meine

SCHRITT C: KAUFST DU BITTE ZEHN EIER?

Nomen: Singular und Plural

Lernziel: Die TN können Mengen benennen.

Seite/Aufgabe	Material	Aufbau
38/C1		**Präsentation und Systematisierung des Plurals**
a	Folie/IWB	1. Die TN sehen sich Bild 4 an. Ein TN liest die beiden Sätze laut vor. Halten Sie dann einen Finger hoch und sagen Sie: „Ein Ei." Halten Sie dann die zehn Finger hoch und sehen Sie fragend ins Plenum. Ein TN antwortet: „Zehn Eier."
	Folie/IWB	2. Die TN sehen sich nun Bild 1–6 an und ergänzen. Da die TN den indefiniten Artikel und die Zahlen bis 20 bereits kennen, dürften sie hier keine Schwierigkeiten haben. Sollten die TN sich trotzdem schwertun, besprechen Sie auch Bild 1 wie in 1 und lassen die TN danach allein weiterarbeiten. Lernungewohntere TN können auch zu zweit arbeiten. Abschlusskontrolle im Plenum. *Lösung:* 1 ein, drei; 2 ein, zwei; 3 ein, vier; 5 eine, zwei; 6 eine, fünf
b		3. Die TN übertragen nun die vorgegebenen Lebensmittel aus a in die Tabelle. Schreiben Sie bei der Abschlusskontrolle die Tabelle an die Tafel und markieren Sie die jeweilige Pluralendung. Machen Sie deutlich, dass „ein/eine" auch nur eins meint, es ist Artikel und Mengenangabe in einem.

Seite/Aufgabe	Material	Aufbau
		4. Die TN erkennen, dass es für verschiedene Wörter verschiedene Pluralformen gibt. Notieren Sie an der Tafel neben die Wörter das jeweilige Kürzel für den Plural. Machen Sie deutlich, dass der Plural zu jedem Nomen dazugelernt werden muss. Verweisen Sie auch auf die Grammatikübersicht 4 (Kursbuch, S. 42). Mit der kleinen Aufgabe können die TN die Pluralformen gleich mit ihrem eigenen Alltag in Verbindung bringen. *Hinweis:* Der Plural wird hier als unbestimmte Form eingeführt. Der bestimmte Artikel im Plural ist Thema in Lektion 4.
		5. Die TN schlagen den Lernwortschatz im Kursbuch auf Seite 187 auf. Fragen Sie die TN nach einigen Pluralformen, z. B. „Eine Birne – zehn …". Die TN suchen in der Liste und nennen den Plural: „Zehn Birnen." *Hinweis:* Achten Sie darauf, dass die TN nicht nur mit der Pluralform antworten, sondern die Zahl dazu nennen, so prägt sich die Form als Pluralform leichter ein. Wenn sie allein steht, verlieren lernungewohntere TN oft den Zusammenhang.
	AB 19, AB-CD 1/24	Die TN machen die Übung in Einzelarbeit im Kurs oder als Hausaufgabe.
38/C2		**Anwendungsaufgabe zum Plural: Arbeit mit dem Lernwortschatz oder dem Wörterbuch**
		1. Die TN haben gerade schon mit dem Lernwortschatz gearbeitet und seine Systematik in Bezug auf die Pluralformen kennengelernt. Nun schreibt jeder TN zehn Wörter aus dem Lernwortschatz der bisherigen Lektionen (Seite 181–187) in der Singular- und der Pluralform auf.

	ggf. Wörterbuch	2. Die TN befragen sich gegenseitig nach der jeweiligen Pluralform.
		Hinweis: Gehen Sie herum und achten Sie auch hier darauf, dass die TN „ein/eine" bzw. eine Zahl dazu sagen.
		Binnendifferenzierung: Lerngewohntere TN können auch mit dem Wörterbuch arbeiten.
	KV L3/C2	*fakultativ:* Sollten nicht genügend Wörterbücher vorhanden sein, können Sie auch die Kopiervorlage verteilen. Gehen Sie herum und helfen Sie. Geübtere TN suchen zu weiteren Wörtern aus der Lektion die Pluralform.
		Bitte denken Sie daran, dass das Ziel der Übung das Heraussuchen der Pluralendung ist. Sollten Fragen zu den Artikeln kommen, weisen Sie ggf. darauf hin, dass die TN das in der nächsten Lektion lernen.
	AB 20	Die TN machen die Übung in Einzelarbeit im Kurs oder als Hausaufgabe.
39/C3		**Präsentation des Negativartikels**
	Folie/IWB	1. Die TN betrachten den Einkaufswagen und benennen die Lebensmittel, die im Wagen sind.
	Folie/IWB	2. Geben Sie ein Beispiel für ein Lebensmittel, das sich nicht im Wagen befindet (z. B. Äpfel), und sagen Sie, indem Sie den Kopf schütteln: „Im Wagen sind keine Äpfel." Geben Sie auch ein Beispiel für ein Lebensmittel, das sich im Wagen befindet, und sagen Sie: „Im Wagen sind Kiwis."
		3. Die TN übertragen nun die vorgegebenen Lebensmittel auf den jeweiligen Zettel. Hilfe finden die TN im Grammatik-Kasten. *Lösung:* Im Einkaufswagen sind Orangen, Brote, Bananen, Würstchen. Im Einkaufswagen sind keine Eier, Tomaten, Birnen.
		4. Die TN sehen sich noch einmal den Grammatik-Kasten an. Weisen Sie die TN darauf hin, dass der Plural des Negativartikels immer „keine" ist.
	AB 21	Die TN machen die Aufgabe im Kurs. Beginnen Sie diese Übung zunächst im Plenum. Die TN suchen im Wörterbuch die entsprechende Pluralform. Fragen Sie dann, wohin der Plural geschrieben werden muss. Sie können auch auf die einzelnen Spalten zeigen und fragen: „Hierhin?" Wenn Sie das Gefühl haben, die TN haben verstanden, worum es geht, arbeiten sie in Stillarbeit weiter.
	AB 22–25, AB-CD 1/25	Die TN machen die Übungen in Einzelarbeit im Kurs oder als Hausaufgabe.
39/C4		**Aktivität im Kurs: Suchbild**
	Klebezettel, KV L3/C4 im Lehrwerk- service	1. Die TN beschreiben zu zweit die Unterschiede auf den beiden Bildern. *Lösung:* In Regal A sind vier Orangen, drei Kuchen und keine Kiwi. In Regal B sind vier Birnen, fünf Orangen, vier Kuchen, keine Tomaten und keine Bananen.
		Binnendifferenzierung: Lerngewohntere TN arbeiten zu zweit, indem sie Rücken an Rücken sitzen und das Bild des Partners jeweils mit einem Klebezettel verdecken. Das erschwert die Aufgabe, indem die TN sich auf das Gesagte konzentrieren, es verstehen und es zunächst am eigenen Bild überprüfen müssen, ehe sie antworten: „In Regal B sind keine Bananen." oder „In Regal B sind vier Birnen."
		fakultativ: Zur Unterstützung der Aktivität können Sie auch auf die Kopiervorlage im Lehrwerkservice unter https://hueber.de/schritt-fuer-schritt zurückgreifen.
		2. *fakultativ:* Die TN machen mit dem Smartphone ein Foto von ihrem geöffneten Kühlschrank. Für das zweite Foto nehmen sie einige Sachen aus dem Kühlschrank heraus oder legen einige hinein. In der nächsten Stunde befragen sich die TN wie in B2 mit ihren Fotos zur Wiederholung und Festigung. Dazu schicken die TN ihrem Partner eines der Fotos zu.
		Tipp: Neuer Wortschatz lässt sich immer gut am Anfang der nächsten Stunde wiederholen. Die TN machen z. B. selbst Wortlisten der bekannten Nomen, finden sich in Zweier- bis Vierergruppen zusammen und fragen sich gegenseitig die Pluralformen der Nomen ab.
		Binnendifferenzierung: Schnellere TN können mithilfe des Wörterbuchs notieren, was sie oft einkaufen.

SCHRITT D: PREISE UND MENGENANGABEN

Zahlen von 21 bis 100

Lernziel: Die TN können nach Preisen fragen und Preise nennen. Sie können Gewichte und Maßeinheiten angeben.

Seite/Aufgabe	Material	Aufbau
40/D1		**Präsentation der Zahlen von 20 bis 100**
	CD 1/60	1. Die TN hören das Beispiel.
		2. Schreiben Sie an die Tafel: `0,20 € = zwanzig Cent`
	CD 1/60	3. Die TN hören erneut und lösen die Aufgabe in Stillarbeit.
		4. Abschlusskontrolle im Plenum. Schreiben Sie die Zahlen, die TN diktieren Ihnen die Centangaben. Abschlusskontrolle im Plenum. *Lösung:* b-1, c-5, d-4, e-2, f-7, g-9, h-10, i-8, j-6
		5. Verweisen Sie auf den Grammatik-Kasten zur Bildung der Zahlen. Machen Sie deutlich, dass zuerst die Einerzahl, dann die Zehnerzahl genannt wird, und schreiben Sie ein paar Zahlenbeispiele an die Tafel. Die TN lesen die Zahlen vor. Das Bildungsprinzip kennen die TN schon aus Lektion 2/D.
		Tipp: Die TN stellen sich im Kreis auf und zählen einmal reihum bis 100 und noch einmal rückwärts. So haben die TN alle Zahlen einmal gehört und einige auch esprochen.
	kleine Zettel	6. *fakultativ:* Jeder TN erhält einen kleinen Zettel, auf dem er fünf Zahlen zwischen 1 und 100 in Ziffern notiert. Machen Sie es an der Tafel vor. Sammeln Sie die Zettel ein. Die TN finden sich zu Paaren zusammen. Jedes Paar erhält zwei beliebige Zettel (nicht die eigenen). Jeder TN diktiert dem Partner die Zahlen auf seinem Zettel. Die Paare können anschließend die Zettel untereinander tauschen und weitere Zahlen diktieren.
40/D2		**Anwendungsaufgabe: Maßeinheiten und Gewichte benennen; Preise nennen**
a		1. Die TN sehen sich die Zeichnungen an und ordnen die Wörter zu. Abschlusskontrolle im Plenum, weisen Sie dabei die TN auf die jeweiligen Artikelpunkte hin. *Lösung:* (von links nach rechts) eine Packung, eine Flasche, ein Becher
	kleine Zettel	2. *fakultativ:* Fragen Sie die TN nach verschiedenen Lebensmitteln, die TN antworten mit dem entsprechenden Gebinde, z. B. „Wie kaufen Sie Mehl?" – „Eine Packung." etc. *Hinweis:* Wenn Sie dabei alle TN gleichzeitig beteiligen möchten, teilen Sie an jeden TN vier kleine Zettel aus. Die TN malen und schreiben auf jeden Zettel ein Gebinde wie im Buch. Sagen Sie dann ein Lebensmittel, z. B. „Milch". Die TN halten den entsprechenden Zettel „eine Flasche" hoch. Animieren Sie dann die TN, im Chor zu sprechen: „Eine Flasche Milch" etc.
b	Folie/IWB	3. Die TN betrachten die Prospektseite. Lesen Sie mit den TN die Info-Kästen zu den Mengenangaben.
	Folie/IWB	4. Die TN suchen weitere Beispiele zu den Mengenangaben (z. B. ein Kilo Orangen) im Prospekt heraus und zeigen das Produkt im Buch.
	AB 26–27, AB-CD 1/26	Die TN machen die Übungen in Einzelarbeit im Kurs oder als Hausaufgabe.

		5. Zwei TN lesen noch einmal das erste und zweite Beispiel vor. Weisen Sie dabei auf den Gebrauch der Plural- und Singularform des Verbs „kosten" hin, indem Sie an die Tafel schreiben:
		Verweisen Sie auch auf die Variante „Was kostet ...?" oder „Wie viel kostet ...?"
		
		`1 Gramm / eine Packung / eine Dose / eine Flasche / ein Becher   kostet`
		`zwei Packungen / zwei Dosen / zwei Flaschen   kosten`

		6. Die TN fragen sich gegenseitig wie im Beispiel. Gehen Sie herum und helfen Sie bei Schwierigkeiten.
	Supermarkt-prospekte	7. *fakultativ:* Bringen Sie Supermarktprospekte mit. Die TN teilen sich je nach Vertiefungswunsch in Gruppen auf: Gruppe A wiederholt ausschließlich den Wortschatz (Lebensmittel und Verpackungen): „Was ist das?", „Das ist (ein Liter) Milch." Gruppe B wiederholt die Zahlen anhand der Preisangaben: „Ein Kilo Orangen kostet … ." Gruppe C schreibt ein Einkaufsgespräch auf der Basis des momentanen Kenntnisstandes: „Guten Tag, ich brauche Äpfel." „Haben Sie …?" „Wie viel kostet …?". Wenn es der zeitliche Rahmen zulässt, können sich anschließend ein TN aus Gruppe A und ein TN aus Gruppe B zusammenfinden. Der TN aus Gruppe B beschreibt nun ein Produkt (z. B. „Das ist eine Flasche Saft."), der andere TN nennt die Preisangabe („Sie kostet 1,09 Euro."). Die beiden „Spezialisten" korrigieren sich gegenseitig. Gehen Sie herum und helfen Sie, wenn nötig.
		8. Wer die Aufgabe beendet hat, schreibt für sich einen Einkaufszettel auf Deutsch. Gehen Sie herum und weisen Sie, wenn nötig, darauf hin, dass die TN möglichst Produkte und Mengen notieren sollen, die sie heute einkaufen wollen oder regelmäßig einkaufen, falls heute kein Einkauf ansteht.
	Plakate	9. *fakultativ:* Zur Wiederholung der Mengenangaben und der Lebensmittel können Sie in der nächsten Stunde Plakate aufhängen, auf denen Sie die bekannten Mengenangaben so notieren, dass drumherum jeweils genung Platz ist. Die TN finden sich in Kleingruppen zusammen und notieren die passenden Lebensmittel, wenn möglich ohne Hilfsmittel.
		Hinweis: Zusätzlich können Sie aus „Zwischendurch mal …" den Film „Opas Kartoffelsalat" (Kursbuch S. 44) ansehen.
		Hinweis: An dieser Stelle passt auch das Audiotraining 2 und das Videotraining 2.
	AB 28–29	Die TN machen die Übungen in Einzelarbeit im Kurs oder als Hausaufgabe.

SCHRITT E: EINKAUFEN

Verbkonjugation: *möchten*

Lernziel: Die TN können ein Einkaufsgespräch führen.

Seite/Aufgabe	Material	Aufbau
41/E1		**Lernziel: Hörverstehen: Sortieren von Redemitteln**
a	Folie/IWB	1. Die TN betrachten das Foto. Fragen Sie: „Wo ist das? Wie viele Personen sprechen?"
	Folie/IWB	2. Zeigen Sie anhand des Fotos auch die Begriffe „Kundin/Kunde" und „Verkäuferin/Verkäufer" und erklären Sie: „Der Kunde kauft etwas, zum Beispiel Äpfel. Die Verkäuferin verkauft die Produkte."
		3. Die TN lesen still die Aufgabe und die Lebensmittel. Dann hören sie das Gespräch einmal und markieren die Antwort. Anschließend Abschlusskontrolle im Plenum. *Lösung:* Kartoffeln, Apfel
b	CD 1/61	4. Die TN kreuzen an, wer was sagt, und hören dann das Gespräch noch einmal. Stoppen Sie, wenn nötig, das Gespräch nach dem ersten Satz und dann nach dem zweiten und fragen Sie jeweils: „Wer sagt das?"
	CD 1/61	5. Ungeübtere TN werden beim zweiten Hören in zwei Teams unterteilt: Ein Team achtet nur auf die Verkäuferin und überprüft die passenden Sätze, ein Team achtet nur auf die Kundin und überprüft die passenden Sätze. Anschließend finden sich die TN aus den beiden Teams paarweise zusammen und vergleichen die Eintragungen. Geübtere TN markieren die Sätze von Verkäuferin und Kundin. Die TN korrigieren sich gegenseitig.

	CD 1/61	6. Abschlusskontrolle im Plenum mithilfe eines Dialograsters (vgl. Kursbuch, S. 40) an der Tafel. Entwickeln Sie zunächst das Gespräch aus dem Hörtext. Ergänzen Sie dann mit den TN zusammen die Formulierungen aus E2, die man alternativ benutzen kann. Machen Sie deutlich, dass diese Satzteile dasselbe bedeuten und austauschbar sind. *Hinweis:* Zusätzlich können Sie aus „Zwischendurch mal …" das Projekt „Ein Gericht aus meinem Heimatland" (Kursbuch, S. 45) in Ihren Unterricht einbauen.
41/E2		**Anwendungsaufgabe und Rollenspiel: Ein Verkaufsgespräch schreiben und anschließend spielen.**
a		1. Verweisen Sie auf die Formen von „möchten" im Grammatik-Kasten und/oder auf die Grammatikübersicht 5 (Kursbuch, S. 42). Weisen Sie darauf hin, dass in diesem Zusammenhang „ich möchte" wie „ich brauche" benutzt wird. Unter der Rubrik „Beim Einkaufen: Bitte schön?" finden die TN alle Redemittel auch noch einmal in Frage und Antwort auf einen Blick und können in der kleinen Übung rechts selbst ein kleines Gespräch mit Formulierungen für ihren eigenen Alltag schreiben. Die Zeichnung dient als Bildimpuls für mögliche Inhalte.
		2. Mithilfe der Redemittel an der Tafel schreiben die TN zu zweit ein Einkaufsgespräch.
		3. Gehen Sie herum und helfen Sie bei Schwierigkeiten.
		4. Einige freiwillige Paare spielen ihr Gespräch vor.
b		5. Die schriftlichen Gespräche aus a helfen den TN, die sprachlichen Mittel für das Rollenspiel bereitzustellen. Die TN spielen anschließend das Gespräch, tauschen dann die Rollen und spielen es noch einmal.
	KV L3/E2 im Lehrwerkservice	*fakultativ:* Wenn Sie weitere Beispiele mit den TN einüben möchten, können Sie zur Unterstützung dieser Aktivität auch auf die Kopiervorlage im Lehrwerkservice unter www.hueber.de/schritt-fuer-schritt zurückgreifen.
	„Laras Film"	6. Lassen Sie die TN richtig „Theater spielen", d. h. lassen Sie sie aufstehen und nach vorne kommen. So können sie sich besser in ihre Rolle einfühlen. *Hinweis:* Hier können Sie zur Vorbereitung auf das Rollenspiel die verschiedenen Geschäfte in „Laras Film" zeigen.
	.	*Tipp:* Rollenspiele sind für das Erlernen einer Fremdsprache sehr gut geeignet, weil die TN dabei auch sogenannten nonverbalen „Lernstoff" (passende Gestik, Mimik, Intonation) üben können. Hier handelt es sich um ein gelenktes Rollenspiel: Die Struktur der Gespräche ist vorgegeben und die Gespräche werden nur geringfügig verändert. So können die TN nicht nur neue Strukturen und/oder neuen Wortschatz kontrolliert üben, sondern auch die nonverbalen kommunikativen Elemente trainieren. Eine Fehlerkorrektur sollte ausschließlich in Bezug auf die jeweils zu übenden sprachlichen Phänomene und in Bezug auf nonverbale Elemente erfolgen.
	AB 30–31	Die TN machen die Übungen in Einzelarbeit im Kurs oder als Hausaufgabe.
	AB 32, Prüfung	Prüfung Lesen Teil 3: Bearbeiten Sie diese Aufgabe als Prüfungsvorbereitung im Kurs. Sie entspricht dem Prüfungsteil der *Start Deutsch 1* Prüfung Lesen.
	KV L3/Wiederholung	*fakultativ:* Wenn Sie noch Zeit haben, können Sie hier die Wiederholung zu Lektion 3 anschließen. (Seite 151/155)
		Lektionstests
	KV L3/Test	Einen Test zu Lektion 3 finden Sie hier im LHB auf der Seite 164. Weisen Sie die TN auf den Selbsttest im Arbeitsbuch auf Seite 129 hin.

AUDIO- UND VIDEOTRAINING

Seite/Aufgabe	Material	Aufbau
		Audiotraining 1: Was ist das?
	CD 1/62	Die TN hören verschiedene Lebensmittel und sollen in den Sprechpausen mit „Nein, das ist doch kein(e) …" antworten. Nach der Sprechpause hören die TN die korrekte Antwort, damit sie ihre Lösung und ihre Aussprache selbst korrigieren können.
		Audiotraining 2: Plus 10 Cent
	CD 1/63	Die TN beantworten die Frage: „Was kostet das?", indem sie immer 10 Cent zu dem vom Sprecher genannten Preis hinzuaddieren müssen. Anschließend Kontrolle durch die Antwort des Sprechers.
		Audiotraining 3: Das brauchen Sie auch.
	CD 1/64	Die TN hören ein Beispiel, was der Sprecher an Lebensmitteln braucht. Die TN wiederholen die Antwort mit „auch". Gleichzeitig können hier lernungewohnte TN noch einmal die Mengenangaben verschiedener Lebensmittel nachhören. Anschließend Kontrolle durch die Antwort des Sprechers.
		Videotraining 1: Ich hätte gern Reis.
	Film „Ich hätte gern Reis."	Die TN sehen im Film Lara und Tim, die als Verkäufer und Käuferin ein Verkaufsgespräch spielen. *Hinweis:* Empfehlen Sie besonders ungeübteren TN diesen Film, den sie auch später immer wieder zur Wiederholung und Festigung benutzen können, indem sie jeweils eine der Rollen mitsprechen.
		Videotraining 2: Eine Flasche Wasser
	Film „Eine Flasche Wasser"	Mit diesem Film können die TN Lebensmittel und die zugehörigen Mengenangaben wiederholen. Tim stellt jeweils ein Gefäß auf den Tisch und Lara ein Lebensmittel. Die TN sagen, was nun auf dem Tisch steht. Dann sagt Tim die Lösung. *Hinweis:* Empfehlen Sie diesen Film besonders den ungeübten TN, die damit den Lernstoff selbstständig zu Hause wiederholen können.
		Tipp: Zur Kontrolle können Sie die TN am nächsten Kurstag nach den Audio- und Videotrainings fragen. Bitten Sie die TN, die Texte zusätzlich aufzuschreiben. Eine weitere Möglichkeit ist es, dass die TN die Lebensmittel und die Mengenangaben am nächsten Kurstag notieren: „Wer erinnert sich an die meisten?"

ZWISCHENDURCH MAL …

Seite/Aufgabe	Material	Aufbau
44		**Projekt: Das Lebensmittel-Alphabet (passt z. B. zu B2)**
	Wörterbuch, Plakate	1. Die TN arbeiten in Kleingruppen, wenn möglich in sprachhomogenen Gruppen. Das erleichtert die Arbeit mit dem Wörterbuch und die Verständigung innerhalb der Gruppe. Sie suchen zu jedem Buchstaben des Alphabets neue Lebensmittel heraus. Achten Sie darauf, dass die TN auch den unbestimmten Artikel dazuschreiben. Begrenzen Sie die Anzahl auf drei Lebensmittel pro Buchstabe, sonst entstehen unendliche Listen. Geben Sie den TN auch eine Zeitvorgabe, z. B. 15 Minuten, um alle Buchstaben abzuarbeiten. Die TN erstellen zum Abschluss ein Plakat. Ungeübtere TN nehmen das Foto zu Hilfe und tragen zunächst diese Lebensmittel in die Liste ein und suchen dann weitere passende Lebensmittel aus dem Lernwortschatz, S. 186–189. Wenn nötig, benutzen sie ihr Wörterbuch. Sie können ungeübteren TN in Kleingruppen auch nur zehn Buchstaben vorgeben.

		Tipp: In Kursen mit überwiegend lerngewohnten TN können Sie auch mehrere etwa gleich starke Gruppen bilden. Die Gruppen suchen zunächst ohne Wörterbuch zehn Minuten zu jedem Buchstaben ein bis zwei Lebensmittel und tragen sie auf einem Plakat ein. Danach haben die Gruppen weitere zehn Minuten, um mithilfe des Wörterbuchs Lebensmittel zu den fehlenden Buchstaben zu suchen. Anschließend gibt es Punkte für jedes Lebensmittel, das keine andere Gruppe auf ihrer Liste hat. Die Gruppe mit den meisten Punkten hat gewonnen.
		2. Jede Gruppe stellt ihre Liste im Plenum vor, aber es werden nur noch die Lebensmittel genannt, die noch nicht vorgekommen sind. Zum Schluss werden alle Plakate im Kursraum aufgehängt.
		Film: Opas Kartoffelsalat (passt z. B. zu D2) **Vor laufender Kamera wird ein Kartoffelsalat nach Opas Rezept angefertigt.**
1	Folie/IWB	1. Die Bücher sind geschlossen. Zeigen Sie auf den Salat auf dem Foto und fragen Sie: „Was ist das?" Falls keiner der TN den Begriff „Salat" kennt, erklären Sie „Salat", indem Sie auf die Schüssel auf dem Foto zeigen.
		2. Die TN vermuten zu zweit, welche Zutaten in einen Kartoffelsalat hineingehören könnten und schreiben eine Zutatenliste. *Binnendifferenzierung:* Lerngewohnte TN schreiben die passenden Mengenangaben dazu.
	Kopiervorlage L3/ZDM (1)	*fakultativ:* Verteilen Sie die Kopiervorlage. Die TN markieren die Zutaten, von denen sie meinen, dass sie in den Salat kommen.
	Kopiervorlage L3/ZDM (1)	3. Die TN sehen sich den Film an und vergleichen mit ihren Vermutungen. Anschließend Kontrolle im Plenum, besprechen Sie dabei auch die neuen Mengenangaben „ein Bund" und „ein Glas".
		4. Die TN schlagen die Bücher auf und lesen den Einkaufszettel. Zunächst ergänzen sie aus dem Gedächtnis.
	Folie/IWB	5. Die TN sehen den Film noch einmal und kontrollieren bzw. ergänzen. Anschließend Kontrolle im Plenum. *Lösung:* Kilo, 1, 1, Becher, Wasser, Salz
2		6. Fragen Sie die TN: „Ist Opas Kartoffelsalat gut?" Sammeln Sie im Kurs. Hier können die TN auf die Redemittel aus der Foto-Hörgeschichte zurückgreifen („lecker", „superlecker" ...).
45		**Projekt: Ein Gericht aus meinem Heimatland (passt z. B. zu E1)**
		1. Die TN überlegen sich ein Gericht aus ihrem Heimatland und schreiben einen Einkaufszettel dafür. Lernungewohnte TN können auch zu zweit arbeiten. Diese Aufgabe kann auch als Hausaufgabe gegeben werden.
		2. Die TN suchen ein Foto von ihrem Gericht oder kochen das Gericht zu Hause und machen mit dem Smartphone ein Foto davon.
		3. Die TN zeigen sich ihre Fotos und erzählen von ihrem Gericht. Wie heißt es? Was brauchen sie? Anschließend können Sie die Rezepte sammeln und ein Kurs-Kochbuch erstellen, das für alle kopiert wird. *fakultativ:* Sicher ist es auch interessant, wenn jeder sein Gericht zu Hause kocht und an einem Tag in den Kurs mitbringt. Wenn Sie das über mehrere Kurstage verteilen, sodass an jedem Tag zwei oder drei TN etwas mitbringen, können die TN probieren und darüber sprechen. Gibt es so etwas auch im Heimatland? Welche Lebensmittel kennt oder benutzt man im Heimatland vielleicht gar nicht?
		Comic: Haben Sie ...? (passt z. B. zu A3)
1		1. Zwei TN lesen den Comic mit verteilten Rollen. Klären Sie ggf. das Wort „Durst".
2	KV L3/ZDM (2)	2. Zu zweit schreiben die TN ein neues Gespräch anhand der vorgegebenen Wörter. *fakultativ:* Verteilen Sie die Kopiervorlage. Die TN schreiben ihre Gespräche direkt in die leeren Sprechblasen.
		3. Einige Paare spielen ihre Gespräche im Plenum vor. Hängen Sie die Comics im Kursraum aus, sodass die TN sie in der Pause lesen können.

Wortfelder: Farben; Haus/Wohnung; Einrichtung (Möbel, Elektrogeräte); Wohnungsanzeigen
Grammatik: definiter Artikel *der, das, die*; lokale Adverbien *hier, dort*; Personalpronomen *er, es, sie, sie*;
Negation *nicht, kein*

MEINE WOHNUNG
Folge 4: Ach so!

Seite/Aufgabe	Material	Aufbau
46/1		**Beim ersten Hören: Vermutungen äußern und überprüfen**
a	Folie/IWB	1. Die TN betrachten die Fotos. Zeigen Sie auf die Fotos und fragen Sie: „Wo sind Tim und Lara? In Laras Wohnung oder in Tims Wohnung? Was meinen Sie?" Die TN äußern ihre Vermutung und umkreisen entsprechend. Sollte „Wohnung" noch nicht bekannt sein, zeigen Sie auf den Wohnungsgrundriss (Kursbuch, S. 48) und sagen Sie: „Das ist eine Wohnung." *Lösung:* in Laras Wohnung
b	Folie/IWB	2. Zeigen Sie jetzt auf die Foto-Hörgeschichte und fragen Sie: „Wo sehen Sie eine Lampe?" Einige TN kennen das Wort „Lampe" vielleicht schon und können auf eines der Fotos deuten. Andernfalls zeigen Sie auf eine Lampe im Kursraum und sagen: „Das ist eine Lampe." Anschließend suchen die TN die Lampe auf den Fotos der Foto-Hörgeschichte. *Lösung:* eine Lampe: 1, 2, 3, 5, 6
	Folie/IWB	3. Die TN lesen die anderen Begriffe und überlegen mit der Partnerin / dem Partner, auf welchem der Fotos man diese sieht. *Lösung:* ein Zimmer: 5, 6; eine Küche: 7, 8; ein Bad: 4
c	Folie/IWB	4. Deuten Sie auf die Lampe auf Foto 1 und fragen Sie: „Ist die Lampe alt oder neu?" Die Zeichnung 1 veranschaulicht die Bedeutung von „alt" und „neu". Ein TN nennt die richtige Lösung.
		5. Die TN sehen sich die Fotos noch einmal genauer an. Stellen Sie Fragen und deuten Sie auf das Foto und anschließend auf die passende Zeichnung. Die TN stellen Vermutungen an und kreuzen im Buch an. Foto 4: „Ist das Bad groß oder klein?" Die Zeichnung 2 hilft bei der Erschließung der Wortbedeutung von „groß/klein". Foto 5 und 6: „Ist Laras Zimmer hell oder dunkel?" Die Zeichnung 3 hilft bei der Erschließung der Wortbedeutung von „hell/dunkel". Foto 5 und 6: „Ist Laras Zimmer teuer oder billig?" Die Zeichnung 4 hilft bei der Erschließung der Wortbedeutung von „teuer/billig". Foto 7 und 8: „Ist die Küche schön oder hässlich?" Die Zeichnung 5 hilft bei der Erschließung der Wortbedeutung von „schön/hässlich". *Binnendifferenzierung:* Geübtere TN markieren ihre Vermutungen in Stillarbeit, ungeübtere TN arbeiten paarweise zusammen.
	CD 1/65–72	6. Die TN hören die Foto-Hörgeschichte und verfolgen sie auf den Fotos mit. Dabei vergleichen sie mit ihren Vermutungen. *Hinweis:* Machen Sie den TN deutlich, dass sie ihre Vermutung durch die Lösung korrigieren können.
	Folie/IWB	7. Abschlusskontrolle im Plenum. Fragen Sie: „Wie ist das Bad?" Ein TN nennt die richtige Lösung. Kreuzen Sie die richtige Lösung an. Fahren Sie dann mit den Fragen zu Zeichnung 3–5 fort. Die TN antworten. *Lösung:* 2 klein, 3 hell, 4 billig, 5 schön

47/2		Beim zweiten Hören: Kernaussagen der Geschichte verstehen
	Folie/IWB, CD 1/65–72, KV L4/FHG	Die TN lesen die Aussagen zu Foto 1–8. Fragen Sie: „Was ist richtig?" Die TN hören die Foto-Hörgeschichte noch einmal und kreuzen an. Wenn nötig, spielen Sie die Hörtexte mehrmals vor. Geübtere TN lösen die Aufgabe in Stillarbeit, ungeübtere TN arbeiten paarweise zusammen. Abschlusskontrolle im Plenum. *Lösung:* Foto 1 – richtig: Walter hat eine Lampe für Lara. Foto 2 – falsch: Walter kennt Tim *nicht.* Foto 3 – falsch: Das Bad ist *nicht* groß. Foto 4 – richtig: Lara, Sofia und Lili wohnen zusammen. Foto 5 – falsch: Laras Zimmer ist *groß* und hell. Foto 6 – richtig: Tims Zimmer ist dunkel, hässlich und teuer. Foto 7 – richtig: Walter wohnt nicht hier. Foto 8 – falsch: Sofia ist die Tochter von Walter und die Mutter von *Lili.* *fakultativ:* Jede Gruppe erhält ein Kartenset von der Kopiervorlage. Die TN lesen die Karten und versuchen, sie aus der Erinnerung in eine sinnvolle Reihenfolge zu bringen. Zur Kontrolle hören sie noch einmal. Abschließend können die TN die Foto-Hörgeschichte mit verteilten Rollen laut vorlesen. Ermutigen Sie die TN, Tim und Lara dabei nachzuahmen, sodass die Geschichte lebendig wird. *Hinweis:* Wenn die TN mit dem Lesen noch Schwierigkeiten haben, können Sie die Kopiervorlage auch erst nach C3 einsetzen, wenn Sie mit den TN die neuen Strukturen bereits erarbeitet haben. Die TN sehen sich noch einmal die Fotos der Foto-Hörgeschichte an und erhalten in Kleingruppen je ein Kartenset der Kopiervorlage. Dann weiter wie beschrieben.
	„Laras und Tims Film"	In „Laras und Tims Film" präsentieren Lara und Tim mit einem Handyfilm jeweils die eigene Wohnung bzw. das Zimmer. „Laras und Tims Film" können Sie im Unterricht zur Verständnissicherung des neuen Wortschatzes nutzen. Fragen Sie: „Welche Zimmer hat Laras Wohnung? Welche Möbel gibt es in Laras/Tims Zimmer?" Sammeln Sie den Wortschatz an der Tafel. Dieses Vorgehen eignet sich z. B. zur Wortschatzwiederholung als Einstieg bei A3. Oder zeigen Sie den Film nach B2 zur gezielten Veranschaulichung der Artikel und Personalpronomen. Nach C1 können Sie den Film nutzen, um die Möbelstücke noch einmal zu wiederholen.

SCHRITT A: DAS BAD IST DORT.

Definiter Artikel *der, das, die;* Lokaladverbien *hier* und *dort*

Lernziel: Die TN können die Zimmer einer Wohnung benennen und sie lokalisieren.

Seite/Aufgabe	Material	Aufbau
48/A1		**Präsentation des Wortfelds „Wohnräume" und des definiten Artikels**
	Folie/IWB	1. Die TN lassen die Bücher geschlossen. Zeigen Sie den Wohnungsgrundriss (Kursbuch, S. 48) ohne die Lösungswörter.
	Folie/IWB	2. Deuten Sie auf die einzelnen Räume und fragen Sie: „Wie heißt das Zimmer auf Deutsch?" Notieren Sie schon bekannte Zimmerbezeichnungen mit dem bestimmten Artikel neben dem Grundriss.
	Folie/IWB	3. Verweisen Sie auf den Grammatik-Kasten und schreiben Sie die Beispiele an die Tafel. Verweisen Sie auf die Genuspunkte, die die TN bereits aus Lektion 3 kennen. Erklären Sie, dass es nur wenige Anhaltspunkte dafür gibt, welchen Artikel ein Wort im Deutschen hat. Der Artikel eines Wortes sollte daher immer gleich mitgelernt werden. Vergleichen Sie hierzu auch die Grammatikübersicht 1 und den Tipp auf der Übersichtsseite „Grammatik und Kommunikation" (Kursbuch, S. 54). Regen Sie die TN dazu an, sich weitere Zimmerbezeichnungen mit dem Artikel und dem Genuspunkt in der jeweiligen Farbe zu notieren.
		4. Die TN öffnen nun das Buch und ordnen die Zimmer den Bildern zu. Abschlusskontrolle im Plenum. *Lösung:* 8 das Schlafzimmer, 5 das Bad, 4 der Flur, 3 die Küche, 7 das Kinderzimmer, 6 die Toilette, 2 das Wohnzimmer

		5. Die TN decken die Zimmernamen oben im Buch ab. In Partnerarbeit befragen sie sich nun abwechselnd nach den Zimmern. Der erste TN zeigt auf ein Zimmer und fragt: „Was ist das?" Der andere TN antwortet: „Das ist die Küche." *Binnendifferenzierung:* TN, die das Schreiben noch weiter trainieren wollen, können die Lösung auch schreiben, statt sie zu sprechen. Die Partnerin / der Partner kontrolliert die Rechtschreibung anhand des Buches. So prägt sich das Schriftbild besser ein.
		Tipp: Machen Sie zusammen mit den TN eine Tabelle mit drei Spalten: „*der*" (blau), „*das*" (grün) und „*die*" (rot) und sammeln Sie Zimmerbezeichnungen, die den gleichen Artikel haben. Durch das Sortieren und Gruppieren von Wortschatz können sich die TN neue Wörter besser merken.
	AB 1–2	Die TN machen die Übungen in Einzelarbeit im Kurs oder als Hausaufgabe.
48/A2		**Variation: Anwendungsaufgabe zum bestimmten und unbestimmten Artikel**
	Folie/IWB, CD 1/73	1. Die TN hören das Gespräch und lesen im Buch mit. Lesen Sie dann das Mustergespräch noch einmal vor und betonen Sie dabei „hier" und „dort", indem Sie neben sich (hier) und weiter weg (dort) deuten. Verdeutlichen Sie die Begriffe auch an der Tafel. Verweisen Sie dann auf den Info-Kasten und auf die Rubrik „Nach dem Ort fragen: Wo ist denn die Küche?" in der Übersicht Kommunikation (Kursbuch S. 55). Hier haben die TN die Fragen nach dem Ort und die Antworten mit „hier" und „dort" auf einen Blick.
	Folie/IWB, CD 1/73	2. Die TN hören das Gespräch noch einmal. Weisen Sie die TN auf den Zusammenhang von „eine Küche" und „die Küche" hin. Verweisen Sie dann auf den Grammatik-Kasten. *Hinweis:* Sollten Fragen zur Verwendung des unbestimmten und bestimmten Artikels aufkommen, können Sie kurz erklären, dass Dinge, die im Gespräch neu sind oder über die der Sprecher noch nicht gesprochen hat, mit „ein" eingeführt werden. Sie sollten dieses Thema jedoch nicht zu sehr vertiefen, da die meisten TN erfahrungsgemäß durch Erklärungen eher verwirrt werden. Warten Sie mit Erklärungen dieser Art, bis die TN sich schon mehr mit dem bestimmten Artikel vertraut gemacht haben.
		3. Die TN sprechen das Gespräch mit verteilten Rollen.
	Folie/IWB	4. Die TN lesen die Varianten und variieren das Gespräch. Wenn nötig, besprechen Sie vorher die unbestimmten Artikel zu den Varianten im Plenum. Achten Sie darauf, dass die Partner ihre Rollen tauschen, damit jeder TN einmal die unbestimmten bzw. bestimmten Artikel verwendet. *Binnendifferenzierung:* Lernungewohntere TN können das Gespräch im Buch und ggf. auch eine oder zwei Varianten schriftlich festhalten und die Artikel dabei farbig unterstreichen. Das gibt ihnen Zeit, sich noch einmal in Ruhe mit den Strukturen zu beschäftigen und sich die Artikel besser einzuprägen. Geübtere TN können, wenn sie früher fertig sind, die Varianten verdeckt auf einer Folie oder an der Tafel notieren. Kontrollieren Sie dabei, wenn nötig, die Schreibweise. Andere TN, die bereits fertig sind, können zusätzliche Varianten erfinden.
	Folie/IWB	5. Abschließend können einige TN ihre Gespräche im Plenum präsentieren. Die schriftlich fixierten Gespräche werden jetzt aufgedeckt, sodass die anderen TN mitlesen können. Hat niemand die Gespräche notiert, schreiben Sie sie mit. Wenn die geübteren TN zusätzliche Gespräche erfunden haben, sollten sie an dieser Stelle Gelegenheit bekommen, diese mündlich zu präsentieren.
	AB 3–4, 6	Die TN machen die Übungen in Einzelarbeit im Kurs oder als Hausaufgabe.

	AB 5	Die TN lösen die Aufgabe im Kurs. Die Bücher sind zunächst geschlossen. Geben Sie die Tabelle an der Tafel vor. Stellen Sie sicher, dass alle TN die Rubriken „Familie", „Formular" und „Lebensmittel" verstehen. Fragen Sie dann, in welche Spalte „Bruder" muss, fragen Sie auch nach dem Artikel und notieren Sie entsprechend wie im Buch. Fragen Sie nach den anderen beiden Beispielen ebenso. Dann übertragen die TN die Tabelle ins Heft, schlagen die Arbeitsbücher auf und arbeiten mithilfe des Lernwortschatzes allein oder zu zweit weiter. Gehen Sie herum und helfen Sie bei Schwierigkeiten. Abschlusskontrolle im Plenum.
		Tipp: Zur Wiederholung und Festigung können Sie die Wörter ohne Artikel auch auf Kärtchen schreiben. Die TN stehen im Kreis. Geben Sie die erste Karte, z. B. „Apfel" dem TN rechts neben Ihnen. Sagen Sie: „Der Apfel." Der TN reicht die Karte an den rechten TN weiter und sagt: „Der Apfel." usw. Nach einiger Zeit geben Sie eine zweite Karte nach rechts ebenso weiter. Wenn die TN einige Sicherheit haben, können Sie das Tempo mehr und mehr erhöhen und/oder auch einige Wörter mit dem indefiniten Artikel „weitergeben". Die TN wiederholen dann das Wort mit dem definiten Artikel.
48/A3		**Meine Traumwohnung beschreiben**
		1. Zeichnen Sie den Grundriss Ihrer Traumwohnung an die Tafel und benennen Sie die Zimmer. Alternativ können Sie auch auf den Grundriss im Buch zeigen. Sagen Sie: „Das ist meine Traumwohnung. Hier ist das Bad, dort ist ...". Deuten Sie dabei auf die jeweiligen Zimmer. *Hinweis:* Hier bietet sich zur Wortschatzwiederholung die Arbeit mit „Laras und Tims Film" an. Die TN sehen den Handyfilm. Fragen Sie: „Welche Zimmer sind in Laras Wohnung? Welchen Artikel haben sie?" Sammeln Sie den Wortschatz noch einmal an der Tafel. Im Film werden die TN durch Laras Präsentation ihrer Wohnung inspiriert und haben die Situation konkret vor Augen. Sie können – wenn sie möchten – ihre Traumwohnung dann auf ähnliche Weise im Plenum vorstellen.
		2. Die TN zeichnen die Grundrisse ihrer Traumwohnung.
		3. Die TN lesen das Beispielgespräch. Dann finden sie sich paarweise oder in Kleingruppen zusammen und beschreiben sich gegenseitig ihre Traumwohnung. Gehen Sie herum und helfen Sie bei Schwierigkeiten.
		4. Die TN hängen die Grundrisse im Kursraum auf. Wer möchte, kann seine Wohnung im Plenum vorstellen. *Hinweis:* Hierzu passt das Audiotraining 1.

SCHRITT B: DAS ZIMMER IST SEHR SCHÖN. ES KOSTET …

Prädikatives Adjektiv; Personalpronomen *er, es, sie;* Negation mit *nicht*
Lernziel: Die TN können Häuser und Wohnungen beschreiben.

Seite/Aufgabe	Material	Aufbau
49/B1		**Präsentation des prädikativen Adjektivs**
	Folie/IWB	1. Die TN hören die Gespräche im Buch und lesen mit.
		2. Die TN sehen sich die Markierung im Dialogbeispiel a an und markieren in b und c entsprechend. Gehen Sie herum und helfen Sie bei Schwierigkeiten. Sollten die TN nicht zurechtkommen, zeigen Sie das erste Beispiel auf Folie / dem IWB. Fragen Sie die TN: „Was ist er? Was ist sehr groß?" Erklären Sie den TN dann, dass „er" hier eine Kurzform für „der Balkon" ist. Verfahren Sie mit dem zweiten und dritten Beispiel ggf. ebenso.
		3. Übertragen Sie die Tabelle aus dem Buch an die Tafel und ergänzen Sie sie mit den TN. Weisen Sie die TN auch auf die Grammatikübersicht 2 hin, besonders auf die kleine Zeichnung rechts, die den Zusammenhang von Artikel und Personalpronomen verdeutlicht und eine gute Merkhilfe ist (Kursbuch, S. 54).

		Tipp: Wenn Sie die Möglichkeit dazu haben, hängen Sie ein Plakat mit dieser Merkhilfe auf.
		4. Gehen Sie auf die Bedeutung von „teuer" ein. Sagen Sie: „Tims Zimmer kostet 350, – €. Das ist teuer." Machen Sie bei „teuer" mit Daumen und Zeigefinger die Geste für „Geld". Fahren Sie fort: „Laras Zimmer kostet 150, – €. Das ist nicht teuer. Aber Stefans Zimmer kostet 500, – €. Das ist sehr teuer." Erklären Sie bei Bedarf auch „hell", indem Sie auf die Lampen im Kursraum zeigen und sagen: „Es ist hell." Schalten Sie dann die Lampen aus und sagen Sie: „Jetzt ist es nicht hell. Es ist dunkel." *Hinweis:* Sie können die Adjektive „groß", „schön", „teuer", „hell", „billig" auch noch einmal mit den Zeichnungen im Kursbuch auf S. 46, 1c wiederholen.
	AB 7–9	Die TN machen die Übungen in Einzelarbeit im Kurs oder als Hausaufgabe.
49/B2		**Einführung und Anwendung von weiteren Adjektiven und ihrem Gegenteil**
a	KV L4/B2	1. *fakultativ:* Die TN erhalten die Kopiervorlage und ergänzen allein oder zu zweit die Adjektive. Abschlusskontrolle im Plenum.
		2. Fragen Sie die TN nach Dingen im Kursraum, die „neu" sind. Die TN nennen oder zeigen auf Dinge. Verfahren Sie mit den anderen Wörtern ebenso und stellen Sie so sicher, dass die TN die Wörter verstehen. Erklären Sie dann, dass „alt" das Gegenteil von „neu" ist. Verfahren Sie mit den anderen Wörtern ebenso.
		3. Die TN schließen die Bücher. Sagen Sie z. B. „alt", die TN antworten im Chor mit dem Gegenteil „neu". Üben Sie so eine Weile die neuen Wörter, bis Sie das Gefühl haben, die TN haben einige Sicherheit gewonnen.
		4. Die TN sehen sich die Fotos an und notieren in Einzelarbeit, was zu welchem Zimmer passt. Achten Sie darauf, dass die TN die Tabelle ins Heft übertragen und sauber ins Heft notieren und nicht ins Buch „quetschen", was sie später nicht mehr lesen können. Abschlusskontrolle im Plenum. *Lösung:* Zimmer A: dunkel, klein, billig, hässlich; Zimmer B: hell, groß, teuer, schön
		5. Fragen Sie die TN, ob sie noch andere Wörter kennen, die zu den Zimmern passen. Notieren Sie an der Tafel, wenn möglich mit dem Gegenteil.
b	Folie/IWB	6. Ein lerngewohnterer TN liest das Beispiel zu Zimmer A und ergänzt. Verweisen Sie dann auf den Grammatik-Kasten und die Negation mit „nicht". Verdeutlichen Sie ggf. an der Tafel.
		7. Die TN sprechen mit ihrer Partnerin / ihrem Partner weitere Beispiele wie im Buch. Gehen Sie herum und helfen Sie bei Schwierigkeiten. Ermuntern Sie lerngewohntere TN, auch die neuen Wörter von der Tafel (siehe 5.) zu benutzen.
		8. Erinnern Sie die TN daran, dass sie eine andere Negation schon kennen, nämlich die mit „kein(e)". Sehen Sie sich mit den TN gemeinsam die Grammatik-Übersicht 3 an (Kursbuch, S. 54). Die Verneinung mit „nicht" verneint Wörter wie „groß" oder Verben wie „wohnen". Mit „kein(e)" negiert man Wörter wie „Bad", „Küche", „Apfel" etc. Die kleine Übung rechts können die TN dann direkt im Kurs bearbeiten.
	AB 10–12	Die TN machen die Übungen in Einzelarbeit im Kurs oder als Hausaufgabe.

49/B3		Aktivität im Kurs: Partner-Ratespiel
	Folie/IWB	1. Die TN sehen sich die Zeichnungen an. *fakultativ:* Führen Sie bei Interesse der TN die deutschen Wörter für diese Wohnungen ein: „das Schloss", „das Hausboot", „die Villa", „das Luxusapartment", „das Holzhaus".
		2. Die TN lesen das Beispielgespräch. Sie beschreiben sich gegenseitig ein Haus, die Partnerin / der Partner versucht zu erraten, um welches der Bilder es geht. Sie wiederholen das Ratespiel mehrmals. *Variante:* Die TN gehen mit ihrem Buch umher und beschreiben einer Partnerin / einem Partner eines der Häuser. Wenn er/sie erraten hat, um welches der Bilder es geht, tauschen die Partner die Rollen. Anschließend gehen sie weiter und suchen sich neue Partner. Ermuntern Sie die TN, analog zum Beispiel rechts ihr (Traum-)Zimmer oder ihre (Traum-)Wohnung zu beschreiben. Dabei können die TN auf den Wortschatz aus der Übung zurückgreifen. *Hinweis:* An dieser Stelle passt das Audiotraining 2.
		Tipp: Wenn die TN die Audio- und Videotrainings zu Hause anhören oder ansehen, können Sie die TN zur Kontrolle am nächsten Kurstag nach den Audio- und Videotrainings fragen. Bitten Sie die TN, die Texte zusätzlich aufzuschreiben. Eine weitere Möglichkeit ist es, dass die TN die Lebensmittel und die Mengenangaben am nächsten Kurstag notieren: „Wer erinnert sich an die meisten?"
	AB 13–14	Die TN machen die Übungen in Einzelarbeit im Kurs oder als Hausaufgabe.

SCHRITT C: DIE MÖBEL SIND SEHR SCHÖN.

Pluralartikel *die*

Lernziel: Die TN können Möbelstücke, Elektrogeräte und Farben benennen sowie Gefallen und Missfallen ausdrücken.

Seite/Aufgabe	Material	Aufbau
50/C1		**Präsentation der Wortfelder „Möbel", „Elektrogeräte" und „das Bad"**
		1. Die TN lassen die Bücher geschlossen. Fragen Sie, indem Sie auf einen Tisch zeigen: „Was ist das?" TN, die schon länger in Deutschland sind, werden die Antwort kennen. Zeigen Sie dann auf einen Stuhl und fragen Sie: „Und das?" Helfen Sie, falls niemand diese Wörter kennt. Schreiben Sie die Wörter mit dem definiten Artikel an die Tafel.
		2. Die TN öffnen die Bücher und ordnen zu zweit zu und ergänzen. Gehen Sie herum und helfen Sie bei Schwierigkeiten. Abschlusskontrolle im Plenum. *Lösung:* 1 die Lampe, 3 der Schrank, 4 der Sessel, 5 der Tisch, 6 der Stuhl, 7 die Dusche, 8 das Bett, 9 der Teppich, 10 der Elektroherd, 11 das Sofa, 12 das Regal, 13 der Kühlschrank, 14 die Waschmaschine, 15 die Badewanne, 16 das Waschbecken
	Folie/IWB, ZDM: Spiel	3. Um den neuen Wortschatz einzuüben, nennen Sie eine Zahl, z. B. drei, die TN sprechen im Chor „der Schrank". Nennen Sie dann eine weitere Zahl. Schwieriger wird die Übung, wenn die TN im Laufe der Übung die Bücher schließen und Sie die Möbel und Geräte auf Folie / dem IWB zeigen. *Hinweis:* Hier passt zur Vertiefung des neuen Wortschatzes auch das „Spiel" aus „Zwischendurch mal ..." (Kursbuch, S. 56).
		4. *fakultativ:* Die TN zeichnen ihre Wohnung und beschreiben mit den ihnen bekannten Redemitteln ihrer Partnerin / ihrem Partner das Inventar: „Das ist das Wohnzimmer. Hier ist ein Tisch. Der Tisch ist groß."

	KV L4/C1, Spielfiguren (z. B. Chips/ Spielfiguren/ Geldmünzen …)	5. *fakultativ:* Wenn Sie mit Ihren TN den Wortschatz der Lektionen 3 und 4 spielerisch wiederholen wollen, können Sie an dieser Stelle „Vier gewinnt" spielen. Kopieren Sie für jede Vierergruppe eine Kopiervorlage (Spielbrett) und legen Sie zwei verschiedene Arten von Spielfiguren bereit. Jede Vierergruppe wird in je zwei Teams (A und B) unterteilt, die gegeneinander antreten. Jedes Team bekommt eine Sorte Spielfiguren. Team A beginnt je nach Aufgabenstellung (z. B. Wiederholung des Wortschatzes): „Das ist ein Zimmer." (Spielstein auf „Zimmer"). Team B folgt: „Das ist ein Bett." (Spielstein auf „Bett") etc. Jedes Team versucht, vier Steine fortlaufend entweder horizontal, vertikal oder diagonal zu setzen. Wer zuerst vier Steine in einer Reihe hat, hat gewonnen. Man kann das Spiel ruhig mehrfach hintereinander spielen, es ergeben sich immer neue Konstellationen, sodass es nicht langweilig wird. *Variante:* In der zweiten Runde können die definiten Artikel und die neu gelernten Adjektive eingeübt werden, z. B. „Der Tisch ist schön." (Spielstein auf „Tisch").
		Tipp: Gerade für lernungewohnte TN ist es wichtig, neuen Wortschatz durch Wiederholungen präsent zu halten. Variieren Sie deshalb kleine Übungen, wandeln Sie sie ab, um den Wortschatz zu wiederholen, gleichzeitig aber keine Langeweile aufkommen zu lassen. So können Sie z. B. einen TN ein Zimmer nennen lassen und alle schreiben auf, welche Möbel dort normalerweise stehen. An einem Tag schreiben die TN die Möbel mit dem Artikel auf. Am nächsten Tag können Sie den Satzanfang vorgeben: „Da ist ein Tisch, zwei Stühle, eine Lampe, …" Oder die TN schreiben nur Möbel mit einem bestimmten Artikel auf, z. B. nur mit „der" etc. So entwerfen Sie kleine Übungen, die Sie zwischendurch immer mal einwerfen können, wenn zum nächsten Schritt noch etwas Zeit ist, zum Warm-up etc. Übrigens können Sie auch die Audiotrainings dazu einsetzen oder Ideen daraus abwandeln.
	AB 15–17	Die TN machen die Übungen in Einzelarbeit oder als Hausaufgabe.
51/C2		**Präsentation: Redemittel, um Gefallen, Missfallen auszudrücken; Pluralartikel *die***
a		1. Malen Sie Smileys wie im Info-Kasten im Kursbuch an die Tafel und schreiben Sie die Wendungen darunter. Da die TN diese Wendungen bereits von der Frage „Wie geht es Ihnen?" kennen, dürfte das Verstehen hier keine Schwierigkeit sein. Fragen Sie dann einen geübteren TN, der schon länger in Deutschland lebt: „Wie gefällt Ihnen das Zimmer?" und verweisen Sie dabei auf den Kursraum. Warten Sie die Antwort des TN ab und wiederholen Sie sie mit nach oben oder unten zeigendem Daumen, um die Bedeutung von „gefällt mir (nicht)" zu verdeutlichen. Machen Sie weitere Beispiele mit Singular und Plural, bis allen TN die Bedeutung von „Wie gefällt Ihnen …?" bzw. „Wie gefallen Ihnen …?" klar ist.
	CD 1/75	2. Die TN hören die Gespräche und lesen mit. Danach lesen die TN die Gespräche noch einmal mit Flüsterstimme in Partnerarbeit und wechseln auch die Rollen. Gehen Sie herum und achten Sie auf eine inhaltsadäquate Betonung. Verweisen Sie abschließend auf den Info-Kasten und die Rubrik „Gefallen/Missfallen: Wie gefällt dir die Lampe?" (Kursbuch, S. 55). Machen Sie dabei noch einmal deutlich, dass „gefällt" benutzt wird, wenn ein Möbelteil gemeint ist, und „gefallen", wenn es zwei oder mehr sind.
b		3. Die TN lesen die Beispiele in a noch einmal still, markieren „der", „das" oder „die" wie im Beispiel und ergänzen die Tabelle. Abschlusskontrolle im Plenum, stellen Sie dabei die Pluralformen dann an der Tafel den Singularformen gegenüber und unterstreichen Sie die Artikel. Auf diese Weise verdeutlichen Sie, dass die definiten Artikel im Singular verschieden sind, es aber nur eine Pluralform „die" gibt. Verweisen Sie hier auch auf die Grammatikübersicht 1 (Kursbuch, S. 54).

Singular	Plural
<u>der</u> Kühlschrank	<u>die</u> Kühlschränke
<u>das</u> Sofa	<u>die</u> Sofas
<u>die</u> Lampe	<u>die</u> Lampen

Lösung: der Kühlschrank, das Sofa, die Lampe, die Schränke, Sofas, Lampen

c		4. Die TN sehen sich noch einmal die Möbel in C1 an. Fragen Sie die TN, wie jeweils zwei davon heißen, z. B. „Ein Fernseher. Wie heißen zwei (davon)?" Wenn die TN die Antwort wissen, schreiben Sie Singular und Plural wie im Tafelbild oben an die Tafel. Möbel, die die TN noch nicht im Plural kennen, lassen Sie zunächst weg.

		5. Die TN schlagen den Lernwortschatz auf Seite 190/191 auf. Erklären Sie anhand schon bekannter Formen an der Tafel, wie die Pluralformen hier notiert sind. Die TN nennen dann die Pluralformen der noch fehlenden Möbel. Notieren Sie an der Tafel.
		6. Die TN sehen sich wieder die Möbel und die anderen Einrichtungsgegenstände in C1 an. Stellen Sie einem TN die erste Frage in der Sprechblase: „Wie gefallen dir denn die Sofas?" und deuten Sie dabei auf die Stühle in C1. Der TN antwortet mit dem Beispiel: „Sehr gut." Bitten Sie ihn, die nächste Frage zu stellen und sich damit an einen anderen TN zu wenden. Setzen Sie die Kettenübung so lange im Kurs fort, bis alle Gegenstände in C1 erwähnt wurden. Wenn die TN Spaß daran haben oder Sie der Meinung sind, dass noch mehr Übung erforderlich ist, können die TN darüber hinaus nach Gegenständen im Kursraum fragen. *Binnendifferenzierung:* Lerngewohntere TN geben eine erweiterte Antwort, wie: „Sehr gut. Sie sind sehr modern." *Hinweis:* Hier passt das Audiotraining 3. *Hinweis:* Hier passt das Videotraining 1. Damit können Sie auch die Farben um die Nuancen „hellgrün" und „dunkelgrün" erweitern.
	Möbelprospekte	7. Bringen Sie Möbelprospekte mit. In Partnerarbeit befragen sich die TN gegenseitig: „Wie gefällt/gefallen dir ...?" Gehen Sie herum und helfen Sie bei Schwierigkeiten.
	AB 18, 20–23	Die TN machen die Übung in Einzelarbeit im Kurs oder als Hausaufgabe.
	AB 19, Prüfung AB-CD 1/27–29	Die TN machen diese Übung im Kurs: Das Format dieser Übung zum Hörverstehen entspricht der Prüfung *Start Deutsch 1* (eine von drei Lösungen ist richtig und die Hörtexte werden zweimal gehört).
51/C3		**Aktivität im Kurs: Farben**
	Farbkarten	1. Bringen Sie Karten in den Farben „schwarz", „weiß", „gelb", „grün", „rot", „blau", „braun" und „grau" mit. Halten Sie die Karte „schwarz" hoch und zeigen Sie auf die Farbe und sagen Sie „schwarz". Die TN sprechen nach. Fragen Sie dann, während sie im Kurs suchend umherblicken: „Was ist schwarz? – Das ist schwarz." und zeigen Sie auf einen schwarzen Gegenstand. Zeigen Sie nun auf die nächste Farbkarte, sagen Sie die Farbe, stellen Sie die Frage: „Was ist ...?" Ein TN antwortet. Verfahren Sie mit den anderen Farben genauso. *Variante:* Wenn die TN die Farben schon kennen, dann können sie die Übung als Spiel in Dreiergruppen machen.
	Folie/IWB	2. Die TN ordnen die Namen der Farben den Farben im Farbkasten zu. Achten Sie darauf, dass sie keine Striche ziehen, sondern die Farben schreiben. Abschlusskontrolle im Plenum.
	Folie/IWB Farbkarten/ Wortkarten	3. Lesen Sie den Beispielsatz laut vor. Lesen Sie ihn noch einmal vor und fordern Sie einen TN zum Antworten auf. Der TN antwortet und formuliert anschließend einen eigenen Satz mit einer Frage und wendet sich an einen anderen TN. *Binnendifferenzierung:* Wenn den TN diese Übung noch etwas schwerfällt, teilen Sie Wortkarten (Möbel und Elektrogeräte) und Farbkarten aus. Mithilfe dieser Karten formulieren die TN ihre Sätze. *Hinweis:* Hier passt das Videotraining 1. Damit können Sie auch die Farben um die Nuancen „hellgrün" und „dunkelgrün" erweitern.
	AB 24	Die TN machen die Übung in Einzelarbeit oder als Hausaufgabe.
	AB 25a AB-CD 1/30	*Phonetik:* Die TN machen die Übung im Kurs: Die TN hören die Wörter und sprechen nach. Hier geht es um die kurz gesprochenen Vokale „a", „e", und „i". Machen Sie die TN auf den Zusammenhang von kurz gesprochen und Doppelkonsonant hinter dem Vokal aufmerksam. Fragen Sie die TN nach weiteren Wörtern, z. B. billig, Toilette etc. Notieren Sie an der Tafel.
	AB 25b AB-CD 1/31–33	*Phonetik:* Die TN machen die Übung im Kurs: Die TN hören die Gespräche und ergänzen die fehlenden Wörter.

SCHRITT D: WOHNUNGSANZEIGEN

Zahlen bis eine Million

Lernziel: Die TN können bis eine Million zählen und Wohnungsanzeigen relevante Informationen entnehmen.

Seite/Aufgabe	Material	Aufbau
52/D1		**Präsentation der Zahlen bis eine Million**
	Ball, KV L2/D1	1. Gehen Sie, wenn nötig, noch einmal auf die Bildung der Zahlen ab 13 bzw. 20 (bekannt aus Lektion 2) ein. Wiederholen Sie dann die Zahlen 1–100, die die TN bereits aus Lektion 3 kennen. Dazu stellen sich die TN im Kreis auf und werfen sich im Zickzack den Ball zu. Dabei zählen sie zunächst in Einserschritten (1, 2, 3 …) hoch. Wechseln Sie dann z. B. ab 20 zu Zweierschritten (20, 22, 24 …), später zu Dreier- und Fünferschritten. Bei 100 angekommen, können die TN z. B. in Fünfer- oder Zehnerschritten rückwärts zählen, bis sie wieder bei 0 angekommen sind. *fakultativ:* An dieser Stelle können Sie noch einmal das Zahlen-Bingo von KV L2/D1 spielen. Begrenzen Sie die Zahlen dabei auf eine Spanne von max. 40 Zahlen, also z. B. von 10–50, damit das Spiel nicht zu lange dauert.
	CD 1/76	2. Die TN hören dann die Hunderterzahlen, lesen im Buch mit und sprechen nach.
		3. Die TN schreiben abwechselnd eine Zahl zwischen 100 und 1000 an die Tafel, die anderen lesen diese laut vor. Danach erweitern Sie die Zahlen bis 10.000, dann bis 100.000 und schließlich bis 1.000.000. *Binnendifferenzierung:* Lerngewohntere TN notieren und lesen die Zahlen zu zweit.
52/D2		**Hörverstehen: Zahlen hören**
		1. In Partnerarbeit lesen die TN zunächst alle Zahlen mit Flüsterstimme.
	CD 1/77	2. Die TN hören die Zahlen und kreuzen an, welche sie hören. Abschlusskontrolle im Plenum. *Lösung:* b 2.055, c 340, d 6.973, e 88.000, f 600.000
	Zahlenkarten	3. *fakultativ:* Bereiten Sie zu Hause Karten mit je drei Zahlen vor. Sie sollten vier mehr haben, als Sie Paare im Kurs haben. Die TN erhalten zu zweit eine Karte und diktieren der Partnerin / dem Partner die Zahlen. Die Paare kontrollieren mithilfe der Karte selbstständig. Ist ein Paar fertig, tauschen Sie die Karte durch eine neue. Achten Sie darauf, dass nun der andere TN diktiert. Um die Zahlen präsent zu halten, können Sie das Zahlendiktat an mehreren Tagen als Warm-up einsetzen.
	AB 26, 28	Die TN machen die Übungen in Einzelarbeit im Kurs oder als Hausaufgabe.
	AB 27, AB-CD 1/35	Die TN machen die Übung im Kurs. Die TN schreiben Zahlen nach Diktat.
52/D3		**Leseverstehen 1: Wohnungsgrößen und Mietpreise aus Wohnungsanzeigen entnehmen**
	Wohnungs-anzeigen (Zeitung, Internet-portal)	1. Führen Sie in das Thema Wohnungssuche ein, indem Sie fragen: „Sie suchen eine Wohnung. Wie machen Sie das?" Notieren Sie die Vorschläge der TN, wie z. B. Internet, Zeitung etc., an der Tafel und führen Sie abschließend ggf. selbst den Begriff „Wohnungsanzeige" ein. Wenn möglich, bringen Sie zur Veranschaulichung eine Tageszeitung mit der entsprechenden Rubrik oder einen Link zu einem einschlägigen Internetportal mit.
	Folie/IWB	2. Zeigen Sie dann auf Anzeige A und fragen Sie: „Wie groß ist die Wohnung?" und „Was kostet sie im Monat?". Ein TN liest die markierten Stellen vor. Gehen Sie an dieser Stelle kurz auf den Info-Kasten ein und verdeutlichen Sie, dass man die Quadratmeter auf unterschiedliche Weise angeben kann.

	Folie/IWB	3. Fragen Sie weiter: „Wie groß sind die anderen Wohnungen und was kosten sie?" Die TN lesen die übrigen Anzeigen und markieren die Informationen in den entsprechenden Farben. Geübtere TN lösen die Aufgabe in Stillarbeit, ungeübtere TN arbeiten paarweise zusammen. Abschlusskontrolle im Plenum, indem die TN die Größenangaben sowie die Mietpreise vorlesen. Markieren Sie die Informationen auf der Folie/am IWB. *Lösung:* Wie groß ist die Wohnung? B 2-Zimmer-Wohnung / 60 qm, C 2-Zimmer-Wohnung / 36 qm, D 1-Zimmer-Wohnung / 33 qm; Was kostet sie im Monat? B 750 Euro, C 700 Euro, D 480 Euro
52/D4		**Leseverstehen 2: Eine passende Wohnung finden**
	Folie/IWB	1. Ein TN liest Satz c vor. Deuten Sie dann auf die Wohnungsanzeigen in D3 und fragen Sie: „Welche Anzeige passt?" Die TN lesen noch einmal die Anzeigen und nennen die richtige Lösung und erklären, warum die Wohnung D hier passt. Markieren Sie die relevante Textstelle. Fragen Sie dann, ob noch weitere Wohnungen passen (hier auch C) und markieren Sie die relevante Textstelle.
	Folie/IWB ZDM „Schreiben"	2. Die TN bearbeiten die restlichen Aufgaben in Stillarbeit. Ungeübte TN arbeiten paarweise zusammen. Dabei markieren sie die relevanten Textstellen. *Binnendifferenzierung:* Da das Herausfiltern vor allem lernungewohnten TN noch Schwierigkeiten bereitet, werden sie für diese Aufgabe länger brauchen als lerngewohntere TN, die bereits über die genannten Lesestrategien verfügen. Letztere schreiben deshalb in der Zwischenzeit eine Anzeige für ihre Traumwohnung. Wenn am Ende noch Zeit ist, können sie ihre Anzeigen im Kurs vorlesen. Sonst sammeln Sie die Texte anschließend ein und geben Sie sie den TN ggf. mit Korrekturvorschlägen zurück. Abschlusskontrolle im Plenum. *Lösung:* a B, b C + D *Hinweis:* An dieser Stelle können Sie zur Vertiefung des Themas die Schreibaufgabe aus der Rubrik „Zwischendurch mal ..." (Kursbuch, S. 56) in den Unterricht integrieren. Wenn Sie im Kurs nicht so viel Zeit haben, können die TN die Aufgabe als Hausaufgabe bearbeiten.
		3. Die TN sehen sich noch einmal die Anzeigen A und B an. Lesen Sie die Telefonnummern noch einmal vor und erklären Sie den TN, dass man Telefonnummern in Gruppen zu zwei oder drei Zahlen nennt und meist auch schreibt. Zur Einübung schreibt jeder TN seine Telefonnummer entsprechend gruppiert auf. Die TN gehen herum und erstellen eine Telefonliste, indem sie sich von fünf anderen TN die Telefonnummer diktieren lassen und sie mit Namen aufschreiben.
	KV L4/D4	*fakultativ:* Zur Anwendung des Gelernten können Sie für lerngewohnte TN zum Abschluss die Kopiervorlage einsetzen, mit deren Hilfe die TN in Partnerarbeit Wohnungsvermittlung spielen und den neuen Wortschatz kommunikativ verwenden.
	AB 29, AB-CD 1/36	Die TN machen die Übung im Kurs.
	AB 30, AB-CD 1/37–38	*Phonetik:* Die TN bearbeiten die Übung im Kurs: Die TN hören nacheinander Wörter, die sie bereits kennen oder leicht ableiten können. Sie achten beim Hören auf die Betonung und markieren die entsprechende Silbe. Dabei stellen sie fest, dass die Betonung im Deutschen meistens auf der ersten Silbe liegt. Die TN hören die Wörter noch einmal und sprechen sie im Chor nach.

SCHRITT E: AM TELEFON

Lernziel: Die TN können Kleinanzeigen Informationen entnehmen und Auskünfte am Telefon erfragen.

Seite/Aufgabe	Material	Aufbau
53/E1		**Hörverstehen: Fragen am Telefon verstehen**
	Folie/IWB, Kleinanzeigen	1. Bringen Sie Kleinanzeigen aus der Zeitung mit oder zeigen Sie eine entsprechende Internetseite. Fragen Sie: „Was ist das?" TN, die bereits länger in Deutschland leben, kennen ggf. den Begriff „Kleinanzeige". Schreiben Sie ihn mit Artikel an die Tafel.
	Folie/IWB	2. Zeigen Sie die Kleinanzeige auf Folie/IWB. Die Bücher der TN sind geschlossen. Erklären Sie das Wort „Schreibtisch" z. B. anhand der Zeichnung im Arbeitsbuch auf Seite 136. Sagen Sie den TN: „Sie möchten den Tisch kaufen. Was fragen Sie am Telefon? / Welche Informationen brauchen Sie?" Notieren Sie Stichworte oder ganze Fragen an der Tafel, je nachdem wie die TN antworten.
	CD 1/78	3. Die TN öffnen die Bücher und lesen still die Fragen. Dann hören sie das Telefongespräch so oft wie nötig und umkreisen die Fragen, die sie hören. Abschlusskontrolle im Plenum. Die TN vergleichen anschließend die Lösung mit ihren Fragen an der Tafel. *Lösung:* Welche Farbe hat der Tisch? Wie groß ist er?
	CD 1/78	4. Die TN hören zur Kontrolle noch einmal. Fragen Sie dann auch: „Kauft Frau Häusler den Tisch?" Fragen Sie auch, warum die TN das denken (Sie kauft den Tisch nicht. Er ist zu teuer. Sie fragt auch nicht nach der Adresse.).
53/E2		**Aktivität im Kurs: Ein Telefongespräch führen**
a	CD 1/78	1. Die TN hören das Gespräch noch einmal und lesen mit.
b		2. Die TN lesen das Gespräch mit ihrer Partnerin / ihrem Partner laut. Danach tauschen sie die Rollen und lesen noch einmal.
		3. *fakultativ:* Die TN lesen das Gespräch noch einmal mit ihren eigenen Namen und tauschen danach noch einmal die Rollen.
c		4. Die TN wählen zu zweit eine Anzeige. Weisen Sie die TN auf den Info-Kasten mit den Abkürzungen für Längenmaße hin. Sie notieren Fragen der Käuferin / des Käufers und die Antworten der Verkäuferin / des Verkäufers. *Hinweis:* Zur Vorbereitung können Sie hier das Videotraining 2 einsetzen, in dem die TN Fragen und Antworten zu Kleinanzeigen üben können.
	Kleinanzeigen, KV L4/E2 im Lehrwerkservice	5. Die TN führen ein Telefongespräch. Weisen Sie die TN auch auf die Rubriken „Beschreiben: Wie findest du …" und „Ein Telefongespräch führen: Sie verkaufen …, richtig?" auf der Kommunikationsseite (Kursbuch, S. 55) hin. *Binnendifferenzierung:* Ungeübtere TN halten sich an die Anzeigen im Buch. Geben Sie geübteren TN, die die Aufgaben auf dieser Seite leicht bewältigen konnten, Anzeigen aus der aktuellen Tageszeitung oder dem Internet oder lassen Sie sie selbst Anzeigen erfinden. Sie spielen ein Telefonat anhand dieser Anzeigen. TN, die sich mit dem freien Sprechen noch schwertun, können ihr Telefongespräch aufschreiben, bevor sie es spielen. Gehen Sie herum und helfen Sie den TN, wenn nötig. *fakultativ:* Zur Vereinfachung und Unterstützung der Aktivität können Sie auch auf die Kopiervorlage im Lehrwerkservice unter www.hueber.de/schritt-fuer-schritt zurückgreifen.
		6. Abschließend können ein paar TN ihre Gespräche vorspielen, wenn sie möchten. Simulieren Sie dabei eine möglichst „echte" Telefonsituation, indem Sie die TN bitten, sich Rücken an Rücken zu setzen. Stellen Sie bei den freien Telefongesprächen Verständnisfragen an die anderen TN, z. B.: „Was möchte sie/er kaufen? Wie groß ist …? Was kostet …?" Dadurch erreichen Sie einen sehr guten Lerneffekt: Die TN werden durch diese „Telefonate" in eine authentische Hörsituation versetzt und müssen eine echte Verstehensleistung vollbringen.
	AB 31	Die TN machen die Übung in Einzelarbeit im Kurs oder als Hausaufgabe.

	AB 32	Die TN bearbeiten die Übung im Kurs: Besprechen Sie mit den TN zunächst den kleinen Info-Kasten unten auf der Seite. Erklären Sie anhand eines Beispiels aus dem Kursraum, z. B. einem Schrank, was Breite, Höhe und Tiefe bedeuten. Anschließend bearbeiten die TN die Übung im Arbeitsbuch allein oder zu zweit. Abschlusskontrolle im Plenum.
	KV L4/Wiederholung	*fakultativ:* Wenn Sie noch Zeit haben, können Sie hier das Wiederholungsspiel von der Kopiervorlage anschließen (Seite 151/156).
	Lektionstests	
	KV L4/Test	Einen Test zu Lektion 4 finden Sie hier im LHB auf der Seite 165. Weisen Sie die TN auch auf den Selbsttest im Arbeitsbuch auf Seite 142 hin.

AUDIO- UND VIDEOTRAINING

Seite/Aufgabe	Material	Aufbau
		Audiotraining 1: Wo ist …?
	CD 1/79	Die TN hören „Das ist meine Wohnung." und sollen in den Sprechpausen mit „Ah, schön! Und wo ist …?" antworten. Die Zimmer, nach denen sie fragen sollen, sind vorgegeben. Nach der Sprechpause hören die TN die korrekte Antwort, damit sie ihre Lösung und ihre Aussprache selbst korrigieren können.
		Audiotraining 2: Ist das hier die Küche?
	CD 1/80	Die TN hören „Ist das hier (die Küche)?" und antworten in den Sprechpausen mit „Nein. Das ist nicht (die Küche). Das hier ist (die Küche).". Nach der Sprechpause hören die TN die korrekte Antwort, damit sie ihre Lösung und ihre Aussprache selbst korrigieren können. Hier kommt es besonders auf die Betonung an.
		Audiotraining 3: Wie gefällt dir das?
	CD 1/81	Die TN hören „Wie gefällt dir (das Bett)?" und antworten in den Sprechpausen mit „Es geht. Aber hier: Wie gefällt dir (der Schrank)?". Die Einrichtungsgegenstände, nach denen sie fragen sollen, sind vorgegeben. Nach der Sprechpause hören die TN die korrekte Antwort, damit sie ihre Lösung und ihre Aussprache selbst korrigieren können. Hier kommt es besonders auf die Betonung an.
		Videotraining 1: Schauen Sie mal!
	Film „Schauen Sie mal!"	Die TN sehen in dem Film Lara und Tim, die ein Gespräch zwischen einer Verkäuferin im Möbelhaus und einem Kunden spielen.
		Videotraining 2: Wie ist das Regal?
	Film „Wie ist das Regal?"	Mit diesem Film üben die TN Telefongespräche aufgrund von Kleinanzeigen. Es werden Angaben zu Möbeln eingeblendet und schrittweise nach Farbe, Alter, Maßangaben und dem Preis gefragt. In den Sprechpausen formulieren die TN analog zum Beispiel korrekte Antworten. Anschließend hören die TN die korrekten Antworten, die zusätzlich eingeblendet werden, damit sie ihre Lösung und ihre Aussprache selbst korrigieren können. *fakultativ:* Wenn Sie die Übung im Kurs durchführen, können die TN im Anschluss weitere Telefongespräche nach dem gleichen Muster erfinden und dann vorspielen. Dazu hören sie zunächst ein Beispiel noch einmal und notieren sich die Fragen. Dann überlegen sie sich mit ihrem Partner / ihrer Partnerin eigene Gespräche. Ungeübte TN beschränken sich auf ein eigenes Beispiel. Geübtere TN können mehrere Telefongespräche simulieren.

ZWISCHENDURCH MAL …

Seite/Aufgabe	Material	Aufbau
56		**Schreiben: Zimmer frei!: Eine Zimmerannonce verstehen und eine eigene Anzeige schreiben (passt z. B. zu D4)**
1	Folie/IWB	1. Zeigen Sie die Anzeige auf Folie / dem IWB. Decken Sie nur die Überschrift „Zimmer frei!" auf und fragen Sie: „Welche Informationen stehen in der Anzeige? Was meinen Sie?" Notieren Sie die Vermutungen der TN an der Tafel.
		Tipp: Hypothesen über den Textinhalt aufgrund der Überschrift zu bilden, ist eine Strategie, die den TN hilft, sich auf den Textinhalt einzustellen und ihr Vorwissen zu aktivieren, bevor sie den Text lesen. Außerdem zeigt es den TN, dass sie schon etwas über das Thema wissen und es auf Deutsch formulieren können. Das ist eine zusätzliche Motivation.
		2. Die TN lesen die Anzeige und markieren entsprechend den Vorgaben im Buch.
		Binnendifferenzierung: Geübtere TN lösen die Aufgabe in Stillarbeit, ungeübtere TN arbeiten paarweise zusammen. Abschlusskontrolle im Plenum.
		Lösung: b 240 Euro im Monat; c ein Bett, ein Schrank, ein Tisch, zwei Stühle
2		1. Die TN schreiben in Stillarbeit eine Anzeige für ihr Zimmer oder ihre Wohnung.
		2. Wer möchte, kann seine Anzeige vorlesen. Sammeln Sie die Texte ein, um zu sehen, ob sie noch einmal etwas wiederholen müssen.
		Tipp: Korrigieren Sie nur, was die TN bis jetzt schon gelernt haben. Andere Fehlerkorrekturen können die TN nicht nachvollziehen und sind also nicht produktiv. Anstatt die Fehler zu korrigieren, können Sie sie auch nur markieren und die TN bitten, diese selbst zu korrigieren. Dabei ist es hilfreich, wenn Sie Fehlerkategorien unterscheiden und diese unterschiedlich markieren. So können Sie z. B. Grammatikfehler einfach unterstreichen, Orthografiefehler doppelt unterstreichen, Ausdruckfehler unterringeln etc.
56		**Spiel: Memo-Spiel (passt z. B. zu C1)** **Die TN festigen und wiederholen spielerisch das Wortfeld „Möbel".**
1	Karten	1. Die TN arbeiten paarweise zusammen. Jedes Paar erhält zwanzig Karten. Auf zehn Karten zeichnen die TN verschiedene Möbel, auf die anderen zehn Karten schreiben sie die jeweiligen Wörter mit Artikel und Artikelpunkten. Gehen Sie herum und helfen Sie bei Schwierigkeiten.
2		2. Die TN mischen alle Karten und legen sie verdeckt auf dem Tisch zwischen sich aus. Jeder TN deckt zwei Karten auf, dabei muss er versuchen, möglichst viele Paare zu finden.
57		**Lied mit Film: Das ist die Küche. (passt z. B. zu B3)** **Im Film wird eine 2-Zimmerwohnung vorgestellt. Der Text dazu ist in Liedform und wiederholt das Wortfeld „Wohnung" (Zimmer und Adjektive).**
1	Film „Das ist die Küche"	1. Die TN sehen den Film einmal und notieren, welche Zimmer sie sehen. Abschlusskontrolle im Plenum. *Lösung:* Wohnzimmer, Schlafzimmer
2		2. Die TN lesen den Liedtext und achten dabei besonders auf die Illustrationen.
	Film „Das ist die Küche"	3. Die TN hören das Lied noch einmal, lesen oder singen mit und machen dabei die gleichen Bewegungen wie auf den Bildern.
		Tipp: Mit Liedern können Sie auch Bewegung in den Unterricht bringen. Das ist besonders bei Intensivkursen mit vier und mehr Unterrichtsstunden am Tag wichtig. Bitten Sie die TN aufzustehen und mitzuklatschen. Wer möchte, kann sich dazu auch im Rhythmus bewegen. TN, die aus Kulturen kommen, in denen viel und gern getanzt wird, können hier die anderen zum Mitmachen motivieren.

Wortfelder: Uhrzeit; Wochentage; Öffnungszeiten; Aktivitäten

Grammatik: trennbare Verben im Satz: *Lara steht früh auf.*; Verbkonjugation: *anfangen, arbeiten, essen, fernsehen, schlafen*; Präpositionen: *am, um, von ... bis*; Verbposition im Satz: *Robert trinkt am Morgen Kaffee.*

MEIN TAG
Folge 5: Von früh bis spät

Seite/Aufgabe	Material	Aufbau
58/1		**Vor dem / Beim ersten Hören: Die Rahmenhandlung und wesentliche Inhalte erkennen**
	Folie/IWB	1. Die Bücher sind zunächst geschlossen. Zeigen Sie Foto 1 auf Folie oder zeigen Sie nur Foto 1 aus der Slide-Show und fragen Sie: „Wo ist Lara? Was macht sie?" Die TN stellen Vermutungen an.
	Sets der Foto-Hörge-schichte	2. Kopieren Sie die Foto-Hörgeschichte und schneiden Sie die einzelnen Fotos ohne die Nummerierung aus. Erstellen Sie so viele Foto-Sets, wie sie Kleingruppen haben. Verteilen Sie je ein Foto-Set an die Kleingruppen. Die TN legen die Fotos in eine mögliche Reihenfolge.
	Folie/IWB, CD 2/1–8	3. Die TN hören nun die Foto-Hörgeschichte mit geschlossenen Büchern und gleichen diese mit der Reihenfolge ihrer Fotos ab. Abschlusskontrolle im Plenum oder anhand der Foto-Hörgeschichte im Buch. *Hinweis:* Es ist nicht notwendig, dass die TN bereits hier alle Aktivitäten verstehen. Der neue Wortschatz und die trennbaren Verben werden in der Lektion erarbeitet.
		4. Die TN öffnen die Bücher und lesen die Aussagen und kreuzen an. Klären Sie ggf., was eine Präsentation ist: „Jemand stellt ein Thema vor." Abschlusskontrolle im Plenum. *Lösung:* a Sie ist im Kurs. b Sie macht eine Präsentation.
58/2		**Beim zweiten Hören: Aktivitäten verstehen**
	Folie/IWB, Kärtchen	1. Lesen Sie mit den TN gemeinsam die Wörter. Die TN schreiben in Partnerarbeit den Wortschatz auf Kärtchen. Klären Sie die neuen Wörter hier noch nicht. Die TN sollen sich zunächst zu zweit mithilfe der Foto-Hörgeschichte über die Bedeutung verständigen.
	Kärtchen, CD 2/1–8	2. Die TN hören die Foto-Hörgeschichte noch einmal und ordnen die Kärtchen den Fotos im Buch oder aus dem Foto-Set zu. Abschlusskontrolle im Plenum. *Lösung:* frühstücken: Foto 3, einkaufen: Foto 5, Musik hören: Foto 7, kochen: Foto 6, spazieren gehen: Foto 5, eine Präsentation machen: Foto 1, aufstehen: Foto 2, Deutschkurs haben: Foto 4 *Hinweis:* Wenn Sie den Wortschatz noch einmal spielerisch sichern wollen, fragen Sie die TN: „Frühstücken, wer hat das heute gemacht?" Die TN, auf die das zutrifft, stehen auf. Fragen Sie nach und nach alle Verben aus Aufgabe 2 ab.
59/3		**Beim dritten Hören: Aktivitäten im Detail verstehen**
		1. Die TN lesen die Sätze und die Namen und versuchen zunächst, sie aus dem Gedächtnis den Personen zuzuordnen, und umkreisen die entsprechenden Namen. *Binnendifferenzierung:* Geübtere TN lösen die Aufgabe in Stillarbeit, ungeübtere TN arbeiten paarweise zusammen. *Hinweis:* An dieser Stelle können durchaus noch einige Sätze ungelöst bleiben. Den einen oder anderen Namen können die TN dann während des nächsten Hörens zuordnen.

CD 2/1–8		2. Die TN hören die Foto-Hörgeschichte noch einmal zur Kontrolle. Anschließend Abschlusskontrolle im Plenum. *Lösung:* a Lara; b Lara, Sofia und Lili; c Lara; d Lara; e Lara; f Lara; g Sofia; h Lara, Sofia und Lili; i Lara
	„Laras Film"	*Hinweis:* Zur Vertiefung des Themas können Sie an dieser Stelle mit „Laras Film" arbeiten. Die TN konzentrieren sich dabei auf die Aktivitäten. Fragen Sie die TN vor dem Sehen: „Was machen Sofia, Lili, Tim und Lara heute?" Wenn Sie viele lernungewohnte TN im Kurs haben, teilen Sie die TN in vier Gruppen ein. Jede Gruppe achtet auf eine andere Person und macht Notizen. Klären Sie bei Bedarf anschließend den neuen Wortschatz, „Hausaufgaben machen" und „Abendessen". An dieser Stelle sollen die TN noch nicht auf die Uhrzeiten achten! Diese werden erst in Lernschritt B eingeführt. Gehen Sie hier auch noch nicht auf die Verwendung der Präpositionen ein. Die TN wiederholen die Aussagen der Personen hier als feste Wendungen.
	Kärtchen	3. *Binnendifferenzierung:* Lerngewohntere TN nehmen noch einmal ihre Kärtchen aus Aufgabe 2 zur Hand. Zu zweit überlegen sie: „Was mache ich jeden Tag?" Die TN nehmen die entsprechenden Zettel und sprechen zu zweit darüber.
	„Laras Film", Lektion 5	In „Laras Film" „Dienstagmorgen, Viertel vor acht" dokumentiert Lara, was Sofia, Lili und Tim zu bestimmten Uhrzeiten machen. Sie können den Film am Ende der Foto-Hörgeschichte zur Erweiterung der Aktivitäten, zur Inspiration der TN nach A5, zur Festigung der Uhrzeiten nach B3 oder als Anregung zur Schreibaufgabe in D4 einsetzen.

SCHRITT A: ICH RÄUME MEIN ZIMMER AUF.

Trennbare Verben im Satz, Verbkonjugation: *fernsehen, essen, arbeiten*

Lernziel: Die TN können über Aktivitäten und Vorlieben sprechen.

Seite/Aufgabe	Material	Aufbau
60/A1		**Präsentation der trennbaren Verben und des Wortfelds „Aktivitäten"**
a	Folie/IWB	1. Fragen Sie die TN: „Was macht Lara?" Deuten Sie auf das erste Foto und lesen Sie den Satz so vor, dass „steht" und „auf" besonders betont werden und die Verbindung deutlich wird. Fordern Sie die TN auf, den Satz im Chor zu wiederholen. Verfahren Sie mit den anderen Sätzen ebenso und unterstützen Sie die Sätze jeweils durch die Geste.
		Tipp: Hilfreich ist hier auch, den TN durch eine Geste die Verbindung von „steht" und „auf" zu verdeutlichen. Diese Geste können Sie später immer wieder nutzen, wenn trennbare Verben verwendet werden und TN z. B. die Vorsilbe am Ende des Satzes vergessen. Die Geste bekommt Signalwirkung, ohne dass Sie später immer wieder lange Erklärungen machen müssen, dass etwas „fehlt".
		2. Die TN ergänzen die Tabelle in Einzel- oder Partnerarbeit. Gehen Sie herum und helfen Sie bei Schwierigkeiten. Abschlusskontrolle im Plenum. *Lösung:* B Sie kauft im Supermarkt ein. C Sie ruft die Familie an. D Lara sieht heute fern.
b		3. Die TN lesen die Aufgabe und ergänzen die Vorsilben in Stillarbeit. Abschlusskontrolle im Plenum. *Lösung:* 2 ein, 3 an, 4 fern

		4. Lenken Sie die Aufmerksamkeit der TN noch einmal auf die Sätze A–C und schreiben Sie sie an die Tafel. Satz D mit dem Verb „fernsehen" lassen Sie zunächst außer Acht, da hier noch der Vokalwechsel hinzukommt. Fragen Sie: „Wie heißt das Verb?" und schreiben Sie es an die Tafel. Erklären Sie dann anhand der Sätze A–C, dass es im Deutschen Verben gibt, die getrennt werden können. Machen Sie auch deutlich, dass dieses Präfix ans Satzende wandert und das Verb normal konjugiert wird. Dies können Sie besonders anschaulich darstellen, indem Sie „aufstehen", „einkaufen" und „anrufen" groß auf je ein Kärtchen schreiben und das Präfix abschneiden. aufstehen Lara steht früh auf. einkaufen Lara kauft ein. anrufen Sie ruft ihre Familie an. fernsehen Lara sieht heute fern.
		5. Zeigen Sie dann auf Satz D und fragen Sie: „Lara sieht fern. Wie heißt das Verb im Infinitiv?" Ergänzen Sie dann den Satz im Tafelbild oben. Fragen Sie dann einen geübteren TN: „Siehst du heute Abend auch fern?" Notieren Sie Ihre Frage und die Antwort des TN an der Tafel. Machen Sie dann auf den Vokalwechsel $e \rightarrow ie$ aufmerksam. Die TN kennen bereits das Verb „sprechen" mit Vokalwechsel $e \rightarrow i$. Stellen Sie die Konjugation der beiden Verben gegenüber, um zu zeigen, dass der Vokalwechsel immer in der 2. und 3. Person Singular stattfindet. Bei allen anderen Formen bleibt der Stammvokal gleich. Verweisen Sie an dieser Stelle auch auf die Grammatikübersicht 1 (Kursbuch, S. 66). Die kleine Übung rechts können die TN als Hausaufgabe machen.
	Kopiervorlage KV L5/A1	6. *fakultativ:* Wenn Sie mit Ihren TN die Satzstellung bei trennbaren Verben üben möchten, teilen Sie pro Kleingruppe je ein Kartenset von „Laras Tag" aus. *Binnendifferenzierung:* Sie können dabei zwischen Gruppen mit ungeübten TN (Variante A) und Gruppen mit geübteren TN (Variante B) differenzieren. Die Verben sind kursiv gedruckt, sodass die Zusammengehörigkeit der trennbaren Verben visualisiert wird. Die TN bilden passende Sätze zu den Fotos der Foto-Hörgeschichte und ordnen sie zu.
60/A2		**Anwendungsaufgabe: Trennbare/untrennbare Verben im Satz**
		1. Deuten Sie auf die Stichworte und fragen Sie: „Was macht Sofia?" Ein TN liest die Stichworte in a und das Beispiel vor. Bitten Sie dann einen anderen TN, das zweite Beispiel zu ergänzen. Weisen Sie an dieser Stelle auf den Grammatik-Kasten hin: Zeigen Sie, dass das Verb „essen" ebenfalls einen Vokalwechsel von e → i aufweist und analog zu „sprechen" gebildet wird. Erinnern Sie hier auch nochmal an den Vokalwechsel bei „fernsehen". Zeigen Sie dann auf den Grammatik-Kasten zu „arbeiten" und weisen Sie darauf hin, dass hier in der 2. und 3. Person ein „-e" hinzukommt, um die Aussprache zu erleichtern. (Die Verbstammendung „-t" und die Verbendung „-st" bzw. „-t" können nicht hintereinander ausgesprochen werden.) Verweisen Sie an dieser Stelle auf die Verben „essen" und „fernsehen" in der Grammatikübersicht 4 (Kursbuch, S. 66).
		2. Die TN schreiben in Stillarbeit anhand der Stichpunkte vollständige Sätze und vergleichen diese im Anschluss mit den Sätzen ihrer Partnerin / ihres Partners. Gehen Sie herum und helfen Sie bei Schwierigkeiten. Abschlusskontrolle im Plenum. *Lösung:* b Sofia geht zur Arbeit. c Sie arbeitet lang. d Sie spielt mit Lili. e Sie kauft im Supermarkt ein. f Sie räumt die Wohnung auf. g Sie isst mit Lara und Lili. h Sie sieht ein bisschen fern.
	AB 1–4	Die TN machen die Übungen in Einzelarbeit im Kurs oder als Hausaufgabe.
	AB 5, AB-CD 1/39–41	*Phonetik:* Die TN machen die Übung im Kurs. Die Übung macht den TN noch einmal bewusst, dass der Wortakzent im Deutschen in der Regel auf der ersten Silbe liegt. Dies bedeutet, dass die Betonung bei trennbaren Verben auf dem Präfix liegt.

61/A3		**Vorlieben und Abneigungen im Kurs erfragen**
	Folie/IWB	Deuten Sie auf das Beispiel im Buch und fragen Sie: „Wer frühstückt gern?" Wer das gern tut, steht auf. Erfragen Sie nach dem gleichen Muster weitere Vorlieben und Abneigungen im Kurs. Achten Sie dabei darauf, vor allem die neuen Verben zu benutzen.
		Variante: Nachdem das Muster klar ist, können auch einige TN eine Frage an alle richten. Auf diese Weise werden die neuen Verben und Strukturen in einer authentischen Situation angewendet, und es kommt Bewegung in den Unterricht.
61/A4		**Anwendungsaufgabe: Partnerinterview**
a		1. Die TN sehen sich die Liste an und kreuzen jeder für sich an, was sie gern machen und was nicht.
		Binnendifferenzierung: Lerngewohntere oder schnellere TN ergänzen die Liste um weitere drei Aktivitäten und kreuzen an.
b		2. Schreiben Sie die erste Frage an die Tafel. Wiederholen Sie ggf. kurz die Satzstellung in Ja-/Nein-Fragen (Verb auf Position 1). Machen Sie deutlich, dass auch hier das Präfix am Ende des Satzes steht. Fragen Sie die TN, wie man antwortet, wenn man das gern tut. Schreiben Sie die Antwort neben die Frage und weisen Sie auf die Satzstellung hin. Fragen Sie dann, wie man antwortet, wenn man das nicht gern tut, und notieren Sie unter der ersten Antwort. Machen Sie, wenn nötig, weitere Beispiele und notieren Sie sie an der Tafel. Weisen Sie die TN auch auf den Grammatik-Kasten und auf die Grammatikübersicht 2 (Kursbuch, S. 66) hin.
		<div style="background:#6b6b6b;color:#fff;padding:1em">Stehst du gern früh auf? Ja, ich stehe gern früh auf. Nein, ich stehe nicht gern früh auf.</div>
		3. Jeder TN schreibt sechs Fragen für die Partnerin / den Partner auf. Gehen Sie herum und helfen Sie bei Schwierigkeiten.
c		4. Die TN lesen zu zweit das Beispiel im Buch. Dann fragen die TN sich gegenseitig nach dem Muster im Buch und kontrollieren die Antworten anhand der Notizen in a. Gehen Sie herum und achten Sie auf den korrekten Gebrauch der trennbaren Verben.
	KV L5/A4	5. *fakultativ:* Verteilen Sie je einen Satz Karten der Kopiervorlage an die Kleingruppen. Die Karten werden gemischt und verdeckt in die Mitte gelegt. Ein TN zieht eine Karte und bildet einen Satz und fragt dann einen weiteren TN, z.B. „die Küchenschränke aufräumen": „Ich räume nicht gern die Küchenschränke auf. Und du, Samuel? Räumst du gern die Küchenschränke auf?" Der TN antwortet und zieht dann die nächste Karte.
		Binnendifferenzierung: Lernungewohntere TN fragen sich nach dem einfacheren Muster wie in Aufgabe A4c im Kursbuch.
		Hinweis: An dieser Stelle können Sie das Audiotraining 2 einsetzen.
	AB 6–8	Die TN machen die Übungen in Einzelarbeit im Kurs oder als Hausaufgabe.
61/A5		**Aktivität im Kurs: Mein Tag**
		Die TN machen Fotos von ihrem Tag wie in A1 und präsentieren diese am nächsten Tag im Plenum oder in Kleingruppen und wenden dabei das Gelernte an.
		Hinweis: Zur Inspiration können Sie an dieser Stelle „Laras Film" zeigen.

SCHRITT B: WIE SPÄT IST ES JETZT?

Lernziel: Die TN können nach der Uhrzeit fragen und die Uhrzeit angeben.

Seite/Aufgabe	Material	Aufbau
62/B1		**Variation: Präsentation der Uhrzeit**
	Pappuhr (KV L5/B3 im Lehrwerkservice)	1. Basteln Sie vorab eine Pappuhr. *Hinweis:* Hierfür können Sie auch auf die Kopiervorlage im Lehrwerkservice unter www.hueber.de/schritt-fuer-schritt zurückgreifen.
a		2. Die TN sehen sich die Uhr und die Vorgaben an und ergänzen in Einzel- oder Partnerarbeit. Gehen Sie herum und helfen Sie bei Schwierigkeiten. Abschlusskontrolle im Plenum. *Lösung:* (im Uhrzeigersinn): Viertel nach ..., 5 nach halb ..., 20 vor ...
	Pappuhr	3. Machen Sie deutlich, dass man bei der mündlichen Angabe der Uhrzeit nur von eins bis zwölf zählt und man nicht „Viertel vor drei Uhr" sagt, sondern nur „Viertel vor drei". Weisen Sie auch auf den Info-Kasten hin und erklären Sie, dass man „Ein Uhr." sagt. Machen Sie mit der Pappuhr Beispiele und lassen die TN die Uhrzeiten zunächst im Plenum angeben. Es geht hier ausschließlich um das Erfragen und Angeben der Uhrzeit. Zeitangaben auf die Frage „Wann?" lernen die TN in Lernschritt C kennen.
	Pappuhr	4. Die TN fragen sich anschließend mithilfe der Pappuhr, die von TN zu TN wandert, nach der Uhrzeit. *Hinweis:* Hier können Sie zunächst einen Durchgang mit voller Stunde und „halb ..." machen, danach die Viertelstunden dazunehmen, dann die Zehnerschritte und schließlich die Fünferschritte. Die Uhrzeiten sind sehr komplex. Geben Sie den TN durch das Auseinanderziehen der Uhrzeiten selbst Zeit, das System zu verstehen und einzuüben.
b	Folie/IWB CD 2/9	5. Fragen Sie die TN und notieren Sie an der Tafel: „Wie spät ist es?" Deuten Sie dabei auf eine Uhr, um die Frage zu verdeutlichen. Die TN hören das kurze Gespräch und lesen im Buch mit. Fragen Sie noch einmal: „Wie spät ist es?" und zeigen Sie auf die Uhr im Buch. Wiederholen Sie laut: „Es ist Viertel vor zwölf."
	Pappuhr	6. Stellen Sie die Uhr auf „halb zwölf" und fragen Sie einen geübten TN: „Wie spät ist es? Ist es schon zwölf Uhr?" Der TN antwortet analog zum Beispielgespräch.
		7. Die TN sehen sich die Varianten an und fragen ihre Partner. Abschlusskontrolle im Plenum.
	AB 9–10	Die TN machen die Übungen in Einzelarbeit im Kurs oder als Hausaufgabe.
62/B2		**Hörverstehen: Die Uhrzeit verstehen**
		1. Die TN sehen sich Bild A an. Fragen Sie die TN, was das für Personen sind und was sie machen. Verfahren Sie mit Bild B und C ebenso.
	CD 2/10–12	2. Die TN hören die Gespräche und notieren die Uhrzeiten, zunächst in der leichteren digitalen Form, dann schreiben Sie die Uhrzeiten darunter. Abschlusskontrolle im Plenum. *Lösung:* B 15:55, fünf vor vier; C 10:30, halb elf
	AB 11	Die TN machen die Übung in Einzelarbeit im Kurs oder als Hausaufgabe.
62/B3		**Aktivität im Kurs: Sich gegenseitig nach der Uhrzeit fragen**
	KV L5/B3 im Lehrwerkservice	1. Die TN zeichnen jeweils einige Zifferblätter mit unterschiedlichen Uhrzeiten. Verweisen Sie die TN auch auf die Rubrik „Uhrzeit: Wie spät ist es?" (Kursbuch, S. 67), wo sie die neuen Redemittel im Überblick finden. *fakultativ:* Wenn Ihnen im Kurs nicht ausreichend Zeit zur Verfügung steht, können Sie zur Vereinfachung und Unterstützung der Aktivität auch auf die Kopiervorlage im Lehrwerkservice unter www.hueber.de/schritt-fuer-schritt zurückgreifen. Kopieren Sie dafür aber nur die vier Uhren. Jeder TN bekommt vier Uhren und zeichnet die Uhrzeit ein.

		2. Jeder TN zeigt auf einer seiner Uhren und fragt die Partnerin / den Partner nach der Uhrzeit. Diese/Dieser antwortet entsprechend: „Es ist … (Uhr)." Gehen Sie herum und korrigieren Sie ggf. vorsichtig die Fehler, indem Sie die korrekte Uhrzeit wiederholen.
		Variante: Die TN können auch herumgehen und mit wechselnden Partnern kommunizieren.
		Binnendifferenzierung: Lerngewohntere TN können auch zu zweit die Kopiervorlage bearbeiten. In 1 tragen die TN vier Uhrzeiten ein. Ihre Partnerin/Ihr Partner sieht die Uhren nicht und fragt: „Wie spät ist es? Die Partnerin / Der Partner hört die Uhrzeit und zeichnet sie in 2 in die Uhr. Abschlusskontrolle: Die Uhren in 1 auf dem Blatt des ersten Partners müssen so aussehen, wie in 2 auf dem Blatt des anderen Partners und umgekehrt. Gehen Sie herum und korrigieren Sie ggf. vorsichtig die Fehler, indem Sie die korrekte Uhrzeit bei Schritt 1 wiederholen. Die TN korrigieren Fehler in Schritt 2 selbstständig.
		fakultativ: Wenn Sie im Kurs noch Zeit haben, können die TN ihre eigenen Handyfotos aus A5 noch einmal heranziehen und einem TN, mit dem sie noch nicht über ihren Tagesablauf gesprochen haben, ihren Tag chronologisch unter Angabe von Uhrzeiten beschreiben. Die Aufgabe eignet sich auch zur Wiederholung der Uhrzeit zu einem späteren Zeitpunkt.

SCHRITT C: WANN FÄNGT DER DEUTSCHKURS AN?

Präpositionen *am, um, von … bis*

Lernziel: Die TN können Wochentage benennen und über die eigene Woche sprechen.

Seite/Aufgabe	Material	Aufbau
63/C1		**Präsentation der Wochentage**
		1. Die TN ordnen die Wochentage zu und vergleichen dann mit der Partnerin / dem Partner. Abschlusskontrolle im Plenum. *Lösung:* Montag, Dienstag, Freitag, Samstag, Sonntag
	AB 12	Die TN machen die Übung in Einzelarbeit im Kurs oder als Hausaufgabe.
63/C2		**Präsentation der Präpositionen *um, am, von … bis* und des Verbs *anfangen***
a		1. Schreiben Sie „anfangen" im Infinitiv an die Tafel. Markieren Sie wie in A1 durch einen Schrägstrich mit Schere, dass es sich hier ebenfalls um ein trennbares Verb handelt. Wenn Ihre TN eine Liste mit trennbaren Verben führen, fordern Sie sie auf, „anfangen" zu ergänzen. Deuten Sie dann auf Ihre Armbanduhr oder eine Uhr im Kursraum und fragen Sie: „Wann fängt unser Kurs an?" Schreiben Sie die Antwort an die Tafel und weisen Sie noch einmal explizit auf die Satzendstellung des Präfixes hin, indem Sie den Verbstamm und das Präfix an der Tafel verbinden. Fragen Sie ggf. weiter nach anderen Zeiten, z. B. dem Pausenbeginn, bis die Bedeutung des Verbs „anfangen" allen klar ist. unser Deutschkurs ⎿fängt⏌ um 8:00 Uhr ⎿an⏌. Verweisen Sie hier auch auf die Grammatikübersicht 1 (Kursbuch, S. 66). Die TN können die kleine Übung mit allen bisher gelernten trennbaren Verben lösen. *Lösung:* einkaufen, fernsehen, aufstehen, anfangen, anrufen
		2. Gehen Sie dann auf den Vokalwechsel in „anfangen" ein, indem Sie die TN an die unregelmäßigen Verben „sprechen" und „fernsehen" erinnern. Weisen Sie die TN darauf hin, dass der Vokalwechsel hier von a → ä erfolgt und ebenfalls nur die 2. und 3. Person Singular betrifft. Verweisen Sie zur Verdeutlichung auf den Grammatik-Kasten und auf die Grammatikübersicht 4 (Kursbuch, S. 66), wo die TN mit „schlafen" ein weiteres Verb mit Vokalwechsel a → ä kennenlernen, das in C4 eingeführt wird.

	CD 2/13	3. Die TN lesen die Aufgabe und die Sätze. Dann hören Sie Laras Sprachnachricht und kreuzen an, was ihrer Meinung nach richtig ist. *Binnendifferenzierung:* Geübtere TN lösen die Aufgabe in Stillarbeit. Ungeübtere TN arbeiten paarweise zusammen. Abschlusskontrolle im Plenum. *Lösung:* 4
b	Folie/IWB	4. Die TN markieren in a wie im Beispiel. Hier können die TN zu zweit arbeiten. Dann ergänzen sie die Tabelle. Zeigen Sie für die Abschlusskontrolle a und b auf Folie/IWB. Markieren und ergänzen Sie auf Zuruf der TN oder delegieren Sie das Markieren an einen TN und das Ausfüllen der Tabelle an einen anderen TN. Weisen Sie dabei darauf hin, dass Samstag und Sonntag auch „Wochenende" heißen und weisen Sie auf den Info-Kasten hin. *Lösung:* von ... bis, von ... bis, am
		5. Notieren Sie an der Tafel einige Beispielsätze, um deutlich zu machen, dass man mit „Wann?" sowohl nach einem Zeitpunkt, als auch nach einem Zeitraum fragen kann und für die Angabe eines Zeitpunkts „am" oder „um", aber für die Angabe eines Zeitraums „von ... bis ..." verwendet. Verweisen Sie auch auf den Grammatik-Kasten rechts. *Hinweis:* Hierzu passt das Videotraining 1.
		6. Stellen Sie einige Fragen, die sich auf den Alltag der TN beziehen, z. B. „Wann endet Ihr Kurs?", „Wann ist der Kindergarten auf?" etc.
	AB 13–14	Die TN machen die Übungen in Einzelarbeit im Kurs oder als Hausaufgabe.
63/C3		**Variation: Anwendungsaufgabe zu temporalen Angaben**
	Folie/IWB, CD 2/14	1. Deuten Sie auf das Foto und fragen Sie: „Wann macht er eine Party?" Die TN hören das Gespräch zunächst bei geschlossenen Büchern, wenn nötig mehrmals, und beantworten die Frage.
		2. Fordern Sie zwei TN auf, das Gespräch im Buch mit verteilten Rollen zu lesen. Die anderen TN lesen im Buch mit. Erklären Sie den TN, dass man nach der Uhrzeit mit „Wann ...?" oder mit „Um wie viel Uhr ...?" fragen kann. Dann lesen die TN mit verteilten Rollen zu zweit mit Flüsterstimme und tauschen auch die Rollen.
		3. Die TN variieren das Gespräch. Gehen Sie herum und helfen Sie, wenn nötig. *Binnendifferenzierung:* Lerngewohntere TN machen weitere Gespräche mit eigenen Zeiten. *Hinweis:* An dieser Stelle können Sie das Audiotraining 3 einflechten.
63/C4		**Aktivität im Kurs: Partnerinterview**
	Folie/IWB, Zettel	1. Lesen Sie mit den TN die Aufgabe und die Beispiele. Die TN schreiben dann vier eigene Fragen mit „Wann ...?" oder „Von wann bis wann..." auf einen Zettel. Weisen Sie die TN ggf. auf den Vokalwechsel in „schlafen" und auf den Grammatik-Kasten hin.
	Zettel	2. Die TN bewegen sich mit ihren Fragen im Raum und stellen ihre Fragen wechselnden Partnern. Sie wechseln dabei je nach verfügbarer Zeit entweder nach jeder Frage oder nach jedem Fragenset.
	KV L5/C4 im Lehrwerkservice	3. *fakultativ:* Zur Vertiefung oder zur Binnendifferenzierung für lerngewohntere TN können Sie auch auf die Kopiervorlage im Lehrwerkservice unter www.hueber.de/schritt-fuer-schritt zurückgreifen. Mit der Kopiervorlage können Ihre TN die authentische Gesprächssituation „einen gemeinsamen Termin finden / sich verabreden" üben. Kopieren und zerschneiden Sie dazu die Kopiervorlage, sodass TN A Terminkalender A, TN B Terminkalender B erhält. Erklären Sie die Aufgabe, indem Sie sagen: „Sie wollen gemeinsam einkaufen gehen. Sie suchen einen Termin von zwei Stunden, also z. B. von 8:00–10:00 Uhr oder von 13:00–15:00 Uhr. Ihre Terminkalender sind nicht gleich. Fragen Sie." Lesen Sie dann zusammen mit den TN das Beispiel. Die TN befragen sich gegenseitig und finden einen gemeinsamen Termin zum Einkaufen. Gehen Sie herum und helfen Sie bei Schwierigkeiten. Fragen Sie abschließend exemplarisch einige Paare, wann sie gemeinsam einkaufen gehen. *Hinweis:* Diese Aufgabenstellung entspricht „Sprechen – Teil 3" der mündlichen Prüfung *Start Deutsch A2.*
	AB 15–18	Die TN machen die Übungen in Einzelarbeit im Kurs oder als Hausaufgabe.

SCHRITT D: TAGESZEITEN

Verbposition im Satz bei temporalen Angaben

Lernziel: Die TN können Angaben zur Tageszeit verstehen und machen und über den Tagesablauf berichten.

Seite/Aufgabe	Material	Aufbau
64/D1		**Präsentation des Wortfelds „Tageszeiten"**
	Bilder, Wortkarten	1. Vergrößern Sie die Bilder auf Kopien und schreiben Sie die Tageszeiten auf Wortkarten. Erstellen Sie so viele Sets, wie Sie Kleingruppen haben. Verteilen Sie diese dann in ungeordneter Reihenfolge an die Kleingruppen. Diese versuchen zunächst, die richtige Entsprechung, wie z. B. aufgehende Sonne = am Morgen, zu finden.
	Bilder, Wortkarten	2. Eine Gruppe liest die Tageszeiten laut von den Kärtchen ab und zeigt dazu die Bildkarte, die anderen Gruppen kontrollieren und korrigieren ggf.
		3. Die TN bearbeiten nun die Aufgabe in Stillarbeit im Buch. Abschlusskontrolle im Plenum. *Lösung:* von links nach rechts: am Morgen, am Nachmittag, am Abend
		4. Weisen Sie darauf hin, dass bei den Tageszeiten genauso wie bei den Wochentagen die Präposition „am" benutzt wird (Ausnahme: in der Nacht). Verweisen Sie hier auch die Grammatikübersicht 3 (Kursbuch, S. 66).
	AB 19	Die TN machen die Übung in Einzelarbeit im Kurs oder als Hausaufgabe.
64/D2		**Hörverstehen: Ein Gespräch unter Kollegen verstehen**
	Folie/IWB	1. Deuten Sie auf das Bild und fragen Sie: „Was machen die Personen?" Die TN antworten: „Sie arbeiten." *Binnendifferenzierung:* Fragen Sie ggf. noch einmal: „Was machen die Personen? Wo sind sie?" Einige TN, die bereits länger in Deutschland leben, kennen vielleicht die Wörter „reparieren", „Werkstatt" und auch die Berufsbezeichnung „Mechaniker".
	Folie/IWB	2. Deuten Sie dann auf die beiden Personen und sagen Sie: „Das sind Robert (links) und sein Kollege. Sie sprechen über das Wochenende." Die TN sehen sich die Vorgaben rechts an. Stellen Sie sicher, dass alle TN die Bedeutung der Vorgaben verstehen.
	CD 2/15	3. Dann hören die TN das Gespräch und kreuzen an. Abschlusskontrolle im Plenum. *Lösung:* Pizza essen, Computerspiele spielen, ins Kino gehen, chatten
		4. *fakultativ:* Fragen Sie die TN, was sie am Wochenende machen. Die TN antworten zunächst ohne Zeitangaben, es geht um die Tätigkeiten. *Binnendifferenzierung:* Lerngewohntere TN sprechen mit ihrer Partnerin / ihrem Partner über das Wochenende und machen sich Notizen. Sie berichten dann im Plenum, was die Partnerin / der Partner macht (auch ohne Zeitangaben).
	AB 20	Die TN machen die Übung in Einzelarbeit im Kurs oder als Hausaufgabe.
64/D3		**Erweiterung: Die Tageszeiten im Satz**
a	CD 2/15	1. Die TN hören das Gespräch noch einmal und verbinden, was Robert wann macht. Abschlusskontrolle im Plenum. *Lösung:* 2 – c, 3 – f, 4 – b, 5 – a, 6 – d
b	Folie/IWB	2. Fragen Sie noch einmal: „Was macht Robert am Morgen?" Notieren Sie die Antwort an der Tafel und schreiben Sie die Variante ohne Inversion direkt darüber. Es sollte deutlich werden, dass das Verb immer an Position 2 bleibt, die temporale Angabe aber mit dem Subjekt den Platz tauschen kann. Verweisen Sie auch auf den Grammatik-Kasten in D3 und die Grammatikübersicht 5 (Kursbuch, S. 66), die da nebenstehende Wäscheleine mit den farbigen Satzteilen veranschaulicht noch einmal die Satzstellung in Sätzen mit temporalen Angaben.
	DIN-A4-Blätter	*Tipp:* Um den TN die Satzstellung anschaulicher zu machen, können Sie den Beispielsatz auch auf einzelne Blätter schreiben, pro Satzteil ein Blatt. Verteilen Sie die Blätter an einige TN. Die TN stellen sich in der Reihenfolge des Satzes auf. Dann tauschen der erste und der dritte TN (Subjekt und Zeitangabe) die Position. Die anderen TN bewegen sich nicht. Bereiten Sie bei Bedarf weitere Sätze vor und verfahren Sie damit ebenso.

Seite/Aufgabe	Material	Aufbau
		3. Fragen Sie die TN dann weiter: „Was macht Robert am Vormittag?" Achten Sie bei den Antworten auf die richtige Satzposition.
		4. Variieren Sie dann die Frage: „Wann trinkt Robert Kaffee?" Die TN antworten noch einmal im ganzen Satz.
		5. Die TN schreiben mit den Stichworten aus a Sätze über Roberts Wochenende. Gehen Sie herum und helfen Sie bei Schwierigkeiten. Abschlusskontrolle im Plenum. *Lösung:* Am Vormittag macht Robert Sport. Am Mittag isst er Pizza. Am Nachmittag spielt er Computerspiele. Am Abend geht er ins Kino. In der Nacht chattet er.
	AB 21	Im Kurs: Die TN bearbeiten die Aufgabe in Einzelarbeit oder zu zweit im Kurs. Gehen Sie herum und helfen Sie bei Schwierigkeiten.
64/D4		**Schreibaufgabe: Den eigenen Tag beschreiben**
		1. Die TN schreiben die sechs Tageszeiten aus D3a in ihr Heft und notieren daneben, was sie um diese Zeit tun. Dann schreiben sie ganze Sätze. Gehen Sie herum und helfen Sie bei Schwierigkeiten. Zum Abschluss lesen einige TN ihre Texte vor. Die anderen hören zu und korrigieren, wenn nötig.
		2. Machen Sie anhand eines Beispiels deutlich, dass diese Satzstellung auch für andere Zeitangaben, z. B. Uhrzeiten oder Wochentage, gilt. Machen Sie mit den TN einige Beispiele. Fragen Sie z. B.: „Um wie viel Uhr geht Robert ins Kino?" Schreiben Sie den Satz an die Tafel und veranschaulichen Sie auch hier die Satzstellung. Verweisen Sie an dieser Stelle noch einmal auf die Grammatikübersicht 3 (Kursbuch, S. 66) und fordern Sie die TN auf, die freie Schreibaufgabe „Was machen Sie wann?" zu lösen, in der sie sowohl die temporalen Präpositionen als auch die Inversion üben können. Sie können diese Aufgabe auch als Hausaufgabe bearbeiten lassen. Sammeln Sie die Texte ein, um sich einen Überblick über den Lernstand der TN zu verschaffen und den TN individuell Feedback geben zu können. *Hinweis:* An dieser Stelle passt thematisch auch der Landeskunde-Text „Veras Tag" aus der Rubrik „Zwischendurch mal ..." (Kursbuch, S. 68). *Hinweis:* Hier können Sie auch auf das Audiotraining 1 zurückgreifen.
	„Laras Film" KV L5/D4	3. *fakultativ:* Wenn Ihre TN gern spielen, können Sie hier das Wechselspiel von der Kopiervorlage einschieben. Die TN üben dabei noch einmal in Partnerarbeit die Uhrzeit und die richtige Satzstellung mit/ohne Inversion anhand der Protagonisten aus „Laras Film". Geübtere TN erhalten Variante A, ungeübtere TN Variante B. Die TN befragen sich gegenseitig: „Was macht ... um ...?" oder „Wann ...?" und ergänzen die Informationen. Abschließend sehen die TN „Laras Film" und vergleichen mit ihren Lösungen.
	AB 22	Die TN machen die Übung in Einzelarbeit im Kurs oder als Hausaufgabe.

SCHRITT E: ÖFFNUNGSZEITEN

Lernziel: Die TN können Schilder und Telefonansagen zu Öffnungszeiten verstehen.

Seite/Aufgabe	Material	Aufbau
65/E1		**Lese- und Hörverstehen: Öffnungszeiten; Präsentation der offiziellen Uhrzeit**
a	Folie/IWB	1. Die TN sehen sich die Schilder an. Helfen Sie mit unbekannten Wörtern wie „Sprechzeiten", „Kinder- und Jugendärztin" etc. Deuten Sie dann auf Beispiel B und fragen Sie: „Wann ist der Kindergarten geöffnet?" Markieren Sie die Antwort.
		2. Fordern Sie die TN auf, die Öffnungszeiten auf den anderen Schildern allein oder in Partnerarbeit zu markieren.

	Folie/IWB CD 2/16–18	3. Die TN hören die Ansagen und ordnen zu. Abschlusskontrolle im Plenum. *Lösung:* 2 – C, 3 – A
b	CD2/16–18, Pappuhr	4. Die TN lesen die Aufgabe. Anschließend hören sie noch einmal und konzentrieren sich darauf, wie die Uhrzeit angesagt wird, und umkreisen entsprechend. Abschlusskontrolle im Plenum. Machen Sie dabei auch deutlich, dass „17 Uhr" und „fünf Uhr" die gleiche Uhrzeit meinen. Besprechen Sie die anderen Uhrzeiten in b entsprechend. Stellen Sie, wenn nötig, die Uhrzeiten mit einer Pappuhr ein. *Lösung:* 1: 17 Uhr, 2: 13 Uhr, 3: 16 Uhr 30
	Folie/IWB, ggf. Pappuhr	5. Zeigen Sie die Schilder aus a auf Folie / dem IWB. Lesen Sie mit den TN zusammen noch einmal die Öffnungszeiten auf den Schildern und fragen Sie, wie man diese Uhrzeiten auch sagen kann. Bringen Sie ggf. noch einmal eine Pappuhr mit und stellen Sie die Uhrzeiten ein bzw. lassen die TN die Uhrzeiten entsprechend einstellen. Notieren Sie diese Alternativen auf der Folie / dem IWB.
	AB 23	Die TN machen die Übung im Kurs: Gehen Sie herum und helfen Sie bei Schwierigkeiten.
65/E2		**Erweiterung: Offizielle und nicht offizielle Uhrzeiten schreiben**
	Folie/IWB, Pappuhr	1. Zeigen Sie zunächst die offiziellen Uhrzeiten auf Folie / dem IWB. Ein TN liest die erste Uhrzeit vor und stellt die Zeiger entsprechend auf der Pappuhr ein. Decken Sie dann die offizielle Uhrzeit ab. Halten Sie die Pappuhr hoch und fragen Sie: „Wie heißt die Uhrzeit?" Schreiben Sie die Uhrzeit, wie der TN sie sagt, an die Tafel. Notieren Sie dann darüber „offiziell" bzw. „nicht offiziell" und fragen nach der anderen Möglichkeit. Schreiben Sie auch das an die Tafel, möglichst so wie im KB, „offiziell" links und „nichtoffiziell" rechts. Erklären Sie den TN anhand dieses Beispiels, dass „halb acht" eigentlich zwei offiziellen Uhrzeiten entspricht, nämlich „7:30 Uhr" und „19:30 Uhr". Damit es eindeutig ist, braucht man die offiziellen Uhrzeiten, die die 24 Stunden des Tages „zählen".
	Pappuhr	2. Lassen Sie einige TN Uhrzeiten an der Pappuhr einstellen und fragen: „Wie sagt man offiziell?" Die anderen TN antworten. *Variante:* Hier können Sie den Kurs auch in zwei Gruppen teilen. Ein TN zeigt eine Uhrzeit. Die eine Gruppe sagt die offizielle Uhrzeit im Chor, die andere Gruppe die nicht offizielle.
	Pappuhr	3. Die TN lesen die Aufgabe und schreiben die Uhrzeiten. Gehen Sie herum und helfen Sie bei Schwierigkeiten. Abschlusskontrolle im Plenum. *Lösung:*

	offiziell	nicht offiziell
C	zweiundzwanzig Uhr dreißig	halb elf
D	dreizehn Uhr fünfzig	zehn vor zwei
E	siebzehn Uhr fünfundvierzig	Viertel vor sechs
F	sechzehn Uhr zwanzig	zwanzig nach vier

		Tipp: TN, die hiermit Probleme haben, hilft oft ein Blick auf die Pappuhr. *Hinweis:* Hierzu passt das Videotraining 2. *Hinweis:* Thematisch passt hier der Lesetext „Hallo! Ich bin Franziska." und der Film „So ist mein Tag." aus der Rubrik „Zwischendurch mal …" (Kursbuch, S. 69).
	KV L5/E2	4. *fakultativ:* Wenn die TN noch weiter üben möchten, verteilen Sie die „Dominosteine" der Kopiervorlage. Die TN spielen in Kleingruppen. Dieses Spiel können Sie auch zu einem späteren Zeitpunkt als Wiederholung einsetzen.
	AB 24–25	Die TN machen die Übungen in Einzelarbeit im Kurs oder als Hausaufgabe.
65/E3		**Aktivität im Kurs: Ein Geschäftsschild schreiben und eine Ansage sprechen**
	Zettel, Buntstifte	1. Die TN überlegen sich ein Geschäft. Dann gestalten sie auf einem Zettel ihr Geschäftsschild wie in E1a. Bringen Sie Buntstifte mit, damit die TN die Schilder auch etwas gestalten können.

		2. Die TN üben zunächst ihre Ansage, dann nehmen sie sie mit dem Smartphone auf.
		Variante: Die TN gehen mit ihren Schildern im Kursraum herum. Wenn sie ein interessantes Geschäft finden, sprechen sie den TN an und fragen: „Wann haben Sie geöffnet?" Der TN antwortet seinem Schild entsprechend. Dann gehen beide weiter und suchen neue Partner.
		Binnendifferenzierung: Lerngewohntere TN können die Gespräche auch etwas erweitern, indem sie weiterfragen, was es in dem Geschäft gibt oder ob es z. B. schwarze Oliven gibt und was sie kosten etc.
		3. Die TN hängen ihre Schilder im Kursraum auf. Wer möchte, spielt seine Ansage mit dem Smartphone vor.
	AB 26, AB-CD 1/42–44	Die TN machen die Übung im Kurs: In dieser Übung geht es darum, Tageszeiten, Uhrzeiten und Öffnungszeiten richtig zu verstehen. Das Format (Multiple-Choice) entspricht dem des Hörverstehens von *Start Deutsch 1.*
	AB 27, AB-CD 1/45–46	*Phonetik:* Die TN machen die Übung im Kurs: Erinnern Sie die TN an die unterschiedliche Länge der Vokale. Die TN hören die Beispiele und sprechen nach. Dann ergänzen sie einige Wörter und vergleichen mit dem Hörbeispiel und sprechen nach. Diese Übung sensibilisiert die TN für die unterschiedliche Schreibweise langer Vokale.
	KV L5/Wiederholung	*fakultativ:* Wenn Sie noch Zeit haben, können Sie hier die Wiederholung zu Lektion 5 anschließen (Seite 151/157).
	Lektionstests	
	KV L5/Test	Einen Test zu Lektion 5 finden Sie hier im LHB auf der Seite 166. Weisen Sie die TN auf den Selbsttest im Arbeitsbuch auf Seite 154 hin.

AUDIO- UND VIDEOTRAINING

Seite/Aufgabe	Material	Aufbau
		Audiotraining 1: „Aha!"
	CD 2/19	Im ersten Teil hören die TN, was der Sprecher wann macht, und antworten in den Sprechpausen mit der Interjektion „Aha!" und wiederholen die Aussage des Sprechers. Dabei wird noch einmal die Inversion geübt. Nach der Sprechpause hören die TN die korrekte Antwort, damit sie ihre Lösung und ihre Aussprache selbst korrigieren können. Im zweiten Teil sollen die TN auf Fragen antworten.
		Audiotraining 2: „Das machen Sie nicht gern."
	CD 2/20	Die TN hören „Ich (stehe) gern (auf)?" und sollen in den Sprechpausen mit „Ich (stehe) nicht gern (auf)." bzw. „Nein, ich (stehe) nicht gern (auf)." reagieren. Hier kommt es besonders auf die Betonung von „nicht" und des Präfixes an. Nach der Sprechpause hören die TN die korrekte Antwort, damit sie ihre Lösung und ihre Aussprache selbst korrigieren können.
		Audiotraining 3: „Keine Zeit!"
	CD 2/21	Die TN hören „(Ich mache am Samstag eine Party.) Hast du Zeit?" und sollen in den Sprechpausen mit „Am (Samstag)? – Am (Samstag gehe ich ins Kino)." antworten. Die Aktivitäten sind vorgegeben. Nach der Sprechpause hören die TN die korrekte Antwort, damit sie ihre Lösung und ihre Aussprache selbst korrigieren können.
		Videotraining 1: „Wie spät ist es denn?"
	Film „Wie spät ist es denn?"	Die TN sehen in dem Film Lara und Tim, die ein Gespräch über Vorlieben und Öffnungszeiten spielen.

		Videotraining 2: „Wann ist geöffnet?"
	Film "Wann ist geöffnet?"	Mit diesem Film können die TN das Leseverstehen und die Aussprache von Öffnungszeiten üben. Es werden Angaben zu Öffnungszeiten sowie zwei mögliche Antworten eingeblendet. Eine Antwort ist richtig. In den Sprechpausen lesen die TN die passende Antwort vor. Nach der Sprechpause hören die TN die korrekte Antwort, damit sie ihre Lösung und ihre Aussprache selbst korrigieren können.

ZWISCHENDURCH MAL …

Seite/Aufgabe	Material	Aufbau
68		**Landeskunde: Veras Tag (passt z. B. zu D4)**
	Folie/IWB	1. Deuten Sie auf die Fotos auf S. 68 und fragen Sie: „Wie ist Veras Tag? Was macht sie?" Die TN beschreiben mündlich Veras Tagesablauf nach dem Muster: „Um 6 Uhr steht Vera auf." Die TN achten dabei besonders auf die Inversion.
		2. Die TN lesen die Aufgabe und dann den Text. Deuten Sie dann auf den Satz „Ich habe die Kinder also jeden Morgen, jeden Abend …" und sagen Sie zur Verdeutlichung: „Vera hat die Kinder am Montagmorgen, am Dienstagmorgen, am Mittwochmorgen etc. also jeden Morgen."
		3. Die TN sehen noch einmal die Fotos an und schreiben in Stillarbeit sechs Sätze über Veras Tagesablauf.
		4. Dann tauschen die TN ihre Sätze mit der Partnerin / dem Partner aus, lesen die Sätze und achten auf den korrekten Satzbau, korrigieren ggf. Gehen Sie herum und helfen Sie bei Schwierigkeiten.
		5. Einige TN können ihre Sätze im Plenum vorlesen.
69		**Lesen: Hallo, ich bin Franziska. (passt zu E2, empfohlen vor der Rubrik „Film")**
	Folie/IWB	1. Deuten Sie auf das Foto und fragen Sie: „Wer ist das?", „Was sind die Personen von Beruf?" Führen Sie die Berufsbezeichnungen „Zahnarzt" und „Zahnarzthelferin" ein.
		2. Die TN lesen die Stichpunkte und dann den Text, um die gesuchten Informationen herauszufinden. Geübtere TN lösen die Aufgabe in Stillarbeit. Ungeübtere TN arbeiten paarweise zusammen. Abschlusskontrolle im Plenum. *Lösung:* Wohnort: Mainz, Wohnung: ein Zimmer, eine Küche, ein Bad, Arbeit: Zahnarzthelferin, Freund: Nicolas 24, studiert Medizin in Göttingen, Hobbys: Klettern *Hinweis:* Franziskas Porträt wird in der Rubrik „Film" noch erweitert. Deshalb bietet es sich an, zuerst mit dem Lesetext und dann mit dem Film zu arbeiten.
		3. *fakultativ:* Schreiben Sie „Was sind Sie von Beruf?" – „Ich bin …" an die Tafel. Die TN schlagen ihren Beruf im Wörterbuch nach und fragen anschließend ihre Partnerin / ihren Partner. Dabei gehen sie herum und befragen wechselnde Partner. *Hinweis:* Der Fokus dieser Aktivität liegt auf dem mündlichen Gebrauch der eigenen Berufsbezeichnung und dem näheren Kennenlernen der TN untereinander. Das Wortfeld „Berufe" wird in Lektion 8 vertieft.
69		**Film: So ist mein Tag. (passt z. B. zu E2, empfohlen nach der Rubrik „Lesen")**
1	Film „So ist mein Tag."	1. Die TN sehen die Slide-Show „So ist mein Tag." und achten besonders auf neue Wörter. Gehen Sie bei Bedarf auf neue Wörter ein.

		2. Die TN lesen Franziskas Aktivitäten und ordnen sie den Uhrzeiten zu. *Binnendifferenzierung:* Geübtere TN lösen die Aufgabe in Stillarbeit. Ungeübtere TN arbeiten paarweise zusammen. Abschlusskontrolle im Plenum. *Lösung:* 7 Uhr aufstehen; 8 Uhr bis 13 Uhr arbeiten; 13 Uhr bis 15 Uhr Mittagspause haben; 15 Uhr bis 18 arbeiten; 18 bis 23 Uhr frei haben
		3. Machen Sie die TN darauf aufmerksam, dass „ausgehen" und „losgehen" trennbare Verben sind, „lesen" und „treffen" einen Vokalwechsel aufweisen. Lassen Sie jeweils einen geübteren TN eines der Verben an der Tafel konjugieren. Verweisen Sie auch nochmal auf die Grammatikübersicht 4 im Kursbuch, S. 66.
2	Film „So ist mein Tag."	4. Die TN sehen die Reportage noch einmal und notieren allein oder in Partnerarbeit weitere Aktivitäten von Franziska. Gemeinsame Abschlusskontrolle, indem ein TN oder ein Paar ihre Notizen vorliest. Die anderen vergleichen und ergänzen ggf. Halten Sie das Ergebnis an der Tafel fest. *Lösung:* siehe unter 5.
3	Film „So ist mein Tag." KV L5/ZDM	5. Die TN schreiben die Liste von der Tafel ab oder ergänzen die eigene Liste. Die TN sehen die Reportage noch einmal und ergänzen die Uhrzeiten. Gehen Sie herum und helfen Sie ggf. *Hinweis:* Hier müssen die TN nicht unbedingt alle Uhrzeiten notieren. Wenn lernungewohntere TN nur einen Teil notieren, ist das auch in Ordnung und reicht für die folgende Aufgabe auch aus. Lerngewohntere TN sollten möglichst viele Uhrzeiten ergänzen. *Binnendifferenzierung:* Für TN, die etwas größere Schwierigkeiten mit dem Film haben, eignet sich die Zuordnungsaufgabe auf der Kopiervorlage zur Unterstützung. *Lösung:* 7:00 Uhr aufstehen; bis 7:30 Uhr im Bad sein; 7:30 Uhr schnell frühstücken; 7:45 Uhr losgehen zur Zahnarztpraxis; 8:00 Uhr Arbeit fängt an; 8:00 Uhr–13:00 Uhr arbeiten; 13:00 Uhr–15:00 Uhr Mittagspause machen: nach Hause oder ins Fitnessstudio gehen; 15:00 Uhr–18:00 Uhr wieder in der Praxis sein; 18:15 Uhr nach Hause kommen; 18:15 Uhr–19:00 Uhr aufräumen, Kleidung waschen oder einkaufen; 19:15 Uhr essen; 19:30–23:00 Uhr mit Nicolas telefonieren, lesen oder fernsehen; manchmal ausgehen und Freundinnen treffen
		6. Die TN sprechen zu zweit über Franziskas Tag und achten dabei auf den korrekten Satzbau. Gehen Sie herum und helfen Sie bei Schwierigkeiten.

Wortfelder: Wetter und Klima, Himmelsrichtungen, Freizeitaktivitäten und Hobbys
Grammatik: Akkusativ: *den Käse, einen Saft, keinen Saft*; Ja-/Nein-Frage und Antwort: *ja, nein, doch*;
Verbkonjugation: *lesen, treffen, nehmen, fahren*

FREIZEIT
Folge 6: Der Käsemann

Seite/Aufgabe	Material	Aufbau
70/1		**Vor dem Hören: Schlüsselwörter verstehen**
a	Folie/IWB Folienstreifen/ Klebezettel	1. Die Bücher sind geschlossen. Zeigen Sie die Fotos 1–4. Bereiten Sie Folienstreifen bzw. Klebezettel mit den Verben „einen Ausflug machen", „Auto fahren", „Nachrichten schreiben", „Mundharmonika spielen" und „wandern" vor und verteilen Sie sie. Die TN betrachten die Fotos und legen/kleben die Verben zur passenden Situation auf den Fotos. Stellen Sie sicher, dass alle TN die neuen Verben verstehen, indem Sie die Situationen auf jedem Foto noch einmal zeigen.
		2. Anhand der neuen Verben erzählen die TN im Plenum, was Lili, Sofia und die anderen auf den Fotos jeweils machen. Fragen Sie: „Wem schreibt Lara Nachrichten? Und was schreibt sie?" Regen Sie die TN an, Vermutungen darüber anzustellen, wie die Geschichte weitergeht.
	KV L6/FHG	3. *fakultativ:* Um die neuen Wörter zu wiederholen und für die weiteren Aufgaben zu festigen, können Sie die Kopiervorlage einsetzen. Die TN erhalten zu zweit einen Satz Karten und ordnen das passende Verb den Nomen zu.
		4. Die TN öffnen die Bücher, sehen sich die ganze Geschichte an und bearbeiten Aufgabe 1a in Einzel- oder Partnerarbeit. Gehen Sie herum und helfen Sie, wenn nötig. In Kursen mit überwiegend lernungewohnten TN, oder wenn Sie den Eindruck haben, dass den TN die Aufgabe schwerfällt, machen Sie eine Abschlussbesprechung im Plenum. *Lösung:* Foto 1: Sofia fährt Auto. Foto 3: Lara schreibt Nachrichten. Foto 4: Lara, Lili, Sofia und Walter wandern. Foto 5: Lara, Lili, Sofia und Walter machen ein Picknick. Foto 6: Tim telefoniert. Foto 8: Walter spielt Gitarre und Mundharmonika.
b		5. Die TN bearbeiten die Aufgabe in Stillarbeit. Abschlusskontrolle im Plenum. *Lösung:* Es gibt Wolken.
70/2		**Das erste Hören: Die Geschichte global verstehen**
		1. Die TN schließen die Bücher wieder. Sie notieren in Kleingruppen, was sie an Lebensmitteln zu einem Picknick mitnehmen, und vergleichen mit den anderen Gruppen. *Variante:* Jede Gruppe sucht die Gruppe, mit der sie die meisten Übereinstimmungen hat.
		Tipp: Verknüpfen Sie die Wortfelder der einzelnen Lektionen, wenn es sich anbietet, um Wortschatz zu wiederholen und zu festigen.
		2. Die TN vergleichen ihre Listen mit den Lebensmitteln, die auf Foto 5 zu erkennen sind. Fragen Sie die TN: „Was meinen Sie? Was ist in der Dose?"
	CD 2/22–29	3. Die TN hören die Foto-Hörgeschichte und zeigen im Buch mit. Sie achten insbesondere darauf, was in der Dose ist. Abschlusskontrolle im Plenum. *Lösung:* Käse
71/3		**Nach dem ersten Hören: Den wesentlichen Inhalt verstehen**
		1. Die TN lesen die Aufgabe in Stillarbeit und ordnen zu, was sie behalten haben. Ungeübtere TN können auch zu zweit arbeiten. *Binnendifferenzierung:* TN, die schneller fertig sind, notieren zusätzlich, welches Foto zu welchem Satz passt.

	CD 2/22–29	2. Die TN hören die Foto-Hörgeschichte noch einmal und vergleichen mit ihren Antworten. Abschlusskontrolle im Plenum. *Lösung:* b Ausflug, c Dose, e Würstchen, f Nachricht, g Auto, h Picknick
		Tipp: In diesem Lernstadium können Sie die TN zum ersten Mal zu einer schriftlichen Nacherzählung anregen. Deuten Sie noch einmal auf Foto 1 und fragen Sie: „Wann ist das?" und „Was machen die Personen hier?" und warten Sie auf Vorschläge der TN. Finden Sie zusammen mit den TN ein paar Sätze, die das erste Foto beschreiben. Notieren Sie die Sätze an der Tafel. Die TN schreiben die Geschichte selbstständig weiter. *Binnendifferenzierung:* Lernungewohntere TN können auch zu zweit oder in Kleingruppen arbeiten. Wenn Sie im Kurs keine Zeit haben oder Ihr Kurs zu heterogen ist, können die lerngewohnteren TN die Geschichte auch als Hausaufgabe schreiben. Auf diese Weise üben die TN, sich schriftlich auszudrücken. Achten Sie bei der Korrektur in erster Linie auf den Inhalt. Der grammatikalisch richtige Ausdruck sollte im Hintergrund stehen.
71/4		**Nach dem Hören: Über drei Vorlieben in der Freizeit erzählen**
		1. Die TN gehen herum und fragen andere TN nach den drei Aktivitäten: wandern, Picknick machen und Musik machen. Beschränken Sie sich hier auf die drei Themen. In D wird dann über weitere Freizeitaktivitäten gesprochen. Geben Sie an der Tafel vor: <table><tr><td>++ sehr gern</td><td>+ gern</td><td>– nicht so gern</td><td>– – gar nicht gern</td></tr></table> Machen Sie ein Beispiel, indem Sie den TN über Ihre Vorlieben erzählen: „Ich wandere sehr gern. Ich koche nicht gern. Ich mache gar nicht gern Picknick. Aber ich höre gern Musik." Schreiben Sie die Sätze an und erklären Sie, dass bei zweiteiligen Verben wie „Musik hören", „Auto fahren" etc. das Nomen hinter dem Adverb steht: „Ich fahre gern Auto.". Machen Sie den TN auch deutlich, dass „Ich wandere gern." und „Wandern finde ich gut/toll/super." gleichbedeutend sind. Schreiben Sie die Sätze ggf. als Beispiel an die Tafel und weisen Sie die TN auf die Rubrik „Hobbys: In meiner Freizeit …" in der Übersicht „Grammatik und Kommunikation" (Kursbuch, S. 79) hin. Geben Sie den TN Zeit, anhand des Tafelbildes einen kleinen Text über ihre Vorlieben bzw. Abneigungen vorzubereiten und zu üben. *Binnendifferenzierung:* Lernungewohntere TN formulieren ihren Text aus, lerngewohntere TN machen sich Stichpunkte; auch als Hausaufgabe geeignet. Die TN berichten dann am nächsten Kurstag mit wechselnden Partnern über sich. *Binnendifferenzierung:* Lerngewohntere TN können dabei andere TN suchen, mit denen sie möglichst viele Vorlieben teilen. *fakultativ:* Wenn Sie den TN weitere Ideen für Freizeitaktivitäten geben und die Ja-/Nein-Frage wiederholen möchten, kreuzen die TN auf der Kopiervorlage an, was sie gern / nicht gern machen. Anschließend fragen sie ihre Partnerin / ihren Partner. Gehen Sie herum und achten Sie darauf, dass die TN richtige Ja-/Nein-Fragen stellen. Wiederholen Sie diese ggf. anhand einiger Beispiele im Plenum.
	„Laras Film" Lektion 6	Lara hält mit ihrem Smartphone Eindrücke des Picknicks fest und kommentiert diese. Sie spricht über das Wetter, über die Hinfahrt und über die Wanderung. Geben Sie Fragen vor, die die TN beim oder nach dem Sehen beantworten, z. B. „Wie ist das Wetter am Anfang?", „Was sehen sie auf der Hinfahrt?", „Was gibt es zu essen?", „Wie finden Lara, Sofia, Tim und Lili den Ausflug?". Sie können den Film auch zur Wiederholung nach A2 nutzen und auf das Wetter im Film eingehen. Zu B3 können Sie ihn einsetzen und die Aufmerksamkeit auf die Lebensmittel lenken, die man zu einem Picknick mitnehmen kann. Wenn die TN Lust haben, können sie ihren nächsten Ausflug wie Lara mit dem Smartphone dokumentieren und im Kurs zeigen.

SCHRITT A: DAS WETTER IST NICHT SO SCHÖN.

Lernziel: Die TN können einen Wetterbericht verstehen, nach dem Wetter fragen und darüber sprechen.

Seite/Aufgabe	Material	Aufbau
72/A1		**Präsentation des Wortfelds „Wetter"**
	Folie/IWB	1. Zeigen Sie noch einmal auf Foto 4 der Foto-Hörgeschichte und fragen Sie: „Wie ist das Wetter?" Die Antwort „Es gibt Wolken." kennen die TN schon vom Hören bzw. von Aufgabe 1b der Foto-Hörgeschichte.
	Folie/IWB	2. Zeigen Sie im Buch auf Bild A und wiederholen Sie die Frage „Wie ist das Wetter?". Verweisen Sie auf die richtige Antwort, um die Aufgabenstellung zu verdeutlichen. Dann ordnen die TN in Stillarbeit zu. Lernungewohntere TN können zu zweit arbeiten. Abschlusskontrolle im Plenum. Klären Sie mit den TN, dass „bewölkt" und „viele Wolken" dasselbe bedeuten.
		Hinweis: Mit sehr lernungewohnten TN lösen Sie die Aufgabe zunächst gemeinsam im Kurs und stellen mithilfe der Bilder sicher, dass alle Wörter richtig verstanden werden. Anschließend lösen sie noch einmal zu zweit die Aufgabe.
		Lösung: B Es sind 25 Grad. Es ist warm. C Es ist windig. D Es regnet. E Es ist bewölkt. F Die Sonne scheint. G Es sind nur 7 Grad. Es ist kalt.
	KV L6/A1	*Variante:* Teilen Sie die TN je nach Kenntnisstand in Dreiergruppen ein. Ungeübtere TN erhalten pro Gruppe einen Kärtchensatz der Kopiervorlage mit den Zeichnungen und Wetterangaben und ordnen sie zu. Gehen Sie herum und helfen Sie bei Schwierigkeiten. Geübtere TN-Gruppen bearbeiten die Aufgabe im Buch. Anschließend überlegen sich die lerngewohneteren TN weitere Wetterangaben (Es donnert, blitzt …), notieren diese ggf. mithilfe des Wörterbuchs auf Kärtchen und malen ein entsprechendes Bild dazu. Diese Wetterkärtchen präsentieren sie im Plenum, sodass auch die übrigen TN die neuen Redemittel notieren können.
		Varianten: Sie können die Kopiervorlage zu Beginn des nächsten Kurstages noch einmal zur Wiederholung für alle einsetzen. Lerngewohnte TN spielen in Kleingruppen mit den Kärtchen das Memo-Spiel. Gewonnen hat, wer die meisten Pärchen hat oder, wenn Sie es einmal anders machen wollen, wer die Sonne bekommen hat. So gewinnt nicht immer der „Beste". Lernungewohnte TN spielen zu zweit. Sie mischen die Kärtchen und teilen sie unter sich auf. Dann sucht jeder TN aus seinen Kärtchen bereits passende Paare und legt sie vor sich aus. Die anderen Kärtchen halten die TN auf der Hand. Der erste TN spielt ein Kärtchen aus, egal ob Text oder Bild. Der andere TN muss „bedienen", indem er das passende Text- oder Bildkärtchen dazulegt. Dann spielt der andere TN aus. Bei dieser Variante gibt es keinen Gewinner oder Verlierer.
	AB 1, AB-CD 1/47	Die TN machen diese Übung in Einzelarbeit im Kurs.
72/A2		**Anwendungsaufgabe zum Wortfeld „Wetter", Erweiterung: Die Himmelsrichtungen**
a	Folie/IWB	1. Die TN sehen sich zunächst nur das Wettersymbol A an. Fragen Sie: „Wie ist das Wetter?" Notieren Sie die Antwort ggf. an der Tafel. Verfahren Sie mit B ebenso.
	Folie/IWB	2. Die TN lesen die Wetterberichte und unterstreichen in Einzel- oder Partnerarbeit alle Wörter, die das Wetter beschreiben. Erklären Sie den TN, dass sie die Aufgabe lösen können, wenn sie sich nur darauf konzentrieren. Die TN ordnen zu. Ungeübtere TN arbeiten zu zweit. Abschlusskontrolle im Plenum. *Lösung:* A – 2, B – 1
		3. Fragen Sie nach dem aktuellen Wetter am Kursort: „Wie ist das Wetter heute?"
		Tipp: Sie können diese Frage an den folgenden Kurstagen immer wieder zu Unterrichtsbeginn stellen. So bleibt der Wortschatz präsent und die TN werden dafür sensibilisiert, dass Smalltalk über das Wetter in Deutschland üblich ist und man so häufig ein Gespräch beginnt.

		4. Die TN schlagen die Landkarte auf der Umschlagseite vorn auf. Lesen Sie den ersten Satz des Wetterberichtes 1 vor. Fordern Sie die TN auf: „Zeigen Sie, wo ist das?" Verfahren Sie ebenso mit „in der Mitte Deutschlands" und „im Süden". Verweisen Sie auch auf den Info-Kasten und machen Sie die TN darauf aufmerksam, dass man bei Himmelsrichtungen auf die Frage „Wo?" die Präposition „im" benutzt. Fragen Sie anschließend, wo der Kursort liegt. Die TN sehen sich in Text 2 das Wetter für Freitag an. Fragen Sie: „Wie wird das Wetter am Freitag?" Erklären Sie den TN, dass „der Schnee" das Nomen zu „Es schneit." ist, sowie „der Regen" zu „Es regnet.". Weisen Sie die TN auch auf den Info-Kasten zu den Gradangaben hin. *fakultativ:* Wenn Sie die Himmelsrichtungen weiter einüben möchten, fragen sich die TN zu zweit anhand der Landkarte im Umschlag nach Städten: „Wo ist München?" Der andere TN antwortet: „Im Süden."
b	Folie/IWB	5. Die TN lesen die Wetterberichte noch einmal und kreuzen an. *Binnendifferenzierung:* Ungeübtere TN arbeiten zu zweit. Abschlusskontrolle im Plenum. *Lösung:* 1 Morgen ist es in ganz Deutschland warm. 2 Am Freitag schneit es.
c	CD 2/30–31	6. Die TN hören den ersten Radio-Wetterbericht so oft wie nötig und ordnen zu. Hierbei helfen den TN die Unterstreichungen (siehe Punkt 2.). Verfahren Sie mit dem zweiten Hörtext ebenso. Abschlusskontrolle im Plenum. *Lösung:* 1– A, 2 – B *Hinweis:* Hier können Sie auch „Laras Film" einsetzen (Aspekt „Wetter"). *Hinweis:* Hierzu passt auch das Videotraining 2.
		Tipp: Wenn Sie fragen, ob die TN noch einmal hören möchten, empfiehlt es sich, auf die ungeübteren TN zu achten. Oft winken die lerngewohnteren TN schnell ab, während lernungewohntere TN sich nicht trauen, noch einmal um Wiederholung zu bitten.
	AB 2–3	Die TN machen diese Übungen in Einzelarbeit im Kurs oder als Hausaufgabe.
73/A3		**Aktivität im Kurs: Über das Wetter im Heimatland berichten**
a	Folie/IWB	1. Klären Sie mit den TN die Jahreszeiten anhand der Zeichnungen. Schreiben Sie ggf. die entsprechenden Monate in Zahlen dazu.
	Plakate	2. Teilen Sie den Kurs nach Nationalitäten oder auch Kontinenten in Gruppen ein. Die TN lesen die Beispiele im Buch. Jede Gruppe erhält ein Plakat. Notieren Sie an der Tafel die Fragen „Wie ist das Wetter im Frühling in Ihrem Land/Kontinent?" Die Gruppen notieren auf den Plakaten wie im Buch die Temperaturangaben zu den jeweiligen Jahreszeiten.
	KV L6/A3 im Lehrwerkservice	*fakultativ:* Wenn Ihnen im Kurs nicht ausreichend Zeit zur Verfügung steht, können Sie zur Vereinfachung und Unterstützung der Aktivität auch auf die Kopiervorlage im Lehrwerkservice unter www.hueber.de/schritt-fuer-schritt zurückgreifen.
b		3. Zwei TN lesen das Beispiel im Buch vor. Weisen Sie auch auf den Redemittelkasten, besprechen Sie, wenn nötig, die Abstufungen. Eine ähnliche Abstufung kennen die TN bereits aus Lektion 2 /A1 auf die Frage „Wie geht's?".
	Plakate	4. Hängen Sie die Plakate auf. Die TN finden sich in neuen Kleingruppen zusammen, möglichst je ein TN aus einer anderen Gruppe. Die TN fragen und informieren sich gegenseitig über das Wetter in ihren Ländern. Dabei gehen die Gruppen von Plakat zu Plakat. Hilfe finden die TN auch auf der Kommunikationsseite (Kursbuch, S. 79) in den Rubriken „Das Wetter: Die Sonne scheint." und „Die Jahreszeiten: Im Frühling …". *Hinweis:* Hierzu passt das Audiotraining 1.
c		5. Erzählen Sie den TN von Ihrem Lieblingswetter oder lesen Sie mit einem TN das Beispiel im Buch vor. Zeigen Sie den TN die Satzmuster im Buch, besonders die Abstufungen.

evtl. Smart-phone		6. Die TN gehen im Raum herum und sprechen mit wechselnden TN über ihr Lieblings-wetter. Da die Aufgabe nicht variiert wird, sollten die TN nicht mit mehr als 3–4 TN reden. TN, die schon fertig sind, informieren sich z. B. mit dem Smartphone über das Wetter von morgen und berichten darüber anschließend im Plenum. *Binnendifferenzierung:* Lerngewohntere TN berichten zusätzlich zu ihrem Lieblings-wetter, was sie dann gerne machen.
	AB 4–7	Die TN machen die Übung in Einzelarbeit im Kurs oder als Hausaufgabe.
	AB 5	*Binnendifferenzierung:* In Kursen mit lernungewohnteren TN sollten Sie diese Übung im Kurs machen und herumgehen, um bei Schwierigkeiten zu helfen. Lerngewohn-tere TN können diese Übung auch als Hausaufgabe bearbeiten.
	AB 6	im Kurs: Die TN hören die Wetterberichte und umkreisen. Diese Übung können Sie auch gut am nächsten Kurstag als Wiederholung einsetzen.

SCHRITT B: HAST DU DEN KÄSE?

Akkusativ: *den, einen, keinen*

Lernziel: Die TN können einfache Gespräche am Imbiss führen.

Seite/Aufgabe	Material	Aufbau
74/B1		**Präsentation des Akkusativs (definiter Artikel)**
		1. Die Bücher sind geschlossen. Aktivieren Sie den vorhandenen Wortschatz, indem Sie fragen: „Was haben Lara und ihre Freunde zu ihrem Picknick mitgenommen?" Notie-ren Sie die Vorschläge der TN zunächst ohne Artikel mit. Ergänzen Sie anschließend mit den TN zusammen die Artikel.
	CD 2/32	2. Die TN hören das Gespräch und ordnen zu. Abschlusskontrolle im Plenum. *Lösung:* der; den
	Folie/IWB	3. Lesen Sie zusammen mit einem TN noch einmal das Gespräch vor und betonen Sie dabei übertrieben den definiten Artikel. Schreiben Sie das Gespräch an die Tafel und unterstreichen Sie die definiten Artikel. Verwenden Sie dabei für den Nominativ und den Akkusativ unterschiedliche Farben. Verweisen Sie auf den Grammatik-Kasten. Hier sehen die TN deutlich, dass sich nur der maskuline definite Artikel in Nominativ und Akkusativ unterscheidet, die anderen Artikel dagegen gleich bleiben. *Hinweis:* Die Unterscheidung von Nominativ (Subjekt) und Akkusativ (Objekt) kann vor allem jenen TN Schwierigkeiten bereiten, deren Muttersprache diese Unterschei-dung formal nicht macht. Ungeübte Lerner werden durch zu ausführliche Erläute-rungen erfahrungsgemäß eher verwirrt. Es empfiehlt sich, den Akkusativ durch stän-dige Übung und Anwendung zu automatisieren. Sie können auch das Subjekt und das Objekt jeweils farblich markieren und die Fragen „Wer oder was?" für das Subjekt und „Wen oder was?" für das Objekt einführen. Verweisen Sie auch auf die Gramma-tikübersicht 1 (Kursbuch, S. 78). Dort finden Sie eine Übersicht über den definiten Artikel im Nominativ und im Akkusativ. Weisen Sie die TN noch einmal auf die Arti-kelpunkte hin und erklären Sie, dass blau für maskulin, rot für feminin, grün für Neut-rum und gelb für den Plural steht. Besprechen Sie mit den TN auch den Lerntipp rechts. Die TN können sich grammatische Strukturen leichter merken, wenn sie diese situativ einbetten und mit Beispielen lernen.
		Tipp: Führen Sie feste Farben (Achtung: Artikelpunkte!) oder Unterstreichungen (geringelte Linie, doppelt unterstrichen ...) für bestimmte Kategorien wie Subjekt, Akkusativ-Objekt, temporale und lokale Angaben ein. Diese sollten Sie in Tafelbil-dern immer wieder einsetzen und auch die TN daran gewöhnen, sie für ihre Notizen zur Grammatik zu verwenden. Insbesondere wenn in der Muttersprache Ihrer TN keine formalen Unterschiede zwischen Subjekt und Objekten gemacht werden, kann es für die TN hilfreich sein, wenn sie sich durch (farbige) Markierungen die Funktion der Satzglieder immer wieder bewusst machen. Dies gilt z. B. auch für die besondere Verbstellung des Deutschen.

74/B2		**Anwendungsaufgabe zum Akkusativ (definiter Artikel)**
	CD 2/33	1. Die TN hören das Gespräch und variieren dann.
		Tipp: Um den lernungewohnteren TN die Variationsaufgabe zu erleichtern, warnen Sie sie: „Vorsicht bei Blau." Weisen Sie dabei noch einmal auf den Grammatik-Kasten hin. Behalten Sie die Warnung für die nächsten Aufgaben auch bei und wiederholen Sie sie mehrfach, sodass sie sich einprägt. Dann können Sie die Warnung auch als „Merkzeichen" für später einsetzen.
	KV L6/B2	2. *fakultativ:* Die TN spielen in Kleingruppen zur weiteren Übung des Akkusativs das Quartett von der Kopiervorlage. Notieren Sie vorab die für das Spiel notwendigen Fragen und Antworten an der Tafel:
		Hast du den/das/die …? — Ja, hier bitte. Nein, tut mir leid. Ich habe den/das/die … nicht.
		Machen Sie mit einem TN ein Beispiel, indem Sie fragen: „Hast du den Apfel?" Der TN antwortet und gibt Ihnen ggf. seine Karte. Die TN spielen zu viert und fragen die Mitspieler nach den fehlenden Karten für ihr Quartett.
	AB 8, AB-CD 1/51–52	*Phonetik:* Die TN machen die Übung im Kurs: Üben Sie mit den TN den Satzakzent. Die TN hören Übung a und markieren den Satzakzent. Lassen Sie ein paar TN auch exemplarisch im Plenum nachsprechen. In b können die TN selbst sprechen und hören anschließend zur Kontrolle. Regen Sie die TN dazu an, die Übungen auch zu Hause noch einmal zu wiederholen.
	AB 9	Die TN machen die Übung im Kurs: Die TN schreiben erste Sätze mit dem definiten Artikel im Akkusativ. Um das Beispiel einzuführen, machen Sie mit den TN ein Beispiel: Die TN stellen sich vor, der Kurs macht zusammen ein Picknick. Die TN rufen Ihnen die Lebensmittel zu. Machen Sie an der Tafel eine Liste. Fragen Sie dann, wer was macht, und notieren Sie einige Beispielsätze an der Tafel: „Noor kauft den Käse. Ahmad macht den Salat." etc. Die anderen Beispiele mit den Stichwörtern von der Tafel machen die TN dann mündlich. Erst dann bearbeiten die TN die Übung im Arbeitsbuch. Gehen Sie herum und helfen Sie bei Schwierigkeiten.
74/B3		**Partnergespräch zum Akkusativ (indefiniter Artikel und Negativartikel)**
a	Folie/IWB	1. Die TN betrachten die Zeichnung. Besprechen Sie kurz die Situation. Führen Sie dabei „der Kiosk" oder „der Imbiss" und „die Speisekarte" ein. Die TN lesen dann die Speisekarte. Klären Sie, wenn nötig, unbekannte Wörter. Weisen Sie die TN auch auf die Artikelpunkte hin.
		Binnendifferenzierung: In Kursen mit überwiegend lernungewohnteren TN lesen die TN die Speisekarte zunächst in Partnerarbeit vor, indem sie die Artikelpunkte versprachlichen.
		2. Jeder TN notiert sich, was er essen und trinken möchte.
b	Folie/IWB	3. Zwei TN lesen das Gespräch vor. Machen Sie die TN auf den Grammatik-Kasten aufmerksam. Analog zum bestimmten Artikel verändert ein maskulines Nomen auch beim unbestimmten Artikel seine Form, wenn es zum Objekt wird. Machen Sie den TN deutlich, dass die Endungen der maskulinen Artikel im Akkusativ gleich sind: „den – einen – keinen". Verweisen Sie auch auf die Grammatikübersicht 2 (Kursbuch, S. 78). Dort finden die TN eine Übersicht über den indefiniten Artikel und den Negativartikel.
		4. Die TN erfinden in Partnerarbeit eigene Gespräche anhand ihrer Notizen aus a. Gehen Sie herum und helfen Sie bei Schwierigkeiten.
		Tipp: Wiederholen Sie ggf. Ihre Warnung: „Vorsicht bei Blau!"
		Hinweis: Hier können Sie das Lied „Wir sind nicht allein" aus „Zwischendurch mal …" (Kursbuch, S. 80) einflechten. Im Lied kommen verschiedene Lebensmittel mit Negativartikel vor.
	AB 10–14	Die TN machen die Übungen in Einzelarbeit im Kurs oder als Hausaufgabe.

| | AB 15–16, 18 | Die TN machen die Übung im Kurs: Geübtere TN arbeiten in Stillarbeit. Ungeübtere TN arbeiten paarweise zusammen. Verdeutlichen Sie den TN in der Abschlusskontrolle, dass die maskulinen Formen der Artikel im Akkusativ Singular immer die Endung „-en" haben. |
| | AB 17, Prüfung | Prüfung Lesen Teil 1: Bearbeiten Sie diese Aufgabe als Prüfungsvorbereitung im Kurs. Sie entspricht dem Prüfungsteil der Start Deutsch 1 Prüfung Lesen. |

SCHRITT C: HABEN WIR DEN KÄSE NICHT DABEI? – DOCH.

Verbkonjugation. *nehmen,* Ja-/Nein-Frage ud Antwort: *ja, nein, doch*

Lernziel: Die TN können zustimmen und verneinen.

Seite/Aufgabe	Material	Aufbau
75/C1		**Präsentation der Antwort mit „doch".**
a	Folie/IWB, CD 2/34	1. Erinnern Sie die TN noch einmal an die Foto-Hörgeschichte, an die Mini-Dialoge beim Picknick. Weisen Sie dazu noch einmal auf Foto 5 im Buch, S. 70 hin. Dann hören die TN die Gespräche und lesen mit.
		Binnendifferenzierung: Lerngewohntere TN notieren zusätzlich während des Hörens, wer jeweils spricht (1 Walter – Sofia, 2 Walter – Lili, 3 Sofia – Lara, 4 Lara – Lili).
b	Folie/IWB	2. Die TN lesen die Aufgabe und markieren „ja", „nein" und „doch" in den Mini-Dialogen in a und ergänzen die Tabelle. Abschlusskontrolle im Plenum.
		Hinweis: In Kursen mit überwiegend lernungewohnteren TN zeigen Sie die Dialoge auf Folie / dem IWB und markieren mit den TN zusammen. Anschließend übertragen die TN die Markierungen in ihr Buch und ergänzen die Tabelle.
		Lösung: (von oben nach unten): Ja. Doch.
		Hinweis: Wenn TN bei der letzten Frage „Hast du keinen Hunger?" bei der Antwort „Nein." fragen, ob das nicht dann bedeutet „Ich habe Hunger.", machen Sie den TN klar, dass hier nicht wie in der Mathematik zweimal Minus gleich Plus ergibt. Die Antwort „Nein." ist hier gleich: „Nein, ich habe keinen Hunger." Und bedeutet: „Stimmt, ich habe keinen Hunger."
		Tipp: Die TN lesen in Kleingruppen die Gespräche mehrmals mit halblauter Stimme, zunächst, ohne auf die Rollen zu achten, um sich die Sätze einzuprägen. Nach einigen Durchgängen liest nur noch ein TN die Fragen, die anderen sprechen aus dem Gedächtnis die Antworten mit. Der TN, der liest, hilft, wenn nötig. Dann wechseln die TN die Rollen und ein anderer TN liest. Auf diese Weise behalten die TN Mustersätze im Kopf, die später die eigene Sprachproduktion unterstützen können. Ein gewisses Repertoire an Mustersätzen ist besonders für lernungewohntere TN hilfreich.
	Folie/IWB	3. Weisen Sie auf die Tabelle und stellen Sie den TN weitere Fragen, z. B.: „Haben Sie das Kursbuch heute nicht dabei?" Betonen Sie dabei besonders die Negation und machen Sie ein verwundertes Gesicht, um zu verdeutlichen, dass negative Fragen häufig mit Erstaunen vorgebracht werden. Machen Sie auch deutlich, dass nicht nur „nicht", sondern auch der Negativartikel „kein" die Frage negativ macht. TN, die dieses Prinzip aus ihrer Sprache kennen (z. B. Französisch), werden damit keine Schwierigkeiten haben. Weisen Sie die TN auch auf die Grammatikübersicht 3 (Kursbuch, Seite 78) hin. Verdeutlichen Sie den TN anhand des Beispiels auf der rechten Seite noch einmal den Unterschied zwischen der „einfachen" und der negativen Frage.
75/C2		**Variation: Anwendungsaufgabe zu negativen Fragen**
		1. Die TN sehen sich das Bild an. Besprechen Sie mit den TN, soweit sprachlich möglich, die Situation. Sammeln Sie dann an der Tafel, was es in so einem kleinen Kiosk auf dem Berg zu essen und zu trinken geben könnte. In einem zweiten Durchgang fragen Sie nach den Artikeln und ergänzen den Tafelanschrieb, den Sie später für weitere Varianten nutzen können.

	CD 2/35	2. Die TN hören das Gespräch.
		3. Fordern Sie dann die TN auf, das Gespräch in Partnerarbeit mit verteilten Rollen zu lesen. Verweisen Sie auch noch einmal auf die Tabelle in C1b und auf die Grammatikübersicht 2 (Kursbuch, S. 78).
		4. Zwei TN sprechen zunächst die erste Variation im Plenum. Die anderen TN sprechen das Gespräch mit der Partnerin / dem Partner nach.
		5. Die TN sprechen in Partnerarbeit weitere Variationen. Dazu können Sie auch die Beispiele von der Tafel nutzen. Gehen Sie herum und helfen Sie bei Schwierigkeiten.
		6. Damit die TN sich zunächst nur auf die negativen Fragen konzentrieren können, lenken Sie erst jetzt die Aufmerksamkeit der TN auf „nehmen". Weisen Sie auf den Vokalwechsel e → i bei „du" und „er/es/sie" hin, indem Sie das Verb an der Tafel konjugieren. Im D-Teil werden weitere Verben mit Vokalwechsel eingeführt und vertieft.
	AB 19–22	Die TN machen die Übungen in Einzelarbeit im Kurs oder als Hausaufgabe.
75/C3		**Aktivität im Kurs: Partnerspiel**
		1. Die TN lesen die Aufgabe und den „Notizzettel" mit den vier Fragen im Buch und notieren allein ebenfalls vier Interviewfragen. Gehen Sie herum und helfen Sie bei Schwierigkeiten. Achten Sie darauf, dass die TN keine W-Fragen notieren.
		2. Lesen Sie zusammen mit den TN das Beispiel-Gespräch im Buch laut vor. Spielen Sie Erstaunen und machen Sie noch einmal bewusst, dass negative Fragen mit Erstaunen einhergehen.
		3. Die TN stellen der Partnerin / dem Partner ihre Interviewfragen und wechseln mehrmals die Partner. Wer möchte, kann das Interview auch im Plenum vortragen.

SCHRITT D: FREIZEIT UND HOBBYS

Verbkonjugation: *treffen, lesen, fahren*

Lernziel: Die TN können über Freizeitaktivitäten sprechen und Personenporträts verstehen.

Seite/Aufgabe	Material	Aufbau
76/D1		**Präsentation des Wortfeldes „Freizeitaktivitäten und Hobbys"**
		1. Die Bücher bleiben geschlossen. Schreiben Sie die Verben aus D1 an die Tafel. Fragen Sie die TN, welche Verben sie kennen. Die TN, die ein Verb kennen, erklären den anderen dieses pantomimisch. Erweitern Sie das Wortfeld mit den TN nach Bedarf.
		2. Die TN öffnen ihr Buch und ordnen die Verben dem jeweils passenden Foto zu. Gehen Sie herum und helfen Sie, wenn nötig. Abschlusskontrolle im Plenum. *Lösung:* B spazieren gehen; C wandern; D fotografieren; E Fahrrad fahren; F grillen; G schwimmen; H Freunde treffen
76/D2		**Anwendungsaufgabe über Hobbys sprechen**
a		1. Die TN lesen die Beispiele und umkreisen, was sie gern machen. Lerngewohntere TN notieren weitere Hobbys. Helfen Sie evtl. bei Wortschwierigkeiten.
		2. Geben Sie an der Tafel vor:

++	+	-	--
sehr gern	gern	nicht so gern	gar nicht gern

Schreiben Sie einige Sätze an die Tafel, z. B.: „Ich fahre gern Fahrrad." und „Ich gehe gern spazieren". Erklären Sie dann, dass bei zweiteiligen Verben wie „Fahrrad fahren", „spazieren gehen" etc. der erste Teil hinten im Satz steht.

	KV L6/D2a	3. Die TN sprechen zunächst mit ihrer Partnerin / ihrem Partner darüber, was sie gern machen.
		Hinweis: Zur Unterstützung dieser Aktivität können Sie auch die Kopiervorlage verteilen. Die TN markieren zunächst ihre eigenen Hobbys und sprechen anschließend zunächst mit einer Partnerin / einem Partner.
		Binnendifferenzierung: Lerngewohntere TN können dabei andere TN suchen, mit denen sie möglichst viele Vorlieben teilen.
b	Folie/IWB, Kärtchen	4. Die TN lesen das Beispiel-Gespräch. Verweisen Sie auf die besonderen Formen von „lesen": Vokalwechsel e → ie, „treffen": e → i, „fahren": a → ä. Andere Verben mit Vokalwechsel wie „fernsehen", „essen", „nehmen" oder „schlafen" sind den TN bereits bekannt. Verweisen Sie auch auf die Grammatikübersicht 4 (Kursbuch, S. 78). Auf der rechten Seite finden Sie einen Lerntipp. Die TN können solche Kärtchen zu zweit, im Unterricht oder als Hausaufgabe erstellen.
		fakultativ: In Kursen mit überwiegend lernungewohnten TN können Sie gemeinsam Kärtchen zu den Verben, die die TN bereits kennen, erstellen. Diese Kärtchen können die TN überallhin mitnehmen und die neuen Verben lernen.
		Tipp: So können Sie mit den TN das Memorieren der neuen Verben üben. Die TN gehen durch den Raum und sprechen dabei im Chor die Konjugation einiger Verben mit Vokalwechsel. Geben Sie ein Verb vor und sprechen Sie als „Chorleiter" mit. Nehmen Sie zunächst nur die neuen Verben, später mischen Sie mit bereits bekannten Verben, ruhig auch welche ohne Vokalwechsel. Nennen Sie die neuen Verben dabei ruhig öfter. Bewegung regt den Kreislauf an und unterstützt das Memorieren. Nehmen Sie diese Übung später wieder auf und/oder nutzen Sie sie als Stundeneinstieg oder zwischendurch.
		5. Machen Sie ein Beispiel, indem Sie den TN über Ihre Hobbys erzählen: „Ich gehe sehr gern spazieren. Das macht Spaß. Ich koche gern. Ich finde Tanzen gut." Schreiben Sie die Sätze an und erklären Sie, dass bei zweiteiligen Verben wie „Musik hören", „Auto fahren" etc. das Nomen hinter dem Adverb steht: „Ich fahre gern Auto." Machen Sie den TN auch deutlich, dass „Ich wandere gern." und „Wandern finde ich gut/toll/super." gleichbedeutend sind. Schreiben Sie die Sätze ggf. als Beispiel an die Tafel und weisen Sie die TN auf den Redemittelkasten und auf die Rubrik „Hobbys: In meiner Freizeit ..." in der Übersicht „Grammatik und Kommunikation" (Kursbuch, S. 79) hin. Geben Sie den TN Zeit, anhand des Tafelbildes einen kleinen Text über ihre Vorlieben bzw. Abneigungen vorzubereiten und zu üben.
		Binnendifferenzierung: Lernungewohntere TN formulieren ihren Text aus, lerngewohntere TN machen sich Stichpunkte; auch als Hausaufgabe geeignet. Die TN berichten dann am nächsten Kurstag in Kleingruppen über sich.
		Hinweis: Hierzu passt der Lesetext „Alma sammelt Wolkenfotos" aus der Rubrik „Zwischendurch mal ..." (S. 81).
		Hinweis: An dieser Stelle passen die Audiotrainings 1 und 2.
	KV L6/D2b	6. Zum Abschluss können Sie mit Ihren TN Pantomime spielen. Verteilen Sie an jede Kleingruppe einen Satz Bildkarten der Kopiervorlage. Machen Sie ein Beispiel, indem Sie Schwimmbewegungen machen. Die TN raten, um welche Aktivität es sich handelt. Zur Kontrolle zeigen Sie Ihre Bildkarte „schwimmen". Dann spielen die TN selbstständig in Kleingruppen.
		Variante: Wenn Sie die Konjugation der neuen Verben üben möchten, erhalten die TN in Kleingruppen einen Würfel und einen Satz Karten der Kopiervorlage. Die TN ziehen eine Karte und würfeln. Die Karte zeigt das Verb und der Würfel das Personalpronomen: 1 = „ich", 2 = „du", 3 = „er" oder „sie", 4 = „wir", 5 = „ihr", 6 = „sie/Sie". Die TN bilden dann kleine Sätze, z. B. „grillen" und 3: „Sie grillt." Lerngewohnte TN, die schnell fertig sind, malen eigene Bildkarten und spielen eine weitere Runde.
	AB 23	Die TN machen die Übung in Einzelarbeit im Kurs oder als Hausaufgabe.
77/D3		**Leseverstehen: Personenprofile**
		1. Fragen Sie, was das für ein Text ist und wo man solche Texte findet. Es sollte klar werden, dass es sich um ein Profil in einem sozialen Netzwerk handelt.

		2. Die TN lesen das Profil von Berhan Gül in Stillarbeit. Sagen Sie den TN, dass sie sich möglichst viele Informationen merken sollen, und geben Sie den TN zwei Minuten Zeit. Dann decken die TN den Text mit dem Heft ab und ergänzen in der Tabelle alles, was sie über Berhan Gül behalten haben. Die TN öffnen die Bücher und kontrollieren.
	Folie/IWB	3. Verfahren Sie mit dem Profil von Janina Seltschik ebenso. Abschlusskontrolle für beide Profile im Plenum. *Lösung:* **Berhan:** wohnt in: Kiel; Alter: 30; Freizeit: schwimmen, Computerspiele machen, lesen, mit Basti spazieren gehen, grillen; Film: James-Bond-Filme; **Janina:** Wohnt in: Ludwigshafen; Alter: 28; Freizeit: Mützen selbst machen, tanzen; Musik: Techno
		4. Fragen Sie die TN, wen sie interessant finden, wen von beiden sie gerne kennenlernen würden und warum.
	AB 24, 26–28, AB-CD 1/53–55	Die TN machen diese Übungen in Einzelarbeit im Kurs oder als Hausaufgabe
	AB 25	Die TN machen diese Übung im Kurs. Die TN bearbeiten die Übung zunächst in Einzel- oder Partnerarbeit. Abschlusskontrolle im Plenum. *Hinweis:* Stellen Sie sicher, dass die TN den Unterschied wirklich verstehen, und machen Sie ggf. weitere Beispiele im Kurs, z. B.: „Selda findet ihre Brille nicht."
	AB 29, AB-CD 1/56–60	*Phonetik:* Die TN machen die Übung im Kurs: Üben Sie mit den TN die Endung -en. Die TN hören Aufgabe a und ergänzen. In b hören die TN die Wörter noch einmal und haben Zeit, sie nachzusprechen. Anschließend hören und schreiben die TN Mini-Gespräche.
77/D4		**Aktivität im Kurs: Ein Profil schreiben**
		1. Die TN lesen die beiden Profile.
	KV L6/D4 im Lehrwerkservice	2. Die TN schreiben ihr eigenes Profil. Lerngewohntere TN wählen Variante B und lernungewohntere TN Variante A. Gehen Sie herum und helfen Sie bei Schwierigkeiten. *fakultativ:* Zur Unterstützung der Aktivität können Sie auch auf die Kopiervorlage im Lehrwerkservice unter www.hueber.de/schritt-fuer-schritt zurückgreifen. *Binnendifferenzierung:* TN, die besonders schnell mit ihrem Profil fertig sind, schreiben oder sprechen mit einem anderen TN darüber, was sie nächstes Wochenende machen. *Variante:* Die TN formulieren ihr Profil als Hausaufgabe aus. Sammeln Sie die Texte ein und korrigieren Sie sie.
		3. Einige TN können ihr Profil im Plenum vorlesen. *Tipp:* Hängen Sie die Profile im Kursraum auf. Dann können die TN die Profile lesen, die anderen besser kennenlernen und ggf. Freunde für die Freizeit finden. *Hinweis:* Hier können Sie den Film „Almas Hobby: Wolkenfotos" aus „Zwischendurch mal ..." (Kursbuch, S. 80) einflechten. Die TN haben gerade von ihren Hobbys erzählt und der Film zeigt passend dazu eine junge Frau, die über ihr ungewöhnliches Hobby berichtet: Sie fotografiert gern Wolken. *Hinweis:* Hierzu passen auch das Videotraining 1 und das Audiotraining 3.
	AB 30–31	Die TN machen diese Übungen in Einzelarbeit im Kurs oder als Hausaufgabe.
	KV L6/Wiederholung	Wenn Sie noch Zeit haben, können Sie hier die Wiederholung zu Lektion 6 anschließen (Seite 152/160).
		Lektionstests
	KV L6/Test	Einen Test zu Lektion 6 finden Sie hier im LHB auf der Seite 167. Weisen Sie die TN auf den Selbsttest im Arbeitsbuch auf Seite 166 hin.

AUDIO- UND VIDEOTRAINING

Seite/Aufgabe	Material	Aufbau
		Audiotraining 1: Meine Hobbys
	CD 2/36	Die TN hören von einem Sprecher verschiedene Hobbys und sollen in den Sprechpausen zustimmend antworten: „Oh ja, (Lesen), (Lesen) macht Spaß!"
		Audiotraining 2: Was machst du in der Freizeit?
	CD 2/37	Die TN beantworten die Frage, was sie in der Freizeit machen. Es werden Geräusche vorgegeben, die die TN versprachlichen sollen: „Ich (lese) gern."
		Audiotraining 3: Vorlieben
	CD 2/38	Die TN werden vom Sprecher nach verschiedenen Vorlieben (Lieblingsbuch, -farbe etc.) gefragt und antworten nach dem Muster: „Mein(e) Lieblings... ist ..."
		Videotraining 1: Geht doch!
	Film „Geht doch!"	Die TN sehen in dem Film Lara, die Tim zum Nachmachen einer Koordinationsübung animieren will. Die TN lernen den umgangssprachlichen Wortschatz zur Animation, was sagt man, wenn es nicht gelingt, und schließlich, wenn es gelingt.
		Hinweis: Dieses Bewegungsspiel können Sie auch zur Auflockerung im Kurs einsetzen, wenn die TN eine kleine Pause brauchen.
		Videotraining 2: Wie ist das Wetter?
	Film „Wie ist das Wetter?"	Mit dem Film können die TN die Wendungen zum Wetter wiederholen. Lara stellt in dem Film pantomimisch das Wetter dar. Unten sind als Hilfe noch einmal die Wendungen als Schüttelkasten vorgegeben. Die TN überlegen, welches Wetter gemeint ist. Dann gibt Tim die Lösung. Empfehlen Sie besonders ungeübteren TN diesen Film, den Sie auch später immer mal wieder zur Wiederholung und Festigung ansehen können.

ZWISCHENDURCH MAL …

Seite/Aufgabe	Material	Aufbau
80		**Lied: Wir sind nicht allein (passt z. B. zu B3)**
	Folie/IWB	1. Zeigen Sie das Foto und fragen Sie: „Was machen die Leute?" Das Wort „singen" ist aus Lektion 4 schon bekannt.
	CD 2/39	2. Die TN hören das Lied mit geschlossenen Büchern, damit sie sich ganz auf das Zuhören und Verstehen konzentrieren können. Fragen Sie, welche Wörter die TN gehört haben, und sammeln sie.
		fakultativ: In Kursen mit überwiegend lernungewohnten TN bereiten Sie große Zettel vor, auf denen Sie einige Wörter, die im Lied vorkommen (z. B. „Kaffee", „Milch", „Tomatensaft", „singen", „Verein") und ein paar andere (z. B. „Wasser", „trinken", „treffen") notieren. Es gibt ein Wort pro Zettel. Für jeden TN sollte es ein Wort geben. Beim Hören stellen sich alle TN, deren Wort vorkommt, auf die linke Seite. Wenn Sie genug Zeit haben, hören die TN das Lied ein zweites Mal und stellen sich in der Reihenfolge des Vorkommens ihrer Wörter auf. Die TN, die kein passendes Wort hatten, helfen dabei. So hören die TN das Lied mehrmals, ohne dass es langweilig wird.
		3. Klären Sie mit den TN, was ein „Verein" ist. Fragen Sie: „Ist man im Verein allein?" Erklären Sie, dass man im Verein sein Hobby zusammen mit anderen macht.

		4. Fragen Sie die TN: „Was meinen Sie? Für welche Hobbys gibt es noch Vereine?" Es genügt, wenn die TN ihnen bekannte Aktivitäten nennen. Helfen Sie mit den Namen für die Vereine, z. B. „schwimmen" = Schwimmverein, „lesen" = Bücherclub etc. *fakultativ:* In Frauen- und Elternkursen kommt es vor, dass den TN ihr Bedürfnis nach individueller Freizeit oder Hobbys gar nicht bekannt ist. Forschen Sie nach den Vorlieben der TN. Viele können z. B. nicht schwimmen, möchten es aber lernen. Das Thema „Verein" ist dann sekundär. Fragen Sie nach Kursen, die die TN gern machen würden, z. B. „Ich möchte schwimmen lernen. Ein Schwimmkurs ist interessant.".
		5. *fakultativ:* TN mit Computerkenntnissen können eine Internetrecherche durchführen und Adressen von Vereinen an ihrem Wohnort sammeln. Diese Adressen können sie in der folgenden Unterrichtsstunde präsentieren.
	CD 2/39	6. Die TN hören das Lied noch einmal und lesen mit. Wer Lust hat, singt mit.
		Tipp: In vielen Kulturen „ziert" man sich nicht so wie bei uns, wenn es um das Singen vor Publikum geht. Im Gegenteil: Singen gehört für viele – wie auch Tanzen – dazu. Bitten Sie die TN doch einmal, ihre Lieblingslieder aus ihrer Heimat vorzusingen oder etwas vorzutanzen. Einige sind sicher bereit dazu und die anderen lassen sich zum Mitklatschen oder Mittanzen animieren.
80		**Film: Almas Hobby: Wolkenfotos (passt z. B. zu D4 und dem Lesetext „Alma sammelt Wolkenfotos")** Alma erzählt, wann und wo sie Wolkenfotos macht. Sie zeigt einige ihrer schönsten Fotos und erklärt, warum Wolkenfotos nicht langweilig sind.
	Film „Almas Hobby: Wolkenfotos"	1. Die Bücher sind geschlossen. Die TN sehen den ersten Teil des Films (bis 0:50) mit Ton. Geben Sie den TN dann etwas Zeit, um sich Notizen zu machen: „Was haben Sie über Alma erfahren?" Verfahren Sie mit dem zweiten (bis 1:45) und dritten Teil (bis zum Ende) ebenso. In Partnerarbeit sprechen die TN darüber, was sie über Alma erfahren haben.
		2. Die TN schlagen die Bücher auf und ergänzen den Text über Alma. Lernungewohntere TN arbeiten zu zweit. Anschließend Kontrolle im Plenum. *Lösung:* Süddeutschland, Wolken, Farben, Wochenende
	KV L6/ZDM	3. *fakultativ:* Verteilen Sie die Kopiervorlage. Die TN sehen den Film ohne Ton und bearbeiten Übung 1. Besprechen Sie die Ergebnisse im Plenum. Die TN lesen die Sätze aus Übung 2 der Kopiervorlage. Dann sehen sie den Film mit Ton so oft wie nötig und markieren. Abschlusskontrolle im Plenum. *Binnendifferenzierung:* Geübtere TN korrigieren zusätzlich die „falschen" Sätze und ergänzen die richtigen Informationen.
81		**Lesen: Alma sammelt Wolkenfotos (passt z. B. zu D2 und dem Film „Almas Hobby: Wolkenfotos")**
1		1. Die TN lesen den Text und markieren wie angegeben. Abschlusskontrolle im Plenum. *Lösung:* Alma: Alter: 34 Jahre alt, Hobby: Ich mache gern Wolkenfotos.
2		2. Die TN lesen den Text noch einmal und kreuzen an, ob die Aussagen richtig oder falsch sind. Ungeübtere TN arbeiten zu zweit. Abschlusskontrolle im Plenum. *Lösung:* richtig: d; falsch: b, c, e
		3. Stellen Sie den TN weitergehende Fragen zum Textverständnis, z. B. „Warum macht Alma heute kein Foto?", „Wie ist das Wetter heute?", „Was ist für Alma gutes Wetter?" etc.
		4. Die TN lesen das Interview mehrmals mit verteilten Rollen, dabei achten sie darauf, gut zu betonen und flüssig zu lesen. Wenn nötig, lesen Sie mit einem geübteren TN einmal das Interview mit guter Betonung vor.
3a		5. Die TN erzählen sich, wie ihnen Almas Hobby gefällt und ob sie auch gern solche Fotos machen würden.
b		6. Die TN berichten über ihre besonderen Hobbys oder über besondere Hobbys, von denen sie gehört haben.

Wortfelder: Schule, Ausflug, Freizeitaktivitäten, Aktivitäten im Deutschkurs
Grammatik: Modalverben *können, wollen*; Perfekt mit *haben, sein*; Wortstellung Modalverben, Perfekt

KINDER UND SCHULE
Folge 7: Prima Team

Einstieg in das Thema *Schule*

Seite/Aufgabe	Material	Aufbau
82/1		**Vor dem Hören: Vermutungen über die Geschichte äußern**
a	Fotos der Foto-Hör-geschichte	1. Erklären Sie, wenn nötig, das nicht als Internationalismus bekannte Wort „Team": „Gruppe, Personen, Leute, die etwas zusammen machen oder zusammen arbeiten." Kopieren Sie die Bilder der Foto-Hörgeschichte und schneiden Sie die Fotos auseinander. Vergessen Sie nicht, die Nummerierung der Fotos zu entfernen, behalten Sie aber den Titel „Folge 7: Prima Team". Die Bücher sind geschlossen. Die TN arbeiten paarweise zusammen. Jedes Paar erhält einen Satz Fotos. Die TN bringen die Fotos in eine mögliche sinnvolle Reihenfolge und versuchen, die zu ihrer Reihenfolge passende Geschichte mit der Partnerin / dem Partner zusammen zu erzählen. *Binnendifferenzierung:* Ungeübtere TN erzählen nur, was auf den Fotos passiert, was die Personen machen und wo sie sind.
		2. Fragen Sie im Plenum: „Wer ist ein ‚Prima Team'"? Die TN spekulieren. Fragen Sie auch, warum die TN das denken.
b	KV L7/FHG, Scheren, Fotos der Foto-Hör-geschichte	3. Die TN öffnen die Bücher und stellen in Einzel- oder Partnerarbeit Vermutungen darüber an, wer was sagt, und kreuzen an. Klären Sie ggf. unbekannten Wortschatz im Plenum. *fakultativ:* Die Bücher bleiben geschlossen. Jedes Paar erhält eine Kopiervorlage, schneidet die Sätze auseinander und überlegt, zu welchem Foto die Sätze passen. Sie legen die Sätze zum passenden Foto. Die TN unterstreichen den Namen der Person, die ihrer Meinung nach den Satz sagt.
		4. Vergleichen Sie die Ergebnisse im Plenum. Akzeptieren Sie die Lösungsvorschläge der TN. Es geht hier um Hypothesen.
83/2		**Beim ersten Hören**
	Folie/IWB, CD 2/40–47	Die TN hören die Foto-Hörgeschichte so oft wie nötig und vergleichen während des Hörens ihre Lösungen aus Aufgabe 1 bzw. mit den Sätzen der Kopiervorlage. Abschlusskontrolle im Plenum. Sprechen Sie auch darüber, warum Lili, Lara und Sofia ein „prima Team" sind. *Lösung:* 1a: Sofia, Lili und Lara; 1b: Foto 1: Sofia, Foto 3: Lili, Foto 4: Lara, Foto 5: Lara, Foto 6: Lili, Foto 7: Lili, Foto 8: Sofia
83/3		**Nach dem ersten Hören: Die Geschichte zusammenfassen**
	Folie/IWB	1. Ein TN liest den Satz mit der Nummer 1 vor. Fragen Sie: „Wie geht die Geschichte weiter?" oder „Was passiert dann?". Die TN erzählen zunächst in eigenen Worten, was passiert. Verweisen Sie auch auf die Fotos, die den TN dabei helfen, die richtige Reihenfolge zu finden. Dann suchen die TN den passenden Satz im Buch und tragen eine „2" ein. *Binnendifferenzierung:* Lernungewohntere TN hören noch einmal die Foto-Hörgeschichte. Nach jedem Foto gibt es eine kurze Pause, die TN lesen die Sätze und schreiben die Nummer des Fotos nach jeden Satz, der zu dem Foto passt. So fortfahren, bis alle Sätze einem Foto zugeordnet sind. Anschließend lesen sie die Sätze noch einmal und tragen eine 2 ein. *Hinweis:* Die Binnendifferenzierung für lerngewohntere TN finden Sie unter 2.

		2. Die TN nummerieren die übrigen Sätze in Einzel- oder Partnerarbeit. Wer fertig ist, vergleicht sein Ergebnis mit der Partnerin / dem Partner / einem anderen Paar.
		Binnendifferenzierung: Lerngewohntere TN können zusätzlich notieren, welches Foto zu welchem Satz passt.
	Folie/IWB, CD 2/40–47	3. Anschließend hören die TN die Foto-Hörgeschichte noch einmal, wenn nötig auch mehrfach, und korrigieren sich selbstständig. Abschlusskontrolle im Plenum. *Lösung:* von oben nach unten: 5, 4, 2, 6, 3
		4. Sprechen Sie zum Abschluss mit den TN darüber, ob sie selbst Mathe mögen und ob sie gut darin waren. TN mit Kindern können auch über ihre Kinder erzählen.
	„Laras Film" Lektion 7	Lara bittet Lili nach dem Mathe-Lernen, noch einmal ihr selbstgeschriebenes Gedicht aufzusagen. Im Gedicht beschreibt Lili, was sie alles kann. Die TN sehen den Film und notieren aus dem Gedächtnis, was Lili alles kann. Im Unterricht können Sie daraus ein Wettspiel machen, wer erinnert sich an die meisten Begriffe? Sie können den Film auch zur Wiederholung nach A3 nutzen, um den TN zu zeigen, wie man aus den Dingen, die man gut kann, ein Gedicht macht. Vielleicht hat der eine oder andere TN Lust, es auch zu versuchen. Ungeübtere TN können Lilis Gedicht auswendig lernen. Den Text finden Sie bei den Transkriptionen der Filme.

SCHRITT A: ICH KANN NICHT IN DIE SCHULE GEHEN.

Das Modalverb *können;* Satzklammer

Lernziel: Die TN können über ihre Möglichkeiten und Fähigkeiten sprechen.

Seite/Aufgabe	Material	Aufbau
84/A1		**Präsentation des Modalverbs *können***
	CD 2/48–50	1. Die TN hören die Gespräche und ergänzen die Lücken. Abschlusskontrolle im Plenum. *Lösung:* A Kannst, B kann, C kann
	Folie/IWB	2. Ein TN liest die Sätze noch einmal vor. Schreiben Sie die Konjugation von „können" einmal an die Tafel und/oder verweisen Sie auf den Grammatik-Kasten, insbesondere auf den Vokalwechsel in den Singularformen sowie auf die fehlende Personalendung in der 1. und 3. Person Singular – einem Charakteristikum der Modalverben.
		fakultativ: Die TN sprechen die Konjugationsformen von „können" im Chor.
	Kärtchen	3. *fakultativ:* Bereiten Sie Kärtchen mit den Personalpronomen und einigen Namen aus dem Kurs vor. Üben Sie mit den TN die Formen von „können", indem Sie in willkürlicher Reihenfolge die Kärtchen zeigen. Die TN bilden jeweils die dazugehörige Form von „können". Wenn die TN den Ablauf der Übung verstanden haben, können Sie auch in Kleingruppen weiterarbeiten lassen.
	Kärtchen	*Tipp:* Diese Übung kann später mit den anderen Modalverben wiederholt werden und eignet sich auch gut als Warming-up zu Beginn einer Stunde. Ungeübtere TN können so auch die Konjugation anderer Verben festigen, denn gerade die Verbendungen stellen für viele TN eine besondere Schwierigkeit dar. Nennen Sie ein Verb und zeigen Sie ein Kärtchen. Die TN schreiben oder nennen die konjugierte Verbform.
84/A2		**Variation: Anwendungsaufgabe zum Modalverb *können*; Erweiterung: Die Satzklammer beim Modalverb**
	Folie/IWB	1. Zeigen Sie die Zeichnung auf Folie/IWB. Fragen Sie die TN: „Wer sind die Personen?", „Wo sind sie?", „Was ist die Situation?" Lassen Sie den TN hier Freiheiten, indem Sie nicht jeden Fehler verbessern.

	CD 2/51	2. Die TN hören das Gespräch und variieren es anschließend mit der Partnerin / dem Partner. Wenn nötig, machen Sie zuerst weitere Beispiele im Plenum. *Binnendifferenzierung:* Schnellere TN machen weitere eigene Beispiele.
		3. Die TN wiederholen die Varianten noch einmal im Plenum. Notieren Sie einige Beispiele an der Tafel. Fragen Sie: „Wo steht ‚können' im Satz?", „Wo steht ‚einkaufen'?" Markieren Sie an der Tafel.

Position 2		Ende	Position 1		Ende
Ich **kann**	nicht	**einkaufen.**	**Kannst** du im Supermarkt	**einkaufen?**	
Ich **kann** nicht mit Jonas zum Arzt **gehen.**			**Kannst** du mit Jonas zum Arzt **gehen?**		

	Folie/IWB	4. Machen Sie die TN auf die Satzklammer im Aussagesatz und in der Ja-/Nein-Frage aufmerksam. Verdeutlichen Sie anhand eines Beispiels an der Tafel, dass die Verbklammer beliebig erweitert werden kann, sich die Position von Modalverb und Infinitiv aber nicht ändert. Ergänzen Sie z. B. den Satz „Ich kann nicht einkaufen." schrittweise, bis Sie den komplexen Satz „Ich kann heute leider nicht im Supermarkt einkaufen." erhalten. Verweisen Sie auch auf den Grammatik-Kasten im Buch und auf die Grammatikübersicht 1 und 2 (Kursbuch, S. 90). Weisen Sie die TN besonders auf die rechte Seite hin, wo noch einmal grafisch verdeutlicht wird, dass die 1. und 3. Person Singular von „können" keine Endungen haben. Die TN können außerdem noch die kleine Übung machen. *Musterlösung:* Ich kann gut kochen. Ich kann ein bisschen Gitarre spielen. Ich kann nicht schwimmen.
	Kärtchen	5. *fakultativ:* Um den TN die Struktur bildhaft zu verdeutlichen, stellen Sie zwei Stühle vor die Tafel. Schreiben Sie einen der Beispielsätze (inkl. Satzzeichen) aus A2 auf Kärtchen, z. B.: „Ich kann nicht mit Anna Hausaufgaben machen." Verteilen Sie die Kärtchen. Die TN stellen sich dem Satz entsprechend vor der Tafel auf. Die TN, die „kann" und „anrufen" haben, setzen sich entsprechend auf die Stühle, um zu zeigen, dass diese beiden Elemente sich nicht bewegen können. Verteilen Sie einen Zettel mit einer Uhrzeit z. B. „um 8 Uhr". Der TN sucht eine passende Position im Satz. Bereiten Sie weitere Sätze vor und üben Sie mit den TN, bis Sie das Gefühl haben, dass die TN das Prinzip verstanden haben.
		Tipp: Sie können die TN immer mal wieder auffordern, einige Sätze in ihre Muttersprache zu übersetzen. Dieser kontrastive Vergleich hilft insbesondere kognitiven Lernern, sich neue Strukturen im Deutschen bewusst zu machen und dadurch besser einzuprägen. Dies gilt nicht nur für Gemeinsamkeiten mit der Muttersprache, sondern auch für Unterschiede.
	AB 1–2	Die TN machen die Übungen als Einzelarbeit im Kurs oder als Hausaufgabe.
	AB 3	Die TN machen die Übung im Kurs. Gehen Sie herum, während die TN die Übung bearbeiten, und helfen Sie bei Schwierigkeiten. Besonders lernungewohnteren TN fällt eine Systematisierung, wie sie hier in der Tabelle vorkommt, schwer.
84/A3		**Aktivität im Kurs: Über eigene Fähigkeiten sprechen und andere danach fragen**
	Folie/IWB	1. Zeigen Sie auf den Grammatik-Kasten und sagen Sie: „Ich kann nicht so gut schwimmen." Fragen Sie dann einen lerngewohnteren TN: „Basil, kannst du gut schwimmen?" Zeigen Sie dabei auf die Auswahlmöglichkeiten im Grammatik-Kasten. Der TN antwortet entsprechend. Machen Sie, wenn nötig, weitere Beispiele, bis die TN das Prinzip verstanden haben. Weisen Sie die TN auch auf die Rubrik „Fähigkeit: Ich kann gut schwimmen." auf der Kommunikationsseite (Kursbuch, S. 91) hin. *Hinweis:* Das Audiotraining 1 eignet sich auch gut zur Vorbereitung der Aufgabe.

	Folie/IWB	2. Zeigen Sie auf die erste Frage und fragen Sie einen TN wie im Beispiel: „Kannst du gut Fahrrad fahren?" Erklären Sie den TN, dass sie nur dann den Namen des Gefragten notieren dürfen, wenn er mit „Ja." antwortet. Antwortet er mit „Nicht so gut." oder „Ja, sehr gut." darf der Name nicht notiert werden. Zeigen Sie auf die rechte Spalte, um zu verdeutlichen, wie die TN „sammeln" müssen. Wer zuerst bei jeder Frage einen Namen notiert hat, ruft „Stopp!".
	KV L7/A3a	3. Die TN gehen herum und befragen sich gegenseitig, bis einer „Stopp!" ruft. Zur Kontrolle versprachlicht dieser TN seine Ergebnisse: „Arne kann gut Fahrrad fahren." etc.
		Binnendifferenzierung: Mit lernungewohnteren TN können Sie zur Unterstützung der TN auch auf die Kopiervorlage A3a im Lehrwerkservice unter www. hueber.de/ schritt-fuer-schritt zurückgreifen.
	KV L7/3 im Lehrwerkservice	*Binnendifferenzierung:* Mit lerngewohnteren TN können Sie auch auf die Kopiervorlage A3 im Lehrwerkservice unter www.hueber.de/schritt-fuer-schritt zurückgreifen.
		fakultativ: Um die Übung zu erweitern, bilden die TN einen Kreis. Nennen Sie den Namen eines TN und fragen Sie: „Was wissen wir über Nesrin?" Die anderen TN schauen in ihrem Spielplan nach, was sie über diesen TN wissen, und bilden entsprechende Sätze. Dann nennen Sie einen anderen Namen.
		Hinweis: Hier können Sie den Film „Ui!" aus „Zwischendurch mal ..." (Kursbuch, S. 92) einflechten. Die TN lernen Ausrufe im Kontext kennen, die zum Teil auch als Reaktion auf eigene Fähigkeiten oder auf die Fähigkeiten anderer benutzt werden, z. B. „Ui!" als Ausdruck des Staunens, wenn jemand etwas sehr gut kann.
		Hinweis: Sie können auch „Laras Film" einbauen, in dem Lili ein Gedicht über ihre Fähigkeiten vorträgt.
		Hinweis: Hierzu passen auch das Audiotraining 1 und das Videotraining 2. Das Audiotraining können Sie hier auch gut zur Vorbereitung der Aufgabe einsetzen.
	KV L7/A3b	4. Um die Formen von „können" in der 3. Person Singular und Plural mit lernungewohnten TN zu trainieren, verteilen Sie die Kopiervorlage so an die Paare, dass ein TN Abschnitt A und der andere Abschnitt B bekommt. Die TN befragen sich gegenseitig nach den fehlenden Informationen und notieren sie. Machen Sie einige Beispiele, damit die TN das Prinzip verstehen. Gehen Sie herum und helfen Sie. Zur Kontrolle befragen die TN sich anschließend im Plenum.
	AB 4–8, AB-CD 1/61	Die TN machen die Übung als Einzelarbeit im Kurs oder als Hausaufgabe.
	AB 9, AB-CD 1/62–64	*Phonetik:* im Kurs: Der Laut [ʃ] wird im Deutschen stimmlos gesprochen, im Gegensatz zu einigen anderen Sprachen, die auch oder nur die stimmhafte Variante kennen. Der Laut wird als „sch" verschriftlicht. Die TN kennen schon viele Wörter mit „sch", sammeln Sie mit ihnen einige an der Tafel (z. B. Waschmaschine, Fisch, Schule). Spielen Sie mit den TN Dampflokomotive: „Sch, sch, sch ..." Der Laut muss hart und mit Druck kommen. Die TN lesen auch ihre Wörter an der Tafel. Sie öffnen ihr Buch, hören und sprechen nach. Dann markieren sie, wo sie überall „sch" hören. Kontrollieren Sie im Plenum und machen Sie die TN darauf aufmerksam, dass die Buchstabenkombinationen „sp" und „st" am Wort- oder Silbenanfang „schp" und „scht" ausgesprochen werden. Die TN hören Übung c und ergänzen „sch" bzw. „s". Regen Sie die TN dazu an, die Übungen auch zu Hause noch einmal selbstständig zu üben.

SCHRITT B: JA, SIE WILL DEN MATHETEST SCHREIBEN.

Das Modalverb: *wollen;* Satzklammer

Lernziel: Die TN können Absichten und ihren Willen äußern.

Seite/Aufgabe	Material	Aufbau
85/B1		**Präsentation des Modalverbs *wollen***
	Folie/IWB	1. Erinnern Sie die TN an die Foto-Hörgeschichte. Die TN ergänzen in Einzel- oder Partnerarbeit die Zitate neben den Fotos. Da sie das Modalverb „können" und die Struktur bereits kennengelernt haben, wird das den TN keine großen Schwierigkeiten bereiten. Abschlusskontrolle im Plenum. *Lösung:* B Willst ... aufstehen; C ... will ... schreiben
	Kärtchen	*fakultativ:* Analog zu Aufgabe A2 können Sie auch wieder „anschaulicher" vorgehen. Bereiten Sie die Zitate in B1 auf Kärtchen vor und stellen Sie zwei Stühle vor die Tafel. Die Bücher sind geschlossen. Zeigen Sie Foto 1, 3 und 5 der Foto-Hörgeschichte aus der Slide-Show oder auf Folie. Verteilen Sie die Kärtchen des ersten Satzes an einige TN. Die TN stellen/setzen sich entsprechend. Erinnern Sie die TN daran, dass sie diese Struktur bereits von „können" kennen. Verfahren Sie mit den beiden anderen Sätzen ebenso. Erst dann bearbeiten die TN die Aufgabe im Buch.
		2. Verweisen Sie auf den Grammatik-Kasten und auf die Grammatikübersicht 1 und 2 auf Seite 90, insbesondere auf den Vokalwechsel in den Singularformen sowie auf die fehlende Personalendung in der 1. und 3. Person Singular – einem Charakteristikum der Modalverben. Üben Sie dann die Formen von „wollen" mit Kärtchen wie bei „können" (siehe Tipp zu A1). Nehmen Sie nach einiger Zeit die Kärtchen von „können" zur Wiederholung dazu, indem Sie das Modalverb nennen und dann ein Kärtchen zeigen. Wenn die TN einige Sicherheit mit den Formen haben, erweitern Sie die Übung, indem Sie dazu übergehen, Sätze auf Kärtchen zu verteilen, um auch die Struktur weiter einzuüben. *Hinweis:* Hierzu passt das Audiotraining 2.
	AB 10	Die TN machen die Übung als Einzelarbeit im Kurs oder als Hausaufgabe.
85/B2		**Anwendungsaufgabe zum Modalverb *wollen***
a		1. Die TN sehen sich die Fotos an und äußern Vermutungen über die Personen: „Woher kommen sie?", „Welche Sprache(n) sprechen sie?", „Was wollen sie vielleicht lernen?" Notieren Sie die Vermutungen in Stichworten an der Tafel.
	CD 2/52–55	2. Die TN hören jeden Hörtext so oft wie nötig und notieren. *Binnendifferenzierung:* Geübtere TN notieren zusätzlich die Sprachen, die die Personen bereits sprechen können. Abschlusskontrolle im Plenum und Vergleich mit den Vermutungen an der Tafel. Verweisen Sie die TN auch auf die Rubrik „Starker Wunsch: Was willst du lernen?" (Kursbuch, S. 91). Hier können die TN auch die kleine Übung machen und fünf eigene Wünsche notieren. *Lösung:* B Französisch, C Englisch, D Deutsch; (können: A –, B Englisch, Spanisch, C etwas Englisch, D Griechisch, Englisch)
b	KV L7/B2	3. Die TN sprechen in Kleingruppen darüber, was sie noch lernen wollen. *fakultativ:* Verteilen Sie an die Kleingruppen je einen Satz Karten der Kopiervorlage. Die TN ergänzen auf den drei grauen Karten ihre eigenen Namen. Die Karten werden nach Farben getrennt gemischt. Der erste TN zieht jeweils eine graue Personenkarte und eine weiße Karte mit einer Aktivität. Er bildet, den Karten entsprechend, einen Satz mit „wollen". *Binnendifferenzierung:* Für geübtere TN können Sie auf den Karten mit den Aktivitäten die Verbvorgabe löschen, sodass die TN freie Sätze nach den Bildern bilden.
	AB 11	4. Die TN machen die Übung als Einzelarbeit im Kurs oder als Hausaufgabe.

85/B3		Aktivität im Kurs: Über die eigenen Wünsche im Deutschkurs sprechen
		1. Die Bücher sind geschlossen. Die TN überlegen, was sie im Deutschkurs alles machen. Halten Sie Stichwörter an der Tafel fest. *Hinweis:* Lernungewohnte TN finden Hilfe im hinteren Buchinnendeckel.
		2. Die TN lesen die Aufgabe im Buch. Sie notieren allein, was sie im Deutschkurs gern machen wollen. Die Beispiele an der Tafel und im Buch helfen ihnen dabei. Geben Sie eine Anzahl, z. B. mindestens drei Punkte, vor, die jeder notieren soll.
	ggf. Klebe-punkte	3. Die TN gehen herum und sprechen mit wechselnden Partnern über ihre Wünsche. *Variante* für lerngewohntere TN: Die TN suchen andere TN, mit denen sie möglichst viele Wünsche teilen. *Hinweis:* Um zu sehen, was die TN gerne machen würden, können Sie die Aktivitäten an der Tafel sammeln. Die TN stimmen dann entweder durch Handzeichen ab, oder Sie verteilen Klebepunkte, die die TN hinter die Aktivitäten kleben. Dabei sollten Sie die Anzahl der Punkte pro TN auf drei begrenzen. Wenn möglich, können Sie das Ergebnis für Ihre Unterrichtsgestaltung berücksichtigen. *Hinweis:* An dieser Stelle können Sie auf das „können"-und-„wollen"-Pantomime-Spiel aus der Rubrik „Zwischendurch mal ..." (Kursbuch, S. 93) zurückgreifen. *Hinweis:* Hier passt das Audiotraining 3.
	AB 12	Die TN machen die Übung als Einzelarbeit im Kurs oder als Hausaufgabe.
	AB 13, AB-CD 1/65–67	*Phonetik:* Hier geht es um die Unterscheidung der Laute „w", „f" und „p". „W" wird im Deutschen stimmhaft gesprochen und „f" stimmlos, wie auch „p" stimmlos gesprochen wird. Um den TN das zu verdeutlichen, legen die TN die Finger an ihren Hals, bei „w" sollten sie eine leichte Vibration spüren. Diese Übung soll die TN für die jeweiligen Hör- und Schriftbilder sensibilisieren. Die TN hören zunächst Sätze und ergänzen die entsprechenden Buchstaben. Dann hören Sie noch einmal und sprechen nach, das kann auch im Kursverband im Chor sein. Danach hören die TN weitere Sätze und ergänzen ganze Wörter.

SCHRITT C: DU HAST NICHT GELERNT.

Das Perfekt mit *haben*

Lernziel: Die TN können von Ereignissen und Tagesabläufen in der Vergangenheit berichten.

Seite/Aufgabe	Material	Aufbau
86/C1		**Präsentation und Bildung des Perfekts mit *haben***
a	Folie/IWB	1. Zeigen Sie die beiden ersten Zeichnungen mit Lili auf Folie / dem IWB. Lesen Sie zusammen mit den TN die beiden Sätze und fragen Sie nach der zugehörigen Zeichnung. Fragen Sie: „Was passiert hier jetzt?" (Lili lernt Mathe.) und „Was hat sie gemacht?". Lösen Sie die erste Aufgabe mit den TN gemeinsam. *Lösung:* 1 Lili lernt Mathe. 2 Lili hat Mathe gelernt.
		2. Die beiden Zeichnungen rechts sehen sich die TN allein oder mit der Partnerin / dem Partner an und ordnen die Sätze zu. Anschließend Kontrolle im Plenum, indem sie vorgehen wie in 1. *Lösung:* 3 Lara macht Tee. 4 Lara hat Tee gemacht.
b	Kärtchen	3. Da die TN die Satzklammer bei den Modalverben bereits kennengelernt haben, werden sie die Struktur hier wiedererkennen. Lesen Sie den ersten Beispielsatz, indem Sie „hast" und „gelernt" besonders betonen. *fakultativ:* In Kursen mit überwiegend lernungewohnten TN bereiten Sie die Beispielsätze auf Karten vor und verfahren wie in A2. Die TN vergleichen den jeweiligen Satz mit den Markierungen im Buch. Die TN sollten erkennen, dass die markierten Wörter denen der sitzenden TN entsprechen.

		4. Die TN sehen sich in Einzel- oder Partnerarbeit die anderen Beispiele an und markieren. Danach vergleichen sie mit einem anderen TN/Paar. Abschlusskontrolle im Plenum. *Lösung:* B hat … gemacht; C habe … gekauft; D Habt … geschrieben
		5. Anhand der Zeichnungen und Sätze soll deutlich werden, dass Ereignisse in der Gegenwart und der Vergangenheit durch verschiedene Formen ausgedrückt werden. Erklären Sie anhand der Kurstage die Bedeutung von „heute" und „gestern". **heute** — Lili [lernt] Mathe. — **gestern** — Lili [hat] Mathe [gelernt].
		6. Notieren Sie das Beispiel des Grammatik-Kastens an der Tafel und erklären Sie, dass man, um über Vergangenes sprechen zu können, zwei „Teile" braucht: eine Form von „haben" und das sogenannte Partizip Perfekt des Verbs. Präsentieren Sie das Präfix „ge-" als typisches Signal für das Perfekt. Ergänzen Sie das Tafelbild entsprechend. Erinnern Sie die TN an die Satzklammer.
c		7. Die TN sehen sich noch einmal die Sätze aus b an und ergänzen einzeln oder zu zweit die Tabelle. Abschlusskontrolle im Plenum. *Lösung:*

	ich	habe	Lauch	gekauft
	du	hast	nicht	gelernt
	Lara/er/es/sie	hat	Tee	gemacht
Habt	ihr		den Mathetest	geschrieben?

		8. Vergegenwärtigen Sie den TN anhand der Tabelle noch einmal die Konjugation von „haben" und weisen Sie gleichzeitig darauf hin, dass sich „gekauft", „gelernt" usw. nicht ändern, sondern für alle Personen die gleiche Form haben. Nur „haben" ändert sich. Hier sehen die TN auch noch einmal sehr gut, dass „haben" auf Position 2 und „gekauft" usw. am Ende steht.
		9. Wenden Sie sich erst jetzt der Frage zu und erklären Sie den TN, dass die Frage im Perfekt die gleiche Satzstellung hat wie die Frage mit Modalverb, nur steht hier „haben" auf Position 1 und „geschrieben" am Ende. Machen Sie mit den TN weitere Fragen aus den Sätzen aus b und notieren Sie sie an der Tafel. Weisen Sie die TN auch auf die Grammatikübersicht 5 (Kursbuch, S. 90) hin.
	Ball	10. *fakultativ:* Zur Einübung der Fragen können die TN sich im Kreis aufstellen und sich einen Ball zuwerfen. Der Werfer fragt: „Hast du gestern Tee gekocht?" Der Fänger antwortet entsprechend: „Ja, ich habe gestern Tee gekocht." oder „Nein, ich habe gestern keinen Tee gekocht.". Bleiben Sie dabei zunächst nur bei den Beispielen aus c, wobei „Lauch" oder „Tee" natürlich ausgetauscht werden können.
86/C2		**Systematisierung: Die Bildung des Partizips Perfekt**
	Karten	1. Oft sind solche Systematisierungsaufgaben für lernungewohntere TN sehr schwierig, deshalb ist eine „haptischere" Zugangsart für diese TN oft der bessere Weg. Schreiben Sie dazu zu Hause jeden Infinitiv und jedes Partizip Perfekt groß auf eine Karte. Die Bücher sind geschlossen. Verteilen Sie an jeden TN eine Karte. Die TN gehen herum und suchen ihre Partnerin / ihren Partner, also der Infinitiv sein passendes Partizip Perfekt. Wenn sich alle Paare gefunden haben, lesen die TN ihre Karten vor.
	Karten, Klebeband	2. Geben Sie dann „-(e)t" und „-en" in zwei Spalten an der Tafel vor. Die TN kleben ihre Karten entsprechend an die Tafel. *Hinweis:* Wenn die TN sich damit schwertun, geben Sie ein oder zwei Beispiele mit lerngewohnteren TN vor.

		3. Die TN öffnen ihre Bücher und bearbeiten die Aufgabe im Buch nun allein oder mit ihrer Partnerin / ihrem Partner. Damit die TN nicht von der Tafel abschreiben, können sie die Tafel zuklappen oder die Karten abhängen. Abschlusskontrolle im Plenum, indem Sie die Tabelle an die Tafel schreiben. *Lösung:* <table><tr><td>-(e)t</td><td>-en</td></tr><tr><td>spielen – gespielt</td><td>trinken – getrunken</td></tr><tr><td>lernen – gelernt</td><td>sprechen – gesprochen</td></tr><tr><td>machen – gemacht</td><td>essen – gegessen</td></tr><tr><td>hören – gehört</td><td>sehen – gesehen</td></tr><tr><td>arbeiten – gearbeitet</td><td>lesen – gelesen</td></tr></table>
		4. Verdecken Sie die Partizipien. Die TN wiederholen mündlich das Partizip Perfekt zu den Infinitiven. Weisen Sie sie darauf hin, dass die regelmäßigen Verben das Partizip auf „-(e)t" bilden, unregelmäßige Verben in der Regel auf „-(en)". Machen Sie den TN deutlich, dass sie diese Formen mit den neuen Verben mitlernen müssen. Verweisen Sie auch auf die Grammatikübersicht 3 und 5 (Kursbuch, S. 90), wo die TN noch einmal eine Übersicht über die Bildung des Perfekts und über die Satzklammer finden. Gehen Sie auf dieser Stufe noch nicht zu genau auf die Bildung des Perfekts ein. Es genügt, wenn sich die TN zunächst einige wichtige Verben als feste Form merken. *Hinweis:* Die Vergangenheitsformen werden in *Schritt für Schritt in Alltag und Beruf 2* und in *Schritt für Schritt in Alltag und Beruf 3* vertieft.
		5. Fragen Sie die TN, ob sie noch weitere Verben im Perfekt kennen, und ergänzen Sie sie an der Tafel. Verben, die das Perfekt mit „sein" bilden, nehmen Sie noch nicht auf. Sie werden in D thematisiert.
	Karten	6. Verteilen Sie noch einmal die Karten mit den Infinitiven. Die TN nennen reihum das Partizip Perfekt zu ihrem Verb. In einem zweiten Schritt kleben die TN die Infinitive noch einmal an die Tafel zu den jeweiligen Perfekt-Endungen „-(e)t" oder „-en".
		Tipp: Bringen Sie zwei leere Pappkartons oder Papiertüten mit in den Unterricht und beschriften Sie sie mit den Endungen „-en" bzw. „-(e)t". Schreiben Sie die im Buch angegebenen Partizipien sowie einige weitere Partizipien zu Verben, die den TN bereits bekannt sind, auf Kärtchen. Jeder TN ordnet das Kärtchen dem richtigen Karton zu. Diese Übung können Sie an den folgenden Kurstagen wiederholen und nach und nach um weitere Verben ergänzen.
	AB 14–16	Die TN machen die Übungen als Einzelarbeit im Kurs oder als Hausaufgabe.
87/C3		**Anwendungsaufgabe zum Perfekt mit *haben***
a	Folie/IWB	1. Die TN sehen sich die Fotos an und ordnen in Einzel- oder Partnerarbeit zu. Anschließend Kontrolle im Plenum. Klären Sie dabei ggf. unbekannten Wortschatz. Fragen Sie die TN auch nach den Infinitiven und halten Sie ggf. Partizip Perfekt und Infinitiv analog zu C2 an der Tafel fest. *Lösung:* 2 Tee getrunken, 3 mit Laras Lehrerin gesprochen, 4 den Mathetest geschrieben, 5 Lara getroffen, 6 gespielt, 7 mit Lara und Sofia gegessen, 8 geschlafen
b	Folie/IWB	2. Erinnern Sie die TN an die Tageszeiten. Zeigen Sie auf das erste Foto und fragen Sie: „Wann ist das?" Gehen Sie dann mit den TN nach und nach die Fotos durch und fragen Sie immer: „Wann ist das?"
		3. Die TN verschriftlichen Lilis gestrigen Tag anhand der Vorgaben. Machen Sie ggf. ein oder zwei Sätze mit den TN gemeinsam an der Tafel. Dann arbeiten die TN allein weiter. Gehen Sie herum und helfen Sie bei Schwierigkeiten. Sammeln Sie die Texte zur Korrektur ein oder schreiben Sie mit den TN eine Musterlösung an die Tafel. Die TN vergleichen und korrigieren selbstständig. *Lösung:* 1. Lili hat am Morgen Bauchschmerzen gehabt. 2 Sie hat Tee getrunken. 3 Am Vormittag hat sie mit Laras Lehrerin gesprochen. 4 Und sie hat den Mathetest geschrieben. 5 Sie hat Lara am Nachmittag getroffen. 6 Und sie hat gespielt. 7 Sie hat am Abend mit Lara und Sofia gegessen. 8 In der Nacht hat sie geschlafen. *Hinweis:* Hier können Sie den Film „Ui!" aus „Zwischendurch mal ..." (Kursbuch, S. 92) einflechten. Die TN können z. B. passende Ausrufe zu Lilis Tag suchen.

	Karten, KV L7/C3 im Lehrwerkservice	4. *fakultativ:* Machen Sie den TN die Satzstruktur noch einmal deutlich, indem Sie den ersten Satz auf Karten schreiben und die Karten an verschiedene TN verteilen. Die TN bilden einen Satz und stellen sich ihren Karten entsprechend auf. Die TN mit „hat" und „gehabt" können wieder auf einem Stuhl sitzen, wie in den Hinweisen zu A2 und B1 erläutert. Lassen Sie „Lili" und „am Morgen" die Position wechseln, um den TN klarzumachen, dass Subjekt und Zeitangabe ihre Position tauschen können, alle anderen aber an ihrer Position bleiben. Verfahren Sie ggf. mit weiteren Sätzen aus C3b ebenso.
		fakultativ: Wenn Ihnen im Kurs nicht ausreichend Zeit zur Verfügung steht, können Sie zur Vereinfachung und Unterstützung der Aktivität auch auf die Kopiervorlage im Lehrwerkservice unter www.hueber.de/schritt-fuer-schritt zurückgreifen.
87/C4		**Variation: Anwendungsaufgabe zum Perfekt mit *haben***
	CD 2/56	1. Klären Sie die Situation, indem Sie mit den TN über die kleine Zeichnung rechts sprechen. Was sind das für Personen? Wo sind sie? Die TN hören das kleine Gespräch und lesen mit.
		2. Erklären Sie noch einmal die Wortstellung in der Frage mit Perfekt, die die TN bereits in C1c kennengelernt haben.
		3. Die TN sprechen zu zweit weitere kleine Gespräche mit den Vorgaben.
		Binnendifferenzierung: Lerngewohntere TN machen mit eigenen Beispielen weitere Gespräche.
		Tipp: Fordern Sie die TN auf, ab und zu solche kleinen Gespräche auswendig zu lernen. Sie enthalten Versatzstücke, die sich im Alltag verwenden lassen und die die TN dann automatisch parat haben. Dazu eignet sich auch das gemeinsame Sprechen im Chor.
	AB 17–21	Die TN machen die Übungen in Einzelarbeit im Kurs oder als Hausaufgabe.
87/C5		**Aktivität im Kurs: Gespräch über den gestrigen Tag**
		1. Weisen Sie auf den Info-Kasten und erklären Sie den TN, dass man „gestern" mit den anderen Zeitformen kombinieren kann: „gestern Morgen", „gestern Abend" etc.
		2. Die TN arbeiten in Dreiergruppen. Sie befragen sich gegenseitig, was sie gestern gemacht haben. Gehen Sie herum und helfen Sie bei Schwierigkeiten.
		Binnendifferenzierung: Lerngewohntere TN können auch Uhrzeiten dazunehmen: „Was hast du gestern um 8 Uhr gemacht?"
		Hinweis: An dieser Stelle können Sie die Schreibübung „Was haben Sie heute im Kurs gemacht" aus der Rubrik „Zwischendurch mal …" (Kursbuch, S. 93) einflechten.
	ggf. Musik	*Tipp:* Um das Perfekt stetig zu üben und präsent zu halten, können Sie jede Stunde mit einem kleinen Partnergespräch beginnen, in dem die TN sich erzählen, was sie gestern oder am Wochenende gemacht haben. Spielen Sie dazu immer die gleiche Musik leise im Hintergrund, sodass es für die TN zu einem kleinen Ritual wird. Ein oder zwei Minuten reichen dafür völlig aus.
	KV L7/C5, Würfel, Spielfiguren	3. *fakultativ:* Wenn Sie das Partizip Perfekt weiter üben möchten, verteilen Sie je einen Spielplan der Kopiervorlage, einen Würfel und Spielfiguren. Die TN stellen ihre Figuren auf „ge-". Der erste TN zieht seine Figur entsprechend der gewürfelten Zahl und nennt das Partizip Perfekt des Verbs auf dem Feld, auf das er mit seiner Figur gezogen ist. Gewonnen hat, wer zuerst das Ziel erreicht. Die anderen spielen weiter. In der zweiten Runde bilden die TN einen Satz im Perfekt mit dem entsprechenden Verb auf ihrem Feld. In der dritten Runde ordnen Sie den Würfelzahlen Tageszeiten zu (1 = am Morgen, 2 = am Wochenende etc.) und schreiben sie an die Tafel. Die TN bilden nun mit der Zeit und dem Verb einen Satz.

SCHRITT D: BIST DU PÜNKTLICH GEKOMMEN?

Das Perfekt mit *sein*

Lernziel: Die TN können über Aktivitäten in der Vergangenheit erzählen und Vorschläge machen bzw. ablehnen.

Seite/Aufgabe	Material	Aufbau
88/D1		**Präsentation und Systematisierung des Perfekts mit *sein***
	Folie/IWB	1. Die TN sehen sich Foto A an. Fragen Sie die TN: „Wann ist das? Was machen Lara, Sofia und Lili?" Es sollte deutlich werden, dass es Abend / das Abendessen ist und Lara, Lili und Sofia über den vergangenen Tag sprechen.
	CD 2/57	2. Die TN hören das erste Gespräch. Einige TN erkennen sicher schon, zu welchem Verb die Form „gekommen" gehört. Notieren Sie Partizip und Infinitiv an der Tafel.
	CD 2/57	3. Die TN hören Gespräch B und ergänzen die Lücken. Abschlusskontrolle im Plenum. Wenn die TN die Form „gegangen" erkennen, notieren Sie Partizip und Infinitiv ebenfalls an der Tafel. *Lösung:* B bin ... spazieren gegangen.
	Folie/IWB	4. Verweisen Sie auf die kleine Zeichnung im Grammatik-Kasten, in der die wichtigsten Verben, die das Perfekt mit „sein" bilden, symbolisiert sind. Stellen Sie sich zur Demonstration für alle sichtbar hin und markieren Sie Ihren Standort z. B. mit einem Band / Wollfaden und sagen Sie: „Jetzt bin ich hier." Gehen Sie dann ein paar Schritte übertrieben vorwärtsschreitend durch den Raum und fragen Sie die TN dabei: „Was mache ich jetzt?" Die TN sagen voraussichtlich: „Sie gehen/laufen." Bleiben Sie dann an einer anderen Stelle stehen, markieren Sie Ihren Standort erneut und fragen Sie: „Jetzt bin ich hier. Was habe ich gemacht?" Geben Sie selbst ganz betont die Antwort: „Ich bin gegangen." Abschließend deuten Sie auf die zwei markierten Standorte. Wenn nötig, wiederholen Sie die Demonstration mit dem Verb „fahren". Den TN sollte klar werden, dass Verben, die mit einer Ortsveränderung verbunden sind, das Perfekt mit „sein" bilden. Weisen Sie auf den Grammatik-Kasten im Buch und die Grammatik-Übersicht 4 (Kursbuch, S. 90) hin. Verweisen Sie auch noch einmal auf die Satzklammer. *Binnendifferenzierung:* Es genügt, wenn sich die TN vorerst die Verben „gehen", „fahren" und „kommen" mit „sein" als feste Formel merken. Geübtere TN können überlegen, welche anderen Verben noch zu der Zeichnung passen, z. B. laufen, rennen, Auto fahren etc. Halten Sie diese mit dem Partizip an der Tafel fest. *Hinweis:* Die Vergangenheitsformen werden in *Schritt für Schritt in Alltag und Beruf 2* und in *Schritt für Schritt in Alltag und Beruf 3* vertieft.
		Tipp: Da die Bildung des Perfekts mit „haben" oder „sein" den meisten TN große Schwierigkeiten macht, können Sie mit den TN zwei Plakate erstellen, auf denen an den folgenden Kurstagen die neuen Verben mit „sein" und mit „haben" gesammelt werden. Malfreudige TN können die Zeichnung aus dem Buch auf das „Sein"-Plakat übertragen. So können die TN immer wieder nachsehen und sich die Verben einprägen.
88/D2		**Variation: Anwendungsaufgabe zum Perfekt mit *haben* und *sein***
	Folie/IWB	1. Die TN sehen sich die Zeichnung an. Fragen Sie: „Was glauben Sie? Wo sind die Personen?", „Wer ist das?", „Was machen sie?". Die TN stellen Vermutungen an. Machen Sie den TN deutlich, dass es nicht darauf ankommt, die Situation „richtig" zu treffen, sondern dass sie ihre Fantasie spielen lassen.
	CD 2/58	2. Die TN hören das Gespräch. Zwei TN lesen es noch einmal vor. Machen Sie, wenn nötig, ein weiteres Beispiel im Plenum.

Seite/Aufgabe	Material	Aufbau
		3. In Partnerarbeit spielen die TN weitere Gespräche. Gehen Sie herum und helfen Sie.
		Hinweis: Geben Sie an der Tafel weitere Variationen vor, z. B. „zusammen Hausaufgaben machen", „ins Kino gehen" etc.
		Binnendifferenzierung: In Kursen mit geübteren TN zeigen Sie das Gespräch auf Folie/IWB. Die TN machen weitere Beispiele mit wechselnden Partnern. Tilgen Sie nach und nach Wörter in dem Gespräch, sodass die TN mehr und mehr aus dem Gedächtnis ergänzen müssen. Verweisen Sie die TN auch auf die Rubrik „Vorschlag: Wollen wir Fahrrad fahren?" (Kursbuch, S. 91).
		Hinweis: An dieser Stelle passt das Videotraining 1.
88/D3		**Aktivität im Kurs: Partnerbefragung**
		1. Lesen Sie mit den TN zusammen die Beispiele. Stellen Sie sicher, dass alle TN die Aktivitäten verstehen. Lesen Sie dann mit den TN das Beispiel. Wiederholen Sie ggf. die Satzstellung bei Fragen im Perfekt.
		2. Die TN schreiben: Jeder TN schreibt sechs eigene Fragen.
		Binnendifferenzierung: Lernungewohntere TN arbeiten zu zweit, schreiben aber jeder die Fragen auf. Gehen Sie herum und helfen Sie bei Schwierigkeiten.
	Ball	3. Die TN gehen mit ihren Fragen herum und sprechen mit wechselnden Partnerinnen/Partnern.
		Binnendifferenzierung: Schnellere TN schreiben zusätzlich einen kleinen Text darüber, was sie am Wochenende gemacht haben.
		Tipp: Vertiefen Sie diese Übung, indem die TN sich im Kreis aufstellen. Werfen Sie einen Ball einem TN zu und fragen Sie: „Hast du schon einmal eine Hochzeitstorte gebacken?" Der Fänger antwortet, wirft dann den Ball und stellt eine weitere eigene Frage.
	KV L7/D3, Dose	4. *fakultativ:* Wenn Sie das Perfekt weiter üben möchten, verteilen Sie je einen Satz Karten der Kopiervorlage an Kleingruppen. Ein TN der Gruppe zieht eine Karte und spielt das Verb pantomimisch vor. Die anderen raten: „Was hat der TN gemacht?" und antworten im Perfekt. Wenn nötig, machen Sie einige Beispiele im Plenum vor, damit die TN das Prinzip verstehen. In Kursen mit lernungewohnten TN können Sie auch nur im Plenum spielen.
	AB 22–28, AB-CD 1/68	Die TN machen die Übungen als Einzelarbeit im Kurs oder als Hausaufgabe.

SCHRITT E: KOMMUNIKATION MIT DER SCHULE

Lernziel: Die TN können sich / ein Kind wegen Krankheit telefonisch entschuldigen.

Seite/Aufgabe	Material	Aufbau
89/E1		**Leseverstehen: Ein Elternbrief**
	Folie/IWB	1. Zeigen Sie den Brief. Decken Sie zunächst nur die Anrede auf und fragen Sie: „Was für ein Text ist das?" (Ein Brief.), „Wer hat den Brief geschrieben?", „Wer hat den Brief bekommen?". Die TN stellen Vermutungen an.
	Folie/IWB	2. Die TN öffnen ihr Buch, lesen den Brief und markieren allein oder zu zweit bekannte Wörter. Welche Wörter kennen die TN? Fragen Sie und markieren Sie dann ebenfalls, welche Wörter die TN kennen.

		3. Die TN versuchen zunächst in Partnerarbeit, den Inhalt des Briefes mündlich wiederzugeben: „Die Lehrerin hat einen Brief geschrieben." Damit die TN bei dieser Aufgabe nicht ablesen, sondern mit eigenen Worten erzählen, was sie verstanden haben, decken die TN den Brief ab. Es geht ausschließlich darum, im Wesentlichen zu verstehen, dass es sich um einen Brief an die Eltern handelt, in dem es um einen Klassenausflug geht. Ggf. Abschlussgespräch im Plenum.
	AB 29	im Kurs: Die TN erarbeiten sich hier wichtigen Wortschatz für die weitere Arbeit mit dem Elternbrief im Kursbuch in E1.
89/E2		**Leseverstehen: Kerninformationen verstehen**
	Folie/IWB	1. Zeigen Sie den Brief. Decken Sie zunächst nur die Anrede auf und fragen Sie: „Was für ein Text ist das?" (Ein Brief.), „Wer hat den Brief geschrieben?", „Wer hat den Brief bekommen?" Die TN stellen Vermutungen an.
	Folie/IWB	2. Die TN öffnen ihr Buch, lesen den Brief und markieren allein oder zu zweit bekannte Wörter. Welche Wörter kennen die TN? Fragen Sie und markieren Sie dann ebenfalls, welche Wörter die TN kennen.
		3. Die TN versuchen zunächst in Partnerarbeit, den Inhalt des Briefes mündlich wiederzugeben: „Die Lehrerin hat einen Brief geschrieben." Damit die TN bei dieser Aufgabe nicht ablesen, sondern mit eigenen Worten erzählen, was sie verstanden haben, decken die TN den Brief ab. Es geht ausschließlich darum, im Wesentlichen zu verstehen, dass es sich um einen Brief an die Eltern handelt, in dem es um einen Klassenausflug geht. Ggf. Abschlussgespräch im Plenum.
89/E3		**Hörverstehen: Ein Telefonat mit der Schule**
		1. Die TN sehen sich die Fotos an und stellen Vermutungen an: „Wer telefoniert hier?", „Was sagen die Personen?". Halten Sie die Vorschläge an der Tafel fest.
	CD 2/59	2. Die TN hören das Telefongespräch so oft wie nötig und kreuzen an, welche Aussage richtig ist. Abschlusskontrolle im Plenum. *Lösung:* a, b *Hinweis:* Erklären Sie, dass ein Kind bereits am ersten Krankheitstag und vor Unterrichtsbeginn in der Schule krankgemeldet werden muss. Wenn das Kind wieder gesund ist, muss es am ersten Tag eine schriftliche Entschuldigung von den Eltern mitnehmen.
89/E4		**Aktivität im Kurs: Auf den Anrufbeantworter der Schule sprechen**
		1. Geben Sie den TN Zeit, sich die Redemittel in Ruhe durchzulesen. Sie können dazu auch noch einmal das Telefongespräch aus E3 vorspielen. Darin kommen die wesentlichen Redemittel bereits vor. Verweisen Sie die TN auch auf die Rubriken „Sich entschuldigen: Ich bin krank." und „Jemanden entschuldigen: Mein Sohn ist krank." (Kursbuch, S. 91).
	Smartphone	2. Die TN arbeiten zu zweit. Diejenigen TN, die Kinder haben, beginnen mit der ersten Situation, die anderen beginnen mit der zweiten. Der erste TN spricht seinen Text und der andere TN nimmt das mit dem Smartphone auf. Anschließend tauschen die TN, der zweite TN spricht seinen Text und der erste nimmt auf. Die TN können auch beide Situationen bearbeiten, wenn sie möchten.
		3. Die TN hören sich mit ihrer Partnerin / ihrem Partner die Aufnahmen an und überlegen, ob das gut war. Wenn nicht, versuchen sie es noch einmal.
	Folie/IWB	4. Fordern Sie die TN auf, ihre Texte auswendig zu lernen, damit sie in der entsprechenden Situation auf ein Muster zurückgreifen können. *Tipp:* Geben Sie den TN fünf Minuten Zeit, die Texte auswendig zu lernen. Dann stellen sich die TN im Kreis auf. Sie können auch zwei Kreise, zu jeder Situation einen Kreis, machen. Zeigen Sie die Texte auf Folie / dem IWB. Die TN werfen sich ein Tuch zu. Die Fängerin / der Fänger spricht seinen Text und wirft dann das Tuch weiter. Je länger die TN spielen, desto mehr Wörter sollten Sie auf der Folie / dem IWB tilgen. Sorgen Sie für ein zügiges Tempo.

	KV L7/E4 im Lehrwerkservice	5. *fakultativ:* Sie können zur weiteren Übung die Ansage zu einem Gespräch erweitern. Dazu können Sie auf die Kopiervorlage im Lehrwerkservice unter www.hueber.de/schritt-fuer-schritt zurückgreifen. Auf der Vorlage sind Gespräche zu drei unterschiedlichen Situationen vorstrukturiert. Die TN ergänzen die Lücken und spielen mit ihrer Partnerin / ihrem Partner die Gespräche. *Binnendifferenzierung:* Schnellere TN können zusätzlich selbst eine Situation von der Kopiervorlage auswählen und mithilfe der Redemittel ein freies Gespräch schreiben. Korrigieren Sie ggf. grammatikalische Fehler und fordern Sie die TN dann auf, ihr Gespräch zur besseren Memorierung der Redemittel auswendig zu lernen. Wenn Sie genügend Zeit haben, können einige Paare ihre Gespräche schließlich im Plenum präsentieren.
	AB 30	Die TN machen die Übung als Einzelarbeit im Kurs oder als Hausaufgabe. Die TN schreiben den Brief zusätzlich in der richtigen Reihenfolge in ihr Heft.
	AB 31, Prüfung	Die TN machen sich Notizen zu den angegebenen Fragen. Anschließend markieren sie in b passende Sätze, bevor sie die Entschuldigung schreiben. *Variante:* Wenn Sie die Übung als Aufgabe zur Prüfungsvorbereitung auf *Start Deutsch 1* gestalten möchten, geben Sie den TN insgesamt zehn Minuten Zeit zum Schreiben. Korrigieren Sie die Briefe. *Hinweis:* Pro Frage sollten im zweiten Teil „Schreiben" der Prüfung *Start Deutsch 1* ein bis zwei Sätze geschrieben werden.
	KV L7/Wiederholung	*fakultativ:* Wenn Sie noch Zeit haben, können Sie hier die Wiederholung zu Lektion 7 anschließen (Seite 152/161).
		Tipp: Wenn Sie mit Ihren TN eine spielerische Wiederholung des gesamten Bandes *Schritt für Schritt in Alltag und Beruf 1* machen wollen, können Sie alle sieben Wiederholungsspiele als Stationen anbieten. Die TN bearbeiten entweder alle nacheinander oder wählen einzelne Wiederholungsspiele zu bestimmten Lektionen aus. Auf diese Weise erhalten Sie und auch Ihre TN einen genaueren Überblick, wo es ggf. noch Übungsbedarf gibt.
	Lektionstests	
	KV L7/Test	Einen Test zu Lektion 7 finden Sie hier im LHB auf der Seite 168. Weisen Sie die TN auf den Selbsttest im Arbeitsbuch auf Seite 178 hin.

AUDIO- UND VIDEOTRAINING

Seite/Aufgabe	Material	Aufbau
		Audiotraining 1: Was können Sie sehr gut? Was können Sie gar nicht?
	CD 2/60	Die TN werden von einem Sprecher gefragt, ob sie bestimmte Fähigkeiten haben. und sollen in den Sprechpausen bejahend („Ja, ich kann sehr gut …") oder verneinend („Nein, ich kann gar nicht …") antworten.
		Audiotraining 2: Ich will …
	CD 2/61	Die TN trainieren in einer Echo-Übung die Konjugation von „wollen". Der Sprecher gibt einen Satz vor: „Ich will…" / „Wir wollen …", der als Echo mit dem gespiegelten Personalpronomen wiederholt werden soll: „Ah, du willst …" / „Ah, ihr wollt …".
		Audiotraining 3: Was machen wir am Wochenende?
	CD 2/62	Der Sprecher gibt eine Aktivität vor, die die TN in eine Frage umformulieren sollen: „Wollen wir vielleicht …?"

		Videotraining 1: Wollen wir tanzen gehen?
	Film „Wollen wir tanzen gehen?"	Die TN sehen in dem Film vier kleine Gespräche zwischen Lara und Tim, in denen sie sich verabreden. Die TN lernen den Wortschatz für verschiedene Reaktionen kennen: ablehnen, annehmen, etwas aushandeln.
		fakultativ: Wenn Sie das Videotraining im Kurs machen wollen, können geübtere TN weitere ähnliche Gespräche schreiben und sie im Kurs vorspielen. Ungeübtere TN spielen die Gespräche wie im Film nach.
		Videotraining 2: Ich kann nicht tanzen.
	Film „Ich kann nicht tanzen."	Mit dem Film können die TN wiederholen, wie sie ihre Fähigkeiten ausdrücken können. Tim zeigt ein Bild mit einer Aktivität und Lara zeigt gestisch den Grad des Könnens an. Die TN haben Zeit, entsprechend zu antworten. Dann geben Tim oder Lara die Lösung. Empfehlen Sie besonders den ungeübteren TN diesen Film, den Sie auch später immer mal wieder zur Wiederholung und Festigung benutzen können.

ZWISCHENDURCH MAL ...

Seite/Aufgabe	Material	Aufbau
92		**Film: Ui! (passt z. B. zu A3 und C3)** In kleinen Szenen spielen Lara und Tim die Interjektionen im Kontext vor.
1		1. Die TN sehen sich den Film an. Stoppen Sie nach jeder Sequenz und besprechen Sie mit den TN die Situation, in die die jeweilige Interjektion eingebettet ist.
	KV L7/ZDM	*fakultativ:* Verteilen Sie die Kopiervorlage. Die TN sehen sich die Fotos und die Interjektionen im Buch an und beraten mit dem Partner, welches Foto zu den Sätzen in Übung 1 passt. Anschließend sehen die TN den Film und vergleichen, ob ihre Vermutungen auf der Kopiervorlage passen. Abschlusskontrolle im Plenum.
		Hinweis: Interjektionen sind kurze Ausrufe. Meistens drücken sie eine Emotion (Freude, Wut, Überraschung, Erstaunen, Zweifel etc.) aus und werden auch sehr emotional vorgebracht. Mimik, Gestik und Intonation sind deshalb sehr wichtig. Sie machen ein Gespräch lebendig und sind oft stark automatisiert, sodass man sie auch in der Fremdsprache nicht leicht ablegt. Dabei sind sie keineswegs international: Für „Igitt" wird z. B. im Englischen „Ugh" verwendet. Bei Schmerzen rufen Deutsche „Au", „Aua" oder „Autsch", Finnen dagegen „Ai" etc.
		2. *fakultativ:* Vergleichen Sie mit den TN zusammen in einem Plenumsgespräch die Interjektionen mit denen ihrer Muttersprache. Welche sind gleich? Welche sind anders?
		3. Die TN sehen den Film noch einmal und konzentrieren sich nun auf die Gestik, Mimik und Intonation.
		4. Die TN sehen den Film ohne Ton und sprechen im Chor die Interjektionen. Anschließend üben sie mithilfe der Fotos im Buch zu zweit.
	KV L7/ZDM	5. *fakultativ:* Die TN bearbeiten Übung 2 der Kopiervorlage. Anschließend Kontrolle im Plenum, indem je zwei TN die Gespräche mit guter Intonation lesen.
2		6. Die TN suchen sich zu zweit drei Ausrufe aus und überlegen sich kleine Szenen. Sie können pantomimisch wie im Film oder dialogisch sein.
3		7. Die TN spielen die Szenen im Plenum vor.

		Tipp: Es sollten immer alle TN die Möglichkeit bekommen, ihre Gespräche im Kurs vorzuspielen. Oft ist dafür in großen Gruppen keine Zeit oder es würde für alle zu langweilig, immer ähnlichen Vorträgen zuzuhören. Verteilen Sie daher die Präsentationen auf mehrere Unterrichtstage, z. B. indem Sie immer die letzten zehn Minuten einer Stunde für Rollenspiele und freie Aktivitäten reservieren. Diese zehn Minuten sind zugleich eine ideale Wiederholung der letzten Unterrichtseinheiten bzw. eine gute Möglichkeit für eine Rückblende.
		8. *fakultativ:* Fragen Sie die TN: „Kennen Sie noch andere Ausrufe?" Halten Sie sie an der Tafel fest und klären Sie mithilfe der TN die Bedeutung. In Kursen mit ungeübteren TN suchen die TN in den Gesprächen im Buch nach weiteren Ausrufen, z. B. Lektion 6/ B2 und C2. Klären Sie mit den TN die Bedeutung. *Binnendifferenzierung:* In Kursen mit überwiegend lerngewohnter TN schreiben Sie einige der unten angegebenen Interjektionen auf Kärtchen. Die TN überlegen in Kleingruppen, was sie bedeuten könnten. Dann verteilen Sie Karten mit den Erklärungen. Die TN ordnen zu. Anschließend Kontrolle im Plenum. Als Hausaufgabe können die TN zu zweit passende Szenen schreiben und sie in den folgenden Kurstagen vorspielen.

Ach ja?	„Das glaube ich nicht." / „Stimmt das wirklich?" / „Bist du sicher? Ich nicht."
Äh(m).	(Beim Sprechen eine Pause füllen) „Was will ich sagen?" / „Moment, ich weiß gerade nicht weiter."
Ach so. / Aha.	„Jetzt habe ich verstanden." / „Jetzt ist (mir) das klar."
Ah!	„Das tut gut."
Hoppla.	(Wenn man selbst/jemand anders oder etwas – fast – gefallen wäre oder ist) „Vorsicht, du fällst!" / „Ich bin erschrocken."
Hurra!	„Ich freue mich so." / „Das ist super."
Oh!	„Das habe ich nicht gewusst." / „Das überrascht mich jetzt."
Na bitte. / Na also.	(Triumph) „Warum nicht gleich so!" / „Ich hab's ja gewusst!" / „Siehst du!"
Na gut. / Na schön.	„Ich habe keine Lust, aber ich mache es." / „Ich möchte nicht, aber okay."
Na ja.	„Ich weiß nicht so richtig." / „Das gefällt mir nicht so gut."
Husch!	„Geh weg (, aber leise)!"
Na, na, na.	„Das tut/sagt man nicht!"

93		**Spiel: Das „können"-und-„wollen"-Pantomime-Spiel (passt z. B. zu B3)** Die TN üben spielerisch die Satzstellung bei Modalverben.
1	CD 2/63–64	1. Die TN sehen sich die Fotos an und hören die Mini-Gespräche. Sie ordnen zu. Abschlusskontrolle im Plenum. *Lösung:* 1 – A, 2 – B
2	CD 2/63–64	2. Die TN hören die Mini-Gespräche noch einmal. Zu zweit schreiben sie zu den Beispielen solche Mini-Gespräche. *Binnendifferenzierung:* Lerngewohntere TN arbeiten allein. Schnellere TN schreiben weitere Gespräche zu eigenen Verben.
3		3. Die TN spielen solche Mini-Gespräche im Kurs.
	kleine Zettel, Dose	4. *fakultativ:* Bereiten Sie zu Hause kleine Zettel mit Verben vor und legen Sie sie in eine Dose. Ein TN zieht einen Zettel und spielt das Verb auf dem Zettel vor. Die anderen TN reagieren wie in den Mini-Gesprächen in 1. *Hinweis:* Diese Übung können Sie auch zu einem späteren Zeitpunkt, z. B. am nächsten Kurstag, als Wiederholung einsetzen.

93		**Schreiben: Was haben Sie heute im Kurs gemacht?**
		1. Die TN sehen sich den Chat im Buch an. Stellen Sie sicher, dass alle TN die Aufgabe verstehen.
	Zettel	2. Die TN arbeiten zu zweit. Jeder TN eines Paars schreibt oben auf ein Blatt Papier den ersten Satz des Chats „Was habt ihr heute im Deutschkurs gemacht?".
	Zettel	3. Die TN tauschen ihren Zettel mit der Partnerin / dem Partner und schreiben eine Antwort. Wieder wird getauscht usw. Geben Sie dafür eine Zeit, z. B. sechs bis sieben Minuten, vor. *Binnendifferenzierung:* Wenn Sie den Film „Ui!" aus der Rubrik „Zwischendurch mal …" bereits mit den TN bearbeitet haben, versuchen lerngewohntere TN, einige der Interjektionen aus dem Film „Ui" einzubinden. Das macht einen Chat lebendiger.
		4. Paare, die möchten, lesen ihren Chat im Plenum vor.

1 ▶ 1–8 **Was passt? Hören Sie und kreuzen Sie an.**

- ☒ Polen
- ○ Deutschland
- ○ Polnisch
- ☒ Deutsch
- ○ Englisch
- ○ Spanisch

- ○ Polen
- ○ Deutschland
- ○ Polnisch
- ○ Deutsch
- ○ Englisch
- ○ Spanisch

- ○ Polen
- ○ Deutschland
- ○ Polnisch
- ○ Deutsch
- ○ Englisch
- ○ Spanisch

- ○ Polen
- ○ Deutschland
- ○ Polnisch
- ○ Deutsch
- ○ Englisch
- ○ Spanisch

Lösung: Lara: Polnisch; Walter: Deutschland, Deutsch, Englisch, Spanisch; Sofia: Deutschland, Deutsch, Englisch;
Lili: Deutschland, Deutsch, Englisch

Das ich/du/Sie-Spiel

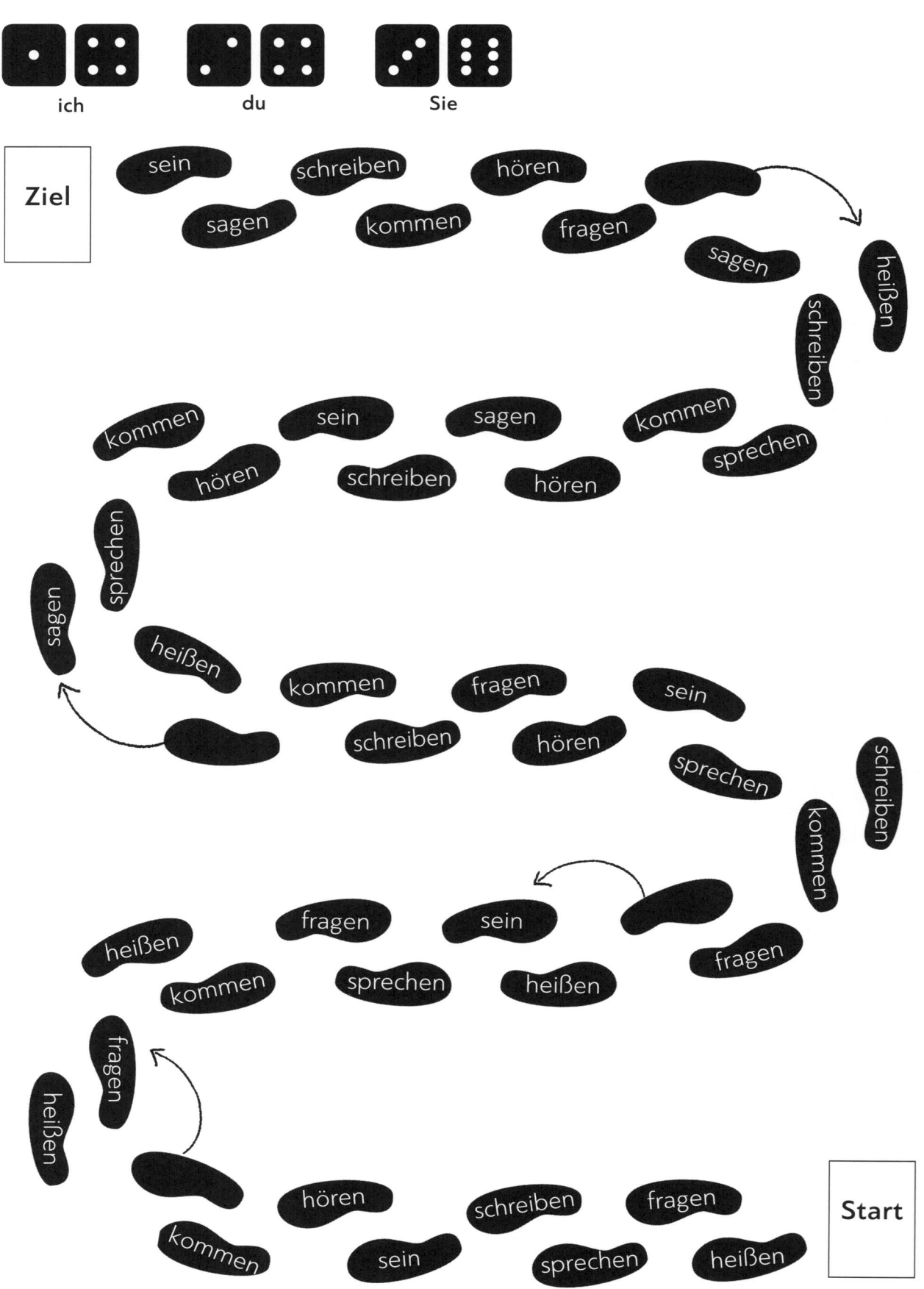

Pikto Fußabdruck © Thinkstock/iStock/tereez

Alphabet-Bingo

Kontrollblatt

a	b	c	d	e	f	g	h	i	j
k	l	m	n	o	p	q	r	s	t
u	v	w	x	y	z	ä	ö	ü	ß

Bingo-Blätter

Satzkärtchen zu Lara und Tim

Das ist Lara Nowak. 
Das ist Tim. 
… kommt aus Lublin. Das ist in Polen.
…s Eltern sind verheiratet und haben zwei Söhne.
…s Bruder heißt Ben und ist 16 (Jahre alt).
…s Mutter heißt Anna und lebt in Lublin.
… ist 20 (Jahre alt).
… wohnt jetzt in München. Das ist in Deutschland.
…s Großeltern leben auch in Lublin.
… kommt aus Ottawa. Das ist die Hauptstadt von Kanada.
… spricht Polnisch und Englisch und lernt Deutsch.
… wohnt jetzt in München und lernt mit Lara Deutsch.
… spricht Englisch.
…s Vater heißt Richard, …s Mutter heißt Amy.
…s Vater lebt in Poznań.

Lösung: Das ist Lara Nowak. Lara kommt aus Lublin. Das ist in Polen. Laras Mutter heißt Anna und lebt in Lublin. Lara ist 20 Jahre alt. Lara wohnt jetzt in München. Das ist in Deutschland. Laras Großeltern leben auch in Lublin. Lara spricht Polnisch und Englisch und lernt Deutsch. Laras Vater lebt in Poznań.
Das ist Tim. Tims Eltern sind verheiratet und haben zwei Söhne. Tims Bruder heißt Ben und ist 16 (Jahre alt). Tim kommt aus Ottawa. Das ist die Hauptstadt von Kanada. Tim spricht Englisch. Tim wohnt jetzt in München und lernt mit Lara Deutsch. Tims Vater heißt Richard, Tims Mutter heißt Amy.

Klassenspaziergang

Super.

Gut, danke.

Danke, sehr gut.

Na ja, es geht.

Sehr gut, danke.

Ach, nicht so gut.

Danke, gut.

Familien-Domino

Schwester	mein	Sohn	mein
Bruder	meine	Tochter	mein
Vater	meine	Eltern	meine
Mutter	mein	Bruder	meine
Schwester	meine	Kinder	mein
Sohn	meine	Tochter	mein
Kind	meine	Eltern	meine

Zahlen-Bingo

Kontrollblatt

0	1	2	3	4	5	6	7	8	9
10	11	12	13	14	15	16	17	18	19

Bingo-Blätter

Textpuzzle: Esila und ihre Familie

Ich heiße Esila Kartal.  Ich bin	nicht so gut Deutsch. Sie kommen
neunzehn. Ich bin in	aus Istanbul, sehr lange  aber sie wohnen schon
St. Pölten geboren. 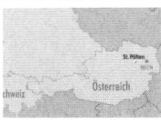 Meine Eltern	in St. Pölten. Meine Mutter und ich
und ich wohnen in Linz. St. Pölten und Linz 	sind Österreicherinnen. Mama heißt Sylvia. Sie 
sind in Österreich. St. Pölten ist die Landeshauptstadt von Niederösterreich und Linz	kommt aus Wien.  Wien ist
ist die Landeshauptstadt von Oberösterreich.  Das ist	die Hauptstadt von Österreich. Mamas Eltern,
meine Familie.  Mein Papa	also meine Großeltern,  leben auch in Wien. Sie
heißt Zafer.  Er spricht	sind nicht verheiratet. Mein Opa heißt Walter Brunner. Er
sehr gut Deutsch. Er ist Türke, aber er ist in	ist in Wien geboren. Und das ist meine Oma. Sie heißt
Österreich geboren. Meine Großeltern 	Krisztina Pap. Sie kommt aus Sopron. Sie 
kommen aus der Türkei. Mein Opa	ist Ungarin. Tja, das ist meine Familie. Wir 
heißt Berkan, meine Oma heißt Nilüfer. Oma und Opa sprechen	leben in Österreich, aber wir sind international.

Fotos: Kraus Film, München

Wer sagt was? Ordnen Sie zu.

Ich habe Hunger.

Wir haben aber nicht sehr viel.

Möchtest du Pfannkuchen?

Hey, Pfannkuchen, lecker.

Nein, wir haben kein Ei.

Das ist ein Schokoladenei.

Kaufst du bitte zehn Eier?

Ja, natürlich haben wir Eier.

Ja, gut, mache ich.

Das macht dann zusammen 3 Euro 87.

Und die zwei Bananen, bitte.

Kann ich dir helfen?

Hm, naja, vielleicht.

Pfannkuchen sind lecker.

Danke für die Eier, Herr Meier.

Lösung: Foto 1: Ich habe Hunger. – Wir haben aber nicht sehr viel. / Foto 2: Möchtest du Pfannkuchen? – Hey, Pfannkuchen, lecker. / Foto 3: Nein, wir haben kein Ei. – Foto 4: Kaufst du bitte 10 Eier? – Ja, gut, mache ich. / Foto 5: Das ist ein Schokoladenei. – Ja, natürlich haben wir Eier. / Foto 6: Das macht dann zusammen 3 Euro 87. – Und die zwei Bananen, bitte. / Foto 7: Kann ich dir helfen? – Hm, naja, vielleicht. / Foto 8: Pfannkuchen sind lecker. – Danke für die Eier, Herr Meier.

Lebensmittel-Domino

	Das ist eine …		Das ist ein …
	Das ist ein …		Das ist eine …
	Das ist eine …		Das ist ein …
	Das ist ein …		Das ist eine …
	Das ist ein …		Das ist eine …
	Das ist ein …		Das ist ein …

Fotos: Ei © Thinkstock/iStock/GooDween123; Tomate © fotolia/Zbigniew Kosmal; Kaffee © Thinkstock/iStock/ValentynVolkov; Semmel © Thinkstock/iStock/kgfoto; Orange © Thinkstock/iStock/ValentynVolkov; Kiwi © Thinkstock/iStockphoto; Apfel © fotolia/Aleksejs Pivnenko; Würstchen ©Thinkstock/iStock/karandaev; Birne ©Thinkstock/iStock/ilovezion; Torte © Thinkstock/iStockphoto; Banane © iStock/ZoneCreative; Saft © ©fotolia/Apart Foto

Ergänzen Sie.

Birne	viele *Birnen*	die Bir|ne [ˈbɪrnə]; -, -n: *Frucht, die unten rund ist und zum Stiel hin dünner wird*
Apfel	viele	der Ap|fel [ˈapfl̩]; : *rundliche Frucht mit hellem, festem Fleisch und kleinen braunen Kernen*
Zwiebel	viele	die Zwiebel [ˈt͡sviːbl̩]; -, -n: *als Gewürz oder Gemüse verwendete Knolle mit dünner Schale, die intensiv riecht und scharf schmeckt*
Fisch	viele	der Fisch [fɪʃ]; -[e]s, -e: *im Wasser lebendes Tier, das sich mithilfe von Flossen schwimmend fortbewegt*
Brötchen	viele	das Bröt|chen [ˈbrøtçən]; -s, -: *rundes oder längliches Gebäck aus Mehl, Hefe und Milch oder Wasser*
Ei	viele	das Ei [ˈai]; -[e]s, -er: *(meist von einem Huhn gelegtes) Ei als Nahrungsmittel*
Pfannkuchen	viele	der Pfann|ku|chen [ˈp͜fankuːxn̩]; -s, -: *in der Pfanne gebackener, dünner Teig aus Eiern, Mehl und Milch*
Kiwi	viele	die Ki|wi [ˈkiːvi]; -, -s: *ovale Frucht mit saftigem grünen Fleisch und brauner behaarter Schale*

1 Was meinen Sie? Was ist in Opas Kartoffelsalat? Kreuzen Sie an.

○ Kartoffeln

○ Würstchen

○ Becher Joghurt

○ Eier

○ Glas Wasser

○ Salatgurke

○ Mayonnaise

○ Essig

○ Knoblauchzehe

○ Apfel

○ Glas Gurken

○ Pfeffer   ○ Salz

○ Bund Frühlingszwiebeln   ○ Käse

○ Zwiebeln

○ Speck

○ Spinat

○ Lauch

2 Sehen Sie nun den Film und vergleichen Sie.

Fotos: Kartoffeln © fotolia/Denis Dryashkin; Würstchen © fotolia/rdnzl; Joghurt © Thinkstock/iStock/EdnaM; Eier © Thinkstock/iStock/Mimadeo; Wasser © Thinkstock/iStock/ ratchanida thippayos; Salatgurke © Thinkstock/iStock/Andrii Gorulko; Mayonnaise © iStock/Kesu; Essig © fotolia/stefanoventuri; Knoblauch © Thinkstock/iStock/Luis Carlos Jiménez del Río; Apfel © fotolia/Aleksejs Pivnenko; Glas Gurken © iStock/Lee Rogers; Salz, Pfeffer © MEV; Frühlingszwiebeln © Thinkstock/iStock/xtrekx; Käse © Thinkstock/ iStock/Jultud; Zwiebeln © iStock/Olivier Blondeau; Speck © Thinkstock/iStock/sonsam; Spinat © Thinkstock/iStock/dionisvero; Lauch © fotolia/Erich Muecke

Ergänzen Sie.

Der kleine Mann: Kiosk

1

- ■ Na, Lara? Wie gefällt dir die Schreibtischlampe?
  Sie ist nicht neu, aber sie ist ganz schön, oder?
- ◆ Die Lampe ist sehr schön.

2

- ◆ Walter, das ist Tim. Tim, das ist Herr Baumann.
- ■ Hallo Tim.
- ● Hallo, Herr Baumann.
- ◆ Tim kommt aus Ottawa.
- ■ Oh, aus Kanada?
- ● Ja, richtig.
- ◆ Tim ist auch im Deutschkurs, Walter.

3

- ● Sag mal, wo ist denn hier das Bad?
- ◆ Das Bad ist dort.
- ● Ah, danke.
- ◆ Aber Vorsicht!
- ● Hm?
- ◆ Es ist nicht groß.

4

- ● Das Bad ist nicht groß ... Oh nein, es ist klein ...
  Hmm? „Lara" – blau, „Sofia" – gelb, „Lili"–rot.
  Ja, und Walter? Wohnt Walter nicht hier?

5

- ◆ Tatata-taaa: Das ist mein Zimmer. Hier wohne ich.
- ● Hey!
- ◆ Und? Wie findest du das Zimmer?
- ● Das Zimmer gefällt mir sehr gut. Es ist groß und hell. Und die Möbel sind sehr schön.

6

- ● Das Zimmer gefällt mir sehr gut. Aber es ist teuer, oder?
- ◆ Nein. Das Zimmer ist nicht teuer. Es kostet 150 Euro.
- ● 150 Euro! In München! Du, das ist aber sehr billig.
- ◆ Ja?
- ● Mein Zimmer kostet 350 Euro im Monat.
- ◆ Was?! 350 Euro?
- ● Ja!
- ◆ Boah!
- ● Und es ist klein und hässlich und dunkel.

7

- ◆ Das ist die Küche.
- ● Toll. Sie ist sehr groß.
- ◆ Ja, stimmt. Ich finde das auch schön.

8

- ◆ So, was siehst du, Tim?
- ● Das ist Walter.
- ◆ Moment. Guck mal hier: eine Mutter und eine Tochter.
- ● Ja ... und?
- ◆ Und hier rechts ein Vater und hier links eine Tochter.
- ● Was? Ach so!

Ergänzen Sie.

groß ~~billig~~ neu teuer breit klein schön schmal hell alt hässlich dunkel

Das Haus ist *billig.*

Das Haus ist _____.

Das Auto ist _____.

Das Auto ist _____.

Das Zimmer ist _____.

Das Zimmer ist _____.

Die Straße ist _____.

Die Straße ist _____.

Das Zimmer ist _____.

Das Zimmer ist _____.

Der Tag ist _____.

Die Nacht ist _____.

Lösung: billig – teuer, alt – neu, groß – klein, breit – schmal, schön – hässlich, hell – dunkel

Vier gewinnt

A

Spiel 1 Sie suchen eine 3-Zimmer-Wohung, ca. 75 Quadratmeter groß, aber nur bis 800 € pro Monat. Gerne mit Balkon und Garage. Informieren Sie sich.

Ich suche ...

Wie groß ist die Wohnung?

Ich möchte nur bis ... Euro Miete bezahlen.

Die Wohnung ist zu groß/klein.

Die Wohnung gefällt mir (nicht).

Spiel 2 Sie vermieten Wohnungen. Eine Kundin / Ein Kunde kommt und möchte Informationen:
Sie/Er sucht eine 2-Zimmer-Wohung mit ca. 50 m^2. Sie/Er möchte ca. 550 m bezahlen.
Sie/Er braucht eine große Küche, Garage und Balkon. Sie haben diese Wohnungsangebote:

Ich habe hier eine Wohnung mit Balkon.

Wie viele Zimmer möchten/brauchen Sie?

Die Wohnung hat ... Quadratmeter.

Die Wohnung kostet ...

Die Wohnung hat eine große Küche ...

2-Zi-Wohnung: ruhige Lage, 55 qm, Balkon, Garage; Wohnküche, 560 €, Nebenkosten 40 €, 2 Monatsmieten Kaution, ab 1.12.	**Ferienwohnung** mit 2 Zimmern, 50 qm, Balkon, Angebot für 14 Tage: 500 Euro
2-Zi-Wohnung im Stadtzentrum, 49 qm, kl. Küche, große Garage, Preis: 520 € plus Nebenkosten, frei ab sofort	**Günstig!** Kleine 3-Zi-Wohnung mit Balkon, großer Küche, eigener Garage für nur 550 Euro plus Nebenkosten 50 Euro!

B

Spiel 1 Sie vermieten Wohnungen. Eine Kundin / Ein Kunde kommt und möchte Informationen:
Sie/Er sucht eine 3-Zimmer-Wohung mit ca. 75 Quadratmetern. Sie/Er möchte bis 800 € bezahlen. Gerne mit Balkon und Garage. Sie haben diese Wohnungsangebote:

Ich habe hier eine Wohnung mit Balkon.

Wie viele Zimmer möchten/brauchen Sie?

Die Wohnung hat ... Quadratmeter.

Der Balkon ist ...

Die Wohnung hat eine Einbauküche ...

Die Wohnung kostet ...

3-Zi-Wohnung, 85 qm, zentral, Küche, Bad, WC extra, 850 € Warmmiete	Helle **3-Zimmer-Wohnung,** 74 qm, zentral, EBK, kl. Balkon, Garage, 750 € + NK/KT
	Südpark, 3-ZW, kl. Balk., gr. TG, 70 qm, 800 € KM, Nebenkosten 160 €.

Spiel 2 Sie suchen eine 2-Zimmer-Wohung mit ca. 50 m^2. Kosten: ca. 500 € + Nebenkosten. Sie brauchen eine große Küche, Garage und Balkon. Informieren Sie sich.

Ich suche ...

Wie groß ist die Wohnung?

Ich möchte nur bis ... Euro Miete bezahlen.

Die Wohnung ist zu groß/klein.

Die Wohnung gefällt mir (nicht).

Laras Tag

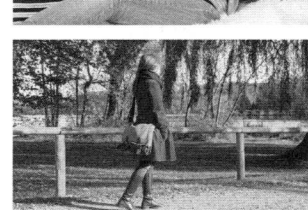

Variante A:

Lara *kocht*	das Abendessen.	Sie *ruft*	ihre Familie
an.	Lara *steht*	früh *auf.*	Sie *räumt*
die Küche	*auf.*	Sie *kauft*	im Supermarkt
ein.	Lara *sieht*	*fern.*	Sie *geht*
spazieren.	Lara *räumt*	ihr Zimmer	*auf.*
Sie *hört*	Musik.		

Variante B:

Lara	*kocht*	das	Abendessen.	Sie
ruft	ihre	Familie	*an.*	Lara
steht	früh	*auf.*	Sie	*räumt*
die	Küche	*auf.*	Sie	*kauft*
im	Supermarkt	*ein.*	Lara	*sieht*
fern.	Sie	*geht*	*spazieren.*	Lara
räumt	ihr	Zimmer	*auf.*	Sie
hört	Musik.			

Salat essen 	die Küchenschränke aufräumen 	früh aufstehen 
im Garten arbeiten 	lange fernsehen 	im Supermarkt einkaufen 
deine Eltern anrufen 	mit Freunden essen 	kochen 
spazieren gehen 	das Kinderzimmer aufräumen 	Obst essen 

Was macht Lili um ...? / Wann macht Lili ...?

Variante A, Partner A

Wer?	Wann?	Was?
Sofia	7:45	
Lili		in die Schule gehen
Tim	8:27	
Lili		Hausaufgaben machen
Sofia		von der Arbeit kommen
Lara	19:15	

Variante A, Partner B

Wer?	Wann?	Was?
Sofia		zur Arbeit gehen
Lili	7:50	
Tim		zum Deutschkurs gehen
Lili	15:45	
Sofia	18:35	
Lara		das Abendessen kochen

- -

Variante B, Partner A

Wer?	Wann?	Was?
Sofia	7:45 (Viertel vor acht)	
Lili	7:50 (zehn vor acht)	
Tim		geht zum Deutschkurs
Lili	15:45 (Viertel vor vier)	
Sofia		kommt von der Arbeit
Lara		kocht das Abendessen

Variante B, Partner B

Wer?	Wann?	Was?
Sofia		geht zur Arbeit
Lili		geht in die Schule
Tim	8:27 (kurz vor halb neun)	
Lili		macht Hausaufgaben
Sofia	18:35 (fünf nach halb sieben)	
Lara	19:15 (Viertel nach sieben)	kocht das Abendessen

Uhrzeit-Domino

zehn nach zwölf	7:05	fünf nach sieben	10:13
zehn Uhr dreizehn	10:30	zehn Uhr dreißig	17:20
zwanzig nach fünf	22:15	Viertel nach zehn	23:57
kurz vor zwölf	12:00	zwölf Uhr	16:10
sechzehn Uhr zehn	3:45	Viertel vor vier	11:13
elf Uhr dreizehn	14:30	halb drei	9:35
fünf nach halb zehn	8:59	acht Uhr neunundfünfzig	6:43
sechs Uhr dreiundvierzig	15:15	Viertel nach drei	4:25
fünf vor halb fünf	18:33	achtzehn Uhr dreiunddreißig	0:45
Viertel vor eins	21:29	einundzwanzig Uhr neunundzwanzig	13:48
dreizehn Uhr achtundvierzig	19:30	halb acht	11:05
fünf nach elf	8:30	halb neun	0:10

1 **Sehen Sie die Reportage noch einmal an. Was macht Franziska? Wann macht sie das? Verbinden Sie zu zweit.**

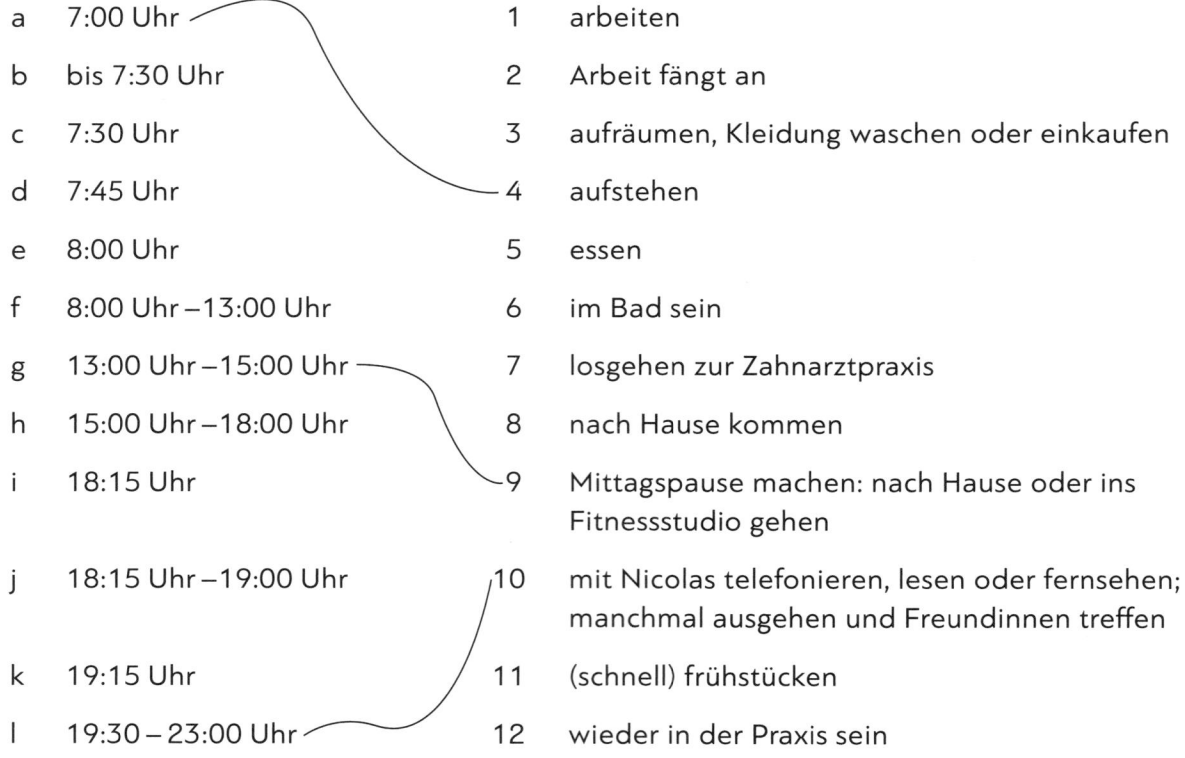

a	7:00 Uhr		1	arbeiten
b	bis 7:30 Uhr		2	Arbeit fängt an
c	7:30 Uhr		3	aufräumen, Kleidung waschen oder einkaufen
d	7:45 Uhr		4	aufstehen
e	8:00 Uhr		5	essen
f	8:00 Uhr – 13:00 Uhr		6	im Bad sein
g	13:00 Uhr – 15:00 Uhr		7	losgehen zur Zahnarztpraxis
h	15:00 Uhr – 18:00 Uhr		8	nach Hause kommen
i	18:15 Uhr		9	Mittagspause machen: nach Hause oder ins Fitnessstudio gehen
j	18:15 Uhr – 19:00 Uhr		10	mit Nicolas telefonieren, lesen oder fernsehen; manchmal ausgehen und Freundinnen treffen
k	19:15 Uhr		11	(schnell) frühstücken
l	19:30 – 23:00 Uhr		12	wieder in der Praxis sein

2 **Vergleichen Sie dann im Kurs.**

einen Ausflug	Gitarre	ein Picknick	eine Nachricht
Auto	Würstchen	Musik	Hunger
schreiben	hören	fahren	essen
haben	machen	spielen	machen

Wetter-Memo-Spiel

Es schneit.

Es sind 25 Grad.
Es ist warm.

Es regnet.

Die Sonne scheint.

Es ist windig.

Es ist bewölkt / Es
gibt viele Wolken.

Es sind nur 7 Grad.
Es ist kalt.

Schritt für Schritt in Alltag und Beruf 1 | Lehrerhandbuch | 978-3-19-071087-4 | © Hueber Verlag 2019

Quartett

der Apfel

die Banane
die Orange
die Tomate

die Banane

die Orange
die Tomate
der Apfel

die Orange

die Tomate
der Apfel
die Banane

die Tomate

der Apfel
die Banane
die Orange

die Cola

das Mineralwasser
der Apfelsaft
der Wein

**das Mineral-
wasser**

der Apfelsaft
der Wein
die Cola

der Apfelsaft

der Wein
die Cola
das Mineralwasser

der Wein

die Cola
das Mineralwasser
der Apfelsaft

der Herd

die Waschmaschine
der Fernseher
der Kühlschrank

die Waschmaschine

der Fernseher
der Kühlschrank
der Herd

der Fernseher

der Kühlschrank
der Herd
die Waschmaschine

der Kühlschrank

der Herd
die Waschmaschine
der Fernseher

der Schrank

das Sofa
der Tisch
das Bett

das Sofa

der Tisch
das Bett
der Schrank

der Tisch

das Bett
der Schrank
das Sofa

das Bett

der Schrank
das Sofa
der Tisch

1 Was machen Sie gern? Kreuzen Sie an.

	ich		meine Partnerin / mein Partner	
Aktivitäten	🙂 gern	🙁 nicht gern	🙂 gern	🙁 nicht gern
tanzen				
wandern				
schwimmen				
spazieren gehen				
Freunde treffen				
Fahrrad fahren				
fotografieren				
grillen				
Musik hören				
eine Ausflug machen				
telefonieren				
…				
…				
…				

2 Was macht Ihre Partnerin / Ihr Partner gern? Hören Sie die Antwort und kreuzen Sie an.

Schritt für Schritt in Alltag und Beruf 1 | Lehrerhandbuch | 978-3-19-071087-4 | © Hueber Verlag 2019

Aktivitäten

schwimmen	 wandern	 Fußball spielen	 grillen
 Gitarre spielen	 tanzen	 spazieren gehen	 Zeitung lesen
 Fahrrad fahren	 Musik hören	 Auto fahren	 ein Picknick machen
 kochen	 fernsehen	 Freunde treffen	 Computer spielen

Almas Hobby: Wolkenfotos

1 a Sehen Sie den Film ohne Ton an. Was macht Alma? Kreuzen Sie an.

○ fotografieren
○ im Internet surfen
○ spazieren gehen
○ am Computer Fotos ansehen
○ stricken
○ Fahrrad fahren
○ wandern
○ Freunde treffen

1 b Schreiben Sie Sätze. Was macht Alma?

Alma geht spazieren.

2 Was ist richtig? Kreuzen Sie an.

a ○ Alma ist 43 Jahre alt.
b ⊗ Sie wohnt im Süden von Deutschland.
c ○ Alma fotografiert nie den Himmel.
d ○ Ihre Lieblingshobbys sind Spazierengehen
und Fahrradfahren.

e ○ Alma findet Wolken interessant.
f ○ Almas Wolken haben viele Farben.
g ○ Wolken sind wie Bananen: ganz verschieden.

h ○ Alma arbeitet nur am Wochenende.
i ○ Alma hat am Wochenende immer ihr Handy
dabei.

Lili Lara Sofia	Kannst du Lili wecken?
Lili Lara Sofia	Hmmm! Das schmeckt so lecker.
Lili Lara Sofia	Ihr schreibt also einen Mathetest.
Lili Lara Sofia	Ich glaube, ich habe alles richtig gemacht.
Lili Lara Sofia	Das Frühstück ist fertig. Was ist los?
Lili Lara Sofia	Pünktlich um Viertel nach zehn ist sie da.
Lili Lara Sofia	Sie will auf jeden Fall noch zum Deutschkurs gehen.
Lili Lara Sofia	Ich habe Bauchschmerzen.

Lösung: Sofia: Kannst du Lili wecken? / Lili: Hmmm! Das schmeckt so lecker. / Lara: Ihr schreibt also einen Mathetest. / Lili: Ich glaube, ich habe alles richtig gemacht. / Lara: Das Frühstück ist fertig. Was ist los? / Lara: Pünktlich um Viertel nach zehn ist sie da. / Lili: Sie will auf jeden Fall noch zum Deutschkurs gehen. / Lili: Ich habe Bauchschmerzen.

1 Wie gut kannst du …? Lies und markiere.

Ich kann					
sehr gut	gut	ein bisschen	nicht so gut	gar nicht	
					Fahrrad fahren.
					schwimmen.
					tanzen.
					singen.
					kochen.
					malen.
					Kuchen backen.
					Gitarre spielen.

2 Fragen und Antworten im Kurs.

Ihre Partnerin / Ihr Partner fragt Sie. Antworten Sie mit Ihren Markierungen in 1.

~~Fahrrad fahren~~ schwimmen tanzen singen kochen malen Kuchen backen Gitarre spielen

● …, kannst du gut Fahrrad fahren?

■ Ja, ich kann … Fahrrad fahren. Und du? / Nein, ich kann … Fahrrad fahren. Und du?

● Nein, nicht so gut. / Doch, ich kann … Fahrrad fahren.

3 Passt die Antwort? Dann tragen Sie Ihre Partnerin / Ihren Partner in die Tabelle ein.

1 Wer kann <u>gut</u> Fahrrad fahren?	
2 Wer kann <u>sehr gut</u> schwimmen?	
3 Wer kann <u>nicht so gut</u> tanzen?	
4 Wer kann <u>gar nicht</u> singen?	
5 Wer kann <u>ein bisschen</u> kochen?	
6 Wer kann <u>gut</u> malen?	
7 Wer kann <u>sehr gut</u> Kuchen backen?	
8 Wer kann <u>ein bisschen</u> Gitarre spielen?	

Frage und Antwort

A

Fragen Sie Ihre Partnerin / Ihren Partner. Notieren Sie die Antwort.

A: Kann Petra singen?
B: Nein, sie kann gar nicht singen.

B: Kann Petra fotografieren?
A: Ja, sie kann toll fotografieren.

 Bei „nicht so gut" antwortet man: „Nein, Petra kann nicht so gut singen."

	Petra	Bärbel und Rainer	Niko	Petras Eltern
fotografieren	toll			gut
singen		nicht so gut		
Auto fahren	sehr gut		gut	
Gitarre spielen		leider nicht	ein bisschen	
schwimmen				sehr gut
tanzen	nicht so gut	gar nicht	sehr gut	

B

Fragen Sie Ihre Partnerin / Ihren Partner. Notieren Sie die Antwort.

A: Kann Petra singen?
B: Nein, sie kann gar nicht singen.

B: Kann Petra fotografieren?
A: Ja, sie kann toll fotografieren.

 Bei „nicht so gut" antwortet man: „Nein, Petra kann nicht so gut singen."

	Petra	Bärbel und Rainer	Niko	Petras Eltern
fotografieren		gut	nicht so gut	
singen	gar nicht		toll	nicht so gut
Auto fahren		sehr gut		gar nicht
Gitarre spielen	super			gut
schwimmen	nicht so gut	leider nicht	gut	
tanzen				nicht gut

Das will ich am Wochenende machen!

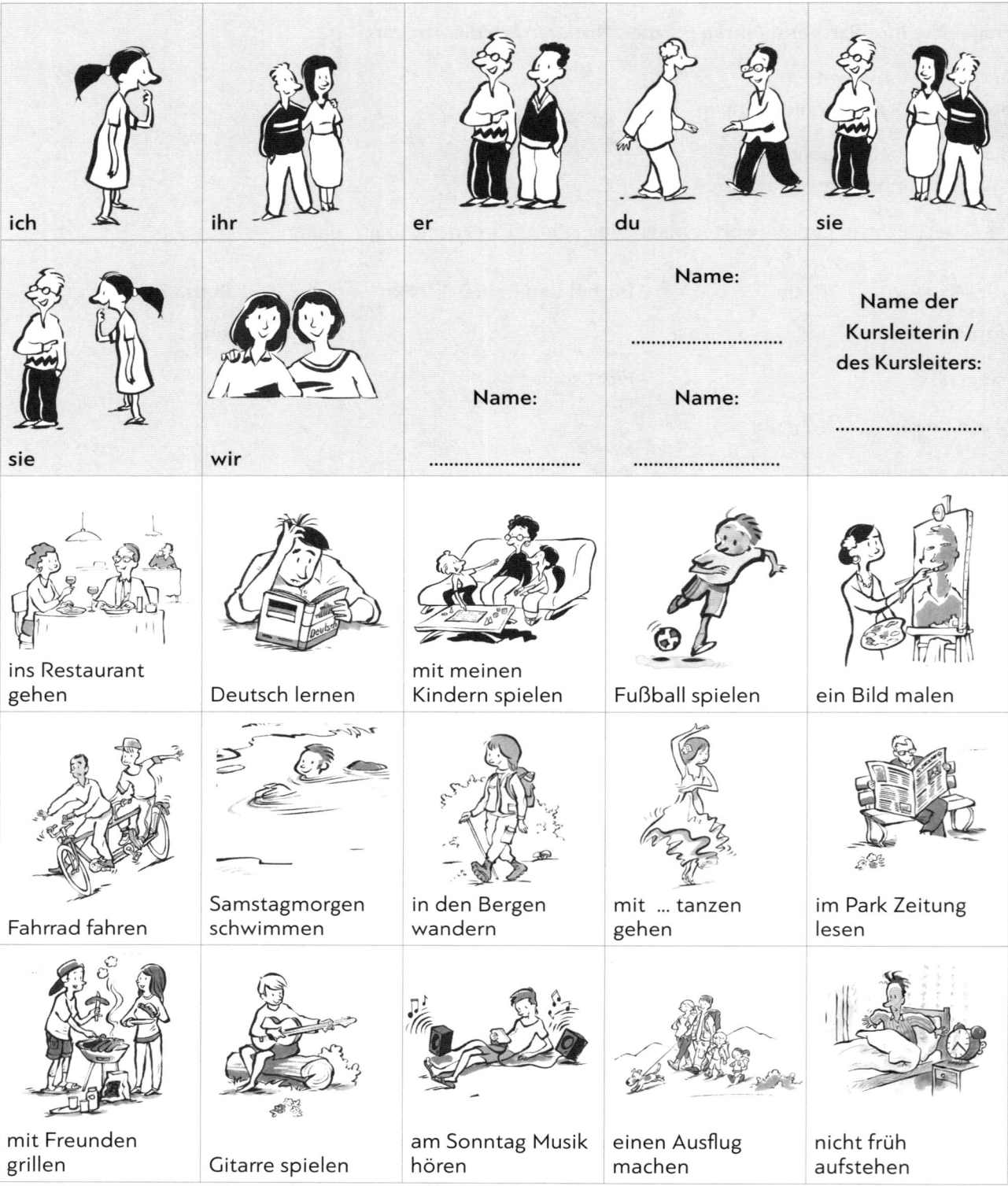

Die Perfektschlange

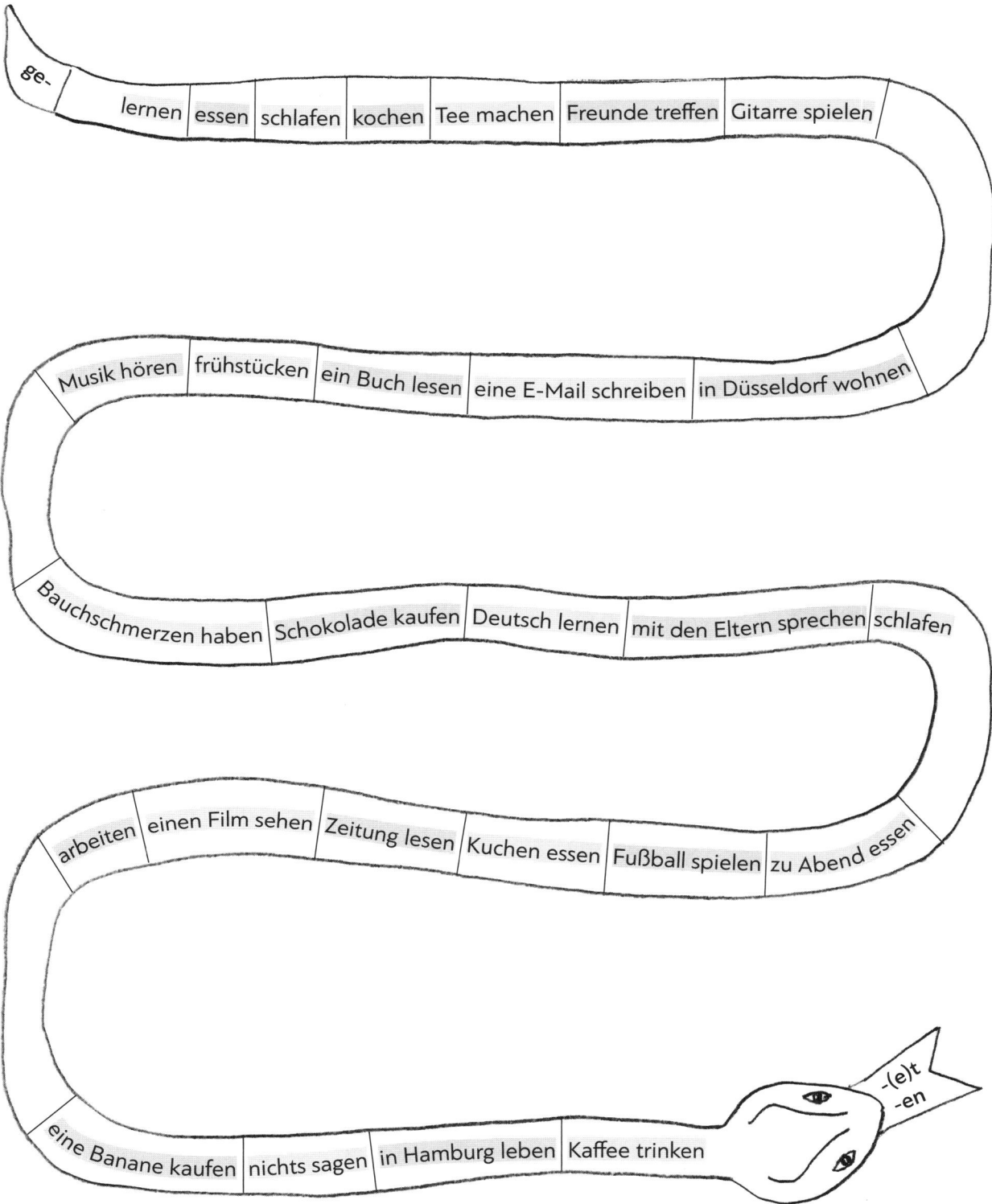

Perfekt-Pantomime

tanzen	eine Nachricht schreiben	spazieren gehen	Mundharmonika spielen
sprechen	Fahrrad fahren	kochen	eine Banane essen
nach Hause kommen	ein Spiel spielen	lernen	gehen
Bauchschmerzen haben	fotografieren	Auto fahren	ein Buch lesen
Pizza essen	Musik hören	etwas trinken	Freunde treffen

1 Was passt zu welchem Foto im Kursbuch? Ergänzen Sie.

„Kann ich das jetzt mal haben?" „Gibst du mir das jetzt?" Foto _____	„Das geht nicht gut!" „Da hast du / habe ich was falsch gemacht!" Foto _____	„Das tut mir leid!" „Das ist gar nicht schön!" „So ein Pech!" Foto _____
„Das mag ich gar nicht!" „Das schmeckt/riecht gar nicht gut!" Foto _____	„Was ist das denn?" „Das habe ich noch nie gesehen/gehört!" Foto _____	„Mir ist kalt!" „Hier ist es kalt!" Foto _____
„Das kann man nicht essen!" „Das schmeckt furchtbar!" Foto _____	„Super!" „Das ist toll!" Foto _____	„Was ist denn jetzt los?" „Moment mal!" „Gib das zurück!" Foto _____

2 Was passt? Ergänzen Sie die Ausrufe aus dem Kursbuch.

a ■ Schau mal, das habe ich heute gekauft.
◉ _____ Das ist aber schön.

b ■ _____ Der Käse riecht aber sehr. Den kann ich nicht essen.
◉ Findest du?

c ■ _____ Ich glaube es wird Winter. Es sind nur 5° Grad.
◉ Stimmt, es ist kalt.

d ■ Hier, Schokolade mit Chili. Willst du ein Stück?
◉ _____ Schokolade mit Chili? Das habe ich noch nie gehört.

e ■ Kann ich mein Wörterbuch bitte haben?
◉ Gleich.
■ Bitte, ich will ein Wort nachsehen.
◉ Ja, gleich.
■ _____

f ■ Willst du einen Joghurt?
◉ Ja, gerne.
■ Hier, bitte.
■ _____ Wie alt ist der denn? Der schmeckt aber schlecht.

g ■ _____, geh lieber zweimal. 20 Eier – das geht nicht gut.
◉ Das geht schon. – Mist, es geht doch nicht.
■ _____

Lektion 1, Wiederholung: Lückenspiel

Seite/Aufgabe	Material	Aufbau
	KV L1/Wiederholung	Die TN erhalten zu zweit je einen Satz Kärtchen mit Sätzen/Fragen und einen Satz Kärtchen mit Verben der Kopiervorlage. Die Kärtchen mit den Sätzen werden verdeckt zwischen den beiden TN ausgelegt. Die Kärtchen mit den Verben werden gemischt und gleichmäßig unter den beiden TN aufgeteilt. Beide TN decken ihre Verben auf und schirmen sie mit der Hand ab, sodass der andere TN sie nicht sehen kann. Dann deckt der erste TN einen Satz aus der Mitte auf. Beide TN sehen nach, ob sie eine passende Verbkarte haben. Der TN mit der passenden Karte legt sie in die Lücke im Satz. Dann wird ein weiterer Satz / eine weitere Frage aufgedeckt etc. Gewonnen hat, wer zuerst keine Verben mehr hat. Anschließend überlegen die beiden TN gemeinsam, zu welcher Frage welche Antwort passt. Gehen Sie herum und helfen Sie bei Fragen.
		Tipp: Achten Sie darauf, dass die TN ihre Verben mit dem Arm oder Buch schützen, damit jede/r TN wirklich versucht, für sich zu arbeiten, und nicht der schnellere TN das passende Verb bei der Partnerin / beim Partner herausfischt.
		Variante 1: Die TN antworten abwechselnd selbst auf die Fragen. *Variante 2:* Die TN teilen die Sätze unter sich auf und diktieren sie sich gegenseitig. Die Lücken ergänzt der schreibende TN selbstständig. Zur Kontrolle können Sie die Diktate einsammeln oder Sie bereiten zu Hause ein Kontrollblatt vor, mit dem die TN selbstständig kontrollieren und korrigieren. Letzteres empfiehlt sich für Kurse mit überwiegend lerngewohnten TN.
		Tipp: Sammeln Sie die zerschnittenen Kopiervorlagen jeweils in Umschlägen und beschriften Sie diese mit „Wiederholung Lektion 1". Dazu können Sie einen Schuhkarton besorgen, der immer im Kursraum für die TN zum Üben bereitsteht. Die TN können dann auch allein in den Pausen oder vor dem Unterricht damit üben. Sie können aber auch später, wenn die Wiederholungen mehrerer Lektionen im Karton sind, den TN regelmäßig etwas Zeit einräumen, in der die TN die Wiederholungen „alter" Lektionen noch einmal bearbeiten.

Lektion 2, Wiederholung: Personenwürfelspiel

Seite/Aufgabe	Material	Aufbau
	KV L2/Wiederholung	Gruppen zu jeweils vier TN. Jede Gruppe bekommt ein Set Karten der Kopiervorlage. Die TN teilen das Set so, dass jeweils ein TN vier gleiche Karten hat. Auf jede Linie der Karte schreibt der TN jeweils einen Namen eines Verwandten von ihm. Danach werden alle Karten der vier TN gemischt und verdeckt in einem Kreis auf dem Tisch ausgelegt. Eine Münze wird auf eine beliebige Karte gelegt. Der TN mit den meisten Brüdern beginnt. Er würfelt und zieht die Münze entsprechend auf den Karten im Uhrzeigersinn vor. Die Karte, auf der die Münze landet, wird aufgedeckt. Anhand des Musters sehen die TN, wem die Karte gehört. Diesen TN fragt der spielende TN: „Wer ist das?". Der TN antwortet: „Nihat ist mein Vater.". Kommt der spielende TN auf ein eigenes Kärtchen, antwortet er sofort oder die anderen raten, wer die Person ist. Die Karte bleibt aufgedeckt und wird nun beim Setzen der Münze nicht mehr mitgezählt. Der nächste TN würfelt. Gespielt wird, bis alle Karten aufgedeckt sind. Danach kann eine zweite Runde folgen, bis alle Karten wieder verdeckt sind.
		Binnendifferenzierung: Schnellere TN spielen die zweite Runde, indem sie mehr von der Person auf der Karte erzählen: „Nihat ist mein Vater. Er ist verwitwet. Er wohnt in Istanbul. Aber er ist in Izmir geboren. Er hat drei Brüder und eine Schwester."

Lektion 3, Wiederholung: Spiel

Seite/Aufgabe	Material	Aufbau
	KV L3/Wieder-holung	Die TN sitzen in Kleingruppen zusammen. Jede Kleingruppe erhält je einen Satz Kärtchen der Kopiervorlage. Die Kärtchen werden gemischt und verdeckt ausgelegt. Der erste TN zieht ein Kärtchen und liest dem TN rechts von sich die Aufgabe vor. Dieser TN antwortet / löst die Aufgabe. Ist seine Lösung richtig, bekommt er die Karte, ist sie falsch, wird die Karte zurückgelegt. Dann zieht der nächste TN ein Kärtchen und fragt den TN rechts von sich etc.
		Tipp: Achten Sie darauf, dass die TN sich die Aufgaben tatsächlich vorlesen und dem gefragten TN die Karte nicht zeigen. So trainieren die TN zugleich ihre Aussprache und bekommen sofort ein Feedback, da der andere versteht oder nachfragt. Die gefragten TN trainieren ihr Hörverstehen. Außerdem erhöht das Zuhören die Konzentration innerhalb der gesamten Gruppe, denn keiner außer dem vorlesenden TN darf in die Karte sehen (außer, wenn nach einer Abbildung gefragt wird oder etwas vorgelesen werden soll).

Lektion 4, Wiederholung: Wimmeln

Seite/Aufgabe	Material	Aufbau
	KV L4/Wieder-holung	Schneiden Sie die Fragekärtchen der Kopiervorlage ohne die Lösungen aus. Jeder TN erhält ein Kärtchen. Die TN stehen auf und finden sich paarweise zusammen. Die TN befragen sich gegenseitig und korrigieren ggf. die Antworten. Dann tauschen sie die Kärtchen und suchen sich neue Partner. Auf diese Weise werden die Inhalte der Lektion spielerisch wiederholt.

Lektion 5, Wiederholung: Würfelschlange „Laras Tagesablauf"

Seite/Aufgabe	Material	Aufbau
	KV L5/Wieder-holung, Spiel-figuren, Würfel	Jede Gruppe bekommt einen Spielplan und einen Würfel, jeder Spieler bekommt außerdem eine Spielfigur. Die Augenzahl bestimmt, wie viele Felder der TN auf dem Spielbrett vorrücken darf. Der TN formuliert einen Satz mit der Uhrzeit und der Tätigkeit von Lara. Ist die Verbform bzw. der Satz korrekt, darf der Spieler auf dem Feld stehenbleiben, hat er einen Fehler gemacht, muss er drei Felder zurück. Wurde die Spielfigur gesetzt, ist der nächste Spieler an der Reihe. Gewonnen hat, wer als Erster das Ziel erreicht. Die anderen Spieler würfeln weiter, bis alle die gesamte Strecke zurückgelegt haben oder die Spielzeit um ist. Der Gewinner jeder Gruppe erhält ggf. einen kleinen Preis. Gehen Sie herum und helfen Sie bei Schwierigkeiten.

Lektion 6, Wiederholung: Verbspirale

Seite/Aufgabe	Material	Aufbau
	KV L6/Wiederholung, Spielfiguren, Würfel	Jede Gruppe bekommt einen Spielplan und einen Würfel, jeder Spieler bekommt außerdem eine Spielfigur. Die Augenzahl bestimmt, wie viele Felder der TN auf dem Spielbrett vorrücken darf und welches Personalpronomen benutzt werden soll. Geben Sie dazu an der Tafel vor: „1 = ich, 2 = du, 3 = er/sie/es, 4 = wir, 5 = ihr, 6 = Sie/sie". Wenn Sie den Eindruck haben, dass die TN mit der Konjugation gut zurechtkommen, können Sie an der Tafel die Vorgaben ändern, z. B. „5 = Meine Eltern, 3 = Evi, 1 = Marjena und Piotr" etc. Noch nicht so geübte TN konzentrieren sich auf die Konjugation der Verben, geübtere TN bilden kurze Sätze mit der jeweiligen Verbform. Während des Spiels korrigieren sich die TN in der Gruppe gegenseitig. Ist die Verbform bzw. der Satz korrekt, darf der Spieler auf dem Feld stehenbleiben, hat er einen Fehler gemacht, muss er drei Felder zurück. Wurde die Spielfigur gesetzt, ist der nächste Spieler an der Reihe. Gewonnen hat, wer als Erster das Ziel erreicht. Die anderen Spieler würfeln weiter, bis alle die gesamte Strecke zurückgelegt haben oder die Spielzeit um ist. Der Gewinner jeder Gruppe erhält ggf. einen kleinen Preis. Gehen Sie herum und helfen Sie bei Schwierigkeiten oder bei Fragen.
		Tipp: Sind die Spielregeln einmal klar, können Sie das Spiel in angemessenen Abständen für neue Verbformen (z. B. Perfekt, Passiv) einsetzen.

Lektion 7, Wiederholung: Frage und Antwort

Seite/Aufgabe	Material	Aufbau
	KV L7/Wiederholung	Die TN erhalten in Kleingruppen je einen Satz Karten der Kopiervorlage. Reihum ziehen sie Karten und fragen die anderen TN aus der Gruppe. Die TN antworten frei und in ganzen Sätzen. Hilfe finden die TN unter der Rubrik „Kommunikation" (Kursbuch, Seite 91).
		Tipp: Sie können das Spiel in angemessenen Abständen immer wieder einsetzen. Die Kärtchen können z. B. auch zur Anregung von Gesprächen genutzt werden. Dann antworten die TN ausführlicher, z. B. wann sie kochen gelernt haben und von wem etc. Hier ist es wichtig, den TN die Gelegenheit zu geben, frei zu antworten, damit sie den Ausdruck eigener Gedanken üben können. Fehlerkorrekturen sollten daher, wenn überhaupt, nur sehr sanft und zur Unterstützung des Verständnisses erfolgen.

Ich _____ aus Spanien.

Wer _____ das?

Ich _____ Sofia.

_____ Sie Herr Bär?

Ich _____ Französisch und ein bisschen Deutsch.

Mein Name _____ Lara Nowak.

_____ Frau Nowak da, bitte?

Woher _____ du?

Nein, _____ mir leid.

Wie _____ Sie?

Nein, ich _____ Herr Bärenkamp.

Und wie _____ du?

Das _____ Walter.

Was _____ du?

tut	Ist	ist	heiße	spreche
komme	ist	bin	kommst	ist
heißt	sprichst	heißen	Sind	

Schritt für Schritt in Alltag und Beruf 1 | Lehrerhandbuch | 978-3-19-071087-4 | © Hueber Verlag 2019

Wie heißt die Frage: Brot – Sie – haben	Ergänzen Sie *ein* oder *eine*: … Birne … Würstchen … Ei	Antworten Sie: Haben Sie Tomaten?	Wie heißt der Plural? ein Apfel – 10 … eine Kiwi – 5 … ein Fisch – 2 …
Zählen Sie von 25 bis 37.	Antworten Sie: Kann ich Ihnen helfen?	Ergänzen Sie: Eine … Tomaten, bitte, und 300 … Fleisch, bitte.	Ergänzen Sie *kein* oder *keine:* … Milch … Kaffee … Orangen
Antworten Sie: Wie heißt das auf Deutsch?	Ergänzen Sie *ist* oder *sind:* Im Einkaufswagen … Tomaten.	Wie heißt die Frage: kommst – du – woher	Ergänzen Sie: Drei … Mineral-wasser, bitte. Und eine … Kaffee.
Wie heißt der Singular? 3 Eier – … 4 Pfannkuchen – … 7 Brötchen – …	Wie heißt die Frage: Lara – Vorname – ist – Ihr	Ergänzen Sie *ein* oder *eine*: … Würstchen … Joghurt … Kuchen	Antworten Sie: Wie viel möchten Sie denn?
Lesen Sie die Preise. 4,32 Euro 0,79 Euro 1,44 Euro	Ergänzen Sie: ein Liter … ein Kilo … ein Becher …	Ergänzen Sie *ein* oder *eine:* … Kilo … Packung … Dose	Zählen Sie von 84 bis 70.

Zählen Sie von 50 bis 60.
→ ...

50 (fünfzig), 51 (einundfünfzig), 52 (zweiund-
fünfzig), ... neunundfünfzig, 60 (sechzig)

der Tisch, die Tische
→ der Stuhl, die ...

Stühle

Zählen Sie: 605, 610, 615,
→ ... 650.

620 (sechshundertzwanzig), 625 (sechshun-
dertfünfundzwanzig), 630 (sechshundertdrei-
ßig), 635, 640, 645, 650

das Bett, die Betten
→ das Zimmer, die ...

Zimmer

groß – klein
→ breit – ...

schmal

Wie ist Ihre Telefonnummer?
→ ...

alt – neu
→ teuer – ...

billig

neu – alt
→ hässlich – ...

schön

Nennen Sie drei Zimmer.
→ ...

das Schlafzimmer, das Wohnzimmer, das Kinderzimmer, das Arbeitszimmer, die Küche, das
Bad, der Flur ...

Was ist im Kursraum?
Nennen Sie zwei Möbel.
→ ...

der Tisch / die Tische, der Stuhl / die Stühle ...

Zählen Sie: 111, 222, 333,
→ ... 999.

444 (vierhundertvierundvierzig), 555 (fünf-
hundertfünfundfünfzig), 666, 777, 888

Nennen Sie drei Elektro-
geräte.
→ ...

die Waschmaschine, der Kühlschrank, der
Herd, die Lampe ...

Zählen Sie von 130 bis 140.
→ ...

130 (hundertdreißig), 131 (hunderteinund-
dreißig), ... 140 (hundertvierzig)

das Haus, die Häuser,
→ der Schrank, die ...

Schränke

ein Zimmer, das Zimmer
→ ein Balkon, …

der Balkon

Wie gefällt Ihnen der Kursraum?
→ …

Wie ist Ihre Adresse?
→ …

Nennen Sie zwei Möbel.
(Schlafzimmer)
→ …

der Schrank, das Bett, das Regal …

Wie groß ist Ihre Wohnung?
→ Sie hat …

… Quadratmeter / … Zimmer

Wie groß ist der Kursraum?
Was meinen Sie?
→ …

(ungefähr) … Quadratmeter

Flur – der Flur
→ Bad – …

das Bad

Das Bad hat kein Fenster.
→ Es ist sehr …

dunkel

Ist Ihr Handy neu?
→ …

Bad – das Bad
Flur → …

der Flur

Wie ist Ihre Küche?
→ …

Welche Farbe hat Ihr Sofa?
→ …

klein – groß
→ schmal – …

breit

Nennen Sie drei Farben.
→ …

rot, gelb, grün, blau, schwarz, weiß, grau, braun …

Nennen Sie zwei Möbel.
(Arbeitszimmer)
→ …

der Schreibtisch, der Stuhl, das Regal …

Wohnung – die Wohnung
→ Apartment - …

das Apartment

Wie ist Ihr Wohnzimmer?
→ …

START

aufstehen

Kaffee kochen

spazieren gehen

im Supermarkt
einkaufen

Hausaufgaben
machen

Abendessen
kochen

mit Lili und
Sofia essen

Familie anrufen

ZIEL

schlafen

mit Lili und Sofia
frühstücken

die Küche
aufräumen

zum Deutsch-
kurs gehen

 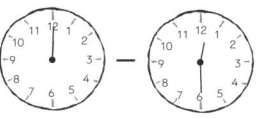 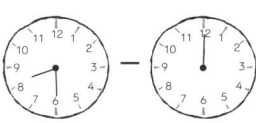

mit der Lehrerin
sprechen

mit Tim Pause
machen

Deutsch lernen

mit Freunden
chatten

ein Buch lesen

 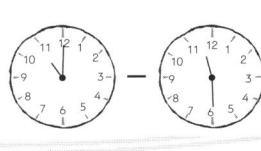

ins Bett gehen

fernsehen

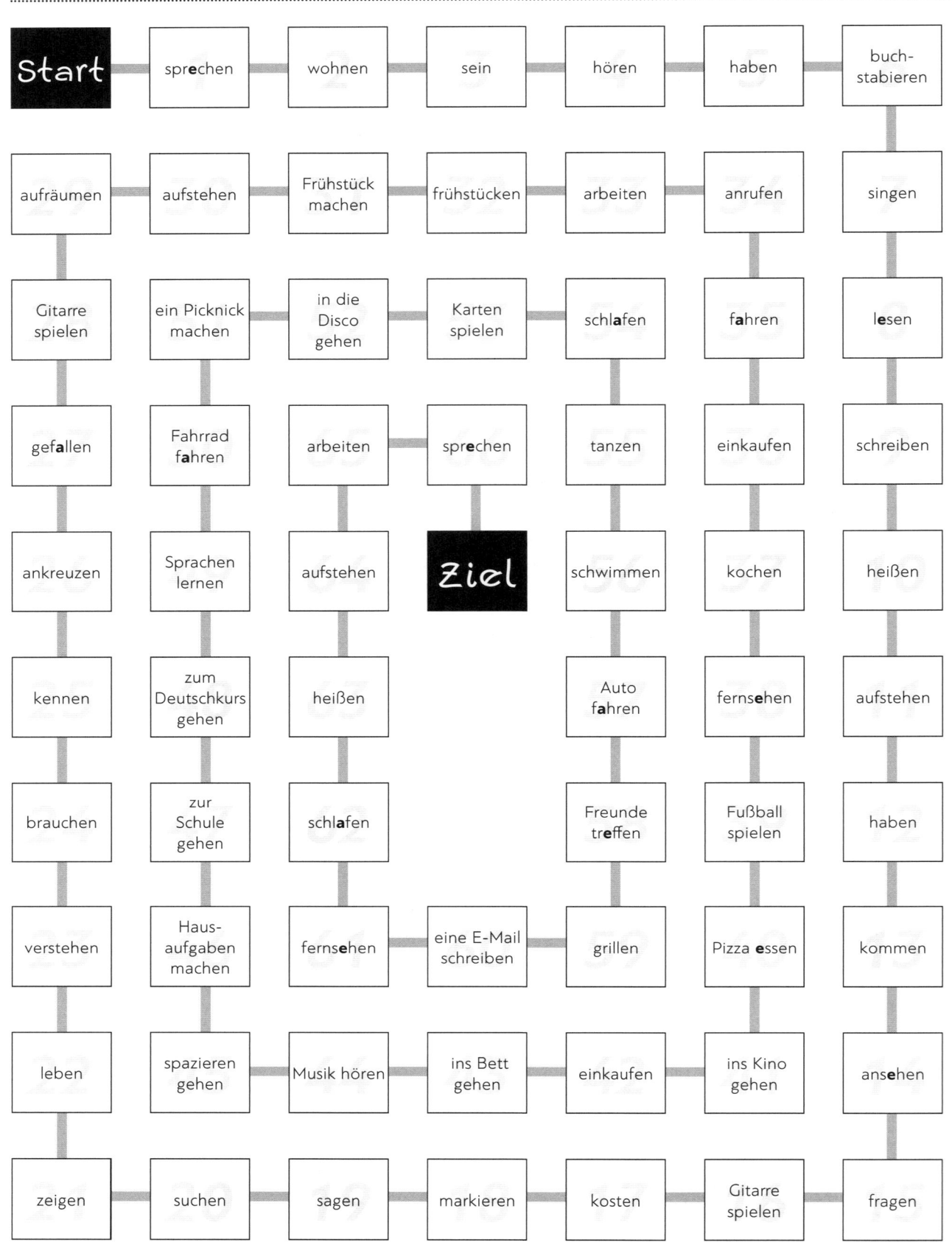

Willst du am Wochenende grillen?	Kannst du Fahrrad fahren?	Was hast du gestern Abend um 8 Uhr gemacht?	Wann hast du heute gefrühstückt?
Was hast du gestern Mittag gegessen?	Wann bist du gestern nach Hause gekommen?	Kannst du gut Englisch sprechen?	Hast du gut geschlafen?
Hast du heute schon einen Kaffee getrunken?	Bist du mit dem Bus zum Kurs gekommen?	Wollen wir heute Abend ins Kino gehen?	Kannst du Auto fahren?
Hast du heute viel gelernt?	Willst du noch ein Stück Kuchen?	Kannst du kochen?	Ich will am Wochenende einen Ausflug machen. Kommst du mit?
Was hast du gestern um 15 Uhr gemacht?	Kannst du gut tanzen?	Was hast du gerade gemacht?	Willst du tanzen lernen?

Name:

WORTSCHATZ

1 Ordnen Sie zu.

| Guten Morgen. | ~~Guten Tag.~~ | Hallo. | Tschüs. | Auf Wiedersehen. | Guten Abend. | Gute Nacht. |

a Guten Tag.

d

b

e

c

Punkte ___ / 9

2 Schreiben Sie die Fragen.

Beispiel: Woher kommst du? (du) – Ich komme aus Griechenland.

a _____ (Sie) – Ich spreche Arabisch.

b _____ (du) – Ich bin Sara.

c _____ (Sie) – Ich heiße Maria Torres.

d _____ (Sie) – Ich komme aus Österreich.

Punkte ___ / 4

KOMMUNIKATION

3 Verbinden Sie.

a Woher kommst du?　　　　　1 Ich heiße Tim Wilson.

b Wer ist das?　　　　　　　2 Ich spreche Polnisch.

c Wie heißen Sie?　　　　　　3 Ich bin Klaus.

d Wer bist du?　　　　　　　4 Ich komme aus Syrien.

e Woher kommen Sie?　　　　5 Das ist Lara.

f Was sprichst du?　　　　　6 Ich komme aus der Schweiz.

Punkte ___ / 5

SCHREIBEN

4 Wer sind Sie? Ergänzen Sie das Formular.

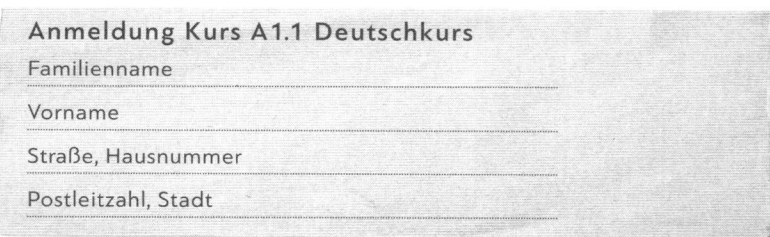

Anmeldung Kurs A1.1 Deutschkurs

Familienname

Vorname

Straße, Hausnummer

Postleitzahl, Stadt

Punkte ___ / 2

Gesamt ___ / 20

Name: _____

WORTSCHATZ

1 Wer ist das? Ordnen Sie zu.

Vater   Schwester   ~~Familie~~   ~~Mutter~~   Bruder   Eltern   Geschwister

Beispiel: Das ist meine _Familie_

a   Das sind meine _____. Meine _Mutter_ heißt Ina und mein

_____ heißt Rolf.

b   Das sind meine _____. Mein _____ Jonas ist drei Jahre

alt. Meine _____ Sandra ist schon sechs.

Punkte _____ / 5

GRAMMATIK

2 *Sie* oder *Er*? Markieren Sie.

Beispiel: Das ist Vanessa.   (Sie)/Er kommt aus Frankreich.

a   Das ist Tim.   Sie/Er wohnt in München.

b   Das sind meine Eltern.   Sie/Er kommen aus Spanien.

c   Das ist Anna.   Sie/Er wohnt in Österreich.

d   Das ist mein Mann.   Sie/Er kommt aus Syrien.

Punkte _____ / 2

3 Ergänzen Sie *mein – meine, dein – deine, Ihr – Ihre*.

Beispiel: Das ist _mein_ Sohn Michael.

a   Ich heiße Anna und das ist _____ Schwester Miriam.

b   Frau Becker, wie alt ist _____ Tochter? – Sie ist acht. Und wie alt ist

_____ Sohn, Herr Brand? – Er ist 15.

c   Tim, wo wohnen _____ Eltern? – _____ Eltern wohnen in Ottawa.

_____ Bruder wohnt auch in Ottawa.

d   Lara, sind _____ Eltern verheiratet? – Nein, sie sind geschieden.

Punkte _____ / 4

KOMMUNIKATION

4 Ordnen Sie zu.

Aus der Türkei   bin Fatma Günal   ~~Guten Tag.~~   ledig   wie ist Ihre Telefonnummer   verheiratet

◆ Guten Tag   ■ _Guten Tag_.

◆ Mein Name ist Hartmann. Wie heißen Sie?   ■ Ich _____. (a)

◆ Woher kommen Sie?   ■ _____, aus Ankara. (b)

◆ Sind Sie _____? (c)   ■ Nein, ich bin _____. (d)

◆ Und _____? (e)   ■ 0173/346734.

◆ Vielen Dank. Auf Wiedersehen.   ■ Tschüs.

Punkte _____ / 5

Gesamt _____ / 20

Name: ....

WORTSCHATZ

1 Was ist das? Ergänzen Sie.

Beispiel: Das ist _ein Mann._

a Das ist ....

b Das ist ....

c Das ist ....

d Das ist ....

e Das ist ....

Punkte .... /5

GRAMMATIK

2 Ergänzen Sie.

Beispiel: eine Banane   viele _Bananen_

a	ein Apfel	viele	**d**	ein Brötchen	viele ....
b	ein Saft	viele	**e**	ein Foto	viele ....
c	ein Ei	viele	**f**	eine Frage	viele ....

Punkte .... /3

3 Ergänzen Sie.

Beispiel: Das ist _kein_ Würstchen. Das ist eine Banane.

a Das ist .... Ei. Das ist eine Kiwi.

b Das sind .... Eier. Das sind Birnen.

Punkte .... /2

4 Was passt?

| Ein Kilo | ~~ich brauche~~ | Möchten Sie sonst noch etwas? | Das macht dann |

| Wie viel möchten Sie denn? | Das ist alles. |

● Guten Tag. _ich brauche_ .... Tomaten. (a)

■ Gern. ....? (b)

● .... (c)

■ Hier, bitte. ....? (d)

● Nein danke. .... (e)

● .... 2,90 Euro, bitte. (f)

Punkte .... /5

SCHREIBEN

5 Was passt? Ergänzen Sie den Einkaufszettel.

| Liter | Packung | ~~Kilo~~ | Gramm | Flaschen | Becher |

Wir brauchen ein Kilo Kartoffeln.

> 1 _Kilo_ Kartoffeln
> **a** 2 .... Joghurt
> **b** 200 .... Käse
> **c** 1 .... Salz
> **d** 3 .... Mineralwasser
> **e** 1 .... Milch

Punkte .... /5

Gesamt .... /20

WORTSCHATZ

Name: ....

1 Was passt? Ergänzen Sie.

der Balkon   die Wohnung   das Wohnzimmer   das Bad   die Küche   das Schlafzimmer

Beispiel: Hier sind Zimmer: die Wohnung

a   Dort ist mein Bett: das

b   Dort sind eine Dusche und eine Badewanne: ....

c   Es ist kein Zimmer, aber dort sind ein Tisch und zwei Stühle: ....

d   Dort sind der Kühlschrank und der Herd: ....

e   Dort sind der Fernseher, das Sofa, ein Sessel und ein Tisch: ....

Punkte .... / 5

2 Wie heißt das Gegenteil? Kreuzen Sie an.

Beispiel: Das Haus ist neu. – Das Haus ist   ○ teuer.   ⊠ alt.   ○ dunkel.

a   Das Haus ist billig. – Das Haus ist   ○ schmal.   ○ alt.   ○ teuer.

b   Die Wohnung ist groß. – Die Wohnung ist   ○ breit.   ○ schmal.   ○ klein.

c   Das Kinderzimmer ist schön. – Das Kinderzimmer ist   ○ hässlich.   ○ klein.   ○ hell.

Punkte .... / 3

GRAMMATIK

3 *Er, Sie* oder *Es*? Ergänzen Sie.

Beispiel: Das ist ein Fernseher.
Er ist klein.

b   Das ist ein Sofa. .... ist schön.

a   Das ist ein Schrank. .... ist groß.

c   Das ist eine Waschmaschine. .... ist neu.

Punkte .... / 3

4 *Nicht* oder *kein*? Ergänzen Sie.

Beispiel: Hast du eine Schwester? – Nein, ich habe keine Schwester. Ich habe einen Bruder.

a   Sind Sie verheiratet? – Nein, ich bin .... verheiratet. Ich bin ledig.

b   Haben Sie Kinder? – Nein, ich habe .... Kinder.

c   Möchtest du ein Mineralwasser? – Nein, ich möchte .... Wasser. Ich trinke Saft.

Punkte .... / 3

KOMMUNIKATION

5 Schreiben Sie Fragen.

Beispiel: Sie verkaufen einen Schrank, richtig? – Ja, genau.

a   ....? – Zwei Meter hoch und einen Meter breit.

b   ....? – Er kostet 60 €.

c   ....? – In der Paulusstraße 14.

Punkte .... / 6

Gesamt .... / 20

Name: _____

WORTSCHATZ

1 Wie spät ist es? Ergänzen Sie.

Beispiel:

Es ist zehn nach neun.

a

Es ist _____.

b

Es ist _____.

c

Es ist _____.

Punkte _____ /3

2 Was machen die Personen? Ergänzen Sie.

Beispiel: Jan steht um 7.20 Uhr auf.

a Anna _____ die Küche _____.

b Marco _____ am Abend _____.

c Anna _____ im Supermarkt _____.

Punkte _____ /3

GRAMMATIK

3 Schreiben Sie Sätze in der richtigen Form.

Beispiel: Wochenende – Jan – am – lange – schlafen. Am Wochenende schläft Jan lange.

a frühstücken – ~~um~~ – Jan – 7.00 Uhr. Um _____.

b Sport – ~~von~~ – machen – 16.00 Uhr – Jan – 18.00 Uhr – bis

Von _____.

c Jan – ~~am~~ – anrufen – seine Freundin Anne – Abend.

Am _____.

Punkte _____ /6

4 Ergänzen Sie in der richtigen Form.

Beispiel: Wann sieht Lara fern? (fernsehen)

a Am Samstag _____ (schlafen) Lara lange. Sie _____ erst um 10.00 Uhr _____ (aufstehen).

b Am Nachmittag _____ sie mit Tim _____ (spazieren gehen).

c Abends _____ sie ihre Eltern oder Freunde _____ (anrufen) oder sie _____ (lesen) ein Buch.

Punkte _____ /5

KOMMUNIKATION

5 Welche Antwort passt? Kreuzen Sie an.

Beispiel: ■ Wann ist der Kindergarten geöffnet?

▲ ○ Es ist neun Uhr. ☒ Von Montag bis Freitag. ○ Um 18.00 Uhr.

a ■ Wie spät ist es jetzt?

▲ ○ Um halb drei. ○ Halb drei. ○ Von halb drei bis Viertel nach vier.

b ■ Ich mache am Samstag eine Party. Hast du Zeit?

▲ ○ Das passt gut. ○ Ich komme gern. ○ Es ist schon spät. Ich gehe jetzt nach Hause.

c ■ Wann ist der Supermarkt geöffnet?

▲ ○ Jedes Wochenende. ○ Um 8.00 Uhr. ○ Von 8.00 bis 20.00 Uhr.

Punkte _____ /3

Gesamt _____ /20

Name:

WORTSCHATZ

1 Wie ist das Wetter? Ergänzen Sie.

Beispiel: Es sind 25 Grad.
Es ist warm.

a _____.   c _____.

b _____.   d _____.

Punkte _____ /4

2 Ergänzen Sie.

der Frühling, der Sommer, _____, _____   *Punkte _____ /2*

GRAMMATIK

3 Ordnen Sie zu.

der   den   ~~der~~   der   den   ~~den~~   den

Beispiel: ■ Wo ist denn der Käse? ◆ Ich glaube, wir haben den Käse nicht dabei.

a ■ Ich möchte gern _____ Saft. Hast du _____ Saft?

b ◆ Oh, ich glaube, _____ Saft ist zu Hause.

c ■ Und wo ist _____ Kaffee?

d ◆ Hier, _____ Kaffe habe ich hier.

Punkte _____ /5

4 Ergänzen Sie.

Ja, richtig, ich verkaufe meinen Computer, _____ Waschmaschine, _____ Kühlschrank, _____ Auto, _____ Smartphone und _____ Gitarre.

Punkte _____ /5

KOMMUNIKATION

5 Was passt? Verbinden Sie.

a Trinken Sie keinen Tee?   1 Ja, ich esse gern Kuchen.

b Essen Sie gern Kuchen?   2 Doch, ich trinke gern Wein.

c Trinken Sie keinen Wein?   3 Nein, ich trinke keinen Tee.

Punkte _____ /1

6 Was ist Ihr/Ihre Lieblings...? Schreiben Sie.

Beispiel: Was ist Ihr Lieblingsbuch? Mein Lieblingsbuch ist Harry Potter.

Was ist Ihre Lieblingsmusik? _____   *Punkte _____ /1*

7 Was machen Sie gern in der Freizeit? Schreiben Sie zwei Sätze.

Beispiel: Ich spiele gern Fußball.

a _____

b _____   *Punkte _____ /2*

Gesamt _____ /20

Name: ....

WORTSCHATZ

1 Was machen die Leute? Ergänzen Sie.

Beispiel: Rad fahren

a ....

b ....

c ....

Punkte .... /2

GRAMMATIK

2 Ergänzen Sie *können* oder *wollen* in der richtigen Form.

Beispiel: Paul ist krank. Er __kann__ nicht zur Schule gehen.

a Thomas und Vera haben gestern viel gearbeitet. Heute arbeiten sie nicht. Sie .... lange schlafen.

b Ich gehe jetzt einkaufen. Was .... du heute Abend essen?

c Du lernst schon lange Spanisch. .... du schon spanische Bücher lesen?

d .... wir heute Abend ins Kino gehen?

e Mira ist krank. Sie .... heute nicht arbeiten.

Punkte .... /5

3 Ergänzen Sie in der richtigen Form.

Beispiel: Gestern __habe__ ich nicht gearbeitet.

a Letztes Wochenende .... wir nach Paris gefahren.

b Barbara .... gestern ihre Freundin getroffen.

c Meine Kinder .... gestern sehr viel Schokolade gegessen.

d Ich .... am Sonntag spazieren gegangen.

Punkte .... /4

KOMMUNIKATION

4 Antworten Sie.

Beispiel: Kannst du Klavier spielen? – __Ja, ich kann sehr gut Klavier spielen__ . (sehr gut)

a Kannst du Auto fahren? – .... (gut)

b Könnt ihr Ski fahren? – .... (gar nicht)

c Können Sie kochen? – .... (nicht so gut)

Punkte .... /3

SCHREIBEN

5 Schreiben Sie Gabis E-Mail an Petra fertig. Schreiben Sie drei Sätze auf ein separates Blatt.

a

E-Mail senden

Hallo Gabi, ich habe Dir heute schon drei SMS geschrieben. Aber Du hast nicht geantwortet. Was hast du heute gemacht? Petra

heute Morgen, lange schlafen

dann, kochen

dann, einkaufen

am Abend, Musik hören

E-Mail senden

Hi Petra,
also, heute Morgen habe ich lange geschlafen. Dann ...

Punkte .... /6

Gesamt .... /20

Lektion 1 Guten Tag. Mein Name ist …

Folge 1: Das bin ich.

Bild 1
Lara: Das ist doch ganz einfach: „Hallo" oder „Guten Tag",
dann: „Wie heiße ich?", dann: „Woher komme ich?", dann:
„Was spreche ich?" und dann: „Tschüs!" oder „Auf
Wiedersehen."
Lili: Hihi super. Du zuerst, Lara!
Lara: Ja, okay.

Bild 2
Lara: Hallo. Ich heiße Lara Nowak. Ich komme aus Polen.
Ich spreche Polnisch und ein bisschen Englisch und Deutsch.
Auf Wiedersehen. So und jetzt du, Walter.
Walter: Oh nein!
Lara: Oh ja!
Lili: Hihihi!

Bild 3
Lara: Walter?
Walter: Nein, tut mir leid.
Lara: Bitte!
Walter: Also … ich …
Lili: Na los, Opa!
Walter: Na gut, … okay.

Bild 4
Walter: Ähm … Mein Name ist Walter Baumann.
Lili: Hey, Opa! Du hast „Hallo!" vergessen!
Walter: Also nochmal: Guten Tag. Mein Name ist Walter
Baumann. Ähm … ich komme aus Deutschland. Ich … Ich
spreche Deutsch, Englisch, ähm, und ein bisschen Spanisch.
Auf Wiedersehen. Puh. So Lili, hier.
Lili: Nein. Tut mir leid. Keine Zeit.
Walter: Na, dann du, Sofia.

Bild 5
Sofia: Hallo. Ich bin Sofia Baumann. Ich komme aus
Deutschland. Ich spreche Deutsch und Englisch. Tschüs.
So. Jetzt aber du, Lili!
Lili: Okay, Mama.

Bild 6
Lili: Das ist Lili Baumann.
Sofia: Ach komm, Lili. Mach's richtig.
Lili: Mama!
Sofia: Bitte, Lili.
Lili: Na gut, Mama.

Bild 7
Lili: Halli hallo! Ich bin Lili. Ich komme aus Deutschland. Ich
spreche Deutsch und ein bisschen Englisch. Tschüs!

Bild 8
Lili: So, und jetzt noch ein Foto. Wartet, so, jetzt : Drei …
zwei … eins … Hey! …

Schritt A, A1
A
Walter: Guten Tag.
B
Walter: Auf Wiedersehen.

C
Lara: Hallo.
D
Lili: Tschüs.

Schritt A, A2a
Gespräch a
Paketzusteller: Guten Morgen, Frau Fleckenstein.
Frau Fleckenstein: Guten Morgen. Oh, danke.

Gespräch b
Arzt: Guten Tag, Frau Friedel.
Patientin: Guten Tag, Herr Miese.

Gespräch c
Moderator: Guten Abend, meine Damen und Herren.
Willkommen bei „Musik international".

Gespräch d
Vater: Gute Nacht.
Kind: Nacht, Papa.

Schritt B, B2a
Hr. Yulu: Guten Tag. Mein Name ist Richard Yulu.
Frau Weber: Guten Tag, Herr … Entschuldigung, wie
heißen Sie?
Hr. Yulu: Richard Yulu.
Frau Weber: Ah ja. Guten Tag, Herr Yulu. Ich bin Helga
Weber. Herzlich Willkommen.
Hr. Yulu: Guten Tag, Frau Weber. Freut mich.

Schritt C, C1
Gespräch A
Lara: Guten Tag. Mein Name ist Lara Nowak.
Fr. Schneider: Guten Tag. Freut mich. Ich heiße Klara
Schneider. Woher kommen Sie, Frau Nowak?
Lara: Aus Polen.

Gespräch B
Lara: Hallo. Ich bin Lara. Und wer bist du?
Henry: Hallo. Ich bin Henry. Woher kommst du, Lara?
Lara: Aus Polen.

Schritt C, C2a
Gespräch 1
Herr Mayer: Guten Tag, ich bin Hans Mayer. Wie heißen Sie?
Herr Tankay: Ali Tankay.
Herr Mayer: Woher kommen Sie, Herr Tankay?
Herr Tankay: Aus der Türkei.
Herr Mayer: Aha! Und Sie? Wer sind Sie?
Herr Makarenko: Ich bin Alexander Makarenko. Ich bin
aus der Ukraine.

Gespräch 2
Diana: Hallo, ich bin Diana. Und wie heißt du?
Sadie: Ich heiße Sadie.
Diana: Und du? Wer bist du?
Rabia: Ich heiße Rabia.
Diana: Woher kommst du, Rabia?
Rabia: Aus Pakistan. Und du?
Diana: Aus der Ukraine. Und du, Sadie?
Sadie: Ich komme aus Tunesien.

Schritt C, C3b
Umut: Hallo! Ich bin Umut. Und wer bist du?
Amir: Ich heiße Amir.
Umut: Woher kommst du, Amir?
Amir: Aus dem Jemen.
Umut: Aha. Ich komme aus Istanbul.
Amir: Du sprichst gut Deutsch.
Umut: Nein, nein. Nur ein bisschen.
Amir: Und Sie, wie heißen Sie?
Frau Tufan: Tufan, Mona Tufan.
Umut: Ah, schön. Was sprechen Sie, Frau Tufan?
Frau Tufan: Ich spreche Deutsch und Türkisch.

Schritt D, D1
a – be – ce – de – e – ef – ge – ha – i – jot – ka – el – em –
en – o – pe – ku – er – es – te – u – vau – we – ix – ypsilon
– zett – ä – ö – ü – eszett

Schritt D, D3
Sekretärin: Firma Microlab, Valentina Schwarz, guten Tag.
Hr. Kostadinov: Guten Tag. Mein Name ist Kostadinov.
Ist Frau Bär da, bitte?
Sekretärin: Guten Tag Herr …
Hr. Kostadinov: Kostadinov.
Sekretärin: Entschuldigung, wie ist Ihr Name?
Hr. Kostadinov: Kostadinov. Ich buchstabiere:
K – O – S – T – A – D – I – N – O – V.
Sekretärin: Ah ja, Herr Kostadinov. Einen Moment bitte …
Herr Kostadinov? Tut mir leid, Frau Bär ist nicht da.
Hr. Kostadinov: Ja, gut. Vielen Dank. Auf Wiederhören.
Sekretärin: Auf Wiederhören, Herr Kostadinov.

Schritt E, E2
Frau Schwarz: Sprachschule LinguaTreff, Sie sprechen mit
Frau Schwarz. Guten Tag.
Frau Platini: Guten Tag, ich möchte mich anmelden.
Frau Schwarz: Gern. Für welchen Kurs denn, bitte?
Frau Platini: Anfänger, also A 1.1.
Frau Schwarz: Gut, ja. Wie heißen Sie, bitte?
Frau Platini: Platini.
Frau Schwarz: Wiederholen Sie das bitte.
Frau Platini: Ich heiße Platini.
Frau Schwarz: Mit „e" am Ende?
Frau Platini: Nein, nur mit „i".
Frau Schwarz: Okay. Ich buchstabiere:
P – L – A – T – I – N – I.
Frau Platini: Richtig.
Frau Schwarz: Und Ihr Vorname, bitte?
Frau Platini: Marie.
Frau Schwarz: Maria?
Frau Platini: Äh, nein. Marie. Mit „e" am Ende. …
M – A – R – I – E.
Frau Schwarz: Also Marie Platini.
Frau Platini: Richtig.
Frau Schwarz: Und woher kommen Sie Frau Platini?
Frau Platini: Ich bin aus Fribourg.
Frau Schwarz: Aus Freiburg?
Frau Platini: Ja, Freiburg in der Schweiz. Das heißt Fribourg.
Ich buchstabiere: F – R – I – B – O – U – R – G.
Frau Schwarz: Aha. Danke. Das hab ich. Nun noch die
Adresse.
Frau Platini: Die ist einfach. Also, ich wohne in der …

Lektion 1, Audiotraining 1
Begrüßung und Abschied. Wiederholen Sie. Hören Sie
zuerst ein Beispiel:
Sprecher 1: Hallo.
Sprecher 2: Hallo.

Und jetzt Sie:
Sprecher 1: Hallo.
Sprecher 1: Guten Tag.
Sprecher 1: Guten Morgen.
Sprecher 1: Guten Abend.
Sprecher 1: Auf Wiedersehen.
Sprecher 1: Tschüs.
Sprecher 1: Gute Nacht.

Lektion 1, Audiotraining 2
Wie bitte? Fragen Sie nach. Hören Sie zuerst ein Beispiel:
Sprecher 1: Mein Name ist Anita Zappel.
Sprecher 2: Wie bitte? Wie ist Ihr Name?
Sprecher 1: Anita Zappel.

Und jetzt Sie:
Sprecher 1: Mein Name ist Anita Zappel.
Sprecher 2: Wie bitte? Wie ist Ihr Name?
Sprecher 1: Anita Zappel.

Sprecher 1: Ich komme aus Österreich.
Sprecher 2: Wie bitte? Woher kommen Sie?
Sprecher 1: Aus Österreich.

Sprecher 1: Ich spreche Deutsch und Französisch.
Sprecher 2: Wie bitte? Was sprechen Sie?
Sprecher 1: Deutsch und Französisch.

Sprecher 1: Ich bin Anne.
Sprecher 2: Wie bitte? Wer bist du?
Sprecher 1: Anne.

Sprecher 1: Ich komme aus Deutschland.
Sprecher 2: Wie bitte? Woher kommst du?
Sprecher 1: Aus Deutschland.

Sprecher 1: Ich spreche Deutsch und ein bisschen Englisch.
Sprecher 2: Wie bitte? Was sprichst du?
Sprecher 1: Deutsch und ein bisschen Englisch.

Lektion 1, Audiotraining 3
Buchstabieren Sie, bitte! Buchstabieren Sie die Namen.
Hören Sie zuerst ein Beispiel:
Sprecher 1: Mein Name ist Weber.
Sprecher 2: Ah! Buchstabieren Sie, bitte.
Sprecher 1: W – E – B – E – R.
Sprecher 2: Vielen Dank.

Und jetzt Sie:
Sprecher 1: Mein Name ist Weber.
Sprecher 2: Ah! Buchstabieren Sie, bitte.
Sprecher 1: W – E – B – E – R.
Sprecher 2: Vielen Dank.

Sprecher 1: Mein Name ist Baumann.
Sprecher 2: Ah! Buchstabieren Sie, bitte.
Sprecher 1: B – A – U – M – A – N – N.
Sprecher 2: Vielen Dank.

Sprecher 1: Mein Name ist Deiser.
Sprecher 2: Ah! Buchstabieren Sie, bitte.
Sprecher 1: D – E – I – S – E – R.
Sprecher 2: Vielen Dank.

Sprecher 1: Mein Name ist Menardi.
Sprecher 2: Ah! Buchstabieren Sie, bitte.
Sprecher 1: M – E – N – A – R – D – I.
Sprecher 2: Vielen Dank.

Sprecher 1: Mein Name ist Nowak.
Sprecher 2: Ah! Buchstabieren Sie, bitte.
Sprecher 1: N – O – W – A – K.
Sprecher 2: Vielen Dank.

Zwischendurch mal … Spiel
Das Alphabet
Frau 1: A
Junge: w
Frau 1: J
Junge: m
Frau 1: C
Junge: s
Frau 1: U
Junge: z
Frau 1: T
Junge: e
Frau 1: L
Junge: d

Lektion 2   Meine Familie

Folge 2: Pause ist super.

Bild 1
Tim: Hey! Hallo, Lara.
Lara: Hallo, Tim. Na, wie geht's?
Tim: Danke, gut. Und wie geht es dir?
Lara: Sehr gut, danke. Hast du jetzt Pause?
Tim: Ja. Du auch?
Lara: H-hm.
Tim: Pause ist gut, oder?
Lara: Mmm … Nein. Pause ist SEHR gut.

Bild 2
Lara: Ähm, Tim?
Tim: Ja?
Lara: Woher kommst du? Du kommst aus Kanada, oder?
Tim: Ja, genau.
Lara: Und wo lebst du in Kanada? Also: Wo lebt deine Familie?
Tim: Wir leben in Ottawa.
Lara: Ottawa? Das ist die Hauptstadt von Kanada, oder?
Tim: Ja, das ist richtig.

Bild 3
Tim: Und wo lebt deine Familie, Lara? In Warschau?
Lara: Nein, nein. Meine Familie lebt in Lublin.
Tim: Lublin? Hm … Wo ist Lublin?
Lara: Lublin ist auch in Polen, in Ostpolen.
Tim: Aha. Hier, bitte.
Lara: Oh, super! Vielen Dank! Hmm.

Bild 4
Tim: Hier, das sind meine Eltern.
Lara: M-hm. Wie heißt dein Vater? Auch Tim?
Tim: Nein. Er heißt Richard.
Lara: Aha. Und deine Mutter? Wie heißt sie?
Tim: Meine Mutter heißt Amy.
Lara: Hast du Geschwister?
Tim: Moment mal.

Bild 5
Tim: Wo ist es, wo ist es? Ah, hier: Das ist mein Bruder.
Lara: Hey! Wie heißt er denn?
Tim: Er heißt Ben. Er ist sechzehn. Und du? … Ähm …
Lara: Ich bin zwanzig.
Tim: Nein, Entschuldigung. Ich meine: Hast du auch Geschwister?
Lara: Ach so. Nein, ich habe keine Geschwister.

Bild 6
Lara: Hier. Das ist meine Mutter. Sie heißt Anna. Und das sind meine Großeltern.
Tim: Aha. Und dein Vater?
Lara: Meine Eltern sind geschieden, verstehst du?
Tim: Aha. Lebt dein Vater auch in Lublin?
Lara: Nein. Er lebt in Poznań. Das ist in Westpolen.
Tim: M-hm, ich verstehe.

Bild 7
Lara: Hhh!
Tim: Was ist?
Lara: Oje.
Tim: Ja, was ist denn, Lara?
Lara: Mein Deutschkurs geht jetzt gleich weiter.
Tim: Oh-oh! Mein Deutschkurs auch! Komm!
Lara: Los, los, los!

Bild 8
Enten: Qua-qua-quaak!

Schritt A, A1a
Walter: Wie geht's?
Lara: Super.

Walter: Wie geht's?
Lara: Sehr gut.

Walter: Wie geht's?
Lara: Gut.

Walter: Wie geht's?
Lara: Es geht.

Walter: Wie geht's?
Lara: Nicht so gut.

Schritt A, A2a
Gespräch A
Tim: Hallo, Lara.
Lara: Hallo, Tim. Wie geht's?
Tim: Danke, gut. Und wie geht es dir?
Lara: Auch gut, danke.

Gespräch B
Walter: Guten Morgen, Frau Jansen.
Bäckerin: Guten Morgen, Herr Baumann. Wie geht es Ihnen?
Walter: Danke, sehr gut. Und Ihnen?
Bäckerin: Ach, nicht so gut.

Schritt B, B1
Lara: Das sind meine Großeltern. Meine Oma und mein Opa. Und das ist meine Mutter.

Schritt B, B2
Gespräch a
Frau Schrötter: Hallo, Frau Bügel!
Frau Bügel: Hallo, Frau Schrötter. Das ist meine Familie: Mein Mann und mein Vater. Und das sind meine Kinder: Mein Sohn Tom und meine Tochter Sarah.
Tom + Sarah: Hallo.
Herr Bügel: Guten Tag, Frau Schrötter.
Herr Körber: Guten Tag.
Frau Bügel: Und das ist unser Baby: Paul.
Frau Schrötter: Oh, wie alt ist er denn?

Gespräch b
Lukas: Hi, Tom.
Tom: Hey, Lukas!
Lukas: Wer ist das?
Tom: Das sind meine Geschwister. Meine Schwester Sarah und ... Das ist mein kleiner Bruder Paul. Oh Mann!

Gespräch c
Herr Körber: Guten Abend, Herr Müller.
Herr Müller: Ach hallo, Herr Körber. Oh, wer ist das denn?
Herr Körber: Das sind meine Enkelkinder. Meine Enkelin Sarah und mein Enkel Tom.
Herr Müller: Ja, hallo, ihr beiden.

Schritt B, B4a
1
Frau 1: Wer ist das? Dein Bruder?
Frau 2: Nein, das ist mein Vater.

2
Frau 1: Und wer ist das? Deine Mutter?
Frau 2: Nein, das ist meine Oma.

3
Frau 1: Und das sind deine Geschwister, oder?
Frau 2: Nein, das sind meine Eltern.

Schritt B, B5a
Frau 1: Wer ist das? Ihre Tochter?
Walter: Nein, das ist meine Enkelin.
Frau 1: Und das ist ihr Enkel?
Walter: Ja, genau.
Frau 1: Wie alt sind Ihre Enkelkinder?
Walter: Neun und zwölf.

Schritt C, C1
A
Mann 1: Das ist Lara. Sie kommt aus Polen.
B
Mann 1: Das ist Tim. Er kommt aus Kanada. Er spricht ein bisschen Deutsch.

C
Mann 1: Das sind Lara und Tim. Sie leben jetzt in München.

Schritt C, C3
Frau 1: Anna, das sind meine Freunde, Sera und Mori.
Frau 2: Ah, hallo. Woher kommt ihr denn?
Mann: Aus Uganda. Aber wir sind schon lange in Deutschland. Wir wohnen hier in Berlin.

Schritt D, D1
null – eins – zwei – drei – vier – fünf – sechs – sieben – acht – neun – zehn – elf – zwölf – dreizehn – vierzehn – fünfzehn – sechzehn – siebzehn – achtzehn – neunzehn – zwanzig

Schritt D, D2
Sachbearbeiterin: Wie heißen Sie?
Frau Flores: Isabel Flores Nevado.
Sachbearbeiterin: Woher kommen Sie?
Frau Flores: Aus Spanien.
Sachbearbeiterin: Wo sind Sie geboren?
Frau Flores: In Madrid.
Sachbearbeiterin: Wie ist Ihre Adresse?
Frau Flores: Marktstraße 1, 20249 Hamburg.
Sachbearbeiterin: Wie ist Ihre Telefonnummer?
Frau Flores: 7-8-8-6-3-9.
Sachbearbeiterin: Sind Sie verheiratet?
Frau Flores: Nein, ich bin geschieden.
Sachbearbeiterin: Haben Sie Kinder?
Frau Flores: Ja, zwei.

Lektion 2, Audiotraining 1
Wie geht's? Wiederholen Sie. Hören Sie zuerst ein Beispiel:
Sprecher 1: Wie geht's?
Sprecher 2: Wie geht's?
Und jetzt Sie:
Sprecher 1: Wie geht's?
Sprecher 2: Danke, sehr gut.

Sprecher 1: Wie geht es dir?
Sprecher 2: Danke, gut. Und wie geht es dir?
Sprecher 1: Auch gut, danke.

Sprecher 2: Wie geht es Ihnen?
Sprecher 1: Na ja, es geht.

Sprecher 2: Wie geht es dir?
Sprecher 1: Nicht so gut.

Lektion 2, Audiotraining 2
Angaben zur Person. Antworten Sie auf die Fragen. Hören Sie zuerst ein Beispiel:
Sprecher 2: Wo sind Sie geboren? Salzburg
Sprecher 1: Ich bin in Salzburg geboren.

Und jetzt Sie.
Sprecher 2: Wo sind Sie geboren? Salzburg
Sprecher 1: Ich bin in Salzburg geboren.

Sprecher 2: Wo wohnen Sie? Bremen
Sprecher 1: Ich wohne in Bremen.

Sprecher 2: Wie ist Ihre Adresse? Waldstraße 1, Bremen.
Sprecher 1: Waldstraße 1, Bremen.

Sprecher 2: Wie ist Ihre Telefonnummer? 123456
Sprecher 1: 123456.

Sprecher 2: Sind Sie verheiratet? geschieden
Sprecher 1: Nein, ich bin geschieden.

Und jetzt noch einmal Sie: Antworten Sie mit Ihren Informationen.
Sprecher 2: Wo sind Sie geboren?
Wo wohnen Sie?
Wie ist Ihre Adresse?
Wie ist Ihre Telefonnummer?
Sind Sie verheiratet?

Lektion 2, Audiotraining 3
Das ist doch deine Mutter. Antworten Sie mit „Ja, genau."
Hören Sie zuerst ein Beispiel:
Sprecher 1: Das ist doch deine Mutter, oder?
Sprecher 2: Ja, genau. Das ist meine Mutter.

Und jetzt Sie:
Sprecher 1: Das ist doch deine Mutter, oder?
Sprecher 2: Ja, genau. Das ist meine Mutter.

Sprecher 1: Das ist doch dein Vater, oder?
Sprecher 2: Ja, genau. Das ist mein Vater.

Sprecher 1: Das ist doch dein Bruder, oder?
Sprecher 2: Ja, genau. Das ist mein Bruder.

Sprecher 1: Das ist doch deine Schwester, oder?
Sprecher 2: Ja, genau. Das ist meine Schwester.
Sprecher 1: Das ist doch deine Oma, oder?
Sprecher 2: Ja, genau. Das ist meine Oma.

Sprecher 1: Das ist doch dein Opa, oder?
Sprecher 2: Ja, genau. Das ist mein Opa.

Sprecher 1: Das sind doch deine Kinder, oder?
Sprecher 2: Ja, genau. Das sind meine Kinder.

Lektion 3   Einkaufen

Folge 3: Bananenpfannkuchen

Bild 1
Lara: Sofia?
Sofia: Hm?
Lara: Du, ich habe Hunger.
Sofia: Ich auch, Lara.
Lara: Was haben wir? Mal sehen. Oh-oh! Wir haben aber nicht sehr viel.
Sofia: Nicht? Oh! Wir haben wirklich nicht viel.

Bild 2
Lara: Naja, wir haben Milch. Und wir haben Butter.
Sofia: Milch, Butter, hmm. Haben wir Zucker? Und Mehl?
Lara: Ja, Zucker und Mehl haben wir auch. Hier, bitte.
Sofia: Milch, Butter, Zucker, Mehl – Möchtest du Pfannkuchen?
Lara: Hey, Pfannkuchen! Lecker!

Bild 3
Sofia: Moment mal, Eier. Haben wir Eier?
Lara: Wir haben ein Ei.
Sofia: Ein Ei?
Lara: Ein Ei. Hier, siehst du?
Sofia & Lara: HHhh! Oohh nein!
Sofia: Wir haben kein Ei.
Lara: Kein Ei …
Sofia & Lara: Hach!

Bild 4
Sofia: Lili?
Lili: Ja?
Sofia: Lara und ich möchten Pfannkuchen backen.
Lili: Pfannkuchen? Lecker!
Sofia: Möchtest du auch Pfannkuchen?
Lili: Jajaja!
Sofia: Wir brauchen aber Eier. Kaufst du bitte zehn Eier?
Lili: Ja, gut. Mache ich.

Bild 5
Lili: Hm. Wo sind denn hier die Eier? Entschuldigung?
Mitarbeiterin: Ja?
Lili: Haben Sie Eier?
Mitarbeiterin: Ja, natürlich haben wir Eier. Hier, bitte.
Lili: Nein. Das ist doch kein Ei. Das ist Schokolade.
Mitarbeiterin: Nein. Das ist keine Schokolade. Das ist ein Schokoladenei.
Lili: Ja, aber ich brauche Eier. Eier, verstehen Sie?

Bild 6
Kassierer: So, eine Packung Eier. Das macht 2 Euro 49.
Lili: Äh, Moment! Und die zwei Bananen, bitte.
Kassierer: Okay. Das macht dann zusammen 3 Euro 87.
Lili: Hier, bitte.
Kassierer: Fünf Euro … 1 Euro und 13 Cent zurück. Vielen Dank!
Lili: Bitte schön. Auf Wiedersehen.
Kassierer: Schönen Tag noch!

Bild 7
Lili: Hmm-mm-mm- … Waaahhh! Nein! Mist! Mist! Mist!
Herr Meier: Hallo, Lili. Ja, was ist denn hier los?
Lili: Hallo, Herr Eier ähh, ich meine Herr Meier.
Herr Meier: Oh je, oh je! Die Eier. Kann ich dir helfen?
Lili: Helfen? Na ja, vielleicht?

Bild 8
Lara: Hmm! Pfannkuchen sind lecker!
Herr Meier: Ja, die schmecken!
Sofia: Sehr lecker. Danke für die Eier, Herr Meier!
Herr Meier: Kein Problem.
Lili: Hm, superlecker … Bananenpfannkuchen.

Schritt A, A2
Lili: Entschuldigung. Haben Sie Eier?
Verkäuferin: Eier? Ja, natürlich. Hier, bitte.
Lili: Und haben Sie auch Milch?
Verkäuferin: Nein, tut mir leid.

Schritt B, B2a
Mann 2: Was ist das?
Frau 2: Das ist ein Ei.
Mann 2: Das ist doch kein Ei. Das ist ein Würstchen.

Schritt D, D1
zwanzig Cent – dreißig Cent – vierzig Cent – fünfzig Cent – sechzig Cent – siebzig Cent – achtzig Cent – neunzig Cent – hundert Cent / ein Euro – ein Euro zehn

Schritt E, E1
Frau: Bitte schön?
Mann: Guten Tag. Ich brauche Kartoffeln, bitte.
Frau: Gern. Wie viel möchten Sie denn?
Mann: Zwei Kilo ... Ich brauche auch noch Äpfel.
Frau: Wie viel?
Mann: Ein Pfund.
Frau: Möchten Sie sonst noch etwas?
Mann: Ja, bitte. Ähm, haben Sie Eier?
Frau: Nein, tut mir leid. Sonst noch etwas?
Mann: Nein danke, das ist alles.
Frau: Das macht 5 Euro 90, bitte.

Lektion 3, Audiotraining 1
Was ist das? Antworten Sie mit „Nein".
Hören Sie zuerst ein Beispiel:
Sprecher 1: Das ist eine Orange.
Sprecher 2: Nein! Das ist doch keine Orange.

Und jetzt Sie:
Sprecher 1: Das ist eine Orange.
Sprecher 2: Nein! Das ist doch keine Orange.
Sprecher 1: Ist das eine Tomate?
Sprecher 2: Nein! Das ist doch keine Tomate.

Sprecher 1: Das ist ein Apfel.
Sprecher 2: Nein! Das ist doch kein Apfel.

Sprecher 1: Ist das eine Kartoffel?
Sprecher 2: Nein. Das ist doch keine Kartoffel.

Sprecher 1: Das ist ein Brötchen.
Sprecher 2: Nein. Das ist doch kein Brötchen.

Sprecher 1: Ist das ein Kuchen?
Sprecher 2: Nein. Das ist doch kein Kuchen.

Lektion 3, Audiotraining 2
Plus 10 Cent! Sagen Sie den Preis.
Hören Sie zuerst ein Beispiel:
Sprecher 1: Was kostet das?
Sprecher 2: 50 Cent. – Ach nein: 60 Cent.

Und jetzt Sie:
Sprecher 1: Was kostet das?
Sprecher 2: 50 Cent. – Ach nein: 60 Cent.

Sprecher 1: Was kostet das?
Sprecher 2: 75 Cent. – Ach nein: 85 Cent.

Sprecher 1: Was kostet das?
Sprecher 2: 89 Cent. – Ach nein: 99 Cent.

Sprecher 1: Was kostet das?

Sprecher 2: 2 Euro 10. – Ach nein: 2 Euro 20.

Sprecher 1: Was kostet das?
Sprecher 2: 3 Euro 40. – Ach nein: 3 Euro 50 Cent.

Sprecher 1: Was kostet das?
Sprecher 2: 3 Euro 49. – Ach nein: 3 Euro 59.

Lektion 3, Audiotraining 3
Das brauchen Sie auch! Wiederholen Sie mit „auch".
Hören Sie zuerst ein Beispiel:
Sprecher 1: Also: Ich brauche ein Pfund Hackfleisch.
Sprecher 2: Ich brauche auch ein Pfund Hackfleisch!

Und jetzt Sie:
Sprecher 1: Also: Ich brauche ein Pfund Hackfleisch.
Sprecher 2: Ich brauche auch ein Pfund Hackfleisch!

Sprecher 1: Also: Ich brauche zwei Liter Milch.
Sprecher 2: Ich brauche auch zwei Liter Milch!

Sprecher 1: Also: Ich brauche eine Packung Kaffee.
Sprecher 2: Ich brauche auch eine Packung Kaffee!

Sprecher 1: Also: Ich brauche ein Kilo Tomaten.
Sprecher 2: Ich brauche auch ein Kilo Tomaten!

Sprecher 1: Also: Ich brauche 100 Gramm Käse.
Sprecher 2: Ich brauche auch 100 Gramm Käse!

Sprecher 1: Also: Ich brauche sechs Flaschen Wasser.
Sprecher 2: Ich brauche auch sechs Flaschen Wasser!

Lektion 4   Meine Wohnung

Folge 4: Ach so!

Bild 1
Walter: Na, Lara? Wie gefällt dir die Schreibtischlampe?
Sie ist nicht neu. Aber sie ist ganz schön, oder?
Lara: Die Lampe ist sehr schön.
Walter: Also, möchtest du sie haben?
Lara: Ja, natürlich. Sehr gern. Vielen Dank, Walter.
Walter: Kein Problem. Ich brauche sie ja nicht.
Lara: Oh, ich glaube, das ist Tim.
Walter: Tim? Wer ist denn Tim?

Bild 2
Lara: Walter, das ist Tim. Tim, das ist Herr Baumann.
Walter: Hallo, Tim.
Tim: Hallo, Herr Baumann.
Lara: Tim kommt aus Ottawa.
Walter: Oh, aus Kanada?
Tim: Ja, richtig.
Lara: Tim ist auch im Deutschkurs, Walter.
Walter: Aaah, jetzt verstehe ich. Gut, ich gehe dann mal, Lara.
Lara: Okay. Tschüs, Walter und nochmal: Vielen Dank.
Walter: Tschüs, Lara. Tschüs, Tim. Und viel Erfolg beim Deutschlernen.
Tim: Danke, Herr Baumann. Tschüs!

Bild 3
Tim: Ähm, du, Lara?
Lara: Ja?
Tim: Sag mal, wo ist denn hier das Bad?
Lara: Das Bad ist dort.

Tim: Ah, danke.
Lara: Aber Vorsicht!
Tim: Hm?
Lara: Es ist nicht groß.
Tim: Ach so. Okay.

Bild 4

Tim: Oh-oh! Das Bad ist nicht groß ... Oh nein, es ist klein ... Das Bad ist nicht groß ... Oh nein, es ist klein ... H-hm-hm-hm-hmmm ... H-hm-hm-hm-... Hmm? „Lara" – blau, „Sofia" – gelb, „Lili" – rot. Ja, und Walter? Wohnt Walter nicht hier? ...

Bild 5

Tim: Lara? Lara?
Lara: Hier bin ich. Komm rein.
Tim: Du Lara, ich habe eine Frage. Sag mal, ...
Lara: Tatata-taaa: Das ist mein Zimmer. Hier wohne ich.
Tim: Hey!
Lara: Und? Wie findest du das Zimmer?
Tim: Das Zimmer gefällt mir sehr gut. Es ist groß und hell. Und die Möbel sind sehr schön.
Lara: Das stimmt.

Bild 6

Tim: Das Zimmer gefällt mir sehr gut. Aber es ist teuer, oder?
Lara: Nein. Das Zimmer ist nicht teuer. Es kostet 150 Euro.
Tim: 150 Euro! In München! Du, das ist aber sehr billig.
Lara: Ja?
Tim: Mein Zimmer kostet 350 Euro im Monat.
Lara: Was?! 350 Euro?
Tim: Ja!
Lara: Boah!
Tim: Und es ist klein und hässlich und dunkel.
Lara: Oje. Sag mal, möchtest du etwas trinken?
Tim: Oh ja. Sehr gern.

Bild 7

Lara: Das ist die Küche.
Tim: Toll. Sie ist sehr groß.
Lara: Ja, stimmt. Ich finde das auch schön. Möchtest du Orangensaft oder Wasser?
Tim: Orangensaft, bitte. Du, sag mal, Lara ...
Lara: Ja? Was ist?
Tim: Sind Walter und Sofia geschieden?
Lara: Was!? Aber nein, Tim. Walter und Sofia sind nicht geschieden.
Tim: Ja, aber, er wohnt nicht hier.
Lara: Richtig. Hier wohnen nur Sofia und Lili.
Tim: Und du.
Lara: Ja, genau. Wir haben drei Zimmer.
Tim: Und das Bad.
Lara: Ja. Und die Küche.
Tim: Ja, aber ...
Lara: Moment mal, warte.

Bild 8

Lara: So, was siehst du, Tim?
Tim: Das ist Walter.
Lara: Richtig.
Tim: Und das sind Sofia und Lili, oder?
Lara: Auch richtig.
Tim: Ja gut, aber dann ...

Lara: Moment. Guck mal hier: eine Mutter und eine Tochter.
Tim: Ja ... und?
Lara: Und hier rechts ein Vater und hier links eine Tochter.
Tim: Was? Achso!

Schritt A, A2

Frau 1: Ist hier auch eine Küche?
Mann 2: Ja, natürlich. Die Küche ist dort.

Schritt B, B1

a
Tim: Der Balkon ist super.
Lara: Ja, er ist sehr groß.
b
Tim: Das Zimmer ist sehr schön. Aber es ist teuer, oder?
Lara: Nein, es kostet 150 Euro.
c
Tim: Wie findest du die Wohnung?
Lara: Sie ist sehr hell. Und sie ist billig.

Schritt C, C2a

1
Mann: Wie gefällt dir der Kühlschrank?
Frau: Es geht.
2
Frau: Wie gefällt dir das Sofa?
Mann: Sehr gut. Die Farbe ist sehr schön.
3
Mann: Wie gefällt dir die Lampe?
Frau: Es geht.
4
Frau: Wie gefallen dir die Schränke?
Mann: Hm, nicht so gut. Sie sind alt.

Schritt D, D1

hundert – zweihundert – dreihundert – vierhundert – fünfhundert – sechshundert – siebenhundert - achthundert – neunhundert – tausend – zehntausend – hunderttausend - eine Million

Schritt D, D2

a 100
b 2.055
c 340
d 6.973
e 88.000
f 600.000

Schritt E, E1 und E2a

Mann: Schuster. Hallo.
Frau: Hallo, hier ist Häusler. Sie verkaufen einen Schreibtisch, richtig?
Mann: Ja, genau.
Frau: Gut. Welche Farbe hat der Tisch?
Mann: Er ist braun.
Frau: Aha, das ist gut. Wie groß ist er?
Mann: Er ist zwei Meter lang und 60 Zentimeter breit.
Frau: Aha, gut. Und was kostet er?
Mann: 120 Euro.
Frau: Oh, das ist teuer. Aber danke für die Information.
Mann: Gern. Auf Wiederhören.
Frau: Auf Wiederhören.

Lektion 4, Audiotraining 1
Wo ist …? Antworten Sie mit „Ah, schön!" und fragen Sie dann. Hören Sie zuerst ein Beispiel:
Sprecher 1: Das ist meine Wohnung. Bad
Sprecher 2: Ah, schön! Und wo ist das Bad?
Sprecher 1: Hier.

Und jetzt Sie:
Sprecher 1: Das ist meine Wohnung. Bad
Sprecher 2: Ah, schön! Und wo ist das Bad?
Sprecher 1: Hier.

Sprecher 1: Das ist meine Wohnung. Wohnzimmer
Sprecher 2: Ah, schön! Und wo ist das Wohnzimmer?
Sprecher 1: Hier.

Sprecher 1: Das ist meine Wohnung. Toilette
Sprecher 2: Ah, schön! Und wo ist die Toilette?
Sprecher 1: Hier.

Sprecher 1: Das ist meine Wohnung. Küche
Sprecher 2: Ah, schön! Und wo ist die Küche?
Sprecher 1: Hier.

Sprecher 1: Das ist meine Wohnung. Kinderzimmer
Sprecher 2: Ah, schön! Und wo ist das Kinderzimmer?
Sprecher 1: Hier.

Sprecher 1: Das ist meine Wohnung. Balkon
Sprecher 2: Ah, schön! Und wo ist der Balkon?
Sprecher 1: Balkon? Hier ist kein Balkon!

Lektion 4, Audiotraining 2
Ist das hier die Küche? Antworten Sie mit „Nein".
Hören Sie zuerst ein Beispiel:
Sprecher 1: Ist das hier die Küche?
Sprecher 2: Nein, das ist nicht die Küche. Das hier ist die Küche.

Und jetzt Sie.
Sprecher 1: Ist das hier die Küche?
Sprecher 2: Nein, das ist nicht die Küche. Das hier ist die Küche.

Sprecher 1: Ist das hier das Schlafzimmer?
Sprecher 2: Nein, das ist nicht das Schlafzimmer. Das hier ist das Schlafzimmer.

Sprecher 1: Ist das hier die Toilette?
Sprecher 2: Nein, das ist nicht die Toilette. Das hier ist die Toilette.

Sprecher 1: Ist das hier das Bad?
Sprecher 2: Nein, das ist nicht das Bad. Das hier ist das Bad.

Sprecher 1: Ist das hier das Wohnzimmer?
Sprecher 2: Nein, das ist nicht das Wohnzimmer. Das hier ist das Wohnzimmer.

Lektion 4, Audiotraining 3
Wie gefällt dir das? Antworten Sie mit „Es geht" und fragen Sie dann. Hören Sie zuerst ein Beispiel:
Sprecher 1: Wie gefällt dir das Bett? der Schrank
Sprecher 2: Es geht … Aber hier: Wie gefällt dir der Schrank?
Sprecher 1: Gut.

Und jetzt Sie:
Sprecher 1: Wie gefällt dir das Bett? der Schrank
Sprecher 2: Es geht … Aber hier: Wie gefällt dir der Schrank?
Sprecher 1: Gut.

Sprecher 1: Wie gefallen dir die Sessel? die Stühle
Sprecher 2: Es geht … Aber hier: Wie gefallen dir die Stühle?
Sprecher 1: Sehr gut!

Sprecher 1: Wie gefällt dir das Bett? das Sofa
Sprecher 2: Es geht … Aber hier: Wie gefällt dir das Sofa?
Sprecher 1: Ganz gut.

Sprecher 1: Wie gefällt dir die Badewanne? die Dusche
Sprecher 2: Es geht … Aber hier: Wie gefällt dir die Dusche?
Sprecher 1: Sehr gut.

Sprecher 1: Wie gefallen dir die Lampen? die Teppiche
Sprecher 2: Es geht … Aber hier: Wie gefallen dir die Teppiche?
Sprecher 1: Nicht so gut.

Sprecher 1: Wie gefällt dir der Schrank? die Regale
Sprecher 2: Es geht … Aber hier: Wie gefallen dir die Regale?
Sprecher 1: Gut.

Sprecher 1: Wie gefallen dir die Tische? der Schreibtisch
Sprecher 2: Es geht … Aber hier: Wie gefällt dir der Schreibtisch?
Sprecher 1: Nicht so gut. Er ist klein.

Lektion 5   Mein Tag

Folge 5: Von früh bis spät

Bild 1
Lehrerin: Sehr schön, Eduardo! Vielen Dank! Und jetzt kommt Lara. Lara erzählt und zeigt uns jetzt: „So ist mein Tag". Bitte schön, Lara.
Lara: Danke, Frau Reimann. Also, Moment … Wo ist denn das Foto?

Bild 2
Lara: Aah, da ist es ja. Ja, ihr seht: Um Viertel nach sieben bin ich noch ein bisschen müde. Gut, also: Ich stehe am Morgen um Viertel nach sieben auf.
Mitschüler: Auch am Samstag und am Sonntag?
Lara: Nein, natürlich nicht. Also nochmal: Ich stehe von Montag bis Freitag um Viertel nach sieben auf.

Bild 3
Lara: So. Jetzt ist es halb acht.
Lara: Das ist Sofia und das ist Lili.
Mitschülerin: Süüüß!
Lara: Wir wohnen zusammen. Wir frühstücken auch immer zusammen. Um Viertel vor acht sind wir fertig. Lili geht dann zur Schule und Sofia geht zur Arbeit.
Mitschüler: Und du?
Lara: Ich räume die Küche auf und dann? Na, was mach ich dann, hmm?
Mitschüler: Ich denke, dann gehst du zum Deutschkurs, oder?
Lara: Bingo!

Bild 4

Mitschülerin: Hey, das sind ja wir!
Lara: Genau. Der Deutschkurs fängt um ... naa? Wann fängt der Deutschkurs an?
Mitschüler: Er fängt um halb neun an, Frau Lehrerin.
Lara: Gut! Und bis wann haben wir Unterricht?
Mitschülerin: Bis drei Uhr.
Lara: Richtig. Der Deutschkurs geht von halb neun bis drei Uhr.
Mitschüler: Und um zwölf Uhr haben wir Mittagspause, Lara.
Lara: Oh! Wie spät ist es jetzt? Ist es schon zwölf?
Mitschüler: Es ist kurz vor zwölf.
Lara: Okay, okay, ich bin gleich fertig.

Bild 5

Lara: Am Nachmittag gehe ich spazieren oder ich kaufe ein oder ich räume mein Zimmer auf.
Mitschüler: Aufräumen? Oh nein!

Bild 6

Lara: Am Abend koche ich. Ich koche sehr gern.
Mitschülerin: Kochst du jeden Tag?
Lara: Nein, nur von Montag bis Freitag. Um achtzehn Uhr dreißig kommt Sofia nach Hause. Sie arbeitet wirklich sehr viel und ist dann am Abend sehr müde. Na ja, und dann essen wir drei zusammen: Sofia, Lili und ich. Das finde ich immer sehr schön.
Mitschüler: Hmm, lecker! Ich habe Hunger.
Lara: Gleich ist Pause, Pawel. Ein Bild noch, okay?

Bild 7

Lara: Am Abend höre ich Musik oder ich sehe fern oder ich rufe auch mal meine Familie zu Hause an. Naja, Leute, jetzt wisst ihr es: Das ist mein Tag.

Bild 8

Lehrerin: Danke, Lara! So, und jetzt ist endlich Mittagspause. Also dann, bis gleich, um halb eins. Sehr schön, Lara. Wirklich super!
Lara: Oh, danke Frau Reimann. Also dann, tschüs, bis gleich.
Lehrerin: Tschüs, Lara.

Schritt B, B1b

Mann 1: Wie spät ist es jetzt? Ist es schon zwölf?
Mann 2: Nein. Es ist erst Viertel vor zwölf.

Schritt B, B2

a
Mann 1: Oh ... schon zehn vor eins.
Mann 2: Okay, dann machen wir weiter.

b
Mitspieler: Los, Amir, komm. Es ist fünf vor vier. Das Spiel beginnt gleich!
Amir: Ja, ja, ich komme ja schon!

c
Frau: Was? Schon halb elf! Oh nein!!

Schritt C, C2a

Lara: Hallo Sofia! Also, mein Deutschkurs fängt jetzt immer um halb neun an. Und er geht bis drei Uhr. Von Montag bis Donnerstag. Am Freitag und am Wochenende habe ich frei. Das ist doch perfekt, oder? Tschüüüüüs! Ach ja: Wann kommst du heute? Ich koche Spaghetti, okay?

Schritt C, C3

Mann 1: Ich mache am Freitag eine Party. Hast du Zeit?
Mann 2: Ja klar. Um wie viel Uhr fängt die Party denn an?
Mann 1: Um sieben Uhr.
Mann 2: Ich komme gern.

Schritt D, D2 und D3a

Kollege: Juhu, Freitagabend. Nur noch zwei Stunden. Was machst du denn am Samstag?
Robert: Oh, also am Samstagmorgen stehe ich immer früh auf und trinke Kaffee. Dann mache ich am Vormittag Sport.
Kollege: DU machst Sport?
Robert: Na klar. Und dann Mittagessen: Ich esse Pizza, gaaaanz viel Pizza.
Kollege: Ja, das ist klar.
Robert: Am Nachmittag bin ich zuhause und chille: Ich spiele Computerspiele! Du weißt schon „Hell" oder „Moria" – echt cool!
Kollege: Hmhmh...
Robert: Am Abend gehe ich mit Nina ins Kino.
Kollege: Aha!
Robert: „Star Wars"!
Kollege: Oha!
Robert: Und danach - in der Nacht ...
Kollege: Jaaaa?
Robert: In der Nacht chatte ich dann.
Kollege: Haha, mit Nina ...

Schritt E, E1

Ansage 1
Kindergarten St. Raphael. Sie rufen außerhalb unserer Bürozeiten an. Der Kindergarten ist von 7 Uhr 30 bis 17 Uhr geöffnet. Bitte sprechen Sie nach dem Signalton.

Ansage 2
Elektro Schuster, guten Tag. Unsere Geschäftszeiten sind: Montag, Dienstag, Donnerstag und Freitag 8 bis 18 Uhr 30. Mittwoch 8 bis 12 Uhr. Am Samstag ist unser Geschäft von 8 bis 13 Uhr geöffnet. Auf Wiederhören.

Ansage 3
Kinder- und Jugendpraxis Dr. Annette Krönke – Sie rufen außerhalb unserer Sprechzeiten an. Diese sind: Von Montag bis Donnerstag von 8 Uhr 30 bis 12 Uhr und 14 Uhr bis 16 Uhr 30, am Freitag von 8 Uhr 30 bis 12 Uhr. In dringenden Fällen wenden Sie sich bitte ...

Lektion 5, Audiotraining 1

Aha! Wiederholen Sie mit „Aha".
Hören Sie zuerst ein Beispiel:
Sprecher 1: Um sieben Uhr stehe ich auf.
Sprecher 2: Aha! Um sieben Uhr stehst du auf.

Und jetzt Sie:
Sprecher 1: Um sieben Uhr stehe ich auf.
Sprecher 2: Aha! Um sieben Uhr stehst du auf.

Sprecher 1: Um halb acht frühstücke ich.
Sprecher 2: Aha! Um halb acht frühstückst du!

Sprecher 1: Um acht Uhr gehe ich zum Deutschkurs.
Sprecher 2: Aha! Um acht Uhr gehst du zum Deutschkurs.

Sprecher 1: Von neun bis halb eins lerne ich Deutsch.
Sprecher 2: Aha! Von neun bis halb eins lernst du Deutsch.

Sprecher 1: Am Nachmittag gehe ich spazieren.
Sprecher 2: Aha! Am Nachmittag gehst du spazieren.

Sprecher 1: Um halb sieben koche ich das Abendessen.
Sprecher 2: Aha! Um halb sieben kochst du das Abendessen.

Sprecher 1: Am Abend sehe ich fern oder ich chatte.
Sprecher 2: Aha! Am Abend siehst du fern oder du chattest.

Sprecher 1: Um halb elf gehe ich ins Bett.
Sprecher 2: Aha! Um halb elf gehst du ins Bett.

Und jetzt noch einmal Sie: Antworten Sie mit Ihren Informationen.
Sprecher 1: Um wie viel Uhr stehst du auf?
Wann frühstückst du?
Wann gehst du zum Deutschkurs?
Wann lernst du Deutsch?
Was machst du am Nachmittag?
Wann kochst du das Abendessen?
Was machst du am Abend?
Um wie viel Uhr gehst du ins Bett?

Lektion 5, Audiotraining 2
Das machen Sie nicht gern. Antworten Sie mit „nicht".
Hören Sie zuerst ein Beispiel:
Sprecher 1: Ich stehe gern auf.
Sprecher 2: Ich stehe nicht gern auf.
Sprecher 1: Ach? Du stehst nicht gern auf.
Sprecher 2: Nein. Ich stehe nicht gern auf.

Und jetzt Sie:
Sprecher 1: Ich stehe gern auf.
Sprecher 2: Ich stehe nicht gern auf.
Sprecher 1: Ach? Du stehst nicht gern auf.
Sprecher 2: Nein. Ich stehe nicht gern auf.

Sprecher 1: Ich sehe gern fern.
Sprecher 2: Ich sehe nicht gern fern.
Sprecher 1: Ach? Du siehst nicht gern fern.
Sprecher 2: Nein. Ich sehe nicht gern fern.

Sprecher 1: Ich mache gern Sport.
Sprecher 2: Ich mache nicht gern Sport.
Sprecher 1: Ach? Du machst nicht gern Sport.
Sprecher 2: Nein. Ich mache nicht gern Sport.

Sprecher 1: Ich kaufe gern ein.
Sprecher 2: Ich kaufe nicht gern ein.
Sprecher 1: Ach? Du kaufst nicht gern ein.
Sprecher 2: Nein. Ich kaufe nicht gern ein.

Sprecher 1: Ich räume gern auf.
Sprecher 2: Ich räume nicht gern auf.
Sprecher 1: Ach? Du räumst nicht gern auf.
Sprecher 2: Nein. Ich räume nicht gern auf.

Sprecher 1: Ich trinke gern Tee.
Sprecher 2: Ich trinke nicht gern Tee.
Sprecher 1: Ach? Du trinkst nicht gern Tee.
Sprecher 2: Nein. Ich trinke nicht gern Tee.

Lektion 5, Audiotraining 3
Keine Zeit! Antworten Sie auf die Fragen.
Hören Sie zuerst ein Beispiel:
Sprecher 1: Ich mache am Samstag eine Party. Hast du Zeit? ins Kino gehen
Sprecher 2: Am Samstag? – Am Samstag gehe ich ins Kino.

Und jetzt Sie:
Sprecher 1: Ich mache am Samstag eine Party. Hast du Zeit? ins Kino gehen
Sprecher 2: Am Samstag? – Am Samstag gehe ich ins Kino.

Sprecher 1: Wir spielen am Dienstag Fußball. Hast du Zeit? arbeiten
Sprecher 2: Am Dienstag? – Am Dienstag arbeite ich.

Sprecher 1: Chatten wir am Mittwoch? Hast du Zeit? Deutschkurs haben
Sprecher 2: Am Mittwoch? – Am Mittwoch habe ich Deutschkurs.

Sprecher 1: Ich gehe am Freitag ins Kino. Hast du Zeit? fernsehen
Sprecher 2: Am Freitag? – Am Freitag sehe ich fern.

Sprecher 1: Wir spielen am Montag Computerspiele. Hast du Zeit? mit Lara spazieren gehen
Sprecher 2: Am Montag? – Am Montag gehe ich mit Lara spazieren.

Sprecher 1: Lernen wir am Dienstag zusammen Deutsch? Hast du Zeit? einkaufen
Sprecher 2: Am Dienstag? – Am Dienstag kaufe ich ein.

Sprecher 1: Ich mache am Sonntag Sport. Hast du Zeit? lange schlafen
Sprecher 2: Am Sonntag? – Am Sonntag schlafe ich lange.

Lektion 6   Freizeit

Folge 6: Der Käsemann

Bild 1
Sofia: Das Wetter ist nicht so schön heute. Überall Wolken. Und die Sonne scheint auch nicht. Aber es regnet nicht mehr. Das ist doch super, oder? Was meint ihr?
Walter: Stimmt. Das ist super.
Lili: Lalala!

Bild 2
Walter: Sag mal, Sofia: Hast du den Käse?
Sofia: Den Käse? Moment mal, wo ist denn der Käse? Ach ...
Walter: Was? Haben wir den Käse nicht dabei?
Sofia: Doch! Hier, Papa! Ich hab den Käse. Hier ist er, siehst du?
Walter: Ja! Juhu!
Sofia: Papa!

Bild 3
Walter: Aaah! Wunderbar! Gehen wir?
Sofia: Lara? Lara? Kommst du? Wir gehen jetzt los.
Lara: Jaja, Sofia, ich komme ja schon.

Bild 4
Lili: Wann essen wir endlich?
Walter: Bald.
Lili: Mama?
Sofia: Hm?
Lili: Wann essen wir endlich?
Sofia: Bald, Lili.
Lili: Aber wann denn? Mann! Ich habe so einen Hunger. Hast du denn keinen Hunger, Lara? Lara? Hmm ... Mann!

Bild 5
Lara: Haach! Hier ist es wunderschön!
Sofia: Hast du denn keinen Hunger, Lara?
Lara: Doch. Und wie!
Sofia: Hier! Möchtest du ein Würstchen?
Lara: Oh ja, gern. Danke, Sofia. Hm, lecker! Lili? Möchtest du auch ein Würstchen?
Lili: Nein, danke.
Walter: Was? Hast du keinen Hunger mehr?
Lili: Doch. Aber ich möchte lieber Käse. Haben wir keinen Käse?
Sofia: Doch. Wo ist denn der Käse, Papa?
Walter: Hhhh! Der Käse!

Bild 6
Tim: Ja, Lara, ich bin jetzt da. Ja, auf dem Parkplatz. Was? Eine Dose? Und wo ist die Dose? Auf dem Auto? Aah! Da! Ja ja, ich sehe die Dose. Okay! Ja, mache ich. Also, tschüs dann, bis gleich!

Bild 7
Tim: Hi! Hallo! Hier kommt der Käse!
Walter: Hey toll! Unser Käse!
Lara: Sofia und Lili, das ist Tim. Tim ist auch in der Sprachschule.
Lili: Hey, du bist ja der Käsemann.
Tim: Genau, Lili: Ich bin der Käsemann.
Walter: Hallo, Tim. Wir kennen uns ja schon.
Tim: Ja, Herr Baumann.
Walter: Ach was! Ich heiße Walter.
Tim: Okay. Also: Hallo, Walter!

Bild 8
Lara: Ach, es ist so super hier!
Tim: Genau. Die Berge und die Wolken. Das ist so toll!
Lili: Hallo, ihr zwei! Cheese!

Schritt A, A2c
Wetterbericht A
Und nun das Wetter. Heute überall Regen bei 1-7 Grad. Morgen Sonne und Wolken bei 2 bis 8 Grad. Die weiteren Aussichten: Wolken und Schnee bei minus zwei bis plus 8 Grad.

Wetterbericht B
Und nun das Wetter. Im Norden und in der Mitte Sonne, im Süden wechselnd bewölkt mit Wind. Temperaturen im Norden bis 20 Grad, im Süden maximal 17 Grad. Morgen in ganz Deutschland viel Sonne und Temperaturen um die 23 Grad.

Schritt B, B1
Walter: Sag mal, Sofia: Hast du den Käse?
Sofia: Moment mal, wo ist denn der Käse? Hier, Papa. Ich habe den Käse, siehst du?

Schritt B, B2
Frau: Wo ist der Saft? Hast du den Saft?
Mann: Oh, tut mir leid, den Saft habe ich nicht.

Schritt C, C1a
1
Walter: Was? Haben wir den Käse nicht dabei?
Sofia: Doch! Hier, Papa! Ich habe den Käse.
2
Walter: Hast du keinen Hunger mehr?
Lili: Doch! Aber ich möchte lieber Käse!
3
Sofia: Möchtest du ein Würstchen?
Lara: Oh ja gern. Danke, Sofia.
4
Lara: Lili? Möchtest du auch ein Würstchen?
Lili: Nein, danke.

Schritt C, C2
Opa: Wer möchte eine Currywurst?
junge Frau: Ich möchte eine Currywurst!
Opa: Hey, Lukas, nimmst du keine Currywurst?
Lukas: Nein, ich habe keinen Hunger.
Opa: Und eine Cola? Möchtest du keine Cola?
Lukas: Doch, sehr gern.

Lektion 6, Audiotraining 1
Meine Hobbys! Antworten Sie mit „Oh ja".
Hören Sie zuerst ein Beispiel.
Sprecher 1: Sag mal, was sind deine Hobbys?
Sprecher 2: Meine Hobbys? ... Lesen ...
Sprecher 1: Oh ja! Lesen! Lesen macht Spaß.

Und jetzt Sie:
Sprecher 1: Sag mal, was sind deine Hobbys?
Sprecher 2: Meine Hobbys? ... Lesen ...
Sprecher 1: Oh ja! Lesen! Lesen macht Spaß.

Sprecher 2: ... und Gitarre spielen ...
Sprecher 1: Oh ja! Gitarre spielen! Gitarre spielen macht Spaß!

Sprecher 2: ... und Fahrrad fahren ...
Sprecher 1: Oh ja! Fahrrad fahren! Fahrrad fahren macht Spaß!

Sprecher 2: ... kochen ...
Sprecher 1: Oh ja! Kochen! Kochen macht Spaß!

Sprecher 2: ... und spazieren gehen ...
Sprecher 1: Oh ja! Spazieren gehen! Spazieren gehen macht Spaß!

Sprecher 2: ... und schwimmen!
Sprecher 1: Oh ja! Schwimmen! Schwimmen macht Spaß!

Und jetzt noch einmal Sie: Antworten Sie mit Ihren Informationen.
Sprecher 1: Sag mal, was sind deine Hobbys?

Lektion 6, Audiotraining 2

Was machst du in der Freizeit? Antworten Sie auf die Fragen. Hören Sie zuerst ein Beispiel:
Sprecher 1: Was machst du in der Freizeit?
Sprecher 2: Ich lese gern.

Und jetzt Sie:
Sprecher 1: Was machst du in der Freizeit?
Sprecher 2: Ich lese gern.

Sprecher 1: Was machst du in der Freizeit?
Sprecher 2: Ich koche gern.

Sprecher 1: Was machst du in der Freizeit?
Sprecher 2: Ich fahre gern Fahrrad.

Sprecher 1: Was machst du in der Freizeit?
Sprecher 2: Ich schwimme gern.

Sprecher 1: Was machst du in der Freizeit?
Sprecher 2: Ich spiele gern Gitarre.

Sprecher 1: Was machst du in der Freizeit?
Sprecher 2: Ich wandere gern.

Lektion 6, Audiotraining 3

Vorlieben. Antworten Sie auf die Fragen.
Hören Sie zuerst ein Beispiel:
Sprecher 1: Mein Lieblingsbuch ist „Momo" Was ist dein Lieblingsbuch?
Sprecher 2: Mein Lieblingsbuch ist „Harry Potter".
Und jetzt Sie: Antworten Sie mit Ihren Informationen.
Sprecher 1: Mein Lieblingsbuch ist „Momo". Was ist dein Lieblingsbuch?
Sprecher 1: Meine Lieblingsfarbe ist Rot. Und was ist deine Lieblingsfarbe?
Sprecher 1: Mein Lieblingsfilm ist „Ice Age 1". Was ist dein Lieblingsfilm?
Sprecher 1: Mein Lieblingsessen ist „Pizza". Was ist dein Lieblingsessen?
Sprecher 1: Meine Lieblingsstadt ist London. Was ist deine Lieblingsstadt?

Zwischendurch mal Lied

Wir sind nicht allein
Du möchtest keinen Kaffee? – Nein.
Du möchtest keine Milch? O Mann!
Ich möchte auch keinen Tomatensaft.
Ja, was möchtest du denn dann?
Ich möchte singen.
Du bist nicht allein.
Wir alle singen gern
im Verein.

Wir machen keine Pizza. Nein.
Wir kochen auch kein Ei. O Mann!
Wir backen keinen Kuchen.
Ja, was machen wir denn dann?

Wir singen ein Lied.
Wir singen nicht allein.
Wir alle singen gern.
im Verein.

Lektion 7   Kinder und Schule

Folge 7: Prima Team

Bild 1
Lara: Ja?
Sofia: Du, entschuldige Lara?
Lara: Ja?
Sofia: Ich habe morgen früh einen wichtigen Termin.
Lara: Ja?
Sofia: Ich gehe schon kurz vor sieben Uhr los.
Lara: Oh! So früh?
Sofia: Kannst du Lili wecken?
Lara: Na klar. Mache ich.
Sofia: Danke, du bist ein Schatz! Gute Nacht!
Lara: Nacht!

Bild 2
Lara: Lili? Lili?? Aufstehen! Lili, es ist schon Viertel nach sieben. Hopp hopp! Das Frühstück ist fertig. Was ist los? Lili? Lili?!

Bild 3
Lara: Hey, Lili? Was ist denn? Willst du nicht endlich aufstehen?
Lili: Nein. Ich kann nicht aufstehen.
Lara: Was?
Lili: Ich glaube, ich kann nicht in die Schule gehen.
Lara: Warum denn nicht?
Lili: Mir ist schlecht. Ich habe solche Bauchschmerzen!
Lara: So, so. Ihr schreibt doch einen Test heute, oder?
Lili: Ja, in Mathe.

Bild 4
Lara: Ihr schreibt also einen Mathetest. Und du hast nicht gelernt.
Lili: Doch! Natürlich! Ich habe gelernt.
Lara: Aber?
Lili: Ich kann das nicht. Ich kann das einfach nicht. Und ich habe solche Bauchschmerzen!
Lara: Warum hast du mich nicht gefragt? Ich bin gut in Mathe.
Lili: Wirklich?
Lara: Wann habt ihr denn Mathe. Jetzt gleich um acht?
Lili: Nein. Um Viertel nach zehn.

Bild 5
Lara: Hallo!? Herr Wendel? Ah, guten Morgen. Hier spricht Lara Nowak. Ich bin eine Freundin von Sofia Baumann. Ja, genau, Lilis Mutter. Ich wohne zurzeit bei den Baumanns. Und Lili, sie hat Bauchschmerzen, aber ich habe einen Kräutertee gemacht. Ja, ja, es wird schon viel besser. Nein, nein! Sie will in die Schule kommen. Ja, sie will den Mathetest schreiben. Ich bringe sie zur Schule. Pünktlich um Viertel nach zehn ist sie da. Danke, Herr Wendel. Sie sind sehr nett. Tschüs!

Bild 6
Lili: Hallo? Hier ist Lili Baumann. Kann ich bitte Frau Reimann sprechen? Ah, guten Morgen! Sie kennen doch Lara Nowak, oder? Nein, es ist nichts passiert. Sie wohnt bei uns und hilft meiner Mama. Ja, genau. Ich bin heute leider krank und Lara hat gerade Kräutertee für mich gemacht. Nein, sie will auf jeden Fall noch zum Deutschkurs gehen. Aber sie

kann nicht um halb neun kommen. Sie kommt erst um halb elf. Vielen Dank, Frau Reimann. Sie sind sehr nett! Auf Wiederhören! Kein Problem, sagt sie.

Bild 7
Lili: Huhu! Hallo Lara!
Lara: Hallo Lili! Na? Wie war der Mathetest?
Lili: Sehr gut. Ich glaube, ich habe alles richtig gemacht.
Lara: Na super!
Lili: Iiihh! Sag mal, was hast DU denn gekauft? Lauch?
Lara: Ja, ich habe Lauch gekauft. Es gibt Lauchgemüse mit Kartoffeln.
Lili: Uääähh! Mir wird schlecht. Da kann ich ja morgen schon wieder nicht in die Schule gehen.
Lara: Was?! Na warte!
Lili: Nein! Ich hab doch nur Spaß gemacht.

Bild 8
Sofia: Hmm! Super hast du gekocht, Lara. Das Lauchgemüse schmeckt so lecker!
Lara: Danke.
Lili: Naja.
Lara: Und dein Termin heute Morgen, Sofia? Bist du pünktlich gekommen?
Sofia: Superpünktlich. Und du, Lili? Habt ihr den Mathetest geschrieben?
Lili: Ja klar. Du, Mama?
Sofia: Nein, warte, Lili. Jetzt will ich erst noch was sagen: Also, ich finde, wir drei sind ein prima Team.
Lara: Das stimmt, Sofia.
Lili: Aber wirklich!

Schritt A, A1
A
Sofia: Ich habe morgen früh einen wichtigen Termin.
Lara: Ja?
Sofia: Ich gehe schon kurz vor sieben Uhr los.
Lara: Oh! So früh?
Sofia: Kannst du Lili wecken?
Lara: Na klar. Mache ich.

B
Lara: Hey, Lili? Was ist denn? Willst du nicht endlich aufstehen?
Lili: Nein. Ich kann nicht aufstehen.
Lara: Was?
Lili: Ich glaube, ich kann nicht in die Schule gehen.
Lara: Warum denn nicht?
Lili: Mir ist schlecht.
Lara: So so.

C
Lili: Nein, sie will auf jeden Fall noch zum Deutschkurs gehen. Aber sie kann nicht um halb neun kommen. Sie kommt erst um halb elf. Vielen Dank, Frau Reimann. Sie sind sehr nett.

Schritt A, A2
Frau 2: Ich bin krank. Ich kann nicht einkaufen. Hannes, kannst du im Supermarkt einkaufen?
Mann 2: Ja, kein Problem.

Schritt B, B2a
A
Miguel: Also, wir reisen gern und oft. Und unser nächster Urlaub ist schon geplant! Vietnam! Dieses Jahr – 4 Wochen Vietnam! Endlich! Das ist schon immer unser Traum. Wir wollen ein bisschen Vietnamesisch lernen. Die Sprache ist sicher nicht einfach. Aber wir wollen nur ein paar Wörter und Sätze lernen: „Guten Tag", „Wie geht's" und so auf Vietnamesisch.

B
Anna: Also ich habe eine Au-Pair-Stelle in Paris. Im Sommer will ich für ein Jahr nach Frankreich gehen. Ich kann überhaupt noch kein Französisch. Englisch und Spanisch kann ich schon. Jetzt mach ich hier einen Französisch-Kurs. Ich will die Sprache jetzt schon lernen. Und dann nach einem Jahr ist mein Französisch sicher perfekt.

C
Hassan: Ich arbeite seit 3 Jahren bei einer englischen Firma hier in Dortmund. Aber im Herbst arbeite ich drei Monate in London. Ich kann natürlich schon Englisch, aber mein Englisch ist nicht gut genug. Ich mache hier in der Sprachenschule einen Intensivkurs.

D
Hella: Kostas hat bald eine Arbeit in der Schweiz. Im März geht's los. Bei der Arbeit kann Kostas Griechisch und Englisch sprechen, aber...
Kostas: Hella geht ja auch mit in die Schweiz. Und wir wollen in der Schweiz leben. Deshalb! Jeden Tag Schule und fleißig Deutsch lernen. Puh! Deutsch ist nicht leicht. Aber, wir können zusammen lernen. Das macht total Spaß!

Schritt C, C4
Frau: Hast du gestern Abend Hausaufgaben gemacht?
Mann: Ja, genau. Ich habe Hausaufgaben gemacht. Und du?
Frau: Ich habe Freunde getroffen.

Schritt D, D1
A
Lara: Und dein Termin heute Morgen, Sofia? Bist du pünktlich gekommen?
Sofia: Superpünktlich.

B
Sofia: Lara, was hast du heute Nachmittag gemacht?
Lara: Ich bin im Park spazieren gegangen.

Schritt D, D2
Mann: Wir haben am Freitag frei. Wollen wir Fahrrad fahren?
Frau: Fahrrad fahren? Nein, nicht so gern ... Ich bin gestern auch schon Fahrrad gefahren.
Mann: Schade!

Schritt E, E3
Sekretärin: Martini - Grundschule, Sekretariat, Kaiser?
Fr. Behrens: Ja, guten Morgen, hier spricht Frau Behrens. Mein Sohn Jonas geht in die Klasse 4a von Frau Ohler. Er kann heute leider nicht mit ins Schwimmbad kommen. Er ist krank!
Sekretärin: Oh, das tut mir leid! Das ist ja wirklich schade! Aber da kann man nichts machen. Ich sage es Frau Ohler. Und gute Besserung für Jonas!

Fr. Behrens: Ja, danke! Auf Wiederhören!
Sekretärin: Auf Wiederhören!

Lektion 7, Audiotraining 1
Was können Sie sehr gut? Was können Sie gar nicht? Antworten Sie auf die Fragen. Hören Sie zuerst zwei Beispiele:
Sprecher 1: Kannst du Fahrrad fahren? Ja
Sprecher 2: Ja, ich kann sehr gut Fahrrad fahren.

Sprecher 1: Kannst du Skateboard fahren? Nein
Sprecher 2: Nein, ich kann gar nicht Skateboard fahren.

Und jetzt Sie:
Sprecher 1: Kannst du Fahrrad fahren? Ja
Sprecher 2: Ja, ich kann sehr gut Fahrrad fahren.

Sprecher 1: Kannst du Skateboard fahren? Nein
Sprecher 2: Nein, ich kann gar nicht Skateboard fahren.

Sprecher 1: Kannst du Kuchen backen? Ja
Sprecher 2: Ja, ich kann sehr gut Kuchen backen.

Sprecher 1: Kannst du schwimmen? Nein
Sprecher 2: Nein, ich kann gar nicht schwimmen.

Sprecher 1: Kannst du Französisch sprechen? Ja
Sprecher 2: Ja, ich kann sehr gut Französisch sprechen.

Sprecher 1: Kannst du jonglieren? Nein
Sprecher 2: Nein, ich kann gar nicht jonglieren.

Und jetzt noch einmal Sie: Antworten Sie mit Ihren Informationen.
Sprecher 1: Kannst du Fahrrad fahren?
Sprecher 1: Kannst du Skateboard fahren?
Sprecher 1: Kannst du Kuchen backen?
Sprecher 1: Kannst du schwimmen?
Sprecher 1: Kannst du Französisch sprechen?
Sprecher 1: Kannst du jonglieren?

Lektion 7, Audiotraining 2
Ich will … Antworten Sie mit „Ah!". Hören Sie zuerst ein Beispiel:
Sprecher 1: Ich will Lieder singen.
Sprecher 2: Ah! Du willst Lieder singen.

Und jetzt Sie:
Sprecher 1: Ich will Lieder singen.
Sprecher 2: Ah! Du willst Lieder singen.

Sprecher 1: Wir wollen Spiele machen.
Sprecher 2: Ah! Ihr wollt Spiele machen.

Sprecher 1: Ich will viel sprechen.
Sprecher 2: Ah! Du willst viel sprechen.

Sprecher 1: Wir wollen Filme sehen.
Sprecher 2: Ah. Ihr wollt Filme sehen.

Sprecher 1: Ich will Texte lesen.
Sprecher 2: Ah. Du willst Texte lesen.

Sprecher 1: Wir wollen viele Übungen machen.
Sprecher 2: Ah. Ihr wollt viele Übungen machen.

Lektion 7, Audiotraining 3
Was machen wir am Wochenende? Antworten Sie auf die Fragen. Hören Sie zuerst ein Beispiel:
Sprecher 1: Was machen wir am Wochenende? wandern gehen
Sprecher 2: Wollen wir vielleicht wandern gehen?
Sprecher 1: Ja, super! Das machen wir.

Und jetzt Sie:
Sprecher 1: Was machen wir am Wochenende? wandern gehen
Sprecher 2: Wollen wir vielleicht wandern gehen?
Sprecher 1: Ja, super! Das machen wir.

Sprecher 1: Was machen wir am Wochenende? schwimmen gehen
Sprecher 2: Wollen wir vielleicht schwimmen gehen?
Sprecher 1: Ja, super! Das machen wir.

Sprecher 1: Was machen wir am Wochenende? Skateboard fahren
Sprecher 2: Wollen wir vielleicht Skateboard fahren?
Sprecher 1: Ja, super! Das machen wir.

Sprecher 1: Was machen wir am Wochenende? zusammen kochen
Sprecher 2: Wollen wir vielleicht zusammen kochen?
Sprecher 1: Ja, super! Das machen wir.

Sprecher 1: Was machen wir am Wochenende? Fahrrad fahren
Sprecher 2: Wollen wir vielleicht Fahrrad fahren?
Sprecher 1: Ja, super! Das machen wir.

Sprecher 1: Was machen wir am Wochenende? zusammen Deutsch lernen
Sprecher 2: Wollen wir vielleicht zusammen Deutsch lernen?
Sprecher 1: Ja, super! Das machen wir.

Sprecher 1: Was machen wir am Wochenende? tanzen gehen
Sprecher 2: Wollen wir vielleicht tanzen gehen?
Sprecher 1: Ja, super! Das machen wir.

Zwischendurch mal, Spiel
Das „können"- und „wollen"-Pantomime-Spiel
Gespräch A
Frau: Hey! Ich kann tanzen.
Mann: Ja, du kannst super tanzen!
Frau: Wollt ihr auch tanzen?
Kurs: Wir wollen auch tanzen.

Gespräch B
Mann: Ich kann Gitarre spielen.
Frau: Du kannst sehr gut Gitarre spielen.
Mann: Wollt ihr auch Gitarre spielen?
Kurs: Wir wollen auch Gitarre spielen.

Lektion 1   Guten Tag. Mein Name ist …

Schritt A, Übung 1
Mädchen: Guten Morgen, Frau Schröder.
Frau Schröder: Hallo, Anna!

Mädchen und Junge: Auf Wiedersehen, Frau Pohlmann.
Frau Pohlmann: Tschüs, Kinder.

Steffen: Nacht, Maria.
Maria: Gute Nacht, Steffen.

Schritt A, Übung 2
vgl. AB S. 96/2

Schritt B, Übung 5
Mann: Entschuldigung, wie heißen Sie?
Frau: Ich bin Anna Lienert.
Mann: Guten Abend, Frau Lienert.
Frau: Und wie heißen Sie?
Mann: Mein Name ist Karl Huber.

Schritt A, Übung 6
vgl. AB S. 97/6

Schritt C, Übung 14
Karim: Guten Tag, ich heiße Karim Rochdi. Ich komme aus Teheran. Das ist im Iran. Jetzt bin ich in Deutschland, in Köln. Ich spreche Persisch, Arabisch und Deutsch.
Heidi: Ja, hallo, ich bin Heidi aus Berlin, aus Deutschland. Ich komme eigentlich aus Frankfurt. Aber jetzt bin ich schon vier Jahre in Berlin. Ich spreche Deutsch – natürlich – Englisch und ein bisschen Russisch.
Jan: Mein Name ist Jan Novak. Ich bin aus Polen und jetzt schon zehn Jahre in Deutschland. Ich spreche Polnisch, Russisch und gut Deutsch.

Schritt D, Übung 19
a
Frau: Ich heiße Ewa Kowalski.
Mann: Entschuldigung, wie heißen Sie? Buchstabieren Sie, bitte.
Frau: E – W – A   K – O – W – A – L – S – K – I.
b
Mann: Mein Name ist Jannick Peters.
Frau: Wie bitte?
Mann: Ich heiße Jannick Peters. J – A – N – N – I – C – K
P – E – T – E – R – S.
c
Mann 1: Ich bin Moritz Seifert.
Mann 2: Wie ist Ihr Name? Buchstabieren Sie, bitte.
Mann 1: M – O – R – I – T – Z   S – E – I – F – E – R – T.
d
Mann: Guten Morgen. Mein Name ist Simon Pfaff.
Frau: Guten Morgen Herr … Entschuldigung, wie heißen Sie?
Mann: Simon Pfaff. Ich buchstabiere: S – I – M – O – N
P – F – A – F – F.
Frau: Ah ja, danke.
e
Frau 1: Wie ist Ihr Name?
Frau 2: Ich heiße Ruth Kröger.
Frau 1: Wie bitte? Buchstabieren Sie, bitte.
Frau 2: R – U – T – H   K – R – Ö – G – E – R.
Frau 1: Danke.

f
Frau: Wie heißt du?
Mann: Ich heiße Jürgen Groß. Groß mit Eszett.
Frau: Wie bitte?
Mann: J – Ü – R – G –E – N   G – R – O – ß

Schritt D, Übung 20a
vgl. AB S. 102/20

Schritt D, Übung 20c
Frau Winkler: Hallo. Mein Name ist Winkler.
Herr Kara: Freut mich. Ich heiße Besim Kara. Ich komme aus der Türkei. Woher kommen Sie? Aus der Schweiz?
Frau Winkler: Nein. Aus Österreich. Sie sprechen gut Deutsch, Herr Kara.
Herr Kara: Nur ein bisschen.

Lektion 2   Meine Familie

Schritt A, Übung 2a
vgl. AB S. 107/2a

Schritt A, Übung 2b
vgl. AB S. 107/2a

Schritt B, Übung 11
a
Frau 3: Guten Abend, Frau Altmann. Wie geht es Ihnen?
Fr. Altmann: Danke, gut. Das ist mein Mann.
Frau 3: Freut mich. Guten Abend, Herr Altmann.
Hr. Peters: Mein Name ist nicht Altmann. Ich heiße Peters. Martin Peters.
Frau 3: Ah! Entschuldigung.
b
Mann 3: Das ist meine Schwester.
Frau 1: Ah, deine Schwester! Du bist Iris, oder?
Ines: Nein. Mein Vorname ist Ines.
Frau 1: Aha. Wie geht es dir, Ines?
Ines: Sehr gut, danke.

Schritt C, Übung 18a und c
1
Hanne Winkler: Hallo. Mein Name ist Hanne Winkler. Ich bin 20 und komme aus Stuttgart. Stuttgart ist in Süddeutschland. Jetzt lebe ich in Hamburg. Das ist in Norddeutschland. Mein Partner heißt Sven. Wir sind noch nicht verheiratet. Und wir haben keine Kinder.
2
Ashraf Shabaro: Guten Tag. Ich bin Ashraf Shabaro. Ich komme aus Syrien. Ich lebe schon 20 Jahre in Berlin. Meine Eltern leben in Syrien. Meine Frau ist Deutsche. Sie heißt Karin. Wir haben drei Kinder. Sie sind 17, 13 und zehn Jahre alt und sie sprechen Deutsch und Arabisch.

Schritt D, Übung 20
dreizehn – sechs – elf – fünf – vierzehn – siebzehn – acht – neunzehn – drei – zwanzig

Lektion 3   Einkaufen

Schritt A, Übung 4
vgl. AB S. 119/4

Schritt B, Übung 10
vgl. AB S. 121/10a

Schritt B, Übung 17
a
Kourosh: Iran ist ein Land. Ich komme aus Shiraz. Das ist eine Stadt im Süden.
b
Kourosh: In Iran sprechen wir Persisch. Das ist eine Sprache. Meine Sprache. Ich spreche Persisch und ein bisschen Deutsch.
c
Kourosh: Mein Name ist Kourosh. Meine Frau heißt Mahshid. Wir haben keine Kinder.
d
Kourosh: Das ist eine Orange. Orange heißt auf Persisch „narengi".

Schritt C, Übung 19
Frau: Haben wir Äpfel?
Mann: Ich weiß nicht. Moment! Nein.
Frau: Gut, dann drei Äpfel. Was brauchen wir noch?
Mann: Tomaten.
Frau: Okay. vier Tomaten. Und Birnen, oder?
Mann: Ja, gern.
Frau: Zwei Birnen. Und fünf Bananen! Das ist alles.

Schritt C, Übung 24
Frau Wagner: Also ... was brauche ich? Äpfel? Nein! Ich habe Äpfel. Aber ich habe keine Bananen. Also: drei Bananen. Sind Eier da? ... Nein. Also sechs Eier. ... Brot? Habe ich. Milch? Habe ich auch. Und Butter auch. Also kein Brot, keine Milch und keine Butter. Aber ich brauche Mehl und Zucker. Und Würstchen. Vier Würstchen. Das ist alles. Dann kann's ja losgehen.

Schritt D, Übung 27b
vgl. AB S. 126/27a

Lektion 4   Meine Wohnung

Schritt C, Übung 19
1
junge Frau: Entschuldigung?
älterer Mann: Ja? Wie kann ich Ihnen helfen?
junge Frau: Wo sind die Sessel?
älterer Mann: Sehen Sie die Stühle dort?
junge Frau: Ja.
älterer Mann: Dort finden Sie auch die Sessel.
junge Frau: Vielen Dank!
2
junge Frau: Ach, hier sind die Sessel. Wie gefallen Sie dir?
junger Mann: Nicht so gut, sie sind sehr dunkel.
junge Frau: Ja. Sie sind nicht so schön. Aber schau mal die Lampe dort. Wie gefällt dir die Lampe?
junger Mann: Sie ist toll. Sie kommt aus Dänemark, oder?
junge Frau: Ja, die Lampe ist von einem dänischen Designer.
3
ältere Frau: Kann ich Ihnen helfen?
junger Mann: Ja. Die Lampe ist schön. Was kostet sie?
ältere Frau: Sie kostet 95,- Euro.
junger Mann: Oh, sie ist sehr teuer.

ältere Frau: Ja, Designer-Lampen sind nicht billig. Aber sie ist sehr schön und modern.

Schritt C, Übung 25a
vgl. AB S. 138/25a

Schritt C, Übung 25b
1
Sprecherin: Wie gefällt dir das Bett?
Sprecher: Nicht so gut. Es ist hässlich.
Sprecherin: Und der Sessel?
Sprecher: Die Farbe ist schön. Und er ist billig.
2
Sprecher: Das ist mein Zimmer.
Sprecherin: Es ist schön. Und hell. Der Teppich gefällt mir.
Sprecher: Und hier sind das Bad und die Toilette.
Sprecherin: Wow! Die Badewanne ist sehr groß.
3
Sprecherin: Kennst du Mario?
Sprecher: Nein. Wer ist das?
Sprecherin: Das ist Annas Mann. Er kommt aus Italien.
Sprecher: Und wer ist das?
Sprecherin: Das ist Annas Mutter.

Schritt D, Übung 26
943 – 187 – 76 – 934 – 67 – 27

Schritt D, Übung 27
a   250
b   461
c   138
d   677
e   519
f   7800
g   6211
h   3180
i   1605

Schritt D, Übung 29b
Frau: Drei Zimmer, 80 Quadratmeter ... Du, hör mal, Tom. Hier ist eine Wohnungsanzeige in der Zeitung: drei Zimmer, 80 Quadratmeter.
Mann: Aha. Und wie hoch ist die Miete?
Frau: Die Wohnung kostet nur 550 Euro im Monat. Die Wohnung hat auch zwei Balkone und eine Garage. Ich rufe gleich mal dort an.

Schritt D, Übung 30a
vgl. AB S. 140/30a

Schritt D, Übung 30b
vgl. AB S. 140/30a

Lektion 5   Mein Tag

Schritt A, Übung 5a

Schritt A, Übung 5b
vgl. AB S. 144/5b

Schritt A, Übung 5c
vgl. AB S. 144/5b

Schritt E, Übung 26

1

Ansage: Herzlich willkommen bei Harris Obst-und Gemüse-Spezialitäten. Leider sind wir im Moment nicht im Büro. Unsere Bürozeiten sind von Montag bis Freitag von 8 Uhr bis 17 Uhr 30. Rufen Sie gern wieder an oder kommen Sie in unserem Ladengeschäft vorbei. Die Öffnungszeiten sind von Montag bis Samstag von acht bis 13 Uhr. Vielen Dank für Ihren Anruf und auf Wiederhören.

2

Ansage: Kino X-Film, guten Tag. Das Programm für die Woche 30 ist: „Das magische Haus" jeden Tag um 15 Uhr 30 und um 18 Uhr „Geliebte Schwestern" täglich um 18 Uhr 30 und um 20 Uhr 30, am Freitag und Samstag auch um 22 Uhr 15 „Wir sind die Neuen" jeden Tag um 18 Uhr 15 und um 20 Uhr, Reservierungen unter 33 44 81.

3

Michael: Hier ist Michael – leider nicht zu Hause. Nachrichten bitte nach dem Signalton.
Felix: Hallo, Michael. Hier ist Felix. Du, hast du am Samstag Zeit? Wir spielen Fußball. Nico und Bülent kommen auch. Wir fangen um zwei an – äh, nein, Entschuldigung: um halb drei. Bülent arbeitet bis zwei. Also: Samstag um halb drei. Ruf mich doch bitte an: Ich bin am Abend zu Hause.

Schritt E, Übung 27a

vgl. AB S. 153/27a

Schritt E, Übung 27c

1 Am Abend trinke ich Tee.
2 Spielt ihr gern Fußball?
3 Es ist schon spät. Ich bin müde.
4 Am Dienstag gehe ich ins Kino.
5 Ich lese gern, du siehst gern fern.
6 Um sieben Uhr? Das ist zu früh!

Lektion 6   Freizeit

Schritt A, Übung 1a

1 Es regnet.
2 Die Sonne scheint.
3 Es schneit.
4 Es ist bewölkt.

Schritt A, Übung 6

a

Moderatorin: Es ist sechs Uhr vier. Und nun zum Wetter, heute mit Christina Werner.
Christina: Guten Morgen. ... Auch heute Morgen ist es herbstlich kalt und bis Mittag auch sehr windig. Aber am Nachmittag kommt die Sonne und die Temperaturen steigen auf 18 Grad. Auch morgen und am Donnerstag ist es warm: 18 bis 22 Grad.

b

Radiomoderatorin: Radio Süd aktuell – das Wetter: Heute ist der Süden grau mit vielen Wolken und es regnet. Im Norden Sonnenschein. Temperaturen 12 bis 16 Grad. Die Aussichten: In den nächsten Tagen überall Sonne.

c

Moderator: Wie ist das Wetter am Wochenende? Das fragen wir jetzt unseren Wettermann Karsten Juhnke. Karsten, kommt der Winter?

Karsten: Ja, Thomas. Morgen und am Freitag haben wir in der Nacht Temperaturen unter null Grad. Auch am Tag sind es nur noch maximal vier Grad. Und am Samstag kommt dann der Winter: 10 bis 20 Zentimeter Schnee. Vorsicht auf den Straßen, es kann glatt werden.

Schritt B, Übung 8a

vgl. AB S. 157/8a

Schritt B, Übung 8b

vgl. AB S. 157/8a

Schritt D, Übung 27

a

Mitarbeiter: Hallo. Du bist neu hier, oder?
Laura: Mhm.
Mitarbeiter: Wir möchten die Auszubildenden in der Firma Roger Pharmazie kennenlernen. Wie heißt du und wie alt bist du?
Laura: Ich heiße Laura und ich bin 18.
Mitarbeiter: Was sind deine Hobbys, Laura?
Laura: Ich finde Texte toll und schreibe gern.
Mitarbeiter: Ah, verstehe. Du hast einen Blog oder so.
Laura: Pff, Blog! Nein, ich schreibe richtige Texte. Krimis zum Beispiel.
Mitarbeiter: Wow!

b

Mitarbeiter: .. äh, stopp! Du bist doch auch neu hier. Wie heißt du denn?
Kai: Ich bin Kai.
Mitarbeiter: Was machst du gern in der Freizeit, Kai?
Kai: Ach, nicht viel. Am Abend bin ich immer so müde. Ich spiele dann ein bisschen am Computer und surfe im Internet.
Mitarbeiter: Machst du keinen Sport?
Kai: Nö. Sport macht doch keinen Spaß.
Mitarbeiter: Aha. Vielen Dank, Kai, und schönen Arbeitstag noch.

c

Mitarbeiter: Hallo, bist du Auszubildende hier?
Fatima: Ja?
Mitarbeiter: Und du heißt ...?
Fatima: Fatima.
Mitarbeiter: Ich möchte gern wissen: Was ist dein Hobby?
Fatima: Tanzen. Ich tanze total gern: am liebsten Flamenco! Kastagnetten und Gitarrenmusik finde ich super! Und ich spiele Mundharmonika. Hör mal:

Schritt D, Übung 29a

vgl. AB S. 164/29a

Schritt D, Übung 29b

vgl. AB S. 164/29a

Schritt D, Übung 29c

1

Sprecher: Fotografieren Sie gern?
Sprecherin: Ja. Wolken gefallen mir besonders gut. Und Regen. Dann gehe ich spazieren und fotografiere die Wolken.

2

Sprecher: Was machen Sie gern?
Sprecherin: Fußball spielen. Kommen Sie mit? Wir fangen an.

3
Sprecher: Möchtest du einen Salat mit Schinken? Oh, tut mir leid. Wir haben keinen Schinken mehr.
Sprecherin: Kein Problem. Wir essen den Salat mit Ei.

Lektion 7   Kinder und Schule

Schritt A – Übung 4
1
Gitarrenspiel
2
Sprecherin: So, auf 40 Grad, und los.
3
Sängerin: no – no – no – no – no – no – no – no – nooo
4
Sprecherin: Oh, der Kuchen ist schon fertig.
5
Sprecherin 1: Guckt mal her! Ja, so ist gut. Und jetzt sagt doch bitte mal: „Cheese".
Sprecher 1 und Sprecherin 2: Cheese
6
Schwimmbad

Schritt A, Übung 9a
vgl. AB S. 169/9a

Schritt A, Übung 9b
vgl. AB S. 169/9a

Schritt A, Übung 9c
1 Gehen wir spazieren?
2 Wie spät ist es?
3 Buchstabieren Sie, bitte.
4 Das schmeckt gut.
5 Er ist Fußballspieler.
6 Sprichst du Spanisch?

Schritt B, Übung 13a
1 Das Frühstück ist fertig.
2 Ich will auf jeden Fall pünktlich sein.
3 Wir sind ein prima Team!
4 Weckst du bitte deine Schwester?
5 Wir wollen heute Wäsche waschen.

Schritt B, Übung 13b
vgl. Schritt B, Übung 13a

Schritt B, Übung 13c
1 Wollt ihr einen Film sehen?
2 In meiner Freizeit fotografiere ich und fahre Fahrrad.
3 Ich will Französisch lernen.
4 Frühstück um fünf? Kein Problem!

Schritt D, Übung 25
Mann: Guten Tag, Frau Wenzel. Wir haben uns ja lange nicht gesehen.
Frau: Guten Tag, Herr Bah. Ja, stimmt. Wie geht es Ihnen?
Mann: Sehr gut. Wir sind zwei Wochen in Polen gewandert.
Frau: Toll! Und wie war das Wetter?
Mann: Sehr gut, jeden Tag Sonne und kein Regen. Und es war nicht zu warm, so um die 20 Grad. Genau richtig.
Frau: Super. Wir sind auch einmal nach Polen gefahren. Wir haben Danzig angesehen. Das ist wirklich eine schöne Stadt. Aber das Wetter war leider nicht so gut. Es hat geregnet und gar nicht mehr aufgehört. Wir sind dann in ein Restaurant gegangen und haben nicht mehr viel von der Stadt gesehen.
Mann: Ach, das ist ja schade. Polen hat mir wirklich gut gefallen, aber Danzig haben wir leider nicht gesehen. Aber da will ich auch auf jeden Fall noch mal hin. Oh, es ist schon spät und ich will pünktlich zur Arbeit kommen. Einen schönen Tag, wünsche ich Ihnen.
Frau: Danke, das wünsche ich Ihnen auch. Auf Wiedersehen.
Mann: Auf Wiedersehen.

Lektion 1   Guten Tag. Mein Name ist ...

Foto-Hörgeschichte

vgl. Transkriptionen zum Kursbuch, Seite 169

Laras Film

1 Ich heiße Lara Nowak.
Lara: Hallo. Ich heiße Lara Nowak. Ich komme aus Polen. Ich spreche Polnisch und ein bisschen Englisch und Deutsch. Auf Wiedersehen.

2 Mein Name ist Walter Baumann.
Walter: Guten Tag. Mein Name ist Walter Baumann. Ähm, ich komme aus Deutschland. Ich, ich spreche Deutsch, Englisch, ähm, und ein bisschen Spanisch. Auf Wiedersehen.

3 Ich bin Sofia Baumann.
Sofia: Hallo. Ich bin Sofia Baumann. Ich komme aus Deutschland. Ich spreche Deutsch und Englisch. Tschüs.

4 Ich bin Lili.
Lili: Das ist Lili Baumann.
Sofia: Ach komm, Lili. Mach's richtig.
Lili: Na gut. Halli hallo! Ich bin Lili. Ich komme aus Deutschland. Ich spreche Deutsch und ein bisschen Englisch. Tschüs.

Videotraining

Film 1 Ich bin K-2-F-2-G.
K-2-F-2-G: Guten Tag.
Tim: Huch!
Lara: Oh!
K-2-F-2-G: Wer sind Sie?
Lara: Ich heiße Lara Nowak.
K-2-F-2-G: Und Sie? Wer sind Sie?
Tim: Ich bin Tim Wilson.
K-2-F-2-G: Noch einmal, bitte?
Tim: Ich heiße Tim Wilson.
K-2-F-2-G: Wilsen? Wilsen? Wilsen? Buchstabieren Sie, bitte.
Tim: Ja, gut. Also: W – I – L – S – O – N.
K-2-F-2-G: Vielen Dank.
Lara: Und wer sind Sie?
K-2-F-2-G: Ich bin K-2-F-2-G.
Lara: Aha!
K-2-F-2-G: Ich komme aus chhrfzz.
Tim: Wie bitte? Woher kommen Sie?
K-2-F-2-G: Entschuldigung. Einen Moment, bitte. Ich komme aus Berlin.
Lara: Ah, ja.
Tim: Berlin? Ah, schön.
K-2-F-2-G: Ich spreche Deutsch.
Tim: Ja, stimmt.
Lara: Super! Ist K-2-F-2-G Ihr Familienname?
K-2-F-2-G: Familienname? Familie? Oh- oh-oh! Ich weiß es nicht. Oh- oh-oh! Ich weiß es nicht. Oh-oh-oh! Ich weiß es nicht.

Film 2 Das ist super!
Lara: Hallo! Ich bin Lara.
Tim: Und ich bin Tim. Sie brauchen jetzt einen Stift.
Lara: Und ein Blatt Papier.

Tim: Hören Sie und schreiben Sie.
Lara: Wir buchstabieren.
Tim: H – E – R – Z – L – I – C – H
Lara: W – I – L – L – K – O – M – M – E – N!
Tim: S – I – E
Lara: L – E – R – N – E – N
Tim: D – E – U – T – S – C – H?
Lara: D – A – S
Tim: I – S – T
Lara: S – U – P – E – R!
Tim: So, fertig!
Beide: Herzlich willkommen! Sie lernen Deutsch? Das ist super!
Lara: Tschüs!
Tim: Bis bald!

Zwischendurch mal Film

Buchstabenspiel
Frau: Anna.
Mann: Buchstabieren Sie, bitte.
Frau: A – N – N – A.
Mann: Danke!
Frau: Anna. A – N – N – A.

Frau: Max.
Mann: Buchstabieren Sie, bitte.
Frau: M – A – X.
Mann: Danke!
Frau: Max. M – A – X.

Frau: Julia.
Mann: Buchstabieren Sie, bitte.
Frau: J – U – L – I – A.
Mann: Danke!
Frau: Julia. J – U – L – I – A.

Frau: Daniel.
Mann: Buchstabieren Sie, bitte.
Frau: D – A – N – I – E – L.
Mann: Danke!
Frau: Daniel. D – A – N – I – E – L.

Frau: Felix.
Mann: Buchstabieren Sie, bitte.
Frau: F – E – L – I – X.
Mann: Danke!
Frau: Felix. F – E – L – I – X.

Lektion 2   Meine Familie

Foto-Hörgeschichte

vgl. Transkriptionen zum Kursbuch, Seite 171

Laras und Tims Film

1 Das ist Tim Wilson.
Lara: Jetzt! Tim!
Tim: Huu!
Lara: Das ist Tim Wilson. Tim kommt aus Kanada. Tims Eltern heißen Amy und Richard. Tims Bruder heißt Ben. Die Familie wohnt in Ottawa. Tim spricht Englisch als Muttersprache und er spricht sehr gut Französisch. Tim ist auch im

Deutschkurs. Er spricht schon ganz gut Deutsch. Du sprichst doch Deutsch, oder? Komm, sag mal was, Tim! Tim! Bitte! Deutsch!
Tim: Deutsch! Deutsch! Deutsch! Deutsch! Deutsch!
Lara: Hey! Tim! Bitte!
Tim: Deutsch! Deutsch! Deutsch! Deutsch! …

2 Das ist Lara Nowak.
Tim: Das ist Lara Nowak. Lara ist 20 und kommt aus Polen. Lara ist in Lublin geboren. Sie hat keine Geschwister. Laras Eltern sind geschieden. Laras Muttersprache ist Polnisch. Sie spricht aber auch ein bisschen Englisch und Deutsch.
Lara: Ich spreche Deutsch. Wie geht's?
Tim: Sehr gut, danke. Und wie geht es dir?
Lara: Auch sehr gut. Tschüs!

Videotraining

Film 1 Hallo Olga!
Tim: Ja, hallo, Olga! Na, wie geht's?
Lara: Na ja, es geht. Und wie geht es dir?
Tim: Ach, nicht so gut.
Lara: Oje.

Tim: Guten Tag, Frau Hansen!
Lara: Hallo, Herr Reich.
Tim: Wie geht es Ihnen?
Lara: Gut, danke. Und wie geht es Ihnen?
Tim: Auch gut, danke.

Lara: Hey! Na, wie geht's?
Tim: Danke, sehr gut. Und wie geht es dir?
Lara: Auch sehr gut, danke.

Lara: Guten Tag, Herr Gregorjev.
Tim: Oh! Guten Tag, Frau, äh …
Lara: Schmid.
Tim: Ja, genau: Frau Schmitt.
Lara: Nein, falsch: Schmid.
Tim: Ach, tut mir leid.
Lara: Kein Problem.

Tim: Schmid.
Lara: Ja, genau.

Film 2 Wer ist das?
Tim: Hallo! Ich habe ein paar Fragen. Wer ist das?
Lara: Das ist Lissandra de Assis.
Tim: Wo ist sie geboren?
Lara: Sie ist in Porto Alegre geboren.
Tim: Wo wohnt sie?
Lara: Sie wohnt in Stuttgart.
Tim: Wie ist die Adresse?
Lara: Die Adresse ist Uhlandstraße 19 in 70182 Stuttgart.
Tim: Ist sie verheiratet?
Lara: Ja. Sie ist verheiratet.

Lara: Hallo! Können Sie mir bitte helfen? Wer ist das?
Tim: Das ist Erkut Vuran.
Lara: Wo ist er geboren?
Tim: Er ist in Hamburg geboren.
Lara: Wo wohnt er?
Tim: Er wohnt in Hamburg.
Lara: Wie ist die Adresse?

Tim: Die Adresse ist Stiefmütterchenweg 7 in 22607 Hamburg.
Lara: Ist er verheiratet?
Tim: Nein. Er ist ledig.

Zwischendurch mal Film

Ich heiße Esila.
Esila: Ich heiße Esila Kartal. Ich bin 19. Ich bin in Sankt Pölten geboren. Meine Eltern und ich wohnen in Linz. Sankt Pölten und Linz sind in Österreich. Sankt Pölten ist die Landeshauptstadt von Niederösterreich und Linz ist die Landeshauptstadt von Oberösterreich. Das ist meine Familie: Mein Papa heißt Zafer. Er spricht sehr gut Deutsch. Er ist Türke, aber er ist in Österreich geboren. Meine Großeltern kommen aus der Türkei. Mein Opa heißt Berkan, meine Oma heißt Nilüfer. Oma und Opa sprechen nicht so gut deutsch. Sie kommen aus Istanbul, aber sie wohnen schon sehr lange in Sankt Pölten. Meine Mutter und ich sind Österreicherinnen. Mama heißt Sylvia. Sie kommt aus Wien. Wien ist die Hauptstadt von Österreich. Mamas Eltern, also meine Großeltern, leben auch in Wien. Sie sind nicht verheiratet. Mein Opa heißt Walter Brunner. Er ist in Wien geboren. Und das ist meine Oma. Sie heißt Krisztina Pap. Sie kommt aus Sopron. Sie ist Ungarin. Tja, das ist meine Familie. Wir leben in Österreich, aber wir sind international.

Lektion 3   Einkaufen

Foto-Hörgeschichte

vgl. Transkriptionen zum Kursbuch, Seite 173

Laras Film

Brauchen wir Käse?
Lara: Hallo! Ich gehe gerade einkaufen. Komm doch mit! Das ist meine Einkaufsstraße. Hier gehe ich immer einkaufen. Hier gibt es einfach alles. Ein Beispiel? Okay, was möchtest du? Ein Brot? Kein Problem. Wir haben hier ja eine Bäckerei. Nein, zwei Bäckereien. Nein, drei Bäckereien! Na komm, wir gehen rein. Was möchtest du? Ein Brot vielleicht? Oder möchtest du Brötchen? Hier bitte: Vollkornbrötchen, Brezeln, Brötchen mit mit Kürbiskernen, mit Mohn und mit Sesam. Hmmmm und alles riecht so gut! So! Wir haben Brot, wir haben Brötchen. Was brauchen wir noch? Brauchen wir Wurst? Brauchen wir Käse? Brauchen wir Obst und Gemüse? Also: sag ich doch! Hier gibt es wirklich alles. Hmm, lecker!

Videotraining

Film 1 Ich hätte gern Reis.
Tim: Kann ich Ihnen helfen?
Lara: Ja, bitte. Ich hätte gern Reis. Haben Sie Reis?
Tim: Ja, natürlich. Wie viel möchten Sie?
Lara: Ich brauche ein Kilo.
Tim: Sehr gern. Hier, bitte. Zwei Pfund sind ein Kilo. Noch etwas?
Lara: Ja. Eine Flasche Milch, bitte.
Tim: Gern. Hier, bitte.
Lara: Danke.
Tim: Sonst noch etwas?
Lara: Ähm, sagen Sie, wie viel kosten 100 Gramm Käse?

Tim: 100 Gramm Käse kosten 2,45 Euro.
Lara: Gut. Ich möchte bitte 200 Gramm Käse.
Tim: Hier, probieren Sie mal.
Lara: Oh! Danke. Hmmm! Ich hätte gern 400 Gramm Käse.
Tim: 400 Gramm? Sehr gern!

Film 2 Eine Flasche Wasser
Beide: Hallo!
Tim: So, jetzt machen wir was zusammen.
Lara: Aber zuerst ein Beispiel, okay?
Tim: Eine Flasche.
Lara Saft.
Tim: Eine Flasche Saft.
Lara: Und jetzt Sie!
Tim: Eine Flasche Wasser.
Lara: Ein Becher Sahne.
Tim: Eine Dose Tomaten.
Lara: Eine Packung Salz.
Tim: Eine Flasche Milch.
Lara: Eine Packung Reis.
Tim: Eine Dose Fisch.

Zwischendurch mal Film

Opas Kartoffelsalat

Frau: Heute machen wir Kartoffelsalat. Opas Kartoffelsalat! Das ist Opas Rezept und das ist Opa. Also, für Opas Kartoffelsalat brauchen wir: zwei Kilo Salatkartoffeln, eine Salatgurke, ein Glas saure Gurken, ein Bund Frühlingszwiebeln, eine Knoblauchzehe, ein Glas Mayonnaise, ein Becher Joghurt, Wasser und Essig, Salz und Pfeffer. Hmm! Lecker! Opas Kartoffelsalat!
Opa: Richtig! Das ist Opas Kartoffelsalat! Hihihi!
Frau: Hey! Opa! Opa!

Lektion 4   Meine Wohnung

Foto-Hörgeschichte
vgl. Transkriptionen zum Kursbuch, Seite 174–175

Laras und Tims Film
1 Mein Zimmer ist schön.
Lara: Hallo, hallo! Ich bin Lara Nowak, das ist Lili, meine Kamerafrau.
Lili: Huhu!
Lara: Und das ist mein Zimmer! Es ist groß. Es ist hell. Die Möbel sind sehr schön. Und es kostet nur 150 Euro im Monat. Das ist mein Schreibtisch. Hier lerne ich. Und das ist mein Bett. Es ist sehr, sehr bequem.
Lili: Und wo ist das Bad?
Lara: Ach ja, das Bad. Das Bad ist hier. Das Bad ist nicht sehr groß. Nein, wirklich nicht. Es ist sehr klein. Und jetzt: die Küche. Die Küche ist nicht klein. Sie ist groß. Möchtest du Pudding, Lili?
Lili: Pudding? Oh ja! Lecker! Hmmm!
Lara: Du, sag mal, Lili? Läuft die Kamera noch?
Lili: Ups!

2 Mein Zimmer ist nicht schön.
Tim: Hallo! Ich bin Tim Wilson. Und das ist mein Zimmer. Ihr seht: Mein Zimmer ist nicht sehr groß. Es ist nicht sehr hell und es ist auch nicht sehr schön. Oder sagen wir so: Das Zimmer ist klein und dunkel und hässlich. Stopp! Vielleicht denkt ihr jetzt: Es ist sicher sehr billig. Ha, ha, ha! Das ist

leider nicht richtig. Oh nein! Das ist total falsch. 350 Euro! Das Zimmer kostet 350 Euro im Monat. Aah! Ich brauche ein anderes Zimmer. Bitte!

Videotraining

Film 1 Schauen Sie mal!
Durchsage: Herzlich willkommen bei Möbel Röhn. Auch heute wieder viele Sonderangebote.
Tim: Entschuldigung?
Lara: Ah! Herzlich willkommen bei Möbel Röhn! Sagen Sie mal, wie gefällt Ihnen denn der Tisch? Er ist super, oder? Schauen Sie mal! Die Farbe! Gelb! Ist das nicht schön?
Tim: Nein, äh …
Lara: Sie finden gelb hässlich? Ja, richtig. Das ist doch sehr hell Sehen Sie mal, der Tisch hier ist dunkelblau.
Tim: Nein.
Lara: Dunkelblau!
Tim: Ich möchte …
Lara: Der Tisch gefällt Ihnen nicht. Ah, gut! Also, wir haben auch Stühle.
Tim: Aber nein! Ich möchte …
Lara: Ah! Sie möchten eine Lampe, richtig?
Tim: Nein! Bitte!
Lara: Ja?
Tim: Entschuldigen Sie! Ist hier auch eine Toilette?
Lara: Ja natürlich. Die Toilette ist dort.
Tim: Ah, ja. Danke.
Durchsage: Möbel Röhn! Wohnung schön!

Film 2 Wie ist das Regal?
Tim: Sie verkaufen ein Regal, richtig?
Lara: Ja, genau.
Tim: Und wie ist das Regal?
Lara: Das Regal ist grau.
Tim: Und wie alt ist es?
Lara: Es ist zehn Jahre alt.
Tim: Wie groß ist es?
Lara: Es ist 140 Zentimeter breit und 220 Zentimeter hoch.
Tim: Was kostet es denn?
Lara: Es kostet 90 Euro.
Tim: Aha, vielen Dank! Ich wiederhole: Das Regal ist grau. Es ist zehn Jahre alt. Er ist 140 Zentimeter breit und 220 Zentimeter hoch. Es kostet 90 Euro.

Lara: Sie verkaufen doch eine Lampe, richtig?
Tim: Welche Farbe hat die Lampe?
Lara: Und wie alt ist sie?
Tim: Wie groß ist sie?
Lara: Was kostet sie?
Tim: Die Lampe ist grau und grün. Sie ist ein Jahr alt. Sie ist 150 Zentimeter hoch. Sie kostet 75 Euro.

Lara: Sie verkaufen doch ein Bett, oder?
Tim: Welche Farbe hat das Bett?
Lara: Wie alt ist es?
Tim: Und wie groß ist es?
Lara: Ja, und was kostet es?
Tim: Und jetzt noch mal: Das Bett ist braun. Es ist neu. Es ist 210 Zentimeter lang und 130 Zentimeter breit. Es kostet 200 Euro.

....

Zwischendurch mal Film

Das ist die Küche.
Frau: Ah, hallo.
Mann: Hallo. Guten Tag.
Frau: Kommen Sie.
Mann: Bitte, kommen Sie.
Frau: So, sehen Sie mal: Hier ist die Küche.
Beide: Das ist die Küche.
Die Küche ist sehr klein.
Die Küche ist sehr klein und leider ziemlich dunkel.
Mann: So, und jetzt hier: das Wohnzimmer.
Beide: Das ist das Wohnzimmer.
Das Wohnzimmer ist groß.
Das Wohnzimmer ist groß und es ist sehr hell.
Frau: So, kommen Sie. Sehen Sie mal: Hier ist das Schlafzimmer.
Beide: Das ist das Schlafzimmer.
Das Schlafzimmer ist schön.
Das Schlafzimmer ist schön und es ist sehr ruhig.
Mann: Die Wohnung ist doch schön, nicht? Kommen Sie. Sehen Sie mal.
Beide: Das ist das Haus.
Das Haus ist sehr groß.
Das Haus ist sehr groß, aber es ist teuer.
Frau: So. Na, was sagen Sie?
Mann: Das ist doch alles sehr, sehr schön, nicht?

Lektion 5   Mein Tag

Foto-Hörgeschichte

vgl. Transkriptionen zum Kursbuch, Seite 176–177

Laras Film
Dienstagmorgen, Viertel vor acht
Sofia: Es ist Dienstagmorgen, Viertel vor acht und ich gehe jetzt zur Arbeit. Tschüs!

Lili: Huhu, Lara! Es ist Dienstag, zehn vor acht und ich gehe jetzt in die Schule. Tschüs!
Lara: Lili! Lili! Dein Pausenbrot!
Lili: Oh, danke! Bis später!

Lara: Ja, okay, jetzt!
Tim: Hallo Lara, ähm, es ist Dienstag und gleich halb neun und ich gehe jetzt zum Deutschkurs, okay?
Lara: Warte, Tim! Ich komme mit.

Lili: Nein.
Lara: Ach komm, Lili!
Lili: Nein!
Lara: Bitte!
Lili: Ach Mann! Es ist Dienstagnachmittag, es ist Viertel vor vier und ich mache hier Hausaufgaben. Mathehausaufgaben und jetzt ist Schluss!

Sofia: Hallo Lara! Uff! Es ist Dienstag, fünf nach halb sieben und ich komme von der Arbeit.
Lili: Hallo Mama!
Sofia: Hallo, mein Schatz! Na, alles okay bei euch?
Lili: Ja.
Sofia: Oh, das riecht aber gut! Ich habe so einen Hunger!
Lili: Okay!

Lara: Es ist Dienstagabend, viertel nach sieben und ich koche das Abendessen. Es gibt Frikadellen mit Kartoffeln.
Lili: Mh, lecker!

Videotraining

Film 1 Wie spät ist es denn?

Lara: Du sag mal …
Tim: Ja?
Lara: Kaufst du jetzt noch etwas ein oder nicht?
Tim: Hm. Wie spät ist es denn?
Lara: Es ist jetzt kurz vor acht.
Tim: Und bis wann ist der Supermarkt geöffnet? Bis 22 Uhr, oder?
Lara: Falsch. Der Supermarkt ist nur bis 20 Uhr geöffnet.
Tim: Aber 20 Uhr, das ist doch acht Uhr.
Lara: Stimmt. Nein, warte. Jetzt ist es schon acht.
Tim: Hm. Na, dann …
Lara: Du?
Tim: Ja?
Lara: Isst du gern Schokolade?
Tim: Ja. Ich esse sehr gern Schokolade.
Lara: Du?
Tim: Ja?
Lara: Trinkst du gern Cola?
Tim: Ja. Das weißt du doch.
Lara: Ich trinke auch gern Cola. Du?
Tim: Hm?
Lara: Die Tankstelle hat von null bis 24 Uhr geöffnet.
Tim: Ja, okay! Ich gehe ja schon!
Lara: Danke! Das ist lieb!

Film 2 Wann ist geöffnet?

Lara: Hallo! Jetzt sind wieder Sie dran.
Tim: Bitte beantworten Sie die Fragen.

Tim: Wann ist die Tankstelle geöffnet?
Lara: Die Tankstelle ist jeden Tag geöffnet.

Lara: Wann ist der Friseursalon geöffnet?
Tim: Der Friseursalon ist von Dienstag bis Samstag geöffnet.

Tim: Wann ist das Fitness-Studio geöffnet?
Lara: Das Fitness-Studio ist jeden Tag geöffnet.

Lara: Wann ist der Friseursalon am Donnerstag geöffnet?
Tim: Am Donnerstag ist der Friseursalon von neun bis 19 Uhr geöffnet.

Tim: Wann ist die Tankstelle geöffnet?
Lara: Sie ist Tag und Nacht geöffnet.

Lara: Wann ist das Fitness-Studio am Mittwoch geöffnet?
Tim: Am Mittwoch ist das Fitness-Studio von sieben bis 23 Uhr geöffnet.

Tim: Letzte Frage: Wann ist der Friseursalon nicht geöffnet?
Lara: Der Friseursalon ist am Sonntag und am Montag nicht geöffnet.

Lara: Vielen Dank! Das hat Spaß gemacht.
Tim: Ja, finde ich auch.
Beide: Tschüs!

Zwischendurch mal Film

So ist mein Tag.
Franziska: Um sieben stehe ich auf. Bis halb acht bin ich im Bad. Um halb acht frühstücke ich schnell. Um Viertel vor acht gehe ich los zur Zahnarztpraxis. Um acht fängt meine Arbeit an. Von acht bis eins arbeite ich. Von eins bis drei mache ich Mittagspause. In der Mittagspause gehe ich nach Hause oder ins Fitness-Studio. Von drei bis sechs bin ich wieder in der Praxis. Um Viertel nach sechs komme ich nach Hause. Von Viertel nach sechs bis sieben räume ich auf, wasche meine Kleidung oder gehe einkaufen. Um Viertel nach sieben gibt es Abendessen. Von halb acht bis elf telefoniere ich mit Nicolas oder lese oder sehe fern. Manchmal gehe ich auch noch aus und treffe Freundinnen. Dann gehen wir ins Kino oder wir trinken was zusammen und reden. Am Dienstag und am
Freitag bin ich von acht bis halb zehn beim Klettern in der Kletterhalle.

Lektion 6　Freizeit

Foto-Hörgeschichte
vgl. Transkriptionen zum Kursbuch, Seite 178–179

Laras Film
Muuuh!
Lara: Also, heute ist Samstag. Es ist Wochenende, ich habe keinen Unterricht wir machen einen Ausflug. Wir, das sind Sofia, Walter, Lili und ich. Wir möchten ein bisschen wandern. Und wir möchten ein Picknick machen. Leider regnet es gerade. Wir hoffen, das Wetter wird bald wieder besser. Das hier ist noch in München. So, jetzt fahren wir ein Stück auf der Autobahn nach Westen und dann auf der Landstraße weiter nach Süden. Da im Süden sehen wir schon die Alpen. Jetzt sind wir am Parkplatz angekommen und gehen gleich los. Puh! Das ist aber anstrengend! Oh! Hallo Kuh! Muuuh! Muuh! So! Jetzt gibt's gleich Picknick. Ja, wer kommt denn da? Ein Typ mit Motorroller. Hey, das ist ja Tim! Na so was! Hey, hast du den Käse dabei, Tim?
Tim: Ja, klar.
Lara: Also liebe Leute, dieser Ausflug heute, der ist einfach:
Sofia: Wunderschön!
Lili: Sehr schön!
Tim: Fantastisch!
Lara: Super!
Kuh: Muuuh!

Videotraining

Film 1 Geht doch!
Lara: Sag mal, kennst du das?
Tim: Ich weiß nicht. Warte mal. Hm, wie geht das?
Lara: Hier, guck mal! Es ist ganz einfach.
Tim: Moment mal, ist es so richtig? Es geht eben nicht.
Lara: Na klar, und wie das geht! Hier, guck mal: So und so und so und so und so. Es ist ganz einfach. Siehst du?
Tim: Wie? Oh, Mann! Oh, tut mir leid.
Lara: Kein Problem! N, siehst du? Geht doch!

Film 2 Wie ist das Wetter?
Beide: Hallo!
Lara: Jetzt brauchen wir:
Beide: Sie!
Lara: Bitte sagen Sie uns:
Tim: Wie ist das Wetter? Na? Es ist warm. Und? Es schneit.
Lara: Brrr.
Tim: Na? Es ist kalt. Und? Es ist windig. Na? Die Sonne scheint. Na? Es ist heiß. Na? Es ist bewölkt.
Lara: Na, das ist ja jetzt einfach.
Tim: Es regnet.

Zwischendurch mal Film

Almas Hobby: Wolkenfotos
Mann: Das ist Alma Schneider. Alma ist 34 und lebt in Süddeutschland. Sie geht gern spazieren und sie fährt oft Fahrrad. Aber Spazierengehen und Fahrradfahren sind nicht Almas Lieblingshobbys. Ihr Lieblingshobby ist Fotografieren. Alma fotografiert nur den Himmel und die Wolken. Warum denn? Ist das nicht total langweilig?
Alma: Nein, das ist gar nicht langweilig. Im Gegenteil: Wolken sind einfach toll! Sie sind wunderschön. Und auch der Himmel ist schön. Hier, guck doch mal: die Farben! Rot, gelb, orange, rosa, blau und grün. Ist das nicht super? Die Wolken hier sind hell und dunkel, das finde ich besonders interessant. Wolken sind wie Menschen: Sie sind nie genau gleich. Jede Wolke ist anders. Hier, guck mal: Die Wolke hier sieht doch aus wie eine Banane, oder?
Mann: Von Montag bis Freitag geht Alma zur Arbeit. Da hat sie nur morgens und abends ein bisschen Zeit. Aber am Samstag und Sonntag, also am Wochenende, da hat sie viel Zeit für ihr Hobby. Und ihr Handy hat sie immer dabei.

Lektion 7　Kinder und Schule

Foto-Hörgeschichte

vgl. Transkriptionen zum Kursbuch, Seite 180–181

Laras Film

Mathe kann ich leider nicht.
Lara : Super! Das hast du toll gemacht, Lili. Bitte noch mal, das will ich als Video haben.
Lili: Nein!
Lara: Ach komm, Lili!
Lili: Nein.
Lara: Lili hat nämlich ein Gedicht geschrieben. Und das finde ich so super! Bitte!
Lili: Hm, na gut.
„Ich kann liegen, ich kann stehen
und ich kann spazieren gehen.
Ich kann lesen, ich kann schreiben
und ich kann zu Hause bleiben.
Ich kann weinen, ich kann lachen
und ich kann 'nen Kuchen machen.
Ich kann tanzen, ich kann singen
und ich kann dir etwas bringen.
Ja, ich kann sogar
ein Gedicht aufsagen."
Nur Mathe kann ich leider nicht.
Lara : Bravo! Ist das nicht schön!?

Videotraining

Film 1 Wollen wir tanzen gehen?
Lara: Ja?
Tim: Hallo! Du, sag mal, wollen wir einen Ausflug machen?
Lara: Nein.
Tim: Nein?
Lara: Ich habe keine Zeit.
Tim: Ach, wie schade! Was machst du denn?
Lara: Nichts.
Tim: Nichts? Aber, dann hast du ja doch Zeit.
Lara: Ja, gut. Ich will aber keinen Ausflug machen.
Ich will einfach nur meine Ruhe haben.
Tim: Okay, okay! Ist ja gut!

Lara: Du, sag mal, wollen wir am Samstagabend
tanzen gehen?
Tim: Nein, nicht so gern.
Lara: Och! Warum denn nicht?
Tim: Du weißt doch: Tanzen finde ich langweilig.
Lara: Schade! Und Kino? Wollen wir ins Kino gehen?
Tim: Hm, ja, Kino finde ich besser.
Lara: Schön! Dann gehen wir ins Kino.
Tim: Aber bitte: Ich will keinen Liebesfilm sehen.
Lara: Weißt du: Mit dir ist es nicht einfach.
Tim: Ich weiß. Ich weiß.

Tim: Hallo?
Lara: Hallo! Du, ich will heute Abend ins Schwimmbad
gehen. Kommst du mit?
Tim: Du, ich glaube, ich kann leider nicht mitkommen.
Lara: So? Warum denn nicht?
Tim: Ich bin ein bisschen krank.
Lara: Oh, das tut mir leid. Hast du Fieber?
Tim: Nein, ich glaube nicht. Aber ich bin sehr müde und
will nur schlafen.
Lara: Na, dann aber ab ins Bett! Und gute Besserung.
Tim: Danke. Das ist lieb.

Tim: Du, sag mal: Wollen wir am Wochenende was
zusammen machen?
Lara: Ja, gern. Aber was? Hast du einen Vorschlag?
Tim: Ich will schon lange mal wieder ins Theater gehen.
Lara: Ins Theater? Das ist eine super Idee!
Tim: Du kommst also mit?
Lara: Ja, natürlich! Sehr gern!
Tim: Oh, schön! Kannst du gleich die Karten bestellen?
Lara: Ja, das kann ich gern machen.
Tim: Prima!

Film 2 Ich kann nicht tanzen.
Tim: So, jetzt wollen wir einen Test machen.
Lara: Zuerst aber eine Information:
Tim: Ich kann gar nicht Gitarre spielen.
Lara: Ich kann nicht Gitarre spielen.
Tim: Ich kann ein bisschen Gitarre spielen.
Lara: Ich kann gut Gitarre spielen.
Tim: Ich kann sehr gut Gitarre spielen.
Lara: Und jetzt Sie!
Tim: Ich kann gar nicht reiten.
Lara: Ich kann ein bisschen malen.
Tim: Ich kann nicht tanzen.
Lara: Ich kann gut kochen.
Tim: Ich kann sehr gut schwimmen.
Lara: Aber du kannst schon tanzen, oder?
Tim: Nein, ich kann nicht tanzen.
Lara: Och! Schade!
Tim: Pf!

Zwischendurch mal Film

Ui!
Lara: Ui!
Tim: Oje!
Lara: Na!?
Tim: Hey!
Lara: Oh-oh!
Lara: Hä?!
Lara: Igitt!
Tim: Bäh!
Lara: Brr!

Lektion 1   Guten Tag. Mein Name ist …

A   Guten Tag.
Seite 96

1   Hallo., Auf Wiedersehen., Tschüs., Nacht., Gute Nacht.

3   **A** Guten Morgen., Guten Abend., Hallo. **B** Auf Wiedersehen., Tschüs.

4   **A** Gute Nacht **B** Guten Morgen, Guten Morgen **C** Auf Wiedersehen, Auf Wiedersehen **D** Tschüs, Tschüs

B   Ich heiße Lara Nowak.
Seite 97

5   bin, Abend, heißen, Name

7   **A** Und wie heißen Sie?, Mein Name ist Ulrike Springer. **B** Entschuldigung, wie heißen Sie? **C** Das ist Frau Papadopoulos., Guten Tag, Herr Weinert, freut mich.

Seite 98

8   a . b ? . c . ? . d . ? .

9   **b** 4 **c** 5 **d** 6 **e** 1 **f** 2

10   **b** Mein Name ist Annika Bauer. **c** Ich weiß es nicht. **d** Und wer ist das? **e** Das ist Frau Kaufmann.

11   **a** Ich, ist, weiß **b** Name, heißen

C   Ich komme aus Polen.
Seite 99

12   **a** Und woher kommen Sie **b** Wer bist du?, Woher kommst du?

13   **du**: B, E **Sie**: C, D, F

Seite 100

14   **a Karim:** Deutschland, Iran, Köln, Teheran, **Heidi:** Berlin, Frankfurt, **Jan:** Deutschland, Polen **b Karim:** Deutsch, Persisch, Arabisch, **Heidi:** Deutsch, Russisch, Englisch, **Jan:** Deutsch, Russisch, Polnisch

15   **a** 5 1 3 4 2 **b** 3 1 4 2 5

16   du kommst, Sie kommen, du sprichst, Sie sprechen, ich heiße, du heißt, Sie heißen, du bist, Sie sind

Seite 101

17   **b** komme **c** sprechen **d** heißt **e** sind **f** spreche **g** kommen **h** bin **i** sprichst

18   **a** heißt, heiße, kommst, komme, spreche, sprichst, spreche **b** heiße, heißen, heiße, kommen, komme, kommen, komme, spreche, sprechen, spreche

D   Buchstaben
Seite 102

19   **a** Kowalski **b** Jannick Peters **c** Moritz Seifert **d** Simon Pfaff **e** Ruth Kröger **f** Jürgen Groß

20   **b** Freut, heiße, aus, Türkei, Aus, Schweiz, Nein, aus, Österreich, Deutsch, ein

21   **b 1** Mein Name ist Anita. Und wie heißt du?, Ich heiße Andreas., Woher kommst du?, Aus Österreich., Was sprichst du?, Ich spreche Deutsch. **2** Guten Tag. Wie ist Ihr Name, bitte?, Mein Name ist Lukas Bürgelin., Woher kommen Sie?, Ich komme aus der Schweiz., Und was sprechen Sie?, Ich spreche Deutsch und Englisch.

Seite 103

22   Morgen, Mein, Herr, Entschuldigung, heißen, Buchstabieren, buchstabiere, Moment, Tut leid, nicht, Wiederhören, Auf

23   **a** Mein Name ist Baumann. **b** Ist Herr Gül da? **c** Einen Moment, bitte. **d** Tut mir leid. **e** Herr Gül ist nicht da. **f** Auf Wiederhören.

24   **a** Entschuldigung, wie ist Ihr Name?, Ist Herr Schneider da?, Ich buchstabiere: Baumann., Tut mir leid, Herr Schneider ist nicht da., Danke, auf Wiederhören. **b** Guten Tag. Mein Name ist Baumann. Entschuldigung, wie ist Ihr Name? Ich buchstabiere: Baumann. Ist Herr Schneider da? Tut mir leid Herr Schneider ist nicht da. Danke, auf Wiederhören.

Seite 104

26 b Wie bitte, Vielen Dank **c** ich weiß es nicht **d** Einen Moment, bitte, tut mir leid

E   Adresse
Seite 105

27   **A** Vorname **C** Straße **D** Hausnummer **E** Postleitzahl **F** Stadt

28   Max Obermeier, Wilhelmstr. 5, 13595 Berlin

29   Nachname: Hofer, Vorname: Paul, Straße: Weserstraße, Postleitzahl: 20471, Stadt: Berlin, Land: Deutschland, E-Mail: p.hofer@praxis.de, Telefon: 030/809244

Lektion 2   Meine Familie

A   Wie geht's? – Danke, gut.
Seite 107

1   **B** Sehr gut. **C** Gut. **D** Es geht. **E** Nicht so gut.

3   **a** Wie geht es Ihnen?, Und Ihnen?, Auch gut, danke. **b** Wie geht es dir?, Und dir?

B   Das ist mein Bruder.
Seite 108

4   **A** Bruder, Schwester **B** Großeltern, Großmutter, Großvater **C** Kinder, Sohn, Tochter, Sohn **D** Eltern, Mutter, Vater

5   **mein:** Bruder, Großvater, Sohn, Vater **meine:** Schwester, Großmutter, Tochter, Mutter **meine (Pl.):** Großeltern, Kinder, Eltern

Seite 109

6   **a** mein **b** meine **c** meine, mein, meine **d** meine, mein **e** meine, meine, mein

7   **a** ist, mein **b** mein, meine **c** sind, meine, Mein, meine **d** bin, sind meine

8   dein, mein, deine, mein, meine, Deine, Meine, meine

9   **a** meine **b** Ihr, mein **c** Ihre **d** Ihre, Meine

Seite 110

10   **B** Dein, deine **C** dir **D** Ihnen **E** Dein **F** Sie

11   **a** mein Mann, Freut mich, Mein Name ist, Ich heiße, Entschuldigung **b** Das ist, deine Schwester, Nein, Wie geht es dir, Sehr gut

C   Er lebt in Poznań.
Seite 111

12   **a** Herr Rossi → er, Frau Rossi → sie **b** Wer bist du?, Woher kommst du?

13   **b** Er **c** Sie **d** Er **e** sie

14 Er kommt aus Österreich. Semra und Markus leben in Deutschland. Sie leben jetzt in Berlin. Semras Eltern leben auch in Deutschland. Sie leben in Frankfurt.

Seite 112

15a **1** heiße, komme, bin, lebe **2** bist, ist **3** seid, kommt, leben **4** heißen, kommen **5** spreche, sprichst, spreche, sprechen **6** heißt, spricht

Seite 113

15b komme, kommt, kommen, lebe, leben, heiße, heißt, heißen, spreche, sprichst, spricht, sprechen, bin, bist, ist, seid

16 **b** 5 **c** 2 **d** 1 **e** 6 **f** 4

17 **a** komme, lebe, sind, sind, wohnen, lernen, bist, kommst **b** heißt, kommt, sind, kommen, spreche, spricht

Seite 114

18 **a** **1** Hamburg **2** Deutschland **b** **2** Süddeutschland **3** Norddeutschland **4** Deutschland **5** Freundin **6** Kinder

19 **b** Zagreb ist die Hauptstadt von Kroatien. **c** Er kommt aus Österreich. **d** Er spricht Deutsch, Englisch und ein bisschen Kroatisch. **e** Sie heißt Sara.

D **Zahlen und Personalien**

Seite 115

20 3, 5, 6, 8, 11, 14, 17, 19, 20

21 **b** 1 **c** 20 **d** 16 **e** 12 **f** 2 **g** 6

22 **b** zwanzig, zehn, siebzehn **c** zwölf, null, sechs, null, vier **d** sechzehn, null, eins, neunzehn **e** siebzehn, vierzehn, null, zwei

23 **a** hat **b** Habt, haben **c** Haben, habe

24 **a** 2 **b** 1 **d** 6 **e** 4 **f** 3 **g** 5

Seite 116

25 Woher kommst du?, Wo bist du geboren?, Wie ist deine Adresse?, Wie ist deine Telefonnummer?, Bist du verheiratet?, Hast du Kinder?

26 Er kommt aus Portugal. Er ist in Lissabon geboren. Er wohnt in Mannheim. Seine Telefonnummer ist 24 56 39. Er ist geschieden und hat ein Kind.

Lektion 3 **Einkaufen**

A **Haben wir Eier?**

Seite 118

1 A Brot **B** Mehl **D** Butter **E** Fisch **F** Tee **G** Fleisch **H** Bier

2 **b** Fisch **c** Schokolade **d** Salz **e** Zucker **f** Wein **g** Mineralwasser **h** Brot

3 **c** Salz **d** Zucker **e** Käse **f** Schokolade **g** Mineralwasser **h** Tee

Seite 119

5 **b** 5 **c** 1 **d** 2 **e** 4

6 **b** Ist das Käse? **c** Was brauchen wir? **d** Wer ist das? **e** Kaufst du bitte Mehl? **f** Wie alt sind Ihre Kinder? **g** Sprechen Sie Englisch? **h** Woher kommen Sie?

Seite 120

7 **Tabelle 1** Woher kommen Sie? Was sprichst du? Was haben wir? **Tabelle 2** Kommen Sie aus der Türkei? Sprichst du Deutsch? Haben wir Salz und Pfeffer?

8 **b** Kommen Sie aus Italien? **c** Wohnen Sie in Deutschland? **d** Ist das Reis? **e** Hast du Tee? **f** Wo wohnen Sie? **g** Hast du Kinder? **h** Wie heißt deine Tochter?

9 **b** Ist das **c** Wer ist das? **d** Heißen Sie **e** Haben Sie Kinder? **f** Wie geht es Ihnen? **g** Kommen Sie aus **h** Wohnen Sie in

B **Das ist doch kein Ei.**

Seite 121

10 **b** aaaa, uuuu: ein Kuchen, ein Brötchen, eine Tomate a, u, i: ein Würstchen, eine Birne, eine Kiwi, ein Kaffee, ein Saft

11 **ein** Ei, Kuchen, Brötchen, Würstchen **eine** Tomate, Kiwi, Banane, Birne, Orange

12 **b** ein Name **c** eine Stadt **d** eine Frau **e** eine Hausnummer **f** ein Land **g** ein Mann **h** eine Familie

Seite 122

13 **b** eine, keine **c** Ein, kein, ein **d** kein, eine

14 **a** ein, eine **b** kein, ein **c** eine, keine, ein

15 **B** Das ist kein Kuchen. Das ist ein Brötchen. **C** Das ist keine Orange. Das ist eine Tomate. **D** Das ist keine Tomate. Das ist ein Würstchen.

Seite 123

16 **a** eine, meine, ein, mein, ein, mein **b** eine Banane, meine Banane, ein Apfel, kein Apfel, mein Apfel, ein Ei, kein Ei, mein Ei

17 **a** eine, eine Stadt **b** Das ist eine, Meine, Ich spreche **c** Mein Name, Meine Frau, keine **d** Das ist eine

18 **a** keine, ein **b** dein, mein **c** deine, keine, mein

C **Kaufst du bitte zehn Eier?**

Seite 124

19 3 Äpfel, 4 Tomaten, 2 Birnen, 5 Bananen

20 **b** Orangen **c** Brote **d** Eier **e** Kiwis **f** Äpfel

21 **a** Bananen, ein Apfel – Äpfel, ein Brot – Brote, ein Brötchen, Brötchen, eine Kiwi – Kiwis, ein Pfannkuchen – Pfannkuchen, eine Orange – Orangen, ein Würstchen – Würstchen, eine Tomate – Tomaten, eine Birne – Birnen **b** – Äpfel, Brötchen, Pfannkuchen, Würstchen **-(e)n** Orangen, Tomaten, Birnen **-e** Brote **-s** Kiwis **d** ein Bruder → vier Brüder, eine Schwester → fünf Schwestern, ein Kind → sechs Kinder, eine Tochter → sieben Töchter, ein Sohn → acht Söhne, eine Oma → neun Omas, ein Opa → acht Opas, eine Mutter → sieben Mütter, ein Vater → sechs Väter, ein Name → fünf Namen, ein Land → vier Länder, eine Stadt → drei Städte, eine Straße → zwei Straßen

Seite 125

22 **B** Birnen **C** Kiwis **D** Bananen **E** Orangen

23 **b** keine Birne **c** Sind das Tomaten? **d** Ist das ein Würstchen? **e** keine Brote **f** Ist das ein Kuchen? **g** das sind keine Bananen

24 Frau Wagner bracht sechs Eier, Mehl, Zucker, vier Würstchen. Sie braucht kein Brot, keine Milch, keine Butter.

25 **a** Söhne, Töchter **b** Opas **c** Brüder, Schwester

D **Preise und Mengenangaben**

Seite 126

26 **b** 45 **c** 60 **d** 77 **e** 14 **f** 98

27 **a** **2** acht Euro neunzig **3** elf Euro fünfundsechzig **4** siebenundsiebzig **5** fünfzig Cent

28 Gramm, Flasche, Liter, Kilo, Packung, Becher

29 **b** kosten **c** kosten **d** kostet **e** kostet

E   Einkaufen

Seite 127

30   **A** möchte **B** Möchtest **C** möchten **D** Möchtet, möchten, möchte, möchte, möchte

Seite 128

31   2, 10, 3, 1, 5, 7, 4, 8, 9, 6

32   **a** richtig **b** falsch **c** falsch

Lektion 4   Meine Wohnung

A   Das Bad ist dort.

Seite 130

1   **b** Küche **c** Zimmer **d** Balkon **e** Toilette **f** Bad

2   **der** Balkon **das** Zimmer, Bad **die** Küche, Toilette

3   **a** ein, ein, ein, ein **b** das, das **c** das, das **d** Der, der **e** eine, die

Seite 131

4   **a** die Hauptstadt **b** eine Stadt, Die Stadt **c** Ein Sohn, ein Sohn, der Bruder **d** ein Zimmer, Das Zimmer

5   **Familie** die Frau, das Kind, der Mann, die Mutter, die Schwester, der Sohn, die Tochter, der Vater **Formular** der Familienname, die Hausnummer, der Kurs, das Land, die Nummer, die Postleitzahl, die Sprache, die Stadt, die Telefonnummer, der Vorname, die Adresse, der Name **Lebensmittel** die Banane, das Brot, das Brötchen, das Ei, der Fisch, das Fleisch, das Gemüse, der Joghurt, die Kartoffel, der Käse, der Kuchen, die Milch, das Obst, die Orange, das Salz, der Tee, die Tomate, der Wein

6   **a** eine, Die **b** ein, das **c** der, ein, der

B   Das Zimmer ist sehr schön. Es kostet ...

Seite 132

7   **b** 4 **c** 2 **d** 1

8   **b** sie **c** Er **d** Es **e** Es

9   **B** es, der **C** die, die **D** Sie, Der, er **E** der **F** Er **H** sie

Seite 133

10   **A** hell, dunkel **B** neu **C** klein **D** breit, schmal

11   **b** Er ist nicht breit, er ist schmal. **c** Es ist nicht hell, es ist dunkel. **d** Sie ist nicht neu, sie ist alt. **e** Es ist nicht teuer, es ist billig. **f** Sie ist nicht schön, sie ist hässlich.

Seite 134

12   **b** Das Zimmer ist nicht groß. **c** ... ist nicht hell. **d** ... ist sehr dunkel. **e** ... ist nicht schön. **f** ... ist sehr hässlich.

13   **b** keine **c** nicht **d** nicht **e** kein

14   ... ich komme nicht aus Mexiko. Ich bin nicht 35 und meine Frau heißt nicht Maria. ich habe kein Haus und wohne nicht in Nürnberg. Ich spreche kein Englisch und ich lerne nicht Deutsch.

C   Die Möbel sind sehr schön.

Seite 135

15   Stuhl, der Tisch, das Regal, der Sessel, das Bett, der Schrank

16   **A** Sofa **B** der Herd, der Tisch **C** der Stuhl, der Tisch, die Lampe **D** das Bett, der Schrank

17   **b** das Waschbecken **c** der Teppich **d** das Regal **e** das Haus **f** hässlich

Seite 136

18   **a** 2 der, die Sessel 3 das, die Sofas 4 der, die Teppiche 5 das, die Regale 6 die, die Lampen 7 der, die Stühle **b** Im Zimmer sind vier Stühle, drei Regale, drei Teppiche,

zwei Lampen, zwei Sessel. Im Zimmer ist ein Sofa, eine Vase. **c** Im Zimmer ist kein Schrank, kein Waschbecken, keine Waschmaschine.

19   1 **c** 2 **b** 3 **b**

Seite 137

20   Sehr gut, Es geht, Es geht, Nicht so gut, Sehr gut

21   gefällt, gefallen, gefällt

22   **b** das, es **c** die, sie **d** die, sie

23   die, die der, er, er, ein, er, das, es, die, Sie

Seite 138

24   **a** 2 grün 3 gelb 4 rot 5 braun 6 schwarz 7 grau 8 weiß **b** 2 Das Regal ist grün. Es gefällt mir (nicht). 3 Die Lampe ist gelb. Sie gefällt mir (nicht). 4 Die Stühle sind rot. Sie gefallen mir (nicht). 5 Der Schrank ist braun. Er gefällt mir (nicht). 6 Der Tisch ist schwarz. Er gefällt mir (nicht). 7 Das Sofa ist grau. Es gefällt mir (nicht). 8 Das Bett ist weiß. Es gefällt mir (nicht).

25   **b** 1 Bett, hässlich, Sessel, billig 2 Zimmer, hell, Teppich gefällt, Toilette, Badewanne 3 Kennst, Mann, kommt, Mutter

D   Wohnungsanzeigen

Seite 139

26   187, 76, 934, 67, 27 **Lösung** sieben

27   **b** 461 **c** 138 **d** 677 **e** 519 **f** 7800 **g** 6211 **h** 3180 **i** 1605

28   **a** 2 369 Euro 3 209 Euro **b** 2 Das Sofa kostet 249 Euro, die Sessel kosten 120 Euro. Das macht zusammen 369 Euro. 3 Der Fernseher kostet 135 Euro, die Lampe kostet 49 Euro, der Teppich kostet 23 Euro. Das macht zusammen 209 Euro.

Seite 140

29   **a** richtig: d falsch: b, c, e **b** 4 **c** 2 die Handynummer 3 die Wohnung 4 der Balkon 5 der Euro 6 circa 7 das Zimmer 8 die Telefonnummer

30a   1 Wohn, Wohn, Schlaf 2 Mo, Mie, Mo, Kalt 3 Kü, Schrank, Kü, Kühl

E   Am Telefon

Seite 141

31   7, 2, 6, 3, 1, 9, 5, 4, 8

32   **a** Schrank, 240 cm breit, Sofa, Regal, 160 cm breit **b** 2, 3

Lektion 5   Mein Tag

A   Ich räume mein Zimmer auf.

Seite 143

1   **B** einkaufen **C** spielen **D** aufräumen **E** fernsehen **F** aufstehen **G** anrufen **H** kochen

2   **a** 3 geht 4 arbeitet 5 kauft ... ein 6 räumt ... auf 7 isst 8 sieht ... fern **b** 3 Sie – geht – zur Arbeit. 4 Sie – arbeitet – lange. 5 Sie - kauft – im Supermarkt – ein. 6 Sie – räumt – die Wohnung – auf. 7 Sie – isst – mit Lara und Lili. 8 Sie – sieht – ein bisschen – fern.

Seite 144

3   **b** Herr Lehmann arbeitet sehr lange. **c** Ich frühstücke nicht. **d** Wir kochen das Abendessen. **e** Meine Kinder sehen lange fern. **f** Ihr steht aber früh auf.

4   **b** Ich kaufe im Supermarkt ein. **c** Du räumst dein Zimmer auf. **d** Meine Schwester ruft jeden Abend an. **e** Mein Mann und ich sehen nur am Wochenende fern.

5   **a** ar, koch, ein, auf, fern **b** ar, ein, koch, auf, fern

6 **b** Kochst du gern? **c** Räumst du gern auf? **d** Siehst du gern fern? **e** Hörst du gern Musik? **f** Isst du gern Reis? **g** Kaufst du gern ein? **h** Arbeitest du gern?

Seite 145

7 **a** arbeite, arbeitet, Arbeitest **b** essen, isst, isst, esse

8 **a** 1 Er arbeitet gern. Er lernt gern Deutsch. Er räumt nicht gern die Wohnung auf. er geht nicht gern spazieren. 2 Mailin frühstückt gern lange. Sie kauft gern ein. Sie kocht gern. Sie isst gern Fleisch. Sie sieht gern fern.

B   Wie spät ist es jetzt?
Seite 146

9 **links** vor, vor, vor, nach **rechts** nach, nach, nach

10 c, d, a, i, f, e, h, b, g

11 **b** sechs **c** zwanzig nach sieben **d** zehn nach neun **e** zwanzig vor acht **f** Viertel nach elf **g** fünf nach zwölf **h** fünf vor halb fünf

C Wann fängt der Deutschkurs an?
Seite 147

12 **b** Dienstag **c** Freitag **d** Montag **e** Donnerstag **f** Mittwoch **g** Samstag

13 **a** Um, Am, um **b** am, von, bis, Um

14 **A** Um **B** am, von, bis, am

15 **b** Von wann bis wann **c** Wie spät ist es **d** Wann **e** Um wie viel

Seite 148

16 **b** schläfst **c** spielt **d** Schauen … fern **e** Fangen … an **f** schlafen **g** arbeitet

17 **a** 2 kocht 3 räumt … auf 4 sieht fern, isst 5 geht … spazieren 6 lernt

Seite 149

17 **b** 2 Herr Reinhardt kocht heute nicht. 3 Oma räumt heute nicht die Küche auf. 4 Opa sieht heute nicht fern und isst heute keine Schokolade 5 Leo geht heute nicht mit Mäxchen spazieren. 6 Sina lernt heute nicht Englisch.

D   Tageszeiten
Seite 150

19 **B** am Mittag **C** in der Nacht **D** am Morgen **E** am Vormittag **F** am Nachmittag

20 **a** 2 Kaffee trinken 3 spazieren gehen 4 Pizza essen 5 Sport machen 6 chatten 7 Musik hören **b** 2 Kaffee 3 geht spazieren 4 isst Pizza 5 macht … Sport 6 chattet 7 hört Musik

Seite 151

21 **a blau** Sie, sie, Sie, sie, Fatima **rot** lernt, macht, hört, ruft … an, geht **b** 2 Deutschkurs 3 Sie – lernt – am Vormittag Deutsch. 4 Am Mittag – macht – sie eine Pause. 5 Sie – hört – am Nachmittag Musik. 6 Dann – ruft – sie die Familie – an. 7 Fatima – geht – um elf Uhr ins Bett.

22 **b** Am Vormittag hat sie Deutschkurs. **c** Am Nachmittag kauft sie ein. **d** Dann räumt sie die Wohnung auf. **e** Am Abend sieht sie noch ein bisschen fern. **f** Am Wochenende steht Anna auch früh auf. **g** Am Samstag arbeitet sie im Supermarkt. **h** Um vier Uhr trinkt sie Kaffee. **i** Am Abend geht sie ins Kino. **j** Erst spät schläft sie.

E   Öffnungszeiten
Seite 152

23 **B** achtzehn Uhr drei **C** fünfzehn Uhr fünfunddreißig **D** dreizehn Uhr **E** zwanzig Uhr fünfzig **F** elf Uhr fünfzehn

24 **B** Viertel nach acht, acht Uhr fünfzehn **C** halb fünf, vier Uhr dreißig **D** zwanzig nach vier, sechzehn Uhr zwanzig **E** fünf vor halb zwölf, elf Uhr fünfundzwanzig **F** drei vor zehn, einundzwanzig Uhr siebenundfünfzig

Seite 153

25 **A** geöffnet, Uhr **B** Sonntag, geschlossen **C** Praxis

26 1 Montag bis Samstag, 8 bis 13 Uhr 2 Um 18.15 Uhr und um 20 Uhr. 3 Am Samstag um 14.30 Uhr.

27 **b** 1 Tee 2 Spielt ihr, Fußball 3 schon spät, müde 4 Dienstag, Kino 5 lese, siehst 6 Uhr, früh

Lektion 6   Freizeit

A   Das Wetter ist nicht so schön.
Seite 155

1 **a** 2 Die Sonne scheint. 3 Es schneit. 4 Es ist bewölkt.

2 **a** 2 Dresden 3 Köln 4 München **b** 2 Süden 3 Westen 4 Osten 5 Düsseldorf 6 Hamburg

3 **a** Sonne scheint, warm, windig **b** kalt, minus, schneit **c** Wetter, schön, Grad, bewölkt **d** regnet, steigen

Seite 156

4 **im** Sommer, Frühling Herbst, Westen **am** Montag, Vormittag, Abend **um** drei Uhr, halb sieben **in** Deutschland, München, der Nacht, der Türkei

5 **Lösungsvorschlag:** Hallo Ivana, wir sind eine Woche in Italien. Das Wetter ist sehr schön. Es ist heiß, es hat 35 Grad. Alles ist sehr schön. Liebe Grüße Dorothea

6 **b** Süden **c** schneit es.

7 **B** Regen **C** Schnee **D** Wind **E** Wolke

B   Hast du den Käse?
Seite 157

8 **a** Eier, Eier, nicht, Mehl, Brot, Brot, nicht, Brötchen

9 den Kaffee, die Milch und das Obst. Ich kaufe den Wein und den Apfelsaft. Meine Mutter macht den Kartoffelsalat. Du kaufst das Brot, die Wurst den Käse

10 Ein, einen, ein, eine, eine, einen

Seite 158

11 **a** einen, ein, einen, einen, keinen **b** Das, der, ein, keinen, -, das

12 **a** eine, eine, -, einen, -, einen, - **b** eine, die, keine, eine

13 **a** einen, keine **b** keine, keine, keinen, einen

Seite 159

14 ein, ein, eine, ein, Die, einen, ein, einen, ein, Das, der, das keine, keinen

15 1 meine, Deine, deinen 2 dein, mein, meine

Seite 160

16 **b** en, - **c** e, e **d** e, e

17 **a** falsch **b** richtig **c** richtig **d** falsch **e** falsch

18 Wochenende, schön, bisschen, Machen, mache, Schinken, Würstchen, hat, Schreibt, Nachricht, Ich, habe, schon, Hunger, Kuchen

C Haben wir den Käse nicht dabei? – Doch.

Seite 161

19 **b** 6 **c** 5 **d** 1, **e** 3, **f** 4

20 Nein, Ja, Doch, Ja

21 **b** Wohnt er nicht in Köln **c** Ist er nicht verheiratet **d** Arbeitet er nicht hier **e** Ist er nicht Fußballspieler

22 **b** nehmen **c** nehme **d** nehmt **f** nimmt, Nimmst

D Freizeit und Hobbys

Seite 162

23 **a** 1 schwimmen 2 wandern 4 grillen 5 spielen 6 tanzen 7 spazieren gehen 8 telefonieren 9 fahren 10 hören
b 2 wandert 3 spielen 4 grillen 5 spielt Gitarre 6 tanzen 7 gehen spazieren 8 telefoniert 9 fährt Fahrrad 10 hört Musik

Seite 163

24 **b** interessant. **c** grille ich gern. **d** macht Spaß. **e** Hobbys.

25 2 A 3 A 4 B 5 A 6 B

26 **b** Lieblingsfarbe, Blau **c** Mein Lieblingsessen ist Pizza. **d** Mein Lieblingsbuch ist Harry Potter. **e** Meine Lieblingsmusik ist Rockmusik. **f** Mein Lieblingsgetränk ist Cola.

Seite 164

27 **a** Schreibt selbst Texte **b** ist viel am Computer. **c** spielt Gitarre.

28 **b** ist wichtig **c** Ganz einfach **d** leider **e** Das macht Spaß **f** das geht ganz schnell, Oh, wie dumm, kein Problem

29 **a** fotografieren, gefallen, machen, spielen, keinen, kommen, anfangen
c 1 Wolken gefallen mir, Regen, spazieren, Wolken 2 machen, spielen, Kommen, fangen 3 einen, Schinken, haben keinen Schinken, essen

Seite 165

30 fährst, Liest, liest, lest, Trefft, Triffst, Schläfst

31 **Lösungsvorschlag**: Meine Hobbys sind Kochen und Lesen. Mein Lieblingsbuch ist „Das Parfüm". Ich spiele gern Fußball. Und ich spiele gern Computer und gehe gern ins Kino. Und: Ich sammle gern Speisekarten.

Lektion 7 Kinder und Schule

A Ich kann nicht in die Schule gehen.

Seite 167

1 **a** ich kann, Könnt ihr, sie kann, Wir können
b kann, kann, können, könnt

2 **a** kann **b** können, Kannst **c** Können **d** Könnt, können, Können, könnt

Seite 168

3 Sie das bitte Frau Reim sagen, Kannst du Peter wecken, Wir können Dennis morgen nicht treffen, Sie kann heute nicht zum Arzt gehen, Könnt ihr am Wochenende kommen

4 2 Wäsche waschen 2 singen 4 backen 5 fotografieren 6 schwimmen

5 **b** Linda und Mara können nicht singen. **c** Rasha und Adhurim können sehr gut tanzen. **d** Wir können gut malen. **e** Ich kann ein bisschen kochen. **f** Sergey kann nicht gut Fahrrad fahren.

6 **a** Nein, aber ich kann gut singen. **b** Ich kann leider gar nicht gut kochen. – Aber Sie können sehr gut Kuchen backen.

Seite 169

7 **a** 1 backt 2 spielt Fußball 3 malt
b 1 Samira kann sehr gut backen. 2 Ben kann gut Fußball spielen. 3 Alba kann nicht gut malen.

9 **b** Schweiz, Straße, Entschuldigung, schreibt, Schwester, spricht, Spanisch
c 2 spät 3 Buchstabieren 4 schmeckt 5 Fußballspieler 6 Sprichst, Spanisch

B Ja, sie will den Mathetest schreiben.

Seite 170

10 wollt ihr, Luisa will, willst du, Ich will; will, willst, will, wollt

11 **B** will **C** Wollen, will. **D** wollen, wollt

Seite 171

12 **a** 1 Spiele machen 2 Übungen machen 3 Briefe schreiben 4 Lieder singen 5 Texte schreiben 6 Filme sehen 7 Musik hören
b 2 will Übungen machen 3 Schreibt, Briefe 4 singe Lieder 5 Schreibst, Texte 6 sehen Filme 7 hören Musik

13 **a** 1 Frühstück, fertig 2 will, Fall, pünktlich 3 Wir, prima 4 Weckst, Schwester 5 Wir wollen, Wäsche waschen
c 1 Film 2 Freizeit fotografiere, fahre Fahrrad 3 will Französisch 4 Frühstück, fünf, Problem

C Du hast nicht gelernt.

Seite 172

14 **b** trifft **c** gekocht **d** gegrillt **e** spricht **f** gesucht **g** findet **h** nimmt

15 **b** 1 **c** 4 **d** 6 **e** 2 **f** 3

16 **a** 2 gelernt 3 getrunken 4 gelesen 5 gehört 6 gespielt
b 2 hast, gelernt 3 hat, getrunken 4 haben, gelesen 5 Habt, gehört 6 haben, gespielt

Seite 173

17 **b** haben, gelernt **c** haben, gegessen **d** Hast, gesprochen **e** habe, gesehen **f** habt, gemacht, haben gelesen, gelernt

18 Ich habe viel mit Paula gelernt. Wir haben am Morgen Englisch geübt. Im 11 Uhr hat sie einen Test geschrieben. Wir haben immer zusammen Englisch gelernt. Was hast du gemacht?

Seite 174

19 **b** Ich habe am Vormittag Deutsch gelernt. **c** Meine Frau und meine Kinder haben gespielt. **d** Am Nachmittag haben wir einen Ausflug gemacht. **e** Dann habe ich das Abendessen gekocht. **f** Dann haben wir alle zusammen gegessen. **g** Am Abend haben wir einen Film gesehen. **h** Hast du den Film auch gesehen?

20 Dann habe ich gelesen und ein bisschen Deutsch gelernt. Jens hat Musik gehört und einen Kuchen gebacken. Am Nachmittag haben wir Sport gemacht. Am Abend haben wir Freunde getroffen.

21 Deine E-Mail gelesen, habe viel gearbeitet, habe eine Wohnung gesucht und gefunden, lerne Spanisch, will ich nach Spanien fahren. Willst, Spanisch lernen, macht Spaß

D Bist du pünktlich gekommen?

Seite 175

22 **b** Bist **c** ist **d** sind **e** seid **f** sind

23 **Hussein hat** gegessen, gelesen, gesprochen **Hussein ist** gefahren, gegangen, gekommen

24   ist, sind, haben, sind, haben, ist, habe, Bist
25   **b** einmal nach Danzig **c** viel **d** nicht gesehen **e** geht jetzt zur Arbeit

Seite 176

26   **B** sind, gewandert **C** sind sie, gegangen **D** haben sie, gekauft **E** Sie haben, gekocht **F** Sie sind, gegangen
27   Dann ist er nach England gegangen. Jetzt will er wieder in Köln leben. Er kann dort eine gute Arbeit finden.
28   **b** Dann hat er 12 Stunden geschlafen. **c** Im Sommer will er nach Dänemark fahren. **d** Dort kann er super Fahrrad fahren. **e** Er will jeden Tag 100 Kilometer fahren.

E   Kommunikation mit der Schule

Seite 177

29   **B** der Eintritt **C** der Unterricht **D** das Mädchen **E** der Junge **F** die Grundschule
30   1, 2, 5, 4
31   individuelle Lösung

Lektion 1   Guten Tag. Mein Name ist ...

1   **a** Hallo. **b** Guten Morgen. **c** Gute Nacht. **d** Guten
    Abend. **e** Auf Wiedersehen. Tschüs
2   **a** Was sprechen Sie? **b** Wer bist du? **c** Wie heißen Sie?
    d Woher kommen Sie?
3   **b** 5, **c** 1, **d** 3, **e** 6, **f** 2
4   **Musterlösung** Familienname: Maier
    Vorname: Susanne
    Straße, Hausnummer: Vogelstraße 3
    Postleitzahl, Stadt: 45833 Gelsenkirchen

Lektion 2   Meine Familie

1   **a** Eltern, Vater; **b** Geschwister, Bruder, Schwester
2   **a** Er, **b** Sie, **c** Sie, **d** Er
3   **a** meine; **b** Ihre; **c** deine, Meine, Mein; **d** deine
4   **a** bin Fatma Günal, **b** Aus der Türkei, **c** ledig,
    d verheiratet, **e** wie ist Ihre Telefonnummer

Lektion 3   Einkaufen

1   **a** eine Banane, **b** ein Apfel, **c** eine Stadt, **d** ein Bröt-
    chen, **e** ein Ei
2   **a** Äpfel, **b** Säfte, **c** Eier, **d** Brötchen, **e** Fotos, **f** Fragen
3   **a** kein, **b** keine
4   **b** Wie viel möchten Sie denn? **c** Ein Kilo. **d** Möchten
    Sie sonst noch etwas? **e** Das ist alles. **f** Das macht dann
5   **a** Becher, **b** Gramm, **c** Packung, **d** Flaschen, **e** Liter

Lektion 4   Meine Wohnung

1   **a** das Schlafzimmer, **b** das Bad, **c** der Balkon,
    d die Küche, **e** das Wohnzimmer
2   **a** teuer. **b** klein. **c** hässlich.
3   **a** Er, **b** Es, **c** Sie
4   **a** nicht, **b** keine, **c** kein
5   **a** Wie groß ist der Schrank / er, **b** Was kostet der
    Schrank / er, **c** Wo wohnen Sie (, bitte)

Lektion 5   Mein Tag

1   **a** Viertel nach sechs, **b** halb eins, **c** Viertel vor elf
2   **a** räumt – auf, **b** ruft – an, **c** kauft – ein
3   **a** Um 7.00 Uhr frühstückt Jan. **b** Von 16.00 Uhr bis
    18.00 Uhr macht Jan Sport. **c** Am Abend ruft Jan seine
    Freundin Anne an.
4   **a** schläft, steht – auf; **b** geht – spazieren; **c** ruft – an,
    liest
5   **a** Halb drei. **b** Ich komme gern. **c** Von 8.00 bis 20.00
    Uhr.

Lektion 6   Freizeit

1   **a** Es schneit, **b** Die Sonne scheint, **c** Es ist windig,
    d Es regnet
2   der Herbst, der Winter
3   **a** den, den; **b** der; **c** der; **d** den
4   **a** meine, meinen, mein, mein, meine
5   **b** 1, **c** 2
6   **individuelle Lösung** Meine Lieblingsmusik ist ...
7   **individuelle Lösung**

Lektion 7   Kinder und Schule

1   **a** tanzen, **b** Freunde treffen, **c** schwimmen
2   **a** können, **b** willst, **c** Kannst, **d** Wollen, **e** kann
3   **a** sind, **b** hat, **c** haben, **d** bin
4   **a** Ja, ich kann gut Auto fahren. **b** Nein, wir können gar
    nicht Ski fahren. **c** Nein, ich kann / wir können nicht so
    gut kochen.
5   **Musterlösung** Dann habe ich gekocht. Dann habe ich
    eingekauft. Am Abend habe ich Musik gehört.

Bewertungsschlüssel für die Tests:
20 – 18 Punkte   sehr gut
17 – 15 Punkte   gut
14 – 12 Punkte   befriedigend
11 – 9 Punkte   ausreichend
 8 – 0 Punkte   nicht bestanden